Louis V. Gerstner Jr.
Wer sagt, Elefanten können nicht tanzen?

Louis V. Gerstner Jr.

Wer sagt, Elefanten können nicht tanzen?

DER WIEDERAUFSTIEG VON IBM®

Aus dem Amerikanischen von Norbert Juraschitz,
Klaus Kochmann, Ursula Pesch und Peter Torberg

Deutsche Verlags-Anstalt
Stuttgart München

Die Originalausgabe erschien 2002 unter dem Titel
»Who Says Elephants Can't Dance? Inside IBM's Historic Turnaround«
bei HarperCollins Publishers, New York

Bibliografische Information der Deutschen Bibliothek
Die Deutsche Bibliothek verzeichnet diese Publikation in der Deutschen
Nationalbibliografie; detaillierte bibliografische Daten sind im Internet
über < http://dnb.ddb.de > abrufbar.

© 2002 Louis V. Gerstner Jr.
© 2002 für die deutsche Ausgabe
Deutsche Verlags-Anstalt, Stuttgart München
Alle Rechte vorbehalten
Redaktion: Dr. Ursel Schäfer
Satz: Dr. Ulrich Mihr GmbH, Tübingen
Druck und Bindearbeiten: GGP Media, Pößneck
Printed in Germany
ISBN: 3-421-05696-X

Dieses Buch ist den Tausenden von IBM-Mitarbeitern gewidmet, die ihr Unternehmen, ihre Kollegen und sich selbst niemals aufgegeben haben. Sie sind die wahren Helden der Wiedergeburt von IBM.

INHALT

Vorwort 9
Einführung 12

I Anpacken

1 Die Werbung 21
2 Die Ankündigung 31
3 Rettungsversuche für einen Ertrinkenden 42
4 Raus aufs Feld 54
5 Operation Bear Hug 62
6 Das Ausbluten stoppen (und an der Vision festhalten) ... 69
7 Eine neue Führungsmannschaft 88
8 Ein Weltunternehmen schaffen 98
9 Die Marke wiederbeleben 104
10 Eine neue Vergütungsphilosophie 109
11 Zurück am Strand 120

II Strategie

12 Eine kurze Geschichte von IBM 131
13 Auf das richtige Pferd setzen 139
14 Dienstleistungen – Der Schlüssel zur Integration 146
15 Der Ausbau des bereits weltgrößten Softwaregeschäfts ... 154
16 Der Konzernladen ist eröffnet 165
17 Das Regal umräumen und den Bestand konzentrieren ... 172
18 Die Ära des E-Business bricht an 186
19 Überlegungen zur Strategie 199

III Kultur

20 Über Unternehmenskultur 205
21 Nabelschau 214
22 Führung durch Grundsätze 226

IV Gelernte Lektionen

23 Das Ziel im Blick – Kenne Dein Geschäft (und liebe es) . . 248
24 Durchführung – Strategie ist nicht alles 258
25 Führen ist etwas Persönliches 264
26 Elefanten können doch tanzen 271

V Betrachtungen

27 Die Branche 286
28 Das System 290
29 Die Beobachter 296
30 Unternehmen und die Gemeinschaft 304
31 IBM – der Abschied 310

Anhang

Beispiele für Kommunikation mit Mitarbeitern 315
Die Zukunft des E-Business 336
Die Performance von IBM in den Jahren 1992–2001 348

VORWORT

Ich habe mir nie gesagt: »Vielleicht sollte ich mal ein Buch schreiben.« Ich bin kein Schreiber. Bis vor kurzem hatte ich weder Zeit noch Lust, mich zurückzulehnen und über meine fünfunddreißig Berufsjahre nachzudenken. Ich hatte nicht die Geduld, mich für längere Zeit hinzusetzen und ein Buch zu verfassen. Während meiner ganzen Zeit in der Wirtschaft war ich sehr zurückhaltend, wenn es darum ging, anderen aufgrund meiner persönlichen Erfahrungen Ratschläge zu erteilen, wie sie ihr Unternehmen führen sollten.

Und ehrlich gesagt war ich mir auch nicht sicher, ob meine Gedanken überhaupt jemanden interessieren würden. Ich lese viele Bücher, aber höchst selten Bücher über Wirtschaft. Wer möchte schon nach einem Zwölf-Stunden-Tag im Büro nach Hause kommen und dann lesen, wie es einem anderen im Büro ergangen ist?

Ich war immer der Überzeugung, daß man ein erfolgreiches Unternehmen nicht vom Schreibtisch aus lenken kann. Aus diesem Grund bin ich in meinen neun Jahren als Chief Executive Officer (CEO) der International Business Machines Corporation (IBM) mehr als 1,6 Millionen Kilometer um die Welt geflogen und habe mich mit Tausenden von Kunden, Geschäftspartnern und Mitarbeitern getroffen. In den letzten beiden Jahren, als man bereits über meinen bevorstehenden Ruhestand spekulierte, rechnete ich damit, daß mir bei diesen Begegnungen die üblichen großen Fragen an scheidende Firmenchefs gestellt würden, Fragen nach der Wirtschaft, der Welt und der Zukunft. Statt dessen war ich überrascht, wie oft ich – bei großen und kleinen Treffen und selbst in privaten Gesprächen mit CEOs und Politikern – gefragt wurde: »Wie haben Sie IBM gerettet?« »Wie war es, als Sie dort anfingen?« »Vor welchen Problemen standen Sie?« »Was haben Sie konkret unternommen, um den Konzern wieder auf die Beine zu bringen?« »Was haben Sie aus der Erfahrung gelernt?«

Viele sagten, sie wollten das wissen, weil ihre eigenen Unternehmen, Organisationen oder Regierungen mit ähnlichen Problemen konfrontiert waren wie IBM während des Beinahezusammenbruchs Anfang der neunziger Jahre, der in der Öffentlichkeit genau verfolgt wurde. Besonders interessiert an dem Thema schienen Geschäftsleute außerhalb der Vereinigten Staaten, die sich vor der Aufgabe sahen, aus Unternehmen, die sich an Traditionen klammerten, harte und wendige Player in der Weltwirtschaft zu machen.

Vor nicht allzu langer Zeit, nachdem ich meine Absicht, in den Ruhestand zu gehen, bekannt gegeben hatte, las ich amüsiert einen Leitartikel in der amerikanischen Illustrierten *USA Today*. Sinngemäß hieß es darin, man hoffe, Gerstner werde etwas Nützlicheres tun, als ein Buch zu schreiben und Golf zu spielen. Ein hübscher Gedanke, aber seit der Ankündigung erhielt ich Tausende von Briefen und E-Mails. Der Tenor war wieder eindeutig: Ich sollte erzählen, was ich in meiner Zeit bei IBM gelernt hatte. (Ich wurde sogar eingeladen, in einem Werbespot mit den Golfprofis Jack Nicklaus und Gary Player aufzutreten.) Man könnte sagen, daß ich, ein wenig widerwillig, zu dem Schluß kam, ich würde diese »allgemeine Nachfrage« am besten dadurch befriedigen, daß ich ein Buch schrieb und meine Ambitionen im Golfsport vorerst zurückstellte.

Hier bin ich also und werde Ihnen nun die Geschichte der Wiederbelebung von IBM erzählen.

Natürlich wäre dieses Buch niemals ohne die Helden unter meinen Kollegen bei IBM möglich gewesen, die mir halfen, IBM wieder zu einem Marktführer zu machen. In vieler Hinsicht ist es ebenso sehr ihr Buch wie meines. An dieser Stelle wären unzählige Führungspersonen zu nennen, zu den wichtigsten zählen eindeutig Dennie Welsh und Sam Palmisano, die unser Dienstleistungsunternehmen aufbauten; John Thompson, der die Softwareabteilung ins Leben rief; Abby Kohnstamm, der aus einer Kakophonie wirrer Werbebotschaften einen der mächtigsten Markennamen auf der ganzen Welt formte; Nick Donofrio, der mir als Übersetzer aus der Welt des High-Tech in die Welt des Business zur Seite stand; Jerry York, Rick Thoman und John Joyce, drei ausgezeichnete Finanzkräfte, die ein Maß an Produktivität, Disziplin und sorgfältiger Analyse in einem Unternehmen durchsetzten, das diese Tugenden vor meiner Ankunft offenbar vernachlässigt hatte; Larry Ricciardi, mein langjähriger Kollege, der seine Klugheit und seinen guten Rat in unzählige richtungweisende Entscheidungen einbrachte; und schließlich Tom Bouchard, der als Personalchef standhaft blieb und einiges einstecken mußte, während wir die Unternehmenskultur von IBM umkrempelten.

Es waren noch viele mehr. In Wirklichkeit sind Tausende von IBM-Mitarbeitern dem Aufruf gefolgt, haben sich am Riemen gerissen und Großartiges geleistet, als wir unser kräftezehrendes – gelegentlich beängstigendes, aber immer aufregendes – Abenteuer begannen, dieses außergewöhnliche Unternehmen zu retten. Ihnen allen möchte ich dieses Buch widmen.

Ich habe das Buch ohne die Hilfe eines Co-Autors oder Ghostwriters geschrieben (weshalb es höchstwahrscheinlich auch mein letztes Buch sein wird; ich hätte mir nicht träumen lassen, daß es so schwer ist). Für sämtliche Fehler oder Irrtümer, auf die der Leser stoßen mag, trage ich die volle Verantwortung. Ich gebe ausschließlich meine persönlichen Ansichten wieder, die nicht unbedingt mit denen der IBM-Führung oder anderer IBM-Mitarbeiter übereinstimmen.

Einige langjährige IBM-Kollegen haben mich tatkräftig unterstützt. Hier sind Jon Iwata, Mark Harris und Mike Wing zu nennen, die einen wesentlichen Beitrag leisteten. Michele Andrle überwachte die Entstehung jeder Fassung und Neufassung geschickt und geduldig – eine unglaubliche Puzzlearbeit. Ich möchte ihnen und allen anderen, die mich unterstützt haben, herzlich danken.

EINFÜHRUNG

Dieses Buch ist nicht meine Autobiographie. Ich glaube, außer meinen Kindern würde wohl niemand meine Autobiographie lesen (und nicht einmal bei ihnen bin ich mir sicher). Doch um zu erklären, vor welchem Hintergrund meine Ansichten entstanden sind, will ich einen kurzen Lebenslauf voranschicken.

Ich wurde am 1. März 1942 in Mineola im Bundesstaat New York geboren, dem Verwaltungszentrum von Nassau County, Long Island.

Mein Vater begann als Milchwagenfahrer und wurde später Disponent bei der Brauerei F&M Schaeffer. Meine Mutter war Sekretärin, verkaufte Immobilien und wurde schließlich Verwaltungsangestellte an einem College der Stadt. Gemeinsam mit drei Brüdern – einem älteren und zwei jüngeren – lebte ich in ein und demselben Haus in Mineola, bis ich 1959 ins College kam.

Wir waren eine eng verbundene, katholische Familie der Mittelschicht. Was immer ich in meinem Leben richtig gemacht habe, verdanke ich dem Einfluß meiner Eltern. Mein Vater lebte sehr zurückgezogen, er hegte große Bewunderung für Bildung und besaß eine innere Stärke, die keine Bestätigung durch ein größeres Publikum nötig hatte. Meine Mutter war außerordentlich diszipliniert, arbeitete hart und wollte für alle ihre Kinder immer das Beste. Sie trieb uns zu herausragenden Leistungen und Erfolgen an.

Bildung hatte im Haushalt Gerstner oberste Priorität. Meine Eltern nahmen alle vier Jahre eine neue Hypothek auf ihr Haus auf, damit sie unsere Schulen bezahlen konnten. Ich besuchte die staatliche Grundschule, danach die katholische High-School Chaminade in Mineola. 1959 machte ich meinen Abschluß und hatte schon die Sachen für Notre Dame gepackt, als das Dartmouth College mir ein ansehnliches Stipendium anbot. Für unsere Familienfinanzen war das ein wahrer Segen, also begann ich im September 1959 mit dem Studium in Dartmouth, ohne daß ich bis dahin einen Fuß auf den Campus gesetzt hatte.

Vier Jahre später hatte ich meinen Bachelor-Abschluß in den Ingenieurwissenschaften in der Tasche. Ich wechselte sofort für zwei Jahre an die Harvard Business School. (Damals konnte man vom College direkt an die Business School wechseln, inzwischen ist das in der Regel nicht mehr möglich.)

Mit gerade einmal 23 Jahren ließ ich Harvard hinter mir und suchte mir eine Arbeit.

Im Juni 1965 trat ich in die Unternehmensberatung McKinsey & Company in New York ein. Als erstes sollte ich im Auftrag der Socony Mobil Oil Co. die Vergütungen für leitende Angestellte unter die Lupe nehmen. Den ersten Tag an diesem Projekt werde ich nie vergessen. Ich wußte nichts über Vergütungen für leitende Angestellte und hatte keine Ahnung von der Ölindustrie. Zum Glück war ich der unterste Mann in der Hierarchie, aber bei McKinsey wurde erwartet, daß man schnell in die Gänge kam. Wenige Tage später traf ich mich mit hohen Angestellten, die meine Väter hätten sein können.

In den kommenden neun Jahren stieg ich zum Seniorpartner bei McKinsey auf. Ich trug die Verantwortung für die Finanzen und gehörte der Geschäftsleitung an. Ich war für drei große Kunden zuständig, zwei davon Finanzinstitute.

Das Wichtigste, was ich bei McKinsey gelernt habe, war das richtige Vorgehen, wenn man sich ein Bild von den Säulen eines Unternehmens machen will. McKinsey legte großen Wert auf eine gründliche Analyse der Marktposition eines Unternehmens, seiner Wettbewerbsfähigkeit und strategischen Ausrichtung.

Mit Anfang Dreißig war mir klar, daß ich nicht mein Leben lang in der Consultingbranche bleiben wollte. Obwohl mir die intellektuelle Herausforderung, das hohe Tempo und die Zusammenarbeit mit Führungskräften gefielen, wurde ich immer frustrierter, weil ich die Rolle des Beraters für Entscheidungsträger spielte. Ich weiß noch, daß ich mir sagte: »Ich will nicht mehr derjenige sein, der ins Zimmer tritt und demjenigen einen Bericht vorlegt, der am anderen Ende des Tisches sitzt; ich will derjenige sein, der in diesem Stuhl sitzt – der die Entscheidungen trifft und Maßnahmen ergreift.«

Wie viele erfolgreiche Partner von McKinsey hatte ich im Laufe der Jahre eine ganze Reihe von Angeboten meiner Kunden erhalten, aber keines schien mir so attraktiv, daß ich wechseln wollte. Im Jahr 1977 erhielt ich jedoch ein Angebot von American Express, damals mein größter Kunde, und ich akzeptierte. Ich sollte die Leitung der Travel Related Services Group übernehmen (im wesentlichen die American Express Card, die Reiseschecks und Geschäfte mit Reisebüros). Ich blieb elf Jahre bei American Express, die Arbeit machte mir großen Spaß und erfüllte mich mit persönlicher Befriedigung. Unser Team steigerte die Einnahmen aus Reisedienstleistungen über zehn Jahre hinweg um durchschnittlich 17 Prozent pro Jahr, erhöhte die Zahl der ausgegebenen Kreditkarten von 8 Millionen auf fast 31 Millionen und baute um die Corporate Card, den Warenhandel und die Verarbeitung von Kreditkarten ganz neue Geschäftszweige auf.

Ich lernte auch sehr viel. Sehr früh mußte ich zu meinem Entsetzen feststellen, daß der offene Austausch von Ideen – also das Brainstorming zu einem Problem ohne jegliche Behinderungen durch Hierarchien, wie ich es bei McKinsey kennengelernt hatte – in einer großen, hierarchischen Organisation nicht so ohne weiteres funktioniert. Ich weiß noch, daß ich in den ersten Monaten einige Male ins Fettnäpfchen trat, als ich Menschen um Rat fragte, die ich für sachkundig hielt, unabhängig davon, ob sie zwei oder drei Stufen unter mir in der Organisation rangierten. Mein Team machte einen regelrechten Aufstand! Damit begann ein lebenslanger Prozeß, Organisationsformen aufzubauen, die zwar eine gewisse Hierarchie ermöglichen, zugleich aber Menschen zur Lösung von Problemen zusammenführen, unabhängig davon, welchen Rang sie in dem Unternehmen bekleiden.

Bei American Express entwickelte ich außerdem ein Gespür für den strategischen Wert der Informationstechnologie. Man führe sich nur vor Augen, was die American Express Card im Grunde ist: ein gigantisches E-Business-Unternehmen, auch wenn wir in den siebziger Jahren noch nicht in diesen Kategorien gedacht haben. Millionen von Menschen reisen mit einer silbernen Plastikkarte durch die Welt und zahlen damit in verschiedenen Ländern für Waren und Dienstleistungen. Monatlich erhalten sie eine einzige Rechnung, in der die Transaktionen aufgelistet sind, alle in eine einzige Währung umgerechnet. Zeitgleich werden Händler auf der ganzen Welt für Transaktionen von Hunderten, wenn nicht Tausenden von Menschen bezahlt, die sie nicht kennen und womöglich nie wieder sehen. Das alles läuft zum größten Teil elektronisch ab, mit Hilfe riesiger Datenverarbeitungszentren. Mit der Technologie, die für diesen Geschäftszweig unerläßlich war, hatte ich jahrelang zu kämpfen.

Bei American Express lernte ich auch zum ersten Mal die »alte IBM« kennen. Ich werde nie den Tag vergessen, an dem einer meiner Abteilungsleiter berichtete, er habe vor kurzem einen Amdahl-Computer in einem großen Datenzentrum installiert, das bisher ausschließlich IBM ausgerüstet hatte. Er sagte, sein IBM-Vertreter sei noch am selben Morgen aufgetaucht und habe ihm mitgeteilt, daß IBM wegen dieser Kaufentscheidung den Kundendienst für das gesamte Datenverarbeitungszentrum einstellen werde. Ich war sprachlos. Angesichts der Tatsache, daß American Express damals einer der größten Kunden von IBM war, konnte ich nicht glauben, daß ein Anbieter dermaßen arrogant auftreten konnte. Ich rief sofort im Büro des Geschäftsführers von IBM an, um zu fragen, ob er von diesem Verhalten wisse und es billige. Ich erreichte ihn nicht und wurde an einen Verwaltungsangestellten verwiesen, der meine Nachricht entgegennahm und sagte, er werde sie weiterleiten. Kühlere (oder besser, schlauere) Köpfe bei IBM setzten sich durch, und der Zwischenfall blieb ohne Folgen. Dennoch vergaß ich die Sache nicht.

Am 1. April 1989 verließ ich American Express und nahm den Job an, der damals als der »Schönheitswettbewerb des Jahrzehnts« galt. Der gewaltige Konsumgüterkonzern RJR Nabisco, der erst vor einigen Jahren durch die Fusion von Nabisco und R. J. Reynolds Tobacco Company entstanden war, galt als das neuntbeste Unternehmen Amerikas, als die Headhunter mich anriefen. Die Firma hatte soeben eines der wildesten Abenteuer in der modernen amerikanischen Geschäftswelt hinter sich: Mehrere Investmentfirmen hatten sich gegenseitig überboten, weil sie den Konzern fremdfinanziert (durch Leveraged Buyout) übernehmen wollten. Den Zuschlag erhielt am Ende die Risikokapitalfirma Kohlberg Kravis Roberts & Co. (KKR). Kurz danach wählten sie mich zum CEO des inzwischen privaten und hoch verschuldeten Unternehmens aus.

In den folgenden vier Jahren mußte ich mich mit einer ganzen Reihe neuer Aufgaben auseinandersetzen. In meinen Tagen bei American Express hatte ich zwar einiges darüber gelernt, was ein Konsumgüterunternehmen brauchte, aber bei RJR Nabisco mußte ich die meiste Zeit für das Management einer außerordentlich komplexen und unausgeglichenen Bilanz aufwenden. Die Seifenblase der achtziger Jahre platzte schon kurz nach der Übernahme von RJR Nabisco und ließ die ganze Transaktion in einem anderen Licht erscheinen. Im Rückblick hatte KKR einen viel zu hohen Preis für das Unternehmen bezahlt. Die folgenden vier Jahre wurden zu einem Wettlauf um den Ausgleich der Bilanz, während wir gleichzeitig versuchten, zumindest den Anschein von Ordnung in den unzähligen Geschäftszweigen des Unternehmens zu erwecken. In Wahrheit ging es drunter und drüber. In den ersten zwölf Monaten mußten wir Vermögenswerte in Höhe von elf Milliarden Dollar verkaufen. Wir hatten Schulden, für die wir bis zu 21 Prozent Zinsen jährlich zahlten. Wir mußten uns mit einer Unzahl von Geldgeber- und Gläubigerausschüssen herumschlagen und natürlich unter die Verschwendungssucht der ehemaligen Geschäftsführung einen Schlußstrich ziehen. (Beispielsweise standen bei uns 32 Profisportler auf der Gehaltsliste, als ich anfing – alle gehörten dem »Team RJR Nabisco« an.)

Das war eine schwere Zeit für mich. Ich liebe es, Unternehmen aufzubauen, nicht, sie aufzulösen. Doch in der Regel können wir aus allem, was wir tun, etwas lernen. Aus dieser Erfahrung lernte ich, wie immens wichtig die Barmittel für ein Unternehmen sind – der »freie Cash-flow« ist die mit Abstand wichtigste Kennziffer für die Solidität und Leistung eines Unternehmens.

Außerdem lernte ich, daß es unerläßlich ist, eine gute Beziehung zwischen Management und Eigentümern zu pflegen. Ich hatte bereits bei McKinsey entsprechende Erfahrungen gesammelt, einem privaten Unternehmen im Besitz seiner Partner. Daß es wichtig ist, Manager und Anteilseigner auf eine Stufe zu stellen – nicht über risikolose Instrumente wie Aktienoptionen, sondern über eine direkte Beteiligung an der Firma, so daß es um ihr eigenes Geld geht –, wurde zu einem wesentlichen Bestandteil der Unternehmensphilosophie, die ich zu IBM mitnahm.

Im Jahr 1992 war allgemein bekannt, daß RJR Nabisco zwar wieder relativ gesund war, die Übernahme den Besitzern aber nicht die erhofften Gewinne eingebracht hatte. In meinen Augen lag es auf der Hand, daß KKR lediglich auf eine günstige Gelegenheit wartete, sich zu verabschieden. Deshalb schien es mir nur logisch, mich ebenfalls umzusehen. Und damit beginnt die Geschichte, die in diesem Buch erzählt wird.

I Anpacken

1 DIE WERBUNG

Am Abend des 14. Dezember 1992 kehrte ich von einem der stets gutgemeinten, aber selten anregenden Wohltätigkeitsessen heim, die fester Bestandteil im Lebens eines jeden CEO in New York City sind und so auch zu meinem Leben als CEO von RJR Nabisco gehörten. Ich war noch keine fünf Minuten in meinem Apartment an der Fifth Avenue, da klingelte das Telefon. Es war fast zehn Uhr. Der Portier teilte mir mit: »Mr. Burke möchte noch heute abend so bald wie möglich mit Ihnen sprechen.«

Verblüfft über diese späte Bitte in einem Gebäude, in dem Nachbarn sich in der Regel nie anriefen, fragte ich, welcher Mr. Burke gemeint sei, wo er sei und ob er wirklich noch an dem Abend persönlich mit mir sprechen wolle.

Die Antwort lautete: »Jim Burke. Er wohnt über Ihnen. Und ja, er möchte unbedingt noch heute mit Ihnen sprechen.«

Ich wußte nicht viel über Jim Burke, aber ich bewunderte seine Arbeit bei dem Pharmakonzern Johnson & Johnson und sein Engagement im Kampf gegen Drogen. Durch sein energisches Handeln bei dem Skandal um das Schmerzmittel Tylenol einige Jahre zuvor hatte er sich großes Ansehen erworben. Ich hatte keine Vorstellung, warum er mich unbedingt so schnell sprechen wollte. Als ich bei ihm anrief, sagte er, er werde sofort herunterkommen.

Bei mir in der Wohnung kam er ohne Umschweife zur Sache: »Ich habe gehört, Sie wollen möglicherweise als CEO zu American Express zurückkehren. Ich möchte, daß Sie sich das noch einmal überlegen, weil ich eine viel größere Herausforderung für Sie habe.« Die Erwähnung von American Express hatte vermutlich mit Gerüchten zu tun, ich würde in das Unternehmen zurückkehren, für das ich elf Jahre lang gearbeitet hatte. Tatsächlich hatten sich drei Mitglieder der Führung von American Express Mitte November 1992 heimlich mit mir im Sky Club in New York getroffen und mich gebeten, zurückzukommen. Ich kann nicht behaupten, daß ich überrascht war – an der Wall Street und in den Medien wimmelte es nur so von Gerüchten, daß der damalige CEO Jim Robinson zum Rücktritt gedrängt werde. Ich teilte den drei Herren jedoch höflich mit, ich sei nicht daran interessiert, zu American Express zurückzukehren. Die Arbeit dort hatte mir gefallen, aber ich hatte keine Lust, jetzt Fehler zu korrigieren, die ich zuvor sorgfältig vermieden hatte. (Robinson nahm zwei Monate später seinen Hut.)

Ich sagte Burke, ich hätte nicht die Absicht, wieder zu American Express zu gehen. Er eröffnete mir, in Kürze könnte die Spitzenposition bei IBM frei werden, und bat, ich solle darüber nachdenken, ob ich den Job übernehmen wolle. Ich war völlig überrascht. Es war zwar allgemein bekannt und wurde in den Medien erörtert, daß IBM ernste Probleme hatte, aber von einem bevorstehenden Wechsel an der Spitze war bislang nichts an die Öffentlichkeit gedrungen. Ich antwortete Burke, daß ich es mir in Anbetracht meines fehlenden technischen Wissens nicht vorstellen könne, IBM zu leiten. Er meinte nur: »Ich bin froh, daß Sie nicht zu American Express zurückgehen. Und bitte, lassen Sie sich das mit IBM durch den Kopf gehen.« Das war alles. Er ging wieder nach oben, ich ging ins Bett und dachte über unser Gespräch nach.

Der Medienrummel verstärkte sich in den folgenden Wochen. Die *Business Week* brachte eine Story mit der Schlagzeile: »Vorstand von IBM sollte in der Chefetage aufräumen.« *Fortune* vermeldete: »König John [Akers, der CEO] trägt eine unbequeme Krone.« Es hatte den Anschein, als wüßten alle ganz genau, was das Beste für IBM wäre. Als ich das las, war ich froh, daß ich nicht dort war. Die Medien schienen zumindest überzeugt, daß die Zeit von IBM längst vorüber sei.

Die Suche

Am 26. Januar 1993 gab IBM bekannt, daß John Akers beschlossen habe zurückzutreten und eine Findungskommission gebildet worden sei, die externe und interne Kandidaten unter die Lupe nehmen solle. Die Kommission wurde von Jim Burke geleitet. Es dauerte nicht lange, bis er anrief.

Ich gab ihm im Januar die gleiche Antwort wie im Dezember: Ich sei nicht genügend qualifiziert und nicht interessiert. Er drängte mich noch einmal: »Lassen Sie es sich durch den Kopf gehen.«

Er und seine Kommission begannen daraufhin, ziemlich öffentlich die Spitzenführungskräfte in ganz Amerika zu durchkämmen. Namen wie Jack Welch von General Electric, Larry Bossidy von Allied Signal, George Fisher von Motorola und sogar Bill Gates von Microsoft tauchten schon bald in der Presse auf. Nicht zu vergessen die Namen verschiedener Führungsleute von IBM selbst. Die Findungskommission traf sich außerdem mit den Chefs großer Technologiefirmen, ganz bestimmt, um sie zu fragen, wer denn ihren schärfsten Konkurrenten leiten solle! (Scott McNealy, CEO von Sun Microsystems, sagte einem Reporter ganz offen, IBM solle »irgendeinen Schwachkopf« einstellen.) Die Kommission beauftragte schließlich zwei Personalvermittlungsagenturen – das hatte es vermutlich noch nie gegeben – und sicherte sich auf diese Weise die Dienste der beiden wichtigsten Headhunter: Tom Neff von Spencer Stuart Management Consultants N.V. und Gerry Roche von Heidrick & Struggles International, Inc.

Im Februar traf ich mich mit Burke und Tom Murphy, seinem Kollegen in der Findungskommission, dem damaligen CEO von Capital Cities/ABC. Jim argumentierte fast leidenschaftlich, daß die Konzernleitung keinen Technologieexperten suche, sondern eine Führungskraft mit einer breiteren Qualifikation, eine Person, die als Motor des Wandels wirken könne. Diese Aussage wiederholte Burke in der ganzen Zeit immer wieder. Nach der Einsetzung der Kommission erklärte er: »Die Mitglieder der Kommission und ich sind völlig offen in der Frage, wer die neue Person sein und woher er oder sie kommen wird. Ausschlaggebend ist, daß es ein bewährter, leistungsfähiger Manager sein muß – jemand, der Erfahrung damit hat, einen Wandel in die Wege zu leiten und zu steuern.«

Einmal mehr beschied ich Burke und Murphy, ich würde mich wirklich nicht für den Posten geeignet fühlen und wolle nicht länger einbezogen werden. Das Gespräch endete freundschaftlich. Sie gingen wieder, und ich nahm an, sie würden ihre großangelegte Suche unter mehreren Kandidaten gleichzeitig fortsetzen.

Die Meinung der Experten

Ich las, was die Presse, die Wall Street, Visionäre und Gurus aus Silicon Valley damals über IBM zu sagen hatten. Meine Skepsis und, wie ich vermute, die vieler anderer Kandidaten wurde dadurch nur bestätigt.

Am häufigsten meldeten sich zwei Männer zu Wort, die in den Printmedien und im Fernsehen geradezu allgegenwärtig schienen: Charles Morris und Charles Ferguson. Sie hatten ein Buch geschrieben, »Computer Wars«, das die Aussichten von IBM düster beurteilte: »Es besteht durchaus die Möglichkeit, daß IBM als eine Kraft in diesem Industriezweig am Ende ist. Bill Gates, der Software-Tycoon, der meistgehaßte Mann in der Branche, streitet ab, daß er unbedacht gesagt habe, IBM werde ›in sieben Jahren dichtmachen‹. Dabei könnte Gates Recht behalten. IBM ist mittlerweile in fast jeder Computer-Technologie, die seit 1980 eingeführt wurde, nur ein Anbieter unter vielen ... Herkömmliche Großrechner werden zwar nicht über Nacht verschwinden, aber sie gehören zu einer veralteten Technologie, und der Bereich, in dem sie noch vorherrschen, schrumpft ständig. Der Brontosaurus zog sich immer tiefer in die Sümpfe zurück, als die Säugetiere den Wald eroberten, aber eines Tages gingen ihm die Sümpfe aus.«

Die beiden kamen in ihrem Buch zu dem Schluß, daß »sich gegenwärtig die Frage stellt, ob IBM überleben kann. Nach unserer bisherigen Analyse ist klar, daß wir dem Konzern sehr geringe Chancen einräumen.«

Morris und Ferguson schrieben einen längeren, noch vernichtenderen Bericht über IBM mit mehr technischen Details und verkauften ihn für mehrere tausend Dollar pro Exemplar an Unternehmen und Institutionen. Der Bericht schockierte nicht zuletzt etliche Gläubigerbanken von IBM.

Paul Carroll, der IBM-Experte beim *Wall Street Journal*, veröffentlichte im selben Jahr ein Buch, das die Chronologie des Niedergangs von IBM schilderte. Er schreibt: »Die Welt wird völlig anders aussehen, bis IBM sich wieder erholt hat – vorausgesetzt, sie erholt sich überhaupt –, und IBM wird nie wieder die gesamte Computerindustrie beherrschen.«

Selbst der – zurückhaltende und zuverlässige – *Economist* brachte innerhalb von sechs Wochen drei große Reportagen und einen Leitartikel über die Probleme von IBM. »Zwei Fragen schweben noch drohend über dem Konzern«, schrieb der Redakteur. »Kann ein Konzern von der Größe IBMs, so gut organisiert er auch sein mag, in einer Branche, die vom raschen technologischen Wandel vorangetrieben wird und in der sich kleinere, flinkere Firmen tummeln, schnell genug reagieren, um konkurrenzfähig zu bleiben? Und kann IBM aus den expandierenden Marktsegmenten wie Computerdienstleistungen, Software und Beratung so viel Gewinn erwirtschaften, daß man damit den erschreckenden Rückgang des Verkaufs von Großrechnern ausgleichen kann, der bislang das Kerngeschäft darstellte? – Die Antwort auf beide Fragen könnte nein lauten.«

Zudem, so der in der Regel vorsichtige *Economist*, werde »die Demütigung von IBM von einigen bereits als eine Niederlage für Amerika angesehen«.

Die Entscheidung

An dem Wochenende vor dem Presidents' Day im Februar 1993 änderte ich meine ablehnende Einstellung. Ich war in meinem Haus in Florida, wo ich gern am Strand spazierengehe, das macht den Kopf frei und tut mir immer sehr gut. Während eines einstündigen Spaziergangs erkannte ich, daß ich die Lage bei IBM neu überdenken mußte. Mein Gesinnungswandel wurde durch Entwicklungen bei RJR Nabisco ausgelöst. Wie in der Einführung angedeutet, zeichnete sich ab, daß Kohlberg Kravis Roberts & Co. die Hoffnung aufgegeben hatten, ihr Leveraged Buyout würde wie geplant funktionieren. Dafür gab es zwei Gründe: Zum ersten hatte KKR im Trubel der 1988 erteilten Gebote schlichtweg zuviel für RJR Nabisco gezahlt, wie Bryan Burroughs und John Helyars in dem Buch »Barbarians at the Gate« (»Die Nabisco-Story«) ausführen. Somit war, obwohl sämtliche Sanierungsziele der Übernahme erreicht wurden, der finanzielle Spielraum schlichtweg zu eng, um zu der veranschlagten Rendite zu kommen. Zum zweiten ging der Ertrag aus dem Tabakgeschäft zurück, weil Philip Morris sofort nach der Übernahme von RJR Nabisco einen Preiskrieg angezettelt hatte. Philip Morris befolgte nur den Ratschlag von Ray Kroc, dem Gründervater von McDonald's, der einmal gesagt hatte: »Wenn du siehst, daß ein Konkurrent am Ertrinken ist, dann schnapp dir einen Wasserschlauch und steck ihm den in den Mund.«

Offenbar wartete KKR auf eine Gelegenheit, sich elegant aus der Affäre zu ziehen. Während ich im Februar am Strand entlangging, beschloß ich, daß ich das auch tun sollte. Die Aussicht, daß ich nicht mehr allzu lange bei RJR Nabisco bleiben würde, hatte neben vielen anderen Dingen zur Folge, daß ich eingehender über das Angebot von IBM nachdachte.

Ich rief Vernon Jordan an, einen Anwalt in Washington und langjährigen Freund, der zudem Vorstandsmitglied von RJR Nabisco war, und fragte ihn um Rat. Er bestätigte meinen Eindruck, daß KKR beabsichtigte, sich aus RJR Nabisco zurückzuziehen, und daß die turbulente Phase des Unternehmens ihrem Ende zuging. Es wurde auch klar, daß Jim Burke bereits mit Vernon gesprochen hatte, weil er wußte, daß ich auf der IBM-Liste stand. Sein Rat war, wie üblich, sehr direkt: »IBM ist doch der Job, auf den du dich seit deinem Abgang von der Harvard Business School vorbereitet hast. Greif zu!«

Ich vermute, es gab noch einen zweiten Grund dafür, daß ich meine Haltung änderte. Große Herausforderungen haben mich immer schon gereizt. Das IBM-Projekt war eine beängstigende, fast schon abschreckende Aufgabe, zugleich aber faszinierend. Dasselbe hatte auch für RJR Nabisco gegolten, als ich 1989 dorthin wechselte. Man kann wohl sagen, daß ich vom 15. Februar an bereit war, den Wechsel zu IBM und all ihren Problemen in Erwägung zu ziehen. Vernon ließ Jim Burke wissen, daß ich am Ende möglicherweise doch mitspielen würde. Ich überlegte mir die Fragen und Bedenken, die ich gegenüber Burke und seiner Kommission zur Sprache bringen wollte.

Als Burke noch in derselben Woche anrief, sagte ich ihm, ich würde mir den Posten bei IBM näher ansehen. Ich brauchte noch viel mehr Informationen, insbesondere über die kurz- und mittelfristigen Perspektiven des Konzerns. Die düsteren Prophezeiungen der Medien- und Computer-Gurus hatten mich verunsichert. Bei RJR Nabisco hatte ich eine bittere Lektion gelernt: Einem Unternehmen, das allzuviele Aufgaben lösen muß, kann sehr schnell das Geld ausgehen.

Ich sagte Burke, daß ich mit Paul Rizzo sprechen wolle. Rizzo hatte in den achtziger Jahren eine leitende Funktion bei IBM innegehabt. Ich hatte ihn bei mehreren Anlässen getroffen und schätzte ihn sehr. Im Jahr 1987 hatte er sich von IBM verabschiedet, im Dezember 1992 hatte ihn der Board of Directors (entspricht in etwa dem deutschen Aufsichtsrat) jedoch zurückgeholt. Gemeinsam mit John Akers sollte er den Niedergang des Konzerns aufhalten. Ich sagte Burke in jenem Telefongespräch vom Februar, daß ich gemeinsam mit Rizzo das Budget und die Geschäftspläne für 1993 und 1994 durchgehen wolle.

Jim handelte schnell. Am 24. Februar nahm ich im Park Hyatt Hotel in Washington an einer Sitzung des Business Council teil. Ich schlich mich für eineinhalb Stunden davon und traf mich heimlich mit Paul in meinem Hotelzimmer. Er hatte mir die aktuellen Daten über die Finanzlage des Konzerns mitgebracht.

Das folgende Gespräch war sehr ernüchternd. Die Verkaufszahlen und Gewinne von IBM gingen alarmierend schnell zurück. Wichtiger noch war, daß die Liquiditätslage allmählich bedrohlich aussah. Wir schauten uns jede Produktlinie an. Ein großer Teil der Informationen war schwierig zu bewerten. Paul unterstrich jedoch den entscheidenden Punkt: Die Einnahmen aus Großrechnern seien von 13 Milliarden Dollar im Jahr 1990 auf prognostiziert weniger als sieben Milliarden im Jahr 1993 gefallen, und falls dieser Rückgang nicht in den nächsten Jahren zum Stillstand komme, sei alles verloren. Er bestätigte außerdem Meldungen in der Presse, daß über eine Aufteilung des Konzerns in unabhängig voneinander operierende Einheiten nachgedacht werde. Ich dankte Paul für seine Offenheit und die Einblicke und versprach, das Material absolut vertraulich zu behandeln.

Er ging und ließ mich in der festen Überzeugung zurück, daß die Chancen, IBM zu retten, auf der Grundlage dieser Dokumente allenfalls eins zu fünf stünden und daß ich den Job auf keinen Fall annehmen sollte. Ein Konsumgüterunternehmen hat traditionelle Marken, die sich immer gut verkaufen werden. Davon konnte bei einem Technologieunternehmen der neunziger Jahre jedoch keine Rede sein. Dort konnte ein Produkt entwickelt werden, aufsteigen, enormen Erfolg haben, dann einbrechen, vom Markt verschwinden und nach wenigen Jahren in Vergessenheit geraten. Als ich am nächsten Morgen aufwachte, war ich mir sicher, daß IBM in meiner Zukunft nicht vorkommen würde. Der Konzern rutschte schnell ab, und ob der Niedergang rechtzeitig – von irgend jemandem – gestoppt werden konnte, war äußerst fraglich.

Jim Burke gab aber nicht auf. Seine Hartnäckigkeit war womöglich eher auf die zunehmende Verzweiflung zurückzuführen, ob überhaupt jemand für den Job zu finden wäre, als auf seine Überzeugung, ich sei genau der Richtige. Ich fragte mich zu diesem Zeitpunkt, ob er sich nicht nur einen Kandidaten warmhalten wollte.

Zwei Wochen später war ich wieder zu einem kurzen Urlaub in Florida. Burke und Murphy bestanden auf einem weiteren Treffen, um die Sache ein letztes Mal durchzusprechen. Wir trafen uns in einem neuen Haus, das der Headhunter Gerry Roche und seine Frau erst vor kurzem ganz in unserer Nähe gebaut hatten. Roche übernahm nur die Rolle des Gastgebers. Burke, Murphy und ich saßen allein in seinem neuen Wohnzimmer. Ich weiß noch, daß es ein langer Nachmittag war.

Burke brachte das originellste Argument ins Spiel, das ich jemals gehört habe: »Sie sind es Amerika schuldig, den Posten zu übernehmen.« Er sagte, IBM sei ein so bekanntes nationales Kulturgut, daß es meine Pflicht sei, den Konzern zu sanieren.

Ich entgegnete, das träfe nur dann zu, wenn ich mir sicher wäre, die Aufgabe zu bewältigen. Ich blieb hingegen bei meiner Ansicht, daß sie unlösbar sei – zumindest für mich.

Burke ließ nicht locker. Er werde Präsident Bill Clinton dazu bringen, mir persönlich zu sagen, ich müsse den Posten übernehmen.

Tom Murphy, der bei den bisherigen Treffen das Reden meistens Burke überlassen hatte, meldete sich diesmal häufiger zu Wort. Murph, wie seine Freunde ihn nennen, argumentierte sehr überzeugend, daß ich wegen meiner bisherigen Erfolge als Motor des Wandels (seine Worte) der ideale Mann für IBM sei. Seiner Ansicht nach bestand mit der richtigen Führung eine reelle Chance, den Konzern zu retten. Er wiederholte, was ich von Burke und sogar von Paul Rizzo schon gehört hatte: Es fehle dem Konzern nicht an klugen, talentierten Mitarbeitern. Die Probleme seien nicht im Kern technischer Natur. Man habe ganze Schubladen voller Gewinnstrategien. Doch der Konzern trete auf der Stelle. Er brauche jemand, der ihn packe, kräftig durchschüttele und in Bewegung bringe. Murphy kam immer wieder darauf zurück, daß der nächste Chef mit einer ähnlichen Veränderung der Strategie und der Unternehmenskultur beginnen müsse, wie ich sie zu einem großen Teil bei American Express und RJR durchgesetzt habe.

Am Ende des langen Nachmittags war ich bereit, die wichtigste berufliche Entscheidung meines Lebens zu treffen. Ich sagte ja. Aus heutiger Sicht fällt es mir schwer, mich zu erinnern, was den Ausschlag gab. Ich nehme an, es war zum Teil Jim Burkes Patriotismus und zum Teil waren es Tom Murphys Argumente, die an meine Vorliebe für große Herausforderungen appellierten. Wie dem auch sei, wir gaben uns die Hand und vereinbarten, das Finanzielle zu klären und eine Ankündigung auszuarbeiten.

Im Rückblick ist es bemerkenswert, daß sowohl Burke als auch Murphy gemäß der von der Konzernleitung verbreiteten Auffassung vorgingen, eine Zerschlagung des Konzerns in unabhängige Einheiten werde die Rettung bringen. Was hätten sie gesagt, wenn sie erkannt hätten, daß das Unternehmen nicht nur in finanziellen Schwierigkeiten steckte und den Kontakt zu den Kunden verloren hatte, sondern daß es außerdem eine Strategie verfolgte, die zwangsläufig in die Katastrophe führen mußte?

Ich fuhr an jenem Nachmittag nach Hause und teilte meiner Familie meine Entscheidung mit. Wie in meiner wunderbaren Familie üblich, stieß ich auf eine gemischte Reaktion. Eins meiner Kinder sagte: »Ja, mach es, Dad!« Das andere, weniger risikofreudige Kind meinte, ich hätte den Verstand verloren. Meine Frau, die der Idee ursprünglich sehr skeptisch gegenübergestanden hatte, billigte meine Entscheidung und war begeistert.

2 DIE ANKÜNDIGUNG

In den folgenden zehn Tagen arbeiteten wir einen Arbeitsvertrag aus. Das war aus mehreren Gründen gar nicht so einfach. Haupthindernis war die Tatsache, daß KKR den Konzern RJR Nabisco durch Leveraged Buyout übernommen hatte, und bei einer derartigen Übernahme wird von dem CEO erwartet, daß er oder sie sich mit den Eigentümern gleichstellt und einen großen Anteil am Unternehmen hält. Folglich gehörten mir bei RJR Nabisco 2,4 Millionen Aktien, und ich hatte Optionen für weitere 2,6 Millionen. Bei IBM war Aktienbesitz hingegen ein zu vernachlässigender Teil der Vergütung für leitende Angestellte. Der IBM-Vorstand und die Personalabteilung teilten offenbar nicht die Auffassung, daß Manager einen ansehnlichen Anteil an dem Unternehmen halten sollten. Das war mein erster Vorgeschmack auf die außerordentliche Verbohrtheit bei IBM.

Irgendwie einigten wir uns trotz allem, und als nächstes mußte ich Kohlberg Kravis Roberts & Co. sowie dem RJR-Board meine Entscheidung mitteilen. Am selben Wochenende, dem 20./21. März, fand das alljährliche Dinah-Shore-Golfturnier von Nabisco statt. Nabisco lud sämtliche großen Kunden zu dem Turnier ein, und für mich war die Teilnahme ein Muß. Ich wußte außerdem, daß Henry Kravis, einer der Partner von KKR, dort sein würde, und beschloß, ihn bei der Gelegenheit über meine Entscheidung zu informieren. Mein Name war in den Medien bereits als Kandidat für den Posten bei IBM gehandelt worden, mir war klar, daß KKR und der RJR-Vorstand nervös waren. Bei allen Treffen mit KKR in den vergangenen Wochen lag eine spürbare Spannung in der Luft. Am

Sonntag, dem 21. März, teilte ich also Henry Kravis in meinem Hotelzimmer am Rande des Dinah-Shore-Turniers mit, daß ich den Posten bei IBM übernehmen würde. Er war nicht glücklich darüber, wahrte aber die Form, blieb höflich und ruhig. Er versuchte, mir meine Entscheidung auszureden, aber ich blieb dabei, daß es kein Zurück gebe. Auch wenn wir es nie offen ansprachen, schwang in dem Gespräch doch ständig das gemeinsame Wissen mit, daß wir beide nach einem eleganten Abgang von RJR suchten. Ich schaffte ihn einfach früher. (KKR trat ein Jahr später den Rückzug an.)

Am nächsten Tag, Montag, kehrte ich aus Kalifornien zurück, und eine sehr ereignisreiche Woche begann. Der IBM-Board sollte eine Woche später zusammenkommen. Es wurde deutlich, daß die Findungskommission nicht weitersuchte – ein für den IBM-Posten gehandelter Kandidat nach dem anderen gab bekannt oder ließ an die Medien durchsickern, er sei an dem Job nicht interessiert. Am Mittwoch meldete das *Wall Street Journal,* ich sei als einziger Kandidat übrig; einen Tag später folgten alle anderen Wirtschaftsblätter. Es war an der Zeit, reinen Tisch zu machen. Burke und ich vereinbarten, die Entscheidung am Freitag, dem 26. März, bekanntzugeben. Es folgte hektisches Treiben, denn inmitten einer Flut von durchgesickerten Informationen und Schlagzeilen mußten die internen und die externen Botschaften organisiert werden.

IBM gab die Entscheidung am Freitagmorgen bekannt (allerdings war bereits in der am selben Morgen erschienenen Titelstory der *Business Week* davon die Rede, daß ich zugesagt habe). Um 9.30 Uhr fand eine Pressekonferenz im Hilton in New York statt. John Akers, Jim Burke und ich sagten einige Worte. Burke ging auf die Auswahlprozedur ein, die drei Monate lang scheinbar in aller Öffentlichkeit und verwirrend verlaufen war. Er sagte in der Eröffnungsansprache: »Auf der ganzen Welt gab es nur eine Handvoll Menschen, die für diesen Job infrage kamen. Lou Gerstner stand von Anfang an auf unserer Liste, doch dann haben wir weltweit mehr als 125 Personen unter die Lupe genommen und eine nach der anderen ausgeschlossen ... und ziemlich bald waren wir wieder bei unserer ursprünglichen Liste angelangt. Wir gaben den Personen auf der Liste Decknamen und versuchten, sie aus der Presse rauszuhalten – ein vergeblicher Versuch, könnte ich hinzufügen. Es dürfte Sie interessieren, daß Lou Gerstner der erste auf der Liste war, mit dem ich gesprochen habe, folglich hatte er den Decknamen ›Able‹. Ich kannte alle anderen Kandidaten – ich kannte sie sehr gut. Es gab keinen geeigneteren Kandidaten für diesen Posten als Lou Gerstner. Wir haben ein konkretes Angebot für diesen Job gemacht, nur einem einzigen Kandidaten, nämlich Louis Gerstner. Viele Menschen glaubten zwar, das technologische Fachwissen werde den Ausschlag geben, doch wir hatten in der Kommission gleich zu Beginn eine Liste mit den Anforderungen aufgestellt. Auf der Liste werden 15 Punkte genannt und nur einer davon lautet: ›Erfahrung in der Informations- und High-Tech-Industrie [ist] überaus wünschenswert, schließt jedoch nicht aus, außergewöhnliche Führungspersönlichkeiten in Betracht zu ziehen.‹ Alle anderen Punkte nennen Qualitäten, die Lou Gerstner uneingeschränkt zu bieten hat.«

Ich wußte, daß mein Leben sich für immer verändern würde, als ich zum Podium ging, drei Dutzend Pressefotografen aufsprangen und ich unter einem endlosen Blitzlichtgewitter eine ganze Pressekonferenz leiten mußte. So bekannt American Express und RJR gewesen sein mochten, das hier war eine andere Welt. Ich war jetzt eine öffentliche Person. Das war nicht irgendein Unternehmen – nicht einmal irgendein großes Unternehmen. IBM war eine Institution, noch dazu eine globale, und jeder Schritt wurde genauestens von der Außenwelt verfolgt. Ich nahm eine beängstigende Herausforderung an und stand dabei permanent im Rampenlicht.

Von Natur aus bin ich eher zurückhaltend und habe, um ehrlich zu sein, nur ungern mit der Presse zu tun. Obendrein habe ich mich in der Branche umgeschaut, und so weit mein Auge reichte, sah ich (und sehe ich noch) leitende Angestellte, die sich so gut wie möglich profilieren und in den Vordergrund spielen wollten. Ich war damals der Meinung und bin es noch heute, daß ein derartiges Gehabe zwar die Aufmerksamkeit der Presse anziehen und kurzfristig dem Unternehmen vielleicht sogar helfen kann, langfristig aber dem Ansehen des Unternehmens und dem Vertrauen der Kunden schadet.

An jenem Morgen stellte ich mich deshalb mit gemischten Gefühlen vor die Kameras und Blitzlichter. Mein Adrenalinspiegel war ungewöhnlich hoch. Gleichzeitig wußte ich, daß das hier die große Show war und es für mich kein Entrinnen gab.

Ich faßte mich kurz. Ich wollte nach Möglichkeit nur die Tortur hinter mich bringen, ohne allzu viele Fragen zu beantworten, warum ich mich für den Posten geeignet hielt und was ich zur Rettung von IBM zu unternehmen gedachte. Doch das waren genau die Fragen, denen ich mich in der langen Fragerunde nach den einleitenden Worten stellen mußte. Wie man sich denken kann, lieferte ich den Journalisten wenig Stoff für ihre Storys. Ich hatte einfach noch keine Vorstellung davon, was mich bei IBM tatsächlich erwarten würde.

Das IBM-Team

Auf die Pressekonferenz folgte eine Reihe interner IBM-Sitzungen. Wenn ich in meinem Terminkalender nachblättere, sehe ich, daß die Personalabteilung von IBM als erstes eine Telefonkonferenzschaltung mit den Generaldirektoren sämtlicher Niederlassungen weltweit organisiert hatte – ein deutliches Signal, daß die Spitzenkräfte in jedem Land als Machtbasis des Konzerns galten.

Dann flogen wir mit dem Hubschrauber rund 50 Kilometer nach Norden zum weltweiten Hauptquartier des Konzerns in Armonk im Staat New York. Ich hatte zuvor schon als Kunde in einigen IBM-Gebäuden zu tun gehabt, war aber noch nie im Hauptquartier selbst gewesen. Meinen ersten Eindruck werde ich nie vergessen. Es erinnerte mich an ein Regierungsgebäude: ein langer stiller Korridor mit geschlossenen Bürotüren reihte sich an den anderen (die Ruhe wurde nur von einem leuchtend orangeroten, fast schon blendenden Teppichboden gestört). Weder die ausgestellten Kunstwerke noch sonstige Zeichen ließen darauf schließen, daß man sich in einer Computerfirma befand. Nicht einmal im Büro des CEO stand ein Computer.

Ich wurde in einen großen Konferenzsaal zu einem Treffen mit dem Corporate Management Board geführt – den grob geschätzt fünfzig Spitzenmanagern des Konzerns. Ich weiß nicht mehr, was die Frauen trugen, aber mir fiel auf, daß alle Männer im Saal weiße Hemden anhatten, alle außer mir. Mein Hemd war blau, ein eklatanter Fehler für einen leitenden Angestellten bei IBM! (Wochen später erschien ich bei einem Treffen der gleichen Gruppe in einem weißen Hemd und stellte fest, daß alle anderen farbige Hemden trugen.)

Als John Akers ein paar Tage zuvor das Treffen vorgeschlagen hatte, war er davon ausgegangen, daß es einfach eine gute Gelegenheit für mich wäre, die versammelte Führung kennenzulernen. Ich sah darin vor allem eine sehr wichtige Chance, mich selbst vorzustellen und meinen neuen Kollegen zumindest eine erste Agenda zu präsentieren. Ich arbeitete vor dem Termin hart und legte mir zurecht, was ich der Gruppe sagen wollte. (Bei den Recherchen für dieses Buch habe ich sogar ausführliche Notizen entdeckt – für informelle Anlässe mache ich so etwas nur selten.)

Nach Johns einführenden Worten blieb die Gruppe höflich sitzen und erwartete nicht mehr als eine Begrüßung nach dem Muster »Willkommen, ich freue mich, zum Team zu gehören«. Statt dessen hielt ich eine vierzig bis fünfundvierzig Minuten lange Rede.

Als erstes erklärte ich, warum ich den Posten angenommen hatte – daß ich nicht gerade darum gerissen hatte, man mich aber gebeten hatte, eine für die Konkurrenzfähigkeit unseres Landes und das Wohl unserer Wirtschaft bedeutende Verantwortung zu übernehmen. Ich sprach es damals nicht aus, aber ich hatte das Gefühl, daß der Untergang von IBM größere Kreise ziehen würde und nicht nur der Konkurs eines Unternehmens wäre. Ich deutete an, daß ich keine vorgefertigte Meinung hätte, was zu tun sei, ebensowenig wie, so weit ich das beurteilen könne, der Board of Directors. Ich sagte, für jeden einzelnen (mich eingeschlossen!) werde es wegen Erfolgen in der Vergangenheit keine besondere Schonung geben und ich werde eindeutig ihre Hilfe benötigen.

Dann ging ich zu meinen ersten Erwartungen über, wie ich sie nannte: »Wenn IBM wirklich so bürokratisch ist, wie oft behauptet wird, dann sollten wir rasch die Bürokratie abschaffen. Dezentralisieren wir die Entscheidungen, wo immer es möglich ist, aber keineswegs überall; wir müssen ein Gleichgewicht zwischen dezentraler Entscheidungsfindung und einer zentralen Strategie und gemeinsamen Kundenorientierung finden. Wenn wir zuviele Mitarbeiter haben, dann müssen wir zur richtigen Größe gelangen; das sollten wir bis zum Ende des dritten Quartals erreicht haben.« Ich erklärte, die »richtige Größe« ergebe sich aus einer ganz einfachen Rechnung: »Wir müssen unsere Kosten an denen unserer Wettbewerber ausrichten und danach die Position des Klassenprimus anstreben.« Ich wies auch darauf hin, daß wir mit den Beteuerungen aufhören müßten, IBM würde keine Leute entlassen. »Unseren Mitarbeitern muß das doppelzüngig erschienen sein, es hatte nichts mit dem zu tun, was sich im letzten Jahr abgespielt hat.« (In Wirklichkeit hatten seit 1990 fast einhundertzwangzitausend IBM-Mitarbeiter das Unternehmen verlassen, einige freiwillig, andere unfreiwillig, aber der Konzern hatte an der Fiktion »keine Entlassungen« festgehalten.)

Die vielleicht wichtigsten Bemerkungen betrafen Struktur und Strategie. Damals erklärten alle Wirtschaftsexperten und ebenso die IBM-Führung, der Konzern müsse sich in kleinere, unabhängige Einheiten aufspalten. Ich sagte dazu: »Vielleicht ist das der richtige Weg, vielleicht aber auch nicht. Wir wollen unbestritten dezentralisierte, marktorientierte Entscheidungsprozesse. Aber liegt in unserer Fähigkeit, umfassende Lösungen und eine nahtlose Unterstützung anzubieten, nicht auch eine einzigartige Stärke? Können wir nicht das tun und zugleich individuelle Produkte verkaufen?« (Im Rückblick wird mir klar, daß ich, schon bevor ich angefangen hatte, einer Zerschlagungsstrategie sehr skeptisch gegenüberstand.)

Danach sprach ich über die Moral. »Es hilft uns nicht weiter, wenn wir uns selbst bemitleiden. Ich bin mir sicher, daß unsere Mitarbeiter keine anfeuernden Ansprachen brauchen. Wir brauchen Führungsstärke und das Gefühl, daß die Richtung stimmt, nicht nur von mir, sondern von uns allen. Ich möchte hier keine Untergangspropheten sehen. Ich möchte zupackende Menschen, die kurzfristige Erfolge und langfristige Begeisterung anstreben.« Ich sagte ihnen, wir hätten keine Zeit für die Frage, wer für welche Probleme verantwortlich sei. Die Frage interessiere mich überhaupt nicht. »Wir haben wenig Zeit für eine Problemdefinition.

Wir müssen unsere Bemühungen ganz auf Lösungen und konkrete Maßnahmen konzentrieren.«

Mit Blick auf ihre eigenen Perspektiven merkte ich an, in der Presse habe es geheißen, »der neue CEO werde viele Leute von außen mitbringen müssen«. Ich betonte, daß ich die Hoffnung habe, das würde nicht nötig sein. Schließlich habe IBM immer über einen reichen Pool an talentierten Köpfen verfügt – vielleicht über den besten der Welt. »Wenn nötig, werde ich Leute von außen holen, aber jeder wird zuerst eine Chance bekommen, sich zu bewähren, und ich hoffe, Sie werden auch mir eine gewisse Zeit geben, mich zu bewähren. Jeder fängt bei null an. Weder Ihre Erfolge noch Ihre Fehlschläge in der Vergangenheit zählen bei mir.«

Dann legte ich kurz meine Managementphilosophie und Vorgehensweise dar:

- Ich führe mit Prinzipien, nicht durch Verfahren.
- Der Markt diktiert uns alle Entscheidungen.
- Ich glaube an Qualität, effiziente Wettbewerbsstrategien und -pläne, an Teamarbeit, Lohn für Leistung und ethische Verantwortung.
- Ich brauche Leute, die Problemlösungen suchen und Kollegen helfen. Taktierer setze ich an die Luft.
- Ich bin in erster Linie für die Strategie zuständig; der Rest ist Ihre Aufgabe. Halten Sie mich einfach informell auf dem laufenden. Verheimlichen Sie mir schlechte Nachrichten nicht – ich hasse Überraschungen. Versuchen Sie nicht, Dinge an mir vorbeizulotsen. Lösen Sie Probleme unorthodox; bringen Sie nicht immer wieder das Gleiche vor.
- Handeln Sie schnell. Wenn wir Fehler machen, dann lieber, weil wir zu schnell waren als zu langsam.
- Von Hierarchien halte ich wenig. Bei Treffen sollten die Personen zusammenkommen, die zur Lösung eines Problems beitragen können, unabhängig von ihrer Stellung. Ausschüsse und Konferenzen wollen wir auf ein Minimum beschränken. Keine Entscheidungen in Ausschüssen. Wir wollen offen und geradeheraus miteinander kommunizieren.
- Ich bin kein Fachmann für Technologie. Ich werde vieles lernen, aber erwarten Sie nicht von mir, daß ich alles beherrsche. Die Abteilungsleiter müssen das für mich in die betriebswirtschaftliche Sprache übersetzen.

Weiter schlug ich vor, auf der Basis meines Vortrags für die nächsten 90 Tage fünf Prioritäten zu definieren:

- Die Verschwendung von Barmitteln beenden. Sonst geht uns in absehbarer Zeit das Geld aus.
- Sicherstellen, daß wir 1994 schwarze Zahlen schreiben, um der Welt – und der IBM-Belegschaft – zu signalisieren, daß wir den Konzern stabilisiert haben.
- Eine Kundenstrategie für 1993 und 1994 entwickeln und umsetzen – eine, die unsere Kunden überzeugt, daß wir wieder ihre Interessen wahrnehmen und ihnen nicht einfach »Eisen« (Großrechner) in den Rachen stopfen, um uns kurzfristig finanziell zu entlasten.
- Die richtige Belegschaftsgröße bis Anfang des dritten Quartals erreichen.
- Eine mittelfristige Unternehmensstrategie entwickeln.

Am Ende verteilte ich Aufgaben für die nächsten 30 Tage. Ich bat jeden Abteilungsleiter um einen zehnseitigen Bericht, der Kundenanforderungen, Produktlinie, Marktanalyse, technische Perspektiven, Statistiken, lang- und kurzfristige Kernprobleme und die Prognosen für 1993 und 1994 enthalten sollte.

Ich bat auch alle Anwesenden, mir ihre Sichtweise von IBM insgesamt zu schildern: Welche kurzfristigen Schritte konnten wir unternehmen, um in punkto Kundenbeziehungen, Verkaufszahlen und Wettbewerb in die Offensive zu gehen? Woran sollten wir bei unseren lang- und kurzfristigen Strategieüberlegungen denken?

In der Zwischenzeit sollten alle die Ärmel hochkrempeln, ihre Arbeit machen und gegenüber der Presse kein Wort über unsere Probleme verlauten lassen. Außerdem sollten sie mir bei der Aufstellung eines Reiseplanes helfen, damit ich schon bald mit Kunden und Mitarbeitern in Kontakt kam. »Informieren Sie mich bitte, welche Sitzungen in den nächsten Wochen anstehen, und geben Sie mir Bescheid, ob ich daran teilnehmen sollte oder nicht.«

Zum Schluß erkundigte ich mich, ob es noch Fragen gebe. Es gab keine. Dann machte ich die Runde, gab jedem die Hand, und die Sitzung war beendet.

Wenn ich heute, nach neun Jahren bei IBM, zurückblicke, dann wundere ich mich selbst, wie zutreffend sich meine Äußerungen im Nachhinein erwiesen haben. Ob es an den ausführlichen Pressemeldungen, an meiner Erfahrung als Kunde oder an meinen Führungsprinzipien lag: Was getan werden mußte – und was wir taten –, war fast vollständig in dieser Rede von fünfundvierzig Minuten enthalten, vier Tage, bevor meine IBM-Laufbahn eigentlich begann.

Die offizielle Wahl

Am Dienstag der folgenden Woche, dem 30. März 1993, nahm ich an der regulären Sitzung des Board of Directors teil. Bei dieser Sitzung wurde ich zum Chairman und Chief Executive Officer gewählt, zwei Tage später sollte ich meinen Posten antreten.

Ich ging mit einer gewissen Nervosität in die Sitzung. Jim Burke hatte mir eine Woche zuvor gesagt, daß zwei Mitglieder des Board nicht gerade glücklich über meine Wahl zum neuen CEO seien. Während ich alle siebzehn anwesenden Board-Mitglieder begrüßte (einer fehlte), konnte ich nicht umhin, mich zu fragen, wer die beiden Skeptiker waren.

An einige Dinge aus dieser ersten Sitzung erinnere ich mich noch sehr gut. Das erste war, daß es einen Exekutivausschuß gab. Drei der acht Mitglieder waren jetzige oder ehemalige IBM-Mitarbeiter. Ich war überrascht von der Tatsache, daß dieses Gremium innerhalb des Board ausführlicher über die finanziellen Perspektiven des Unternehmens diskutierte als in der anschließenden Diskussion der gesamte Board of Directors.

In der Sitzung des vollständigen Board kam eine breite Themenpalette zur Sprache. Nach der Tagesordnung hatte es für mich den Anschein, als handle es sich um eine ganz gewöhnliche Sitzung: Es gab ein Papier von der Lagerabteilung, die im Zuge der Gesamtstrategie, Betriebseinheiten auszugliedern, in Adstar umbenannt worden war. Darauf folgten Berichte von den einheimischen und internationalen Verkaufsleitern über das Betriebsergebnis, eine Diskussion über die regelmäßige Ablage und die Genehmigung einer beantragten Übernahme im Wert von 440 Millionen Dollar. Wenn die IBM-Verantwortlichen den Eindruck hatten, sie steckten in einer Krise, so verbargen sie es höflich vor mir.

Die Sitzung wurde etwas lebendiger, als der Bericht über die Finanzlage anstand. Unter anderem wurde gemeldet, daß im ersten Quartal die Bruttogewinnspanne aus der Hardware um 19 Punkte gegenüber dem Vorjahr zurückgegangen war und daß die Preise für System/390-Großrechner im selben Zeitraum um 58 Prozent gefallen waren. Ein Verlust von 50 Cent pro Aktie wurde für das Quartalsende am nächsten Tag prognostiziert. Die Liquiditätslage verschlechterte sich rapide. Ein wesentlicher Punkt war die Genehmigung eines neuen Finanzplans, der es dem Konzern ermöglichen sollte, die Kreditlinie auf 4,7 Milliarden Dollar aufzustocken und 3 Milliarden Dollar durch die Emission von Vorzugsaktien und/oder durch die Verbriefung von Forderungen aus Lieferungen und Leistungen zu erhalten (es würden gegen einen Rabatt Schuldscheine von Kunden verkauft, um schneller an das Geld heranzukommen).

Es lag auf der Hand, daß die finanziellen Perspektiven alles andere als rosig waren. Die Sitzung wurde beendet. Höflich sagten alle »Viel Glück« und »Ich bin froh, daß Sie hier sind«, dann gingen wir auseinander.

John Akers und ich trafen uns anschließend und sprachen über den Konzern. John und ich hatten früher einige Jahre lang gemeinsam im Board of Directors der New York Times Company gesessen, sahen uns regelmäßig bei irgendwelchen Veranstaltungen für CEOs und hatten vor seinem Abschied von IBM ein freundschaftliches Verhältnis gepflegt. Wir kamen so gut miteinander aus, wie zwei Menschen in dieser Situation nur miteinander auskommen können. In erster Linie sprachen wir über die Mitarbeiter. Er äußerte sich erstaunlich offen und kritisch über viele seiner direkten Untergebenen. Wenn ich mir meine Notizen zu dem Gespräch ansehe, schätze ich, daß ich in der Folge seinen Bewertungen zu rund 75 Prozent zustimmen mußte. Mich wunderte es jedoch, warum er so heftige Kritik übte, einige der Leute aber auf ihren Posten gelassen hatte. Er hatte zwei Lieblingskandidaten. Einer davon sollte sich auch als meiner erweisen. Den anderen entließ ich noch vor Ablauf des ersten Jahres.

Was die Geschäftstätigkeit anbelangte, so konzentrierte John sich an diesem Tag vor allem auf das mikroelektronische Geschäft von IBM. Ich hörte, daß der Konzern intensive Verhandlungen mit Motorola über die Gründung eines Joint Ventures führte. Damit wollte er einen teilweisen Ausstieg aus dem, wie John es nannte, »Technologiegeschäft« sichern. Ich fragte, wie schnell mit einer Entscheidung zu rechnen sei, und er sagte »Sehr schnell«. Mit dem Motorola-Deal hatte auch ein Vorschlag zu tun, die Lizenz für die Herstellung von Intel-Mikrochips zu erwerben.

Er sagte, die Abteilung für Grundlagenforschung sei nicht länger zu finanzieren und müsse dringend verkleinert werden. Das Softwaregeschäft, das Großrechnergeschäft und die mittelgroßen Produkte von IBM bereiteten ihm Kopfzerbrechen. Wenn ich mir meine Notizen ansehe, besteht kein Zweifel daran, daß er die meisten, wenn nicht alle Probleme im Betrieb erkannt hatte, die wir in den folgenden Jahren anpackten. Es wundert mich allerdings, daß in den Notizen weder Unternehmenskultur noch Teamarbeit, Kunden oder Führung auftauchen – die Elemente, die sich als die schwersten Aufgaben bei IBM entpuppen sollten.

John zog noch am selben Tag in ein Büro in Stamford in Connecticut um und blickte meines Wissens – und das ist bewundernswert – nie wieder zurück.

Ich ging mit einem wachsenden Gefühl der Angst nach Hause. Konnte ich das schaffen? Wer würde mir helfen?

3 RETTUNGSVERSUCHE FÜR EINEN ERTRINKENDEN

Der 1. April 1993 (passenderweise der Tag, an dem man in den April geschickt wird) war mein erster Arbeitstag an der Spitze von IBM. Unter Berücksichtigung später erfolgter Aktiensplits stand der Kurs von IBM damals bei 13 Dollar. Ein Artikel auf Seite drei der *New York Times* begrüßte mich gleich mit guten Ratschlägen, wie ich die Firma sanieren solle: »IBM verfügt über genügend Denker und Strategen. Was fehlt, ist Wagemut.«

Gegen 6.45 Uhr holte mich ein Firmenwagen an meinem Haus in Connecticut ab und fuhr mich nicht zum Hauptsitz nach Armonk, sondern zu einem der vielen Bürogebäude, die IBM damals in Westchester County im Bundesstaat New York gehörten. Im Einklang mit meiner Botschaft an das obere Management in der Woche zuvor, lud mich Ned Lautenbach, damals Leiter der Verkaufsabteilung Ausland (IBM nannte das »Welthandel«), zu einem Treffen der Leiter der Auslandsniederlassungen ein, das zufällig für diesen Vormittag angesetzt worden war.

Ich steuerte zunächst den Haupteingang jenes großen und weitläufigen Bürogebäudes an (heute befindet sich dort der Hauptsitz von MasterCard International). Er war verschlossen. Neben der Tür befand sich ein Kartenleser, aber ich hatte von der Sicherheitsabteilung noch keinen Ausweis bekommen. Da stand ich nun, der neue Konzernchef, und klopfte hilflos an die Tür in der Hoffnung, irgend jemand werde mich hören. Nach einer Weile tauchte eine Putzfrau auf, beäugte mich skeptisch und öffnete schließlich die Tür – wohl vor allem, damit ich nicht länger gegen die Scheibe hämmerte, und weniger, weil sie den Eindruck hatte, ich sei befugt hineinzugehen.

Ich wanderte durch das Gebäude und fand schließlich den Konferenzsaal, wo gerade das Meeting beginnen sollte. Nie werde ich meinen ersten Eindruck von einer IBM-Konferenz vergessen. Rings um einen langen Konferenztisch hatten sich all die Granden der im Ausland befindlichen Lehnsgüter von IBM versammelt. Hinter ihnen war eine doppelte Sitzreihe mit jüngeren Angestellten gefüllt. Die Prinzipale waren alle weiß und männlich, der jüngere Stab an Mitarbeitern gemischt. Bei dem Treffen handelte es sich um einen Rückblick auf den Geschäftsverlauf; jeder der Herren gab einen Bericht über seinen Geschäftsbereich ab. Ich bemerkte, wie die Hinterbänkler wild mitschrieben und ab und zu Notizen an die Herren am Tisch weiterreichten. Das Ganze wirkte wie ein Hearing des Kongresses der Vereinigten Staaten.

In einer Kaffeepause fragte ich Ned Lautenbach: »Wer sind denn all die Leute, die so genau beobachten, aber sich nicht beteiligen?«

»Das sind die Assistenten der Geschäftsleiter.«

So lernte ich schon an meinem ersten Tag bei IBM das festverankerte und hochgeschätzte Assistentenprogramm kennen. Hunderte, wenn nicht gar Tausende von IBM-Angestellten auf mittlerer und hoher Ebene hatten Assistenten, die aus den Reihen der besten und klügsten der aufstrebenden Manager stammten. Ihre Aufgaben waren vielfältig, doch soweit ich mitbekam, erfüllten die Assistenten vor allem verwaltungstechnische Aufgaben, manchmal sogar Sekretärinnendienste. Größtenteils organisierten die Assistenten, machten sich Notizen, schauten zu und lernten hoffentlich dabei. Was sie nicht taten: mit den Kunden in Kontakt treten, den Kern des Geschäfts kennenlernen und Führungsqualitäten entwickeln. Wollte man allerdings ins obere Management bei IBM aufsteigen, gehörten mehrere solcher Assistentenstellen zum absoluten Pflichtprogramm.

Ich verließ das Treffen am späten Vormittag und fuhr zum Firmenhauptsitz nach Armonk, wo ich mit Jack Kuehler zu Mittag essen sollte. Jack war Präsident der Firma, Mitglied des Board und John Akers' Cheftechnologe. Kuehler kontrollierte alle wichtigen technologischen Entscheidungen der Firma. Beim Essen zeigte er sich sehr sympathisch und informell und bot mir seine volle Unterstützung an. Wie ich schon bei meinen Gesprächen mit John Akers herausgefunden hatte, war IBM regelrecht davon besessen, das Terrain zurückzuerobern, das man in der PC-Welt an Microsoft und Intel verloren hatte. Jack wurde geradezu missionarisch, als er mir die kombinierte technische Strategie hinter PowerPC und OS/2 vorstellte – zwei IBM-Produkte, die entwickelt worden waren, um sich das zurückzuholen, was man auf dem Gebiet der Mikroprozessoren an Intel und bei der PC-Software an Microsoft hatte abgeben müssen. Der Plan war weitreichend und umfassend. Er hörte sich aufregend an, aber ich hatte keine Ahnung, ob er auch eine Erfolgschance hatte.

Nach dem Essen kehrte ich in aller Eile zurück zu dem Treffen der Auslandschefs, weil ich noch mehr über die Ausblicke unseres Geschäftes in der Welt hören wollte. Alles in allem sah es nicht gut aus. Dann fuhr ich zu einem anderen IBM-Gebäude zu einem Treffen mit einer Gruppe junger leitender Angestellter, die sich im Ausbildungsprogramm befanden. Danach kehrte ich wieder nach Armonk zurück, wo ich eine Videoansprache für die Angestellten aufzeichnete. Der Tag endete mit einer Begegnung mit dem Chef der Personalabteilung von IBM, dem legendären Walt Burdick.

Burdick hatte schon vor Abschluß der Suche nach einem neuen CEO seinen Rückzug in den Ruhestand angekündigt, doch ich wollte, daß er zumindest noch für eine kurze Übergangszeit blieb. IBMs Personalabteilung galt schon seit Jahren in vielen Bereichen als vorbildlich, vor allem wegen ihrer Vielfalt und wegen ihrer Strategien bei der Rekrutierung, Ausbildung und Förderung der leitenden Angestellten. Walt Burdick hatte die Abteilung 13 Jahre lang geleitet, er war unbestritten der Altmeister der Personalchefs in den Vereinigten Staaten.

Vielleicht nicht so bekannt ist die Tatsache, daß Burdick eine machtvolle graue Eminenz darstellte, viele Jahre lang einer der am besten bezahlten leitenden Angestellten bei IBM war und bei der Schaffung und Verstärkung der herrschenden Elemente in der Firmenkultur bei IBM eine führende Rolle gespielt hatte. Er interessierte sich hauptsächlich für Strukturen und Abläufe. Nach seinem Ausscheiden gab mir jemand eines der bemerkenswertesten Dokumente in die Hand, die ich je gesehen habe. Es ist etwa sechzig Seiten dick und trägt den Titel: »Aufgaben eines Asistenten für W. E.

Burdick, Vizepräsident, Personal, Planung und Programme.« Das Dokument stammte vom 17. März 1975, es illustriert einige der erdrückenden Extreme, die in der Firmenkultur von IBM leider allgegenwärtig waren. Für den Assistenten in Burdicks Büro galten unter anderem die folgenden Regeln:

- Jederzeit weißes Hemd und Jacket.
- Stets einen Vorrat an Vierteldollar-Münzen in der Tasche. Die kommen zum Einsatz, falls WEB (Burdick) außerhalb des Gebäudes telefonieren muß.
- Überraschungspartys zum Geburtstag von Mitgliedern von WEBs Stab werden im Kalender unter »Verschiedenes« notiert. Dauer: fünfzehn Minuten. Für Geburtstagskuchen, Gabeln, Servietten und Kuchenmesser ist WEBs Sekretärin zuständig. Assistent sitzt direkt neben der Tür, um eingehende Anrufe entgegenzunehmen.
- WEB hat drei Uhren: eine auf dem Schreibtisch, eine auf dem Beistelltisch, eine auf dem Fensterbrett vor Deinem Büro. Alle drei sollten täglich gestellt werden. Telefonnummer der Zeitansage: 9-637-8537.
- WEB mag Carefree Spearmint Kaugummi ohne Zucker. Taucht die leere Schachtel in der Versandablage auf, Reserveschachtel im Schreibtisch deponieren und neue Reserveschachtel kaufen.

Burdick und ich verbrachten an jenem Tag fast die ganze Zeit damit, über zwei entscheidende Kandidatensuchen zu reden, die schon im Gange waren, als ich zu IBM kam: die Suche nach Burdicks Nachfolger und die Suche nach einem Finanzchef (CFO). Frank Metz, der ehemalige CFO, war im Januar unter Druck nach demselben Vorstandstreffen zurückgetreten, auf dem auch die Findungskommission für den CEO eingesetzt worden war. An jenem ersten Tag gab es für mich nichts Wichtigeres, als diese beiden Positionen zu besetzen. Kopfüber in einer Firma zu landen, die 65 Milliarden Dollar schwer ist und der das Bargeld nur so zwischen den Händen zerrinnt, und zu versuchen, diesen Prozeß umzukehren, ist eine echte Herausforderung. Ohne einen guten Finanzchef und einen guten Personalchef ist es aussichtslos.

Gegen 18.30 Uhr hatte ich an jenem Tag die erste ruhige Minute. Ich setzte mich mit meiner langjährigen Assistentin Isabelle Cummins zusammen, die ich überredet hatte, den Ruhestand noch eine Weile zu verschieben und mit mir zu IBM zu gehen. Isabelle ist eine bemerkenswerte Persönlichkeit mit enormen Fähigkeiten, und sie ist eine der Heldinnen dieses Buches. Wäre sie etwas später zur Welt gekommen, wäre sie sicher in irgendeinem Großkonzern Managerin geworden und sicher eine der Besten. Statt dessen war sie in den fünfzehn Jahren, bevor ich zu IBM ging, meine rechte Hand. Ich redete ihr den Ruhestand aus, weil ich wußte, daß es für mich unmöglich wäre, die ersten Krisen bei IBM – die schwersten – ohne sie zu meistern. Am Ende jenes ersten Tages besprachen wir unsere Eindrücke, wir waren beide vollkommen überwältigt. (Isabelle, die stets direkt mit mir gearbeitet hatte, stellte fest, daß ihr insgesamt neun Personen unterstanden, darunter mehrere Assistenten und jemand, der dafür verantwortlich war, Organigramme zu erstellen und immer auf dem neuesten Stand zu halten.)

Frühe Prioritäten

Die nächsten beiden Wochen waren ausgefüllt mit Meetings mit meinen direkten Untergebenen, mit Interviews möglicher Kandidaten für die Posten des Finanzchefs und des Personalchefs und mit Besuchen bei den wichtigsten IBM-Adressen. Ein sehr wichtiges Treffen fand bereits am zweiten Tag statt. Ich hatte meinen Bruder Dick gebeten, vorbeizukommen und sich mit mir über die Firma zu unterhalten. Dick war direkt nach dem College in die Firma eingetreten und galt viele Jahre lang als der neue Stern am IBM-Himmel. Er hatte in Europa gearbeitet und war Chef der mächtigen Asien-Pazifik-Region gewesen. Meiner Einschätzung nach befand er sich auf dem besten Wege, in die oberste Führungsriege aufzusteigen und Mitglied des ehrwürdigen Management Committee zu werden. Doch tragischerweise erkrankte er auf dem Höhepunkt seiner Karriere an einer nicht diagnostizierten Lyme-Borreliose. Er war etwa sechs Monate vor John Akers' Abschied aus gesundheitlichen Gründen ausgeschieden, mehrere Vorstandsmitglieder hatten ihn aber gebeten, zurückzukommen und für die Firma eine beratende Tätigkeit zu übernehmen. Seine wichtigste Aufgabe bestand darin, mit Nick Donofrio zusammenzuarbeiten, der damals Chef der Abteilung für Großrechenanlagen war, und zu überlegen, wie es mit den Großrechnern weitergehen sollte.

Als Kinder waren Dick (alle in der Familie nannten ihn Rich) und ich uns sehr nahe gewesen; er war der Älteste, und ich folgte ihm stets auf den Fersen – wohl nicht ungewöhnlich für zwei relativ erfolgreiche Geschwister. Als Erwachsene gingen wir getrennte Wege, doch bei den Familienfesten freuten wir uns stets über die Gesellschaft des anderen. Ich habe nie einen Hauch von Rivalität verspürt, während wir uns die Karriereleiter hinaufhangelten.

Dennoch war es wohl ein bewegender Augenblick, als er das Büro des CEO bei IBM betrat und mich auf dem Platz sitzen sah, den er höchstwahrscheinlich eingenommen hätte, wenn seine Erkrankung nicht seine Karriere unterbrochen hätte. Er war bestens vorbereitet. Tatsächlich gab er mir den scharfsinnigsten Bericht, den ich in den ersten Tagen zu hören bekommen habe. Insbesondere sprach er sich gegen die Auffassung aus, der Großrechner sei tot, und gegen ein geradezu hysterisches Bestreben in der Firma, alle Kräfte darauf zu lenken, den PC-Krieg zu gewinnen. Ich zitiere direkt aus den Unterlagen, die er mir gab: »Wir haben zugelassen, daß die Informations-Industrie das Paradigma verstärkt hat, der Großrechner sei teuer, kompliziert und zu aufwendig, Workstations hingegen seien billig, einfach zu bedienen und leicht an die jeweiligen Bedingungen eines Unternehmens anzupassen. Obwohl dieses Paradigma keinerlei Wahrheit enthält, haben wir zugelassen, daß die Konkurrenz, die Meinungsführer und unsere Kunden die Unterschiede übertrieben darstellen. Ergebnisse sind ein dramatischer Einbruch bei den S/390-Großrechner-Verkaufszahlen, der Vormarsch der Alternativen von Amdahl und Hitachi, Glaubwürdigkeitsprobleme der CIOs (der Leiter der Informationstechnologieabteilungen) bei großen Firmen und ein schwindendes Vertrauen, daß IBM in seiner Verkaufsorganisation das Wohl des Kunden im Auge hat.

Wir sollten den Preis für die Hardware umgehend senken, die Preisgestaltung bei der Software vereinfachen, die Entwicklung auf Vereinfachung lenken, ein schlagkräftiges Kommunikationsprogramm installieren, um die Großrechner und Workstations neu zu positionieren, und betonen, daß der Großrechner ein wichtiger Bestandteil des Informationsportfolios eines jeden CIOs ist.«

Wenn ich an die drei, vier Dinge zurückdenke, die beim Richtungswechsel von IBM tatsächlich eine Rolle spielten, dann gehörte die Neupositionierung des Großrechners sicher dazu. Niemand wies früher und deutlicher darauf hin als mein Bruder Dick.

Er gab mir auch ein paar Tipps, die er als »brüderlichen Rat« bezeichnete:

- Stell im Büro und zu Hause je einen PC auf. Nutze PROFS (das interne Nachrichtensystem); deine Vorgänger haben das nicht getan, und das hatte Folgen.
- Mache öffentlich klar, daß du keine kurzsichtigen Vorschläge, keine internen Machtkämpfe und keine Dolchstöße willst. Das mag banal klingen, aber bei IBM hat sich dies alles zu einer Kunstform entwickelt.
- Rechne damit, daß alles, was du sagst und tust, innerhalb und außerhalb der Firma analysiert und interpretiert werden wird.
- Schaffe Dir einen privaten Kreis von Beratern, die keinerlei persönliche Interessen verfolgen.
- Ruf unsere Mutter an.

Im Laufe der folgenden Monate hätte ich mir gern mehr Rat bei Dick geholt, doch es gab eine höchst aufmerksame Gruppe von Leuten bei IBM, die nur darauf warteten, ob ich ihn als Hausmacht hinter dem Thron aufbaute. Das wollte ich weder ihm noch mir antun. Wir unterhielten uns mehrere Male, allerdings nur kurz, und nichts davon hatte dieselbe große Wirkung auf mich und die Firma wie unser erstes Treffen.

Am 13. April führte ich im IBM-Büro in New York City ein Bewerbungsgespräch mit Jerry York. Jerry war zu dem Zeitpunkt Finanzchef bei der Chrysler Corporation und einer der beiden Kandidaten für den Posten als CFO, die ich mir in jener Woche ansah. Es war ein wahrhaft denkwürdiges Treffen. Jerry erschien in einem gestärkten weißen Hemd und einem blauen Anzug, alles picobello – West Point eben. Er war nicht schüchtern und hielt mit nichts hinterm Berg. Er sagte rundheraus, daß er den Job wolle, und skizzierte dann sogleich eine Reihe von Dingen, die seiner Meinung nach so bald wie möglich umgesetzt werden sollten. Seine Offenheit, Direktheit und Aufrichtigkeit beeindruckten mich ebenso wie seine analytischen Fähigkeiten. Mir war klar, daß er zäh war – sehr zäh –, also genau der Richtige für die Kostenseite bei IBM. Ich sprach in jener Woche noch mit einem zweiten Kandidaten, doch ich blieb bei der Entscheidung für Jerry. Er kam am 10. Mai zu IBM.

Für den Posten des Personalchefs kam Gerry Czarnecki in Frage. Gerry leitete seinerzeit eine Bank, hatte aber Jahre zuvor im Personalbereich gearbeitet. Im Laufe der folgenden Wochen unterhielten wir uns mehrmals, am Telefon oder persönlich. Gerrys Energie und seine Direktheit gefielen mir, aber ich war nicht sicher, ob er bereit war, wieder eine Funktion im Personalwesen zu übernehmen. »Wahrscheinlich nirgendwo anders«, sagte er, »aber ich bin bereit, beim Umbau von IBM mitzumachen.«

Wie sich zeigte, war diese Einstellung eine der wenigen, die sich in meinen frühen Jahren bei IBM nicht wie geplant entwickelten. Mir wurde bald klar, daß es sich für Gerry als sehr schwer erwies, zu diesem Arbeitsgebiet zurückzukehren und die Personalabteilung zu leiten. Nach vier Monaten handelte und sprach er eher wie ein Vize-CEO. Nicht, daß Gerrys Ideen falsch waren – tatsächlich setzte er sich sehr für einen substantiellen Wandel der Unternehmenskultur ein. Doch die Organisation akzeptierte von Gerry nicht das, was sie von mir akzeptierte. Er brach die Brücken zu seinen Kollegen recht früh ab und verließ IBM innerhalb eines Jahres wieder.

Natürlich bestand meine Hauptaufgabe in den ersten Wochen darin, ganz privat mit jedem einzelnen der leitenden Angestellten zu sprechen. Einige von ihnen hatten das zehnseitige Papier vorbereitet, um das ich gebeten hatte; die meisten jedoch lieferten eher eine Ad-hoc-Analyse ihrer Geschäftsbereiche ab. Während all dieser Treffen in dieser Zeit bewertete ich mein Team, versuchte die Probleme zu verstehen, denen sie sich gegenübersahen, und mir ein Bild zu machen, wie sie damit umgingen, wie klar sie dachten, wie gut sie ihre Arbeit erledigten und wie es um ihre Führungsqualitäten bestellt war.

In jenen ersten Tagen verließ ich mich am allermeisten auf Paul Rizzo. Wie schon gesagt, hatte die IBM-Führung ihn aus dem Ruhestand geholt als Unterstützung für John Akers. Paul war zweiundzwanzig Jahre lang in führender Position bei IBM gewesen. Nachdem er in den Ruhestand gegangen war, wurde er Dekan an der Business School der University of North Carolina und baute sich in dem Bundesstaat ein neues Haus. Das letzte, was er beabsichtigte, war eine Rückkehr zu IBM, doch er kam, weil er die Firma liebte und sie nicht sterben sehen wollte.

Als ich anfing, war Paul verantwortlich für das Dezentralisierungs-Programm – das Aufbrechen der Firma in individuelle, autonome Einheiten. Paul hatte die Strategie zwar nicht erfunden, aber solange kein Finanzchef da war, überwachte er im Grunde die finanzielle Seite. Er hatte auch all die Investmentbanker im Auge zu behalten, die sich um die einzelnen Teile der Firma rauften und gierig ihre Fähnchen in einzelne Geschäftszweige pflanzten. Mich erinnerte das an den Goldrausch. Jeder wollte den Firmenteil oder die Firmenteile, die er oder sie beriet, unbedingt an die Börse bringen. Wir gaben zig Millionen Dollar für die Buchführung aus, nur um die Bilanzierungsanforderungen für einen Börsengang zu erfüllen, denn IBMs Finanzsystem sah frei agierende Einheiten nicht vor. Paul kümmerte sich ebenfalls intensiv um die Finanzaktivitäten, die nötig waren, um weiteres Kapital zu beschaffen.

Es fiel mir nicht schwer, Paul zu bitten, daß er blieb, und ich bin dankbar, daß er es tat. Im Verlaufe des ersten Jahres war er ein Fels in der Brandung, ein weiser Mentor und scharfsinniger Partner bei der Beurteilung von Strategien und Personen – ein weiterer wichtiger Held in der Geschichte, wie es IBM gelang, das Ruder herumzureißen.

In jenen ersten Wochen im April gab es einen besonderen Augenblick. Eines Morgens verließ ich mein Haus zu der für mich üblichen frühen Stunde. Als ich die Wagentür öffnete, bemerkte ich, daß jemand auf der Rückbank saß. Es war Thomas J. Watson, der ehemalige CEO von IBM und Sohn des Firmengründers. Tom wohnte buchstäblich auf der anderen Straßenseite und war zu meiner Einfahrt gekommen, um mich zu überraschen und mit mir in die Arbeit zu fahren. Er war mittlerweile 79 Jahre alt, 1971 war er vom Posten des CEO zurückgetreten und in den Ruhestand gegangen.

Er war aufgekratzt oder vielmehr aufgeregt. Er sagte, er sei wütend über das, was mit »seiner Firma« geschehen sei. Ich müsse sie »gründlich durchschütteln« und alle erforderlichen Schritte unternehmen, um sie wieder in die Spur zu bringen.

Er bot seine Unterstützung an, drängte mich zum schnellen Handeln, erzählte von seiner Zeit bei IBM und sprach vor allem über die Bedeutung, tatkräftig zu handeln, wie er immer und immer wieder gefordert habe. Am Ende unserer Fahrt hatte ich den Eindruck, er hätte den Job am liebsten selbst übernommen!

Am 15. April machte ich meinen ersten offiziellen Besuch an einem Ort außerhalb des Hauptsitzes. Ich hatte diesen Ort sorgfältig ausgewählt: das Forschungslabor der Firma in Yorktown Heights, New York. Wenn IBM eine Seele hatte, dann war es dieses Labor. Passenderweise auf den Namen T. J. Watson Research Center getauft, waren dort die intellektuellen Kapazitäten versammelt, die es IBM jahrzehntelang ermöglicht hatten, einen Großteil der wichtigen Entwicklungen zu erfinden, aus denen eine ganze Branche entstanden war, die Computerindustrie.

Dies war mein erster öffentlicher Auftritt innerhalb der Firma, und er war wichtig, denn ich wußte, die technische Seite war meine größte Angriffsfläche. Würden die Forscher mich als Chef ablehnen? Einige in der Firma nannten mich wegen meines vorherigen Jobs bei Nabisco schon »Krümelmonster«.

Ich sprach von der Bühne eines Auditoriums. Der Saal war voll, und meine Bemerkungen wurden in die Cafeteria übertragen. Andere IBM-Forschungsstätten rund um die Welt empfingen die Rede ebenfalls.

Wenn man den stereotypen Vorurteilen über Forscher glauben will, dann sind sie derart auf ihre großen Ideen fixiert, daß sie keine Ahnung von der Wirklichkeit haben. Nun, diese Forscher waren anders! Ich sah ihnen an, wieviel Schmerz ihnen die Probleme der Firma bereiteten. Ich weiß nicht, ob aus Neugier oder Sorge, aber sie waren alle gekommen, um zuzuhören.

Ich hielt ihnen also meine Wahlkampfrede über Ziele, Tempo, Kunden, Teamwork und darüber, all diesen Schmerz zu überwinden. Ich sprach davon, wie stolz ich war, bei IBM zu sein. Ich unterstrich die Bedeutung der Forschung für die Zukunft von IBM, aber ich sagte auch, daß wir wahrscheinlich Wege finden müßten, unsere Kunden und unsere Forscher näher zusammenzubringen, damit mehr Ideen aus der großen Innovationsschmiede der Firma den Menschen bei der Lösung existierender und drängender Probleme zugute kommen würden.

Es gab Applaus, aber ich war nicht sicher, was sie tatsächlich dachten.

Die Aktionärsversammlung

Das vielleicht schlimmste Ereignis meines ersten Monats bei IBM war die jährliche Aktionärsversammlung. Sie war bestimmt schon vor Jahren auf den 26. April in Tampa, Florida, festgelegt worden. Ich brauche wohl nicht zu sagen, daß es eine beängstigende Herausforderung war, die erste Hauptversammlung zu leiten in einer Phase, wo die Firma erkennbar in großen Schwierigkeiten steckte. Ich war erst seit drei Wochen bei IBM, konnte kaum die Produkte auseinanderhalten, geschweige denn erklären, was wozu diente oder gar, Gott bewahre, die Technologie beschreiben, die darin steckte. Außerdem waren die Aktionäre natürlich wütend und wollten Blut sehen – vielleicht zu Recht. Der Kurs von IBM war von einem Hoch bei 43 Dollar im Jahr 1987 auf 12 Dollar am Tag der Hauptversammlung gefallen. Das war nicht einmal die Hälfte des Werts vom Vorjahr.

Zweitausenddreihundert Aktionäre warteten ungeduldig darauf, daß die Show anfing, als ich an jenem Tag um 10 Uhr morgens die Bühne betrat – in der größten Kongreßhalle, die ich je gesehen hatte. Man konnte nicht umhin, das Meer an weißen Häuptern zu bemerken – offenbar besaßen ziemlich viele Pensionäre in Florida Aktien von IBM. Ich hielt eine kurze Rede, in der ich sie um etwas Geduld bat, machte aber deutlich, daß ich schnell handeln wollte, alle nötigen Veränderungen anpacken würde und das Augenmerk der Firma wieder auf den Kunden richten wollte.

Ich erhielt höflichen Applaus, und dann begann das Bombardement. Ein Aktionär nach dem anderen erhob sich und griff die Firma und häufig genug auch den Vorstand an, dessen Mitglieder in der ersten Reihe des Auditoriums vor mir saßen. Es war ein Gemetzel. Die Mitglieder des Board mußten einen Volltreffer nach dem anderen einstecken. Die Aktionäre gingen halbwegs vernünftig mit mir um und machten mich nicht für die Probleme verantwortlich, doch hatten sie nur wenig Geduld und forderten eine schnelle Genesung des Unternehmens. Die Veranstaltung war lang und anstrengend – für alle, glaube ich.

Ich weiß noch, daß ich allein in einem Firmenflugzeug zurück nach New York flog. Meine Gedanken kreisten um den Board of Directors. Nach dieser Jahreshauptversammlung war klar, daß Veränderungen notwendig waren – lieber früher als später. Ich wandte mich an die Flugbegleiterin und sagte: »Das war ein wirklich anstrengender Tag. Ich glaube, ich möchte einen Drink.«

»Sie meinen doch nichts Alkoholisches, oder?«

»O doch!« erwiderte ich. »Welchen Wodka haben Sie?«

»An Bord von IBM-Maschinen haben wir keinen Alkohol. Es ist nicht erlaubt, Alkohol auszuschenken.«

»Und wer, glauben Sie, könnte diese Regel ändern?«

»Nun, Sie vielleicht, Sir.«

»Ab sofort *ist* sie geändert.«

4 RAUS AUFS FELD

Es war wichtig, daß ich endlich raus aufs Feld kam. Ich wollte mein Verständnis von der Firma nicht allein von den Eindrücken leiten lassen, die ich von den Angestellten am Firmenhauptsitz gewonnen hatte. Außerdem waren die örtlichen IBM-Fürsten und -Barone begierig darauf, den neuen Konzernchef kennenzulernen. Also flog ich am Tag nach der Jahreshauptversammlung nach Frankreich, um mich dort mit den mächtigsten Granden zu treffen – IBM Europa, Naher Osten und Afrika (wir nennen es »EMEA«). In einer einzigen Woche besuchte ich Frankreich, Italien, Deutschland und Großbritannien. Die Arbeitstage gingen von Sonnenaufgang bis Mitternacht und waren angefüllt mit Geschäftsberichten von leitenden Angestellten, Mitarbeitervollversammlungen und Kundenbesuchen.

IBM EMEA war ein gigantisches Unternehmen, das in 44 Ländern operierte und über 90 000 Mitarbeiter hatte. Die Einnahmen hatten 1990 mit 27 Milliarden Dollar ihren Höhepunkt erreicht und fielen seitdem. Die Bruttogewinnspanne bei der Hardware war von 56 Prozent in 1990 auf 38 Prozent in 1992 gefallen. Sehr wichtig war der Umstand, daß angesichts dieses ungeheuren Rückgangs an Bruttogewinnen die Gesamtausgaben nur um 700 Millionen Dollar gesunken waren. Die Gewinnmarge vor Steuern war von 18 Prozent in 1990 auf sechs Prozent in 1992 gefallen.

Wohin ich auch kam, die Botschaft war immer dieselbe: rapide sinkende Großrechnerverkäufe, erheblich höhere Preise als bei unseren Konkurrenten, geringer Anteil am stetig wachsenden Client/Server-Segment (PC-zentriert) und ein alarmierender Imageverlust. Bei meiner vorbereitenden Lektüre stieß ich auf die erschrekkende Aussage: »Wir rechnen damit, daß unsere Nettoliquidität 1993 einen Negativwert von 800 Millionen Dollar erreichen wird. Wir erwarten, dies selbst ausgleichen zu können, werden aber eine Weile keine Dividenden an die Mutterfirma abführen können.«

Ich lernte eine Menge auf dieser Reise – vor allem die Begegnungen mit unseren Kunden waren nützlich –, doch die wichtigsten Botschaften erhielt ich aus dem Inneren des Unternehmens. Es wurde deutlich, daß auf allen Ebenen der Organisation Furcht, Unsicherheit und eine übermäßige Fixierung auf die internen Abläufe unseren Problemen zugrunde lagen. Eine Veränderung der Prozesse würde die Lösungen bringen, die wir brauchten. Es gab lange Diskussionen über die Preisgestaltung zwischen Firmenzweigen, eine andere Verteilung der Zuständigkeiten und sonstige interne Fragen. Als die EMEA-Oberen ihr Aktionsprogramm für die Firma zusammenfaßten, lautete der erste Punkt: »Das Land als Kernpunkt der Optimierung nutzen.«

Ich kehrte mit einer lebhaften Vorstellung von dem zurück, wovor man mich schon gewarnt hatte: Es gab mächtige geographische Lehnsgüter mit identischen Strukturen in jedem Land (von den 90 000 EMEA-Angestellten waren allein 23 000 mit Service-Aufgaben beschäftigt).

Ich hatte auch den Eindruck gewonnen, daß es sich durchweg um sehr talentierte Leute handelte, die ein Team bildeten, das so einsatzfreudig und kompetent war wie kein anderes, das ich je in einer Organisation gesehen habe. Das fiel mir immer wieder auf. Auf dem Rückflug fragte ich mich: »Wie konnten derart talentierte Menschen nur derart tief in den Sumpf geraten?«

Ein Klick geht um die Welt

Wie Paul Rizzo schon bei unserem Geheimtreffen in Washington gesagt hatte, war das Überleben von IBM massiv vom Großrechner abhängig. Über 90 Prozent der Gewinne stammten aus dem Geschäft mit den großen »Servern« und der Software, die darauf lief. Man brauchte keinen Wirtschaftsabschluß von Harvard und keinen Berater von McKinsey, um zu erkennen, daß das Schicksal des Großrechners auch das Schicksal von IBM war, und zu dem damaligen Zeitpunkt gingen beide unter wie bleierne Enten.

Eines der ersten Treffen, um das ich bat, war ein Briefing über den Zustand dieses Geschäftsbereichs. Zuständig für das Geschäft mit System/390-Rechnern war damals Nick Donofrio. Ich erinnere mich, daß ich zu seinem Büro in Somers im Bundesstaat New York fuhr, rund 20 Kilometer nördlich von Armonk, und dort eine Wiederholung meines ersten Arbeitstages erlebte. Wieder stand ich ohne Karte da und kam nicht in den Gebäudekomplex hinein, in dem die Stäbe aller größeren Produktgruppen von IBM arbeiteten, und niemand dort wußte, wer ich war. Ich überredete schließlich eine gnädige Seele mich einzulassen, fand Nick, und wir fingen an. Na ja, wenn man es denn anfangen nennen kann.

Zu jener Zeit lief jedes IBM-Treffen nach demselben Muster ab: eine Präsentation mit Overhead-Projektoren und Graphiken auf durchsichtigen Blättern, die alle bei IBM »Folien« nannten, niemand weiß mehr warum. Nick war bei seiner zweiten Folie angekommen, als ich an den Tisch trat und so höflich, wie ich das vor seinem Team konnte, den Projektor ausknipste. Nach einer langen Pause peinlicher Stille sagte ich: »Reden wir doch einfach über Ihre Geschäfte.«

Ich erwähne diese Episode, weil sie einen unbeabsichtigten, aber ungeheuer wirkungsvollen Effekt hatte. An jenem Nachmittag schoß die Nachricht, wie ich den Aus-Knopf am Overheadprojektor gedrückt hatte, per E-Mail rund um die Welt. Da sage einer was von Bestürzung! Es war, als hätte der Präsident der Vereinigten Staaten die Verwendung der englischen Sprache im Weißen Haus verboten.

Ich möchte durch die Erwähnung dieser Episode auf gar keinen Fall andeuten, Nick habe sein Geschäft nicht verstanden. In vielerlei Hinsicht stand er Pate bei der Entwicklung der Technologie, die am Ende den IBM-Großrechner retten sollte, und seine großen technischen Kenntnisse zusammen mit seiner geradezu unheimlichen Begabung, technisch komplexe Dinge in einfache Sprache zu übertragen, waren mir in den vor uns liegenden Tagen eine große Unterstützung. Das Treffen verlief sehr erfolgreich, und es gibt einen direkten Zusammenhang zwischen dem, was ich an jenem Tag hörte, und einer ersten wichtigen Entscheidung bei IBM.

Die Entscheidung für den Großrechner

Bei einem weiteren Treffen in dem Konferenzraum neben meinem Büro in Armonk skizzierte das Großrechner-Team einen rapiden Rückgang bei den Verkäufen und, noch wichtiger, einen regelrechten Einbruch in den letzten fünfzehn Monaten. Ich fragte, warum wir derart viele Marktanteile verloren hatten, und die Antwort lautete: »Hitachi, Fujitsu und Amdahl liegen 30 bis 40 Prozent unter unseren Preisen.«

Ich stellte die Frage, die auf der Hand lag: »Warum senken wir dann nicht die Preise, statt zu erlauben, daß sie auf uns einschlagen wie auf eine Trommel?«

Die Antwort lautete: »Wir würden empfindliche Gewinneinbußen erleben, und das zu einem Zeitpunkt, wo wir Gewinne dringend brauchen.«

Ich hatte gehofft, ich könnte dem Rat aller Management-Gurus folgen und in den ersten 90 Tagen größere Entscheidungen vermeiden, doch so geht es nur in der Welt der Gurus. Die Firma verblutete, und das Herz der Firma war der System/390-Großrechner. Zwei Wochen, nachdem ich zur Firma gestoßen war, mußte ich etwas unternehmen.

Mir wurde klar, daß die Firma bewußt oder unbewußt den S/390 molk wie eine Kuh und daß das nicht länger gutgehen konnte. Ich sagte dem Team, daß diese Strategie sofort gestoppt werde, und instruierte sie, erst mit einem aggressiven Plan für Preissenkungen wieder zu mir zu kommen, den wir zwei Wochen später bei einer großen Kundenkonferenz verkünden konnten.

Die Finanzleute schluckten schwer. Zweifellos hätte ein neuer CEO auch die alternative Strategie fahren können: die hohen Preise für S/390 noch ein paar Jahre halten, da die Kunden nicht ohne weiteres von einem Tag auf den anderen auf Konkurrenzprodukte würden umsteigen können. Der Umsatz – Hunderte von Millionen Dollar – wäre eine kräftige, kurzfristige Unterstützung für den Umbau der Firma gewesen. Gleichzeitig aber hätte das unseren Kunden sehr weh getan und hätte im Widerspruch zu dem gestanden, worum sie uns baten, nämlich das Problem zu lösen, statt ihm auszuweichen. Auf längere Sicht hätten wir den größten Trumpf der

Firma zerstört – und vielleicht die ganze Firma gleich mit. Also setzten wir alles auf eine dramatische Preisreduzierung ausgerechnet bei dem Produkt, das praktisch alle IBM-Gewinne einfuhr.

An jenem Tag trafen wir noch eine weitere wichtige Entscheidung – besser gesagt, ich bekräftigte noch einmal eine wichtige Entscheidung, die schon ein paar Monate vor meiner Ankunft gefallen war. Die Techniker in der Abteilung 390 hatten einen mutigen Schritt hin zu einer vollkommen anderen Technologie für den S/390 vorgeschlagen: weg von der bipolaren Technologie hin zu CMOS (ausgesprochen als C Moss). Sollte dieses ungeheuer komplexe Projekt wirklich in die Gänge kommen, würde es erhebliche Preisreduzierungen für den S/390 bedeuten, ohne entsprechende Verluste an Umsatz, und damit wäre die Konkurrenzfähigkeit des S/390 im Verhältnis zu alternativen Produkten geradezu dramatisch verbessert. Sollte das Projekt scheitern, war der S/390 tot.

Aber das Projekt scheiterte nicht! Die Zauberer in den Labors in Europa und den Vereinigten Staaten, die es auf den Weg brachten, verdienen einen Platz im Pantheon des neuen IBM-Konzerns. Ich bin bis heute dankbar (und hatte das Glück), daß einige hellsichtige Verantwortliche diese Entscheidung getroffen hatten, bevor ich zur Firma kam. Meine Aufgabe bestand einfach darin, diese Entscheidung zu bestätigen und die Milliardensummen zu sichern, die wir in den folgenden vier Jahren dafür aufbringen mußten.

Hätten wir diese Entscheidung, auf CMOS zu setzen, nicht getroffen, wären wir 1997 aus dem Großrechnergeschäft draußen gewesen, da bin ich sicher. Das führte uns das Schicksal unseres damaligen Hauptkonkurrenten Hitachi vor Augen. Dort entwickelte man weiter immer größere bipolare Systeme, doch deren Zeit war abgelaufen, und Hitachi ist heute nicht mehr im Geschäft.

Die Performance von CMOS auf dem Papier war atemberaubend, und sie sollte uns nicht enttäuschen. Wir bauen heute größere und mächtigere Systeme, als man sie sich mit der bipolaren Technologie jemals hätte erträumen können. Eine Milliarde Dollar investierten wir Anfang der neunziger Jahre in diese Entwicklung. Der Umsatz mit High-End-Servern belief sich von 1997 bis Ende 2001 auf 19 Milliarden Dollar – eine respektable Bilanz.

Die erste Strategie-Konferenz

Für Sonntag, den 16. Mai, berief ich eine zweitägige interne Konferenz über die Firmenstrategie ins Konferenzzentrum von Chantilly in Virginia ein. Es waren sechsundzwanzig Führungskräfte von IBM anwesend. Es gab keinen Dresscode, aber die Präsentationen waren sowohl formell als auch formidabel.

Am Ende war ich vollkommen erschöpft. Es war einfach überwältigend. Der technische Jargon, die Abkürzungen und die geheimnisvollen Begriffe reichten allein schon aus, um jeden zu ermüden. Doch was wirklich Kräfte kostete, war die Erkenntnis, daß die Anwesenden zwar ungeheuer klug, sehr entschlossen und manchmal auch überzeugt davon waren, was zu tun sei, daß es aber nur wenig wirklich strategischen Unterbau zu all den Vorschlägen gab. Nicht ein einziges Mal tauchte die Frage der Kundensegmentierung auf. Nur selten verglichen wir unsere Angebote mit denen unserer Konkurrenten. Die verschiedenen angesprochenen Themen verzahnten sich nicht und erlaubten der Gruppe nicht, sie zu einem Gesamtausblick für IBM zusammenzufassen. Ich war wirklich verwirrt; das war wohl der Tiefpunkt meines ersten Jahres bei IBM. Ich verließ den Raum mit dem schrecklichen Gefühl in der Magengrube, daß Murphy und Burke vielleicht doch Unrecht hatten – IBM brauchte einen Technik-Zauberer, um sich in diesem Wald zurechtzufinden!

Ich hatte nicht viel Zeit für Selbstmitleid, denn an jenem Abend begann wohl das wichtigste Treffen meiner gesamten Zeit bei IBM: das IBM-Kunden-Forum.

Das Kundentreffen in Chantilly

Dieses Treffen war schon lange, bevor ich zu IBM gestoßen war, angekündigt worden. Die größten amerikanischen Konzerne hatten insgesamt etwa hundertfünfundsiebzig Verantwortliche aus ihren Informationstechnologieabteilungen entsandt, die sich anhören sollten, was es bei IBM Neues gab. Sie repräsentierten einen Großteil der wichtigsten Kunden, die IBM hatte – und sie entschieden, ob wir es schaffen oder ob wir untergehen würden.

Am Dienstagabend traf ich mich mit einigen CIOs zum Essen; sie teilten die Ansichten, die ich auch schon in Europa gehört hatte. Sie waren verärgert über IBM und beunruhigt, daß wir den Mythos, der Großrechner sei tot, so lange hatten gedeihen und blühen lassen. Die PC-Gläubigen hatten die Medien davon überzeugt, daß die große IT-Infrastruktur der Welt – die Büros in den Banken, Fluggesellschaften, bei den Dienstleistern und so weiter – sich irgendwie auf Desktop-Computer würde übertragen lassen. Die CIOs wußten, daß dieser Gedanke einfach falsch war, und sie waren ärgerlich, weil IBM ihre Position nicht verteidigte. Sie beschwerten sich noch über ein paar andere Dinge, wie zum Beispiel die Preisgestaltung für Hard- und Software bei Großrechnern. Sie waren zornig auf die Bürokratie bei IBM und darauf, wie schwierig es war, integrierte Strategien zu finden – integrierte Lösungen und Lösungen über Ländergrenzen hinweg.

Am nächsten Morgen ließ ich meine vorbereitete Rede in der Tasche und sprach frei. Ich stand vor meinen wichtigsten Kunden und redete frei von der Leber weg. Ich erzählte dem Publikum, daß nun ein Kunde Chef bei IBM geworden war; daß ich schon länger Kunde der IT-Industrie war, als ich jemals bei IBM sein würde; daß ich kein Technikexperte sei, aber daran glaube, daß die Informationstechnik jede Institution auf der Welt verändern werde. Aus diesem Grunde hätte ich eine strategische Sicht auf die Informationstechnik, und die würde ich zu IBM und den Kunden von IBM bringen.

Ich kam sofort auf das Thema Großrechner zu sprechen. Ich sagte, ich stimmte mit den CIOs überein, daß wir es versäumt hätten, unsere Verantwortung für die Definition seiner Rolle in einer Welt der PCs zu übernehmen, daß unsere Preise hoch seien und daß unsere bürokratischen Strukturen unbestritten seien. Ich erzählte ihnen einige schlechte Erfahrungen mit IBM, die mir meine CIOs bei American Express und Nabisco berichtet hatten.

Dann legte ich meine Erwartungen dar:

- Wir würden IBM und die Prioritäten der Firma von der Kundenseite aus neu definieren.
- Wir würden unseren Forschungseinrichtungen freie Hand lassen und offene, gängige und benutzerorientierte Lösungen liefern.
- Wir würden uns wieder auf Qualität besinnen, für einen unkomplizierten

Umgang sorgen und wieder eine führende Position in der Industrie erreichen (aber nicht die alte Dominanz).
- Alles werde damit stehen und fallen, daß wir auf unsere Kunden hören und die Leistung bringen würden, die sie erwarteten.

Und schließlich kündigte ich die große Preisveränderung bei Großrechnern an. Unser Team hatte in den zwei Wochen zuvor hart gearbeitet und buchstäblich in der Nacht vor diesem Treffen die Vorschläge zusammengestellt. Ich ging nicht in die Einzelheiten – das sollte zu einem späteren Zeitpunkt auf diesem Treffen geschehen –, doch ich machte deutlich, daß die Preise für Hard- und Software sinken würden, und zwar schnell. Der Preis für eine Großrechnereinheit fiel von 63 000 Dollar in jenem Monat auf unter 2500 Dollar sieben Jahre später – ein unglaublicher Preisrückgang von 96 Prozent. Das Preis-Leistungsverhältnis bei Großrechnersoftware verbesserte sich in den folgenden sechs Jahren im Schnitt um 20 Prozent pro Jahr.

Dieses Programm trug wahrscheinlich mehr als alles andere zum Überleben von IBM bei. Auf kurze Sicht erhöhte es das Risiko der Insolvenz, da die Firma Milliarden Dollar an möglichen Einnahmen und Gewinnen verlor. Wäre die Strategie nicht aufgegangen, wäre ich der CEO gewesen, der die Firma in den Untergang geführt hätte – Louis der Letzte. Doch der Plan funktionierte. 1993 war die Großrechnerkapazität, die IBM auslieferte, um 15 Prozent gesunken. 1994 stieg sie um 41 Prozent, 1995 um 60 Prozent, 1996 um 47 Prozent, 1997 um 29 Prozent, 1998 um 63 Prozent, 1999 um 6 Prozent, 2000 um 25 Prozent und 2001 um 34 Prozent. Das war ein erstaunlicher Turnaround. Zwar waren die neuen Preise nicht der einzige Grund, warum IBM überlebte, aber wenn wir diesen riskanten Schritt nicht unternommen hätten, wäre das Ende absehbar gewesen.

5 OPERATION BEAR HUG

Ende April stand eine Sitzung mit dem Corporate Management Board auf dem Programm, den fünfzig Topmanagern von IBM, die ich bereits im März kennengelernt hatte, an dem Tag, als ich zum neuen CEO berufen wurde.

Ich teilte ihnen meine Eindrücke nach drei Wochen im Amt mit. Ich sagte, ich sähe eine Menge positiver Dinge, vor allem in der Forschung, der Produktentwicklung und in der zupackenden Art etlicher Personen.

Aber es gebe auch Beobachtungen, die mir Sorgen bereiteten:

- der Verlust des Kundenvertrauens, ablesbar an bestürzenden Urteilen der Kunden über die Qualität unserer Produkte;
- gedankenloses Drängen nach Dezentralisierung, manche Manager sprängen geradezu vor und forderten »macht mir eine Tochtergesellschaft«;
- die Lösung abteilungsübergreifender Themen dauere zu lange;
- Spannungen in der Organisation bei der Frage, wer die Marketing- und Verkaufsprozesse steuert;
- ein verwirrendes und kontroverses System zur Messung von Performance, das bei Abschlüssen mit Kunden zu ernsthaften Problemen führe;
- eine verwirrende Reihe von Allianzen, die in meinen Augen keinerlei Sinn ergaben.

Ich kündigte die »Operation Bear Hug« (»Kräftige Umarmung«) an. Alle fünfzig Mitglieder des obersten Managementteams sollten in den nächsten drei Monaten jeweils mindestens fünf unserer besonders wichtigen Kunden aufsuchen. Sie sollten zuhören, den Kunden vermitteln, daß wir uns kümmerten, und, wenn nötig, stabilisierende Maßnahmen ergreifen. Jeder einzelne ihrer direkten

Untergebenen (insgesamt mehr als zweihundert) sollte das ebenfalls tun. Von jedem »Bear-Hug«-Besuch erwartete ich einen ein- bis zweiseitigen Bericht an mich und an jeden, der die Probleme des betreffenden Kunden lösen konnte. Die Kundenbesuche sollten ein erster wichtiger Ansatz sein, die Ansicht unserer Kunden zu verändern, daß es schwierig sei, mit uns zu arbeiten. Ich machte weiterhin deutlich, daß es keinen Grund gab, bei fünf Kundenbesuchen aufzuhören. Das sollte eine Prüfung sein, bei der es Belohnungen geben würde.

»Bear Hug« war der erste Schritt in der Veränderung der Unternehmenskultur von IBM. Diese Operation war eine wichtige Möglichkeit für mich, deutlich zu machen, daß wir eine Firma aufbauen wollten, die von außen nach innen funktionierte, und daß der Kunde bestimmte, was wir in der Firma taten. Das alles sorgte für ziemliche Aufregung. Als die Mitarbeiter merkten, daß ich tatsächlich jeden einzelnen Bericht las, verbesserten sich Durchführung und Aufmerksamkeit erheblich.

Das Ende des Management-Komitees

Am selben Apriltag gab es ein Treffen des Management-Komitees (intern sprach man nur von MC). Man muß wissen, daß ein Sitz im MC die höchste Machtposition war und jedem leitenden IBM-Angestellten als Höhepunkt der Karriere galt. Als ich zu IBM kam, hatte das Komitee sechs Mitglieder, darunter Akers und Kuehler. Es traf sich ein- bis zweimal pro Woche, normalerweise in formellen Ganztagesmeetings mit vielen Präsentationen. Jede wichtige Entscheidung in der Firma wurde dem MC vorgelegt.

Einige Mitglieder des MC waren erst kürzlich berufen worden. Zu ihrer großen – wahrscheinlich niederschmetternden – Bestürzung eröffnete ich ihnen an jenem Nachmittag bei unserer ersten Begegnung, daß das Komitee wohl kaum weiterbestehen werde. Ich wollte persönlich mehr Einfluß auf die Entscheidungen der Firma nehmen, und es bereitete mir Unbehagen, daß irgendwelche Komitees die Entscheidungen trafen. Das Management-Komitee, über Jahrzehnte hinweg ein wichtiges Element des Managementsystems bei IBM, wurde zwar erst Monate später offiziell aufgelöst, doch es starb im April 1993.

In gewisser Hinsicht symbolisiert der Aufstieg und Fall des MC den Erstarrungsprozeß, der bei IBM eingesetzt hatte. Ich hielt das für eine merkwürdige Methode, eine Firma zu führen – einerseits zentralistische Kontrolle, andererseits diffuse Verantwortung und Entscheidungsgewalt. Das MC war Teil des berühmten Streitsystems von IBM, bei dem die mächtigen Produktionseinheiten Empfehlungen abgaben und die Stabskräfte dagegenhielten. Wenn ich die Komplexität der Technologiebranche bedenke und die Risiken wichtiger Wirtschafts- und Produktionsentscheidungen, war dieser Ansatz zu der Zeit, als er geschaffen wurde, vielleicht wirklich eine brillante Innovation. Das Problem bestand allerdings darin, daß die IBM-Beschäftigten im Laufe der Jahre lernten, das System für ihre eigenen Ziele auszubeuten. So war Anfang der neunziger Jahre das System offener Auseinandersetzung offenbar einem System vorfabrizierter Übereinstimmung gewichen. Statt über Vorschläge zu diskutieren, erarbeitete der Stab ohne die leitenden Angestellten einen Konsens quer durch die Firma, der nur den kleinsten gemeinsamen Nenner beinhaltete. Konsequenterweise bekam das Management-Komitee in der Regel nur einen einzigen Vorschlag zu Gesicht, der zahllose Kompromisse enthielt. Zu oft bestand die Zuständigkeit des MC in einer reinen Formalität – Stempel drauf und fertig.

Ich habe nicht viel Zeit darauf verwendet, mich in die Firmengeschichte zu vertiefen, doch man hat mir gesagt, daß das Assistentennetzwerk diese Art der Kompromißbildung noch beförderte. Ähnlich den Eunuchen am Hofe der chinesischen Kaiser, verfügten sie über eine Macht, die weit über ihre sichtbaren Befugnisse hinausreichte.

Treffen mit den Experten

Im Verlauf all dieser Ereignisse in den ersten Wochen meiner Tätigkeit arrangierte ich eine Reihe von Vier-Augen-Gesprächen mit verschiedenen wichtigen Köpfen der Computer- und Telekommunikationsbranche. Dazu zählten John Malone von TCI, Bill Gates von Microsoft, Andy Grove von Intel, Chuck Exley von NCR und Jim Manzi von Lotus. Diese Treffen waren für mich sehr hilfreich, mehr wegen ihrer Einblicke in die Branche als wegen der Dinge, die über IBM gesagt wurden. Wie nicht anders zu erwarten, kamen viele meiner Besucher mit kaum verhüllten Forderungen zu mir.

In dem Treffen mit Andy Grove ging es besonders hart zur Sache. Auf seine wunderbar direkte Art vermittelte mir Andy, daß IBM keine Zukunft im Geschäft mit Mikroprozessoren habe, daß wir aufhören sollten, Intel mit unserem PowerChip Konkurrenz zu machen, und daß die Beziehungen zwischen den beiden Firmen schwierig bleiben würden, solange das nicht geschehen sei. Ich dankte Andy, doch da ich zu dem Zeitpunkt noch keine klare Meinung dazu hatte, was wir tun sollten, schob ich die Botschaft beiseite.

Das Treffen mit Bill Gates war, was den Inhalt angeht, nicht sehr bedeutend. Im Grunde sagte er nur, daß ich mich um die Großrechner kümmern und mich aus dem PC-Geschäft heraushalten solle. Denkwürdig waren aber die Umstände.

Wir trafen uns am 26. Mai um 8 Uhr morgens im IBM-Gebäude an der Madison Avenue in New York City. Zufälligerweise war ich für später an jenem Tag auch mit Jim Manzi, dem Chef von Lotus, verabredet. Der Wachmann in der Lobby kam durcheinander, sprach Gates als »Mr. Manzi« an und überreichte ihm Manzis Besucherausweis. Bill Gates war nicht gerade bester Laune, als er im 40. Stock eintraf. Dennoch führten wir eine nützliche Unterhaltung.

Bemerkenswert war auch, was danach geschah. Wir beide hatten ebenso wie unsere Stäbe beschlossen, daß wir die Presse draußenhalten wollten. Keine zwei Stunden, nachdem Gates das IBM-Gebäude verlassen hatte, hatte die Presse jedoch schon die Geschichte, und am Abend wußte jeder von dem Durcheinander mit seinem Ausweis. Er schloß daraus offenbar nicht, daß ich an jenem Tag noch ein Treffen mit Manzi hatte. Manchen erschien dieses Durcheinander als weiteres Indiz für IBMs – und vielleicht Lou Gerstners – Unfähigkeit.

Die Finanzen: Wir sinken schnell

Ende April gaben wir die Ergebnisse der Geschäftstätigkeit im ersten Quartal bekannt, die Zahlen waren trübe. Die Erlöse waren um sieben Prozent gesunken, die Bruttogewinnspanne war um mehr als zehn Punkte von 50 auf 39,5 Prozent gefallen. Die Verluste vor Steuern beliefen sich auf 400 Millionen Dollar. Im selben Zeitraum im Vorjahr hatte IBM noch einen Gewinn vor Steuern von nahezu einer Milliarde Dollar gemacht.

Gegen Ende Mai sah ich die Zahlen für den April, und sie waren ernüchternd. Der Gewinn war um weitere 400 Millionen Dollar gefallen, das bedeutete einen Gesamtverlust von 800 Millionen in den ersten vier Monaten. Die Verkäufe von Großrechnern waren in den vier Monaten um 43 Prozent eingebrochen. Andere große IBM-Firmenzweige – Software, Wartung, Finanzierung – waren stark von den Großrechnerverkäufen abhängig und brachen mit ein. Der einzige Teil der Firma, der wuchs, war die Servicesparte – ein relativ kleines, nicht sehr profitables Segment. Die Zahl der Mitarbeiter war von 302 000 zu Jahresbeginn auf 298 000 Ende April nur leicht gesunken. Verschiedene Geschäftsbereiche, darunter anwenderspezifische Software und unser Halbleitergeschäft, kämpften ums Überleben.

Genauso frustrierend wie die schlechten Ergebnisse war die Tatsache, daß das interne Budget- und Finanzmanagement voller Löcher war, auch wenn die Firma die Zahlen insgesamt ganz gut zusammenzählen konnte. Es gab nicht ein Budget, sondern zwei oder drei, da jede einzelne Einheit der IBM-Organisationsstruktur (zum Beispiel geographische Einheiten versus Produktzweige) auf ihrem eigenen Budget beharrte. Im Ergebnis hatten wir kein einzelnes, zusammengeführtes Budget. Wieviel Geld wohin floß, wurde permanent diskutiert und verändert, die jeweilige Verantwortlichkeit war nur sehr schwer zu bestimmen.

In Anbetracht der Tatsache, daß das Geschäft mit Großrechnern sich immer noch im freien Fall befand und genau dieser Bereich damals eine so enorm große Bedeutung für IBM hatte, sah die Zukunft sehr, sehr düster aus. Wir besserten die Bilanzen durch Neufinanzierungen so weit wie möglich auf, aber es mußte dringend etwas geschehen, um die Geschäftstätigkeit zu stabilisieren.

Die Medien

Meine Flitterwochen mit den Medien waren sehr kurz – verständlich, wenn man bedenkt, worum es ging, aber es ist auch unmöglich, eine schwer angeschlagene Firma im Scheinwerferlicht von täglichen Pressekonferenzen und der Öffentlichkeit umzustrukturieren. Es gab intern schon mehr als genug zu tun, und ich konnte mich nicht auch noch mit einem täglichen Bericht an die Medien belasten über Fortschritte, die vielleicht erst in Monaten oder Jahren zu erzielen waren und nicht in Stunden oder Tagen. Ein Reporter von *Associated Press* wollte mir am ersten Tag die ganze Zeit auf den Fersen bleiben. *USA Today* teilte mit, sie arbeiteten an einem Diagramm des täglichen Fortschritts. »Nein danke«, lautete unsere Antwort. »Wir werden uns eine Weile zurückziehen und uns erst einmal ein Bild von den anstehenden Aufgaben machen.« Das war allerdings keine sehr populäre Antwort auf die Fragen der Reporter, die es gewohnt waren, täglich ihre Storys über die Probleme bei IBM zu schreiben.

Ich hatte von Anfang an meinen eigenen Pressesprecher David Kalis. David arbeitete seit den achtziger Jahren bei American Express mit mir zusammen. Meiner Meinung nach war er der beste PR-Mann im ganzen Lande. Er war auch der erste echte PR-Profi in der Geschichte von IBM, der für die Öffentlichkeitsarbeit zuständig war. Jahrzehntelang war der Job Durchgangsposten für Verkaufsleute gewesen, die auf Topjobs getrimmt wurden.

David erbte bei IBM einen Scherbenhaufen. Es gab ein paar talentierte Leute, doch die Abteilung Öffentlichkeitsarbeit war zum Großteil mit bemühten, aber nicht ausreichend qualifizierten Kräften besetzt. Selbst wenn sie alle Profis gewesen wären, hätten sie unmöglich vernünftig arbeiten können angesichts der Schützengraben-Mentalität, die 1993 in der Firma herrschte. Die leitenden Angestellten bei IBM glaubten, daß das einzige Problem der Firma in den täglichen Prügeln bestand, die sie von der Presse bezogen. Sie hatten den Eindruck, daß IBM wieder zu Profitabilität und Normalität zurückkehren würde, wenn nur in den Medien positiver über uns berichtet würde.

Zwar richtete ich mein Hauptaugenmerk auf Treffen und Gespräche mit Kunden und Mitarbeitern, doch mußte ich auch Zeit für die Medien erübrigen. Der Druck war einfach ungeheuer groß. In den ersten Monaten gab es an jedem beliebigen Tag mehr als 65 Anfragen von den größeren Medien, die mich interviewen wollten. Zählte man die Lokalzeitungen und die Computerzeitschriften hinzu, gingen die Anfragen in die Hunderte. Wenn man dann noch die internationalen Anfragen hinzuzählte... und so fort.

Ich tat, was ich angesichts meines engen Terminkalenders konnte. Ich führte mehrere Einzelinterviews mit der *New York Times,* dem *Wall Street Journal,* der *Business Week,* mit *Fortune, USA Today* und der *Financial Times.* Doch, wie uns die Medien laut und deutlich und immer wieder wissen ließen, das war einfach noch nicht genug.

Mehr als irgend etwas sonst brauchte ich Zeit, doch ich wußte, daß ich davon nicht viel hatte. Der Druck wurde immer stärker – von den Medien, von der Wall Street, von den Aktionären. Es mußte eine Menge getan werden, und ich wußte, ich würde so bald wie möglich an die Öffentlichkeit treten müssen mit meinen Plänen, wie IBM zu retten sei.

6 DAS AUSBLUTEN STOPPEN
(UND AN DER VISION FESTHALTEN)

Im Juli 1993 hatte sich der Handlungsdruck verschärft – und es mußte umfassend gehandelt werden. Die finanzielle Lage des Unternehmens war besorgniserregend. Die Mitarbeiter erwarteten von ihrem neuen Chef, daß er etwas unternahm und ihnen die Richtung wies. Die Medien verloren, wie es ihre Art ist, die Geduld. (Ich hatte zwar nicht den Eindruck, daß die Presse über besonders beachtenswerte Einsichten in die Vorgänge bei IBM verfügte, doch angesichts der Anfälligkeit des Unternehmens zu jener Zeit konnte die Berichterstattung, ob sie nun den Tatsachen entsprach oder nicht, katastrophale Auswirkungen auf das Verhalten der Kunden haben.)

Am 14. Juli 1993 nahm die Tageszeitung *USA Today* das Faktum, daß ich nun hundert Tage im Amt war, zum Anlaß für eine lange Titelgeschichte. Die Story begann so:

> Die Aktionäre und Kunden von IBM haben wohl gehofft, daß Louis Gerstner während seiner ersten hundert Tage als CEO Wunder vollbringen könnte. Die Flitterwochen endeten am Freitag – ohne organisatorische Generalüberholung oder strategische Schachzüge.
> »Der Mann bewirkt eindeutig keine Wunder«, meint der Computer-Analyst Ulric Weil.
> Die Aktien von IBM haben sechs Prozent an Wert verloren, seit Gerstner die Leitung übernommen hat, »weil er nichts getan hat«, so der Computer-Analyst David Wu von S. G. Warburg.

Obwohl ich der Ansicht war, daß ich bereits eine Menge getan hatte, war es nun an der Zeit, einige wichtige Entscheidungen zu fällen und damit an die Öffentlichkeit zu gehen. Nach all den Treffen mit Kunden, Mitarbeitern und Branchenvertretern, nach all dem Nachdenken an Wochenenden und auf Reisen war nun die Stunde für vier wichtige Entscheidungen gekommen:

- Das Unternehmen zusammenhalten.
- Unser ökonomisches Grundmodell verändern.
- Die Art neu bestimmen, wie wir Geschäfte machen.
- Wenig ergiebige Vermögenswerte verkaufen, um Geld in die Kasse zu bringen.

Allerdings beschloß ich, daß ich im Sommer 1993 noch nichts von meinen strategischen Überlegungen verlauten lassen würde.

Das Unternehmen zusammenhalten

Ich kann nicht genau sagen, wann ich mich entschieden habe, das Unternehmen zusammenzuhalten, und ich erinnere mich auch an keine offizielle Ankündigung. Daß wir so groß waren und so breit aufgestellt, hatte ich in allen Gesprächen als besondere Wettbewerbsvorteile bezeichnet. Ich weiß jedoch, daß es sich hier für mich um eine besonders schwierige Entscheidung handelt, und zwar aus folgenden Gründen:

Als die Computerbranche erstmals auf der ökonomischen Bühne der Welt auftauchte, bestand die Geschäftspolitik der Unternehmen darin, ihren Kunden umfassende, integrierte Gesamtlösungen zu liefern. Wenn ein Unternehmen einen Computer kaufte, wurde er mit allen technischen Kernelementen wie Mikroprozessoren und Speicher geliefert; die Hardware war mit der gesamten Software geladen, alle Dienstleistungen im Zusammenhang mit Einrichtung und Wartung des Systems waren im Preis enthalten. Im Grunde erwarb der Kunde eine integrierte Systemlösung, deren Installierung im Gesamtpreis enthalten war. IBM hatte dieses Modell geschaffen, und im Laufe der Zeit tauchten in den Vereinigten Staaten nicht mehr als eine Handvoll Mitbewerber auf dem Computermarkt auf, die voll integrierte EDV-Lösungen anboten (man bezeichnet die betreffenden Firmen oft als »the Bunch« – es sind Burroughs,

Univac, NCR, Control Data und Honeywell). Nicht anders entwikkelten sich die Dinge auch in Japan und in abgeschwächtem Maße in Europa.

Mitte der achtziger Jahre kam allmählich ein neues Leitbild auf; es gründete sich auf die These, vertikale Integration sei nicht mehr der richtige Weg in die Zukunft. Die neue Generation erfolgreicher Unternehmen in der Informationstechnologie bot nur eine schmale, horizontale Scheibe des Gesamtpakets an. So tauchten Firmen auf, die nur Datenbanken verkauften, daneben gab es solche, die nur Betriebssysteme anboten, andere wiederum lieferten nur Speichermedien und so weiter. Plötzlich gab es in dieser Branche, die nicht einmal zehn Wettbewerber gekannt hatte, Tausende und schließlich Zehntausende Konkurrenten, von denen jeder nur einen einzigen kleinen Bestandteil einer EDV-Lösung verkaufte.

In diesem neuen Umfeld geriet IBM ins Taumeln, und daher predigten viele Visionäre und Gurus innerhalb und außerhalb des Unternehmens bald, die Lösung aller Probleme bestehe darin, IBM in Einzelteile zu zerlegen. Diese Schlußfolgerung war nach meiner Einschätzung kurzsichtig; man sah, was neue Wettbewerber taten, aber man begriff nicht, worauf die Zersplitterung der gesamten Branche zurückzuführen war.

Es gab zwei Faktoren, die den Kunden dazu trieben, dieses neue, zersplitterte Lieferantenumfeld zu unterstützen:

- Die Verbraucher wollten die Vormachtstellung von IBM in der Branche brechen – sie wollten die Hegemonie von IBM bei der Preisbildung nicht länger dulden, die es dem Unternehmen gestattete, Preise zu bündeln und hohe Gewinnspannen zu erzielen.
- Die Kunden waren immer mehr daran interessiert, jedem einzelnen Mitarbeiter einen Zugang zum Computer zu geben (der Fachbegriff dafür lautete »dezentraler Computerzugang« im Gegensatz zum »zentralisierten Computerzugang« mit einem Großrechner).

IBM war außerordentlich langsam, wenn es darum ging, dezentrale EDV-Lösungen zu liefern, und viele kleine Unternehmen sprangen ein, um die Lücke zu füllen. Diese Firmen waren nicht imstande, vollständige, integrierte Lösungen bereitzustellen, daher boten sie Ergänzungen zu einem IBM-Basissystem an und suchten ihren

Platz rund um eine Zentraleinheit von IBM. Dies taten Microsoft und Intel bereits eindeutig, als sich IBM zögernd ins PC-Geschäft begab.

Es war zweifellos nicht so, daß der Kunde sich eine ganze Schar von verschiedenen Lieferanten wünschte. Das allgemeine Ziel bestand darin, mehr Wettbewerb in den Markt einzuführen und Lieferanten für Computerlösungen neuer Art zu suchen.

Und das funktionierte. Zu Anfang der neunziger Jahre gab es in der Computerindustrie Zehntausende von Unternehmen, die teilweise nur wenige Monate oder Jahre existierten und dann wieder verschwanden. Doch die Effekte dieser Gesamtdynamik bestanden in niedrigeren Preisen und größerer Auswahl (mit der bemerkenswerten Ausnahme der PC-Branche, die Microsoft nach dem Vorbild von IBM in den Würgegriff nahm. All dies spielte sich allerdings diesmal rund um das Betriebssystem des Arbeitsplatzrechners ab, nicht um den Zentralrechner).

Gewiß hatte diese Umwälzung in der Computerbranche ihre guten Seiten, es gab aber auch eine höchst unerwünschte Nebenwirkung: Der Kunde mußte nun selbst die technologischen Komponenten zu einer brauchbaren Lösung integrieren, die seinen geschäftlichen Bedürfnissen entsprach. Früher hatte das ein Generalunternehmer wie IBM oder Burroughs oder Honeywell übernommen. Angesichts der neuen Struktur der Branche lag die schwere Bürde, das Zusammenspiel aller Teile zu bewerkstelligen, nun auf den Schultern des Kunden.

All das wurde noch schwieriger, weil in der Computerindustrie allgemein verbindliche Standards fehlen. Die Konkurrenten in der EDV-Branche streben, anders als die Wettbewerber in jedem anderen Wirtschaftszweig, der mir bekannt ist, danach, ihre jeweils »eigenen Normen« in die Welt zu setzen. So machen sie es anderen Unternehmen in der Branche nicht leicht, zwischen den unterschiedlichen Standards Kontakte herzustellen oder diese zu entschlüsseln, ohne dafür einen gewaltigen Preis zu verlangen. Die Folge sind uneinheitliche Standards und Voraussetzungen für die Herstellung von Verbindungen, und das erschwert übergreifende Lösungen sehr. (Auf Einzelheiten dazu werde ich später noch eingehen.)

Anfang der neunziger Jahre war ich bei einem der wichtigen Kunden der IT-Branche tätig gewesen und wußte daher aus erster Hand, daß die Integration sich zu einem gigantischen Problem auswuchs. Bei American Express war unser Plastikkärtchen, das in die Geldbörse paßte, potentiell imstande, Daten weltweit in Bewegung zu setzen, und daraus ergaben sich enorme Herausforderungen an die Technik. Dabei ging es mir vor allem um eines: Ich brauchte ein informationstechnologisches Fundament und einen Partner, der es mir erlaubte, meine Geschäfte so zu betreiben, wie es mir genehm war. Als ich 1993 bei IBM antrat, war ich daher überzeugt, daß ein Unternehmen, das in der Lage ist, alle Elemente zusammenzufügen, um eine Lösung für den Kunden zu liefern, unbedingt seinen Platz hat.

Warum war das so? Weil am Ende des Prozesses schließlich in jeder Branche ein großer Integrator steht. Gewiß gibt es Lieferketten, und an verschiedenen Punkten einer solchen Kette befinden sich Unternehmen, die nur ein Element für das Fertigprodukt beisteuern: Stahlerzeuger in der Automobilindustrie, Komponentenhersteller in der Konsumelektronik, Lieferanten von Marketing- oder Steueranwendungen auf dem Sektor Finanzdienstleistungen. Aber bevor die Komponenten den Verbraucher erreichen, muß jemand am Ende der Kette sitzen und alle Einzelteile auf eine solche Weise zusammenfügen, daß Wertschöpfung zustande kommt. Wer das tut, übernimmt die Verantwortung dafür, die Werte der einzelnen Teile zu realisieren. Meine Überzeugung lautete: Wenn es überhaupt einen Grund für das Bestehen von IBM geben sollte, dann konnte es nur der sein, daß das Unternehmen eine Integrationsleistung vollbrachte, zu der sonst niemand imstande war.

Ein anderer damals gängiger Mythos besagte, die IT-Industrie werde sich weiterhin in Richtung auf vollkommen dezentralisierte Computersysteme weiterentwickeln – oder vielleicht zurückentwickeln. Alles sollte lokaler, eigenständiger, kleiner und billiger werden, bis eines Tages alle Informationen der Welt auf eine Art Armbanduhr geladen werden können. Viele hatten auf die extremste Demokratisierung von Information gesetzt, sie glaubten dem Versprechen der Industrie, daß alle Teilelemente am Ende zusammenwirken – oder im Branchenjargon »interoperieren« – würden.

Doch schon bevor ich bei IBM anfing, wußte ich, daß es sich hier um eine Illusion handelte. Ich hatte zu lange auf der anderen Seite gestanden. Es war nicht vorstellbar, daß all diese komplizierten, schwer zu integrierenden, proprietären Technologien von Kunden erworben wurden, die sich als ihre eigenen Generalunternehmer betätigten.

Leider bewegte sich IBM 1993 allzu rasch auf einem Weg, der IBM zu einem Spiegelbild der gesamten Branche gemacht hätte: Der Firma drohte die Zersplitterung – man konnte sogar sagen, sie wurde zerstört.

Allerdings muß ich zugeben, daß 1993 wahrscheinlich weder ich noch irgend jemand sonst auf die Idee gekommen wäre, so etwas wie das Unternehmen IBM neu in die Welt zu setzen. Doch angesichts der Dimension von IBM, der breitgefächerten Möglichkeiten des Unternehmens und der Entwicklungslinie der IT-Branche wäre es Wahnsinn gewesen, den einmaligen Wettbewerbsvorteil zu zerstören und aus IBM eine Gruppe von Lieferanten einzelner Komponenten zu machen – die wie kleine Fische in einem Ozean schwimmen würden.

Bei dem großen Kundentreffen im April in Chantilly und bei meinen anderen Begegnungen mit unseren Klienten machten die Leiter der IT-Abteilungen sehr deutlich, daß ein weiterer Hersteller von Diskettenlaufwerken, ein zusätzlicher Lieferant von Betriebssystemen oder eine weitere PC-Firma in ihren Augen völlig überflüssig waren. Sie machten überdies klar, daß wir mit unseren Bestrebungen, eine andere Strategie als die der Integration zu praktizieren, so gut wie am Ende waren, daß aber viel passieren müsse, bis IBM den Wert anbieten könnte, den wir zu jener Zeit nicht anboten – den sie sich aber durchaus von IBM erhofften: echte Problemlösungen, die Fähigkeit, komplexe Technologien für die Lösung von Unternehmensproblemen einzusetzen, und Integration.

Der Entschluß, IBM zusammenzuhalten, war meine erste strategische Entscheidung, und ich glaube, es war die wichtigste, die ich jemals gefällt habe – nicht nur bei IBM, sondern in meiner gesamten beruflichen Laufbahn. Damals wußte ich noch nicht, wie wir es schaffen könnten, das Potential des Gesamtunternehmens zu nutzen, aber ich war mir sicher: Wenn sich IBM als der wichtigste

Integrator von Technologien erwies, dann würden wir in der Lage sein, ein außerordentlich wertvolles Gut anzubieten.

Dies hatte zur Folge, daß wir die Investmentbanker vor die Tür setzten, die Pläne für den Börsengang unserer einzelnen Unternehmensteile schmiedeten. Wir warfen die Buchhalter hinaus, die die geforderten Ergebnisrechnungen anfertigten für den Fall, daß wir einzelne Unternehmenskomponenten verkaufen wollten. Wir entledigten uns all der Berater, die sich neue Namen ausdachten und befanden, daß die Druckerabteilung künftig »Pennant« heißen solle und die Speicherabteilung »AdStar«.

Wir brachen alle unternehmensinternen Aktivitäten ab, die zu unterschiedlichen Geschäftsabläufen und Systemen für jede dieser Einheiten führten. Hier wurde an allen Fronten in gewaltigem Umfang Energie und Geld verschwendet. So hatten wir es uns sogar mitten im Finanzchaos geleistet, allein in den Vereinigten Staaten die Dienste von mindestens siebzig verschiedenen Werbeagenturen in Anspruch zu nehmen (darüber später mehr). Die Mitarbeiter in der Personalabteilung änderten widerstrebend die Vergütungssysteme. Wenn bislang ein Mitarbeiter von IBM den einen Geschäftsbereich verließ und in einen anderen Teil des Unternehmens überwechselte, dann war das so, als gehe er in ein anderes Land; man sprach dort eine andere Sprache, auch Währung und Umgangsformen waren anders.

Ich versicherte Kunden und Mitarbeitern beharrlich, daß IBM ein einheitliches Unternehmen bleiben werde. Ich erinnere mich, daß die Reaktion unserer Führungskräfte gemischt war – große Freude bei jenen, die das Unternehmen nun für gerettet hielten, bittere Enttäuschung bei anderen, die in einer Aufspaltung ihr persönliches Rettungsboot gesehen hatten, mit dem sie die sinkende *Titanic* verlassen wollten.

Unser ökonomisches Grundmuster ändern

Die zweite wichtige Entscheidung jenes Sommers bestand darin, das wirtschaftliche Fundament von IBM neu zu legen. Auf das Risiko hin, einen überheblichen und schulmeisterlichen Eindruck zu machen, möchte ich doch die folgenden Wahrheiten aussprechen: Ein gewinnorientiertes Unternehmen ist ein relativ simples Gebilde. Man muß für Einnahmen sorgen, und das geschieht, indem man Güter zu einem akzeptablen Preis verkauft. Dabei muß man einen anständigen Bruttogewinn erzielen. Darüber hinaus ist es notwendig, die Ausgaben vernünftig zu handhaben, nämlich die Investitionen in den Verkauf, in Forschung und Entwicklung, in Gebäude und Ausrüstung, in die Kontrolle der Finanzen, in die Werbung und so weiter. Wenn Einnahmen, Bruttogewinn und Ausgaben sich im richtigen Verhältnis zueinander entwickeln, dann führt dies zu wachsenden Gewinnen und vollen Kassen.

Leider stimmten im Fall IBM all diese Wechselbeziehungen nicht. Die Einnahmen litten, weil die Firma so sehr von den Großrechnern abhängig war, und auf diesem Sektor gingen die Verkäufe zurück. Die Bruttogewinne sanken wie ein Stein im Wasser, weil wir die Preise für die Großrechner gesenkt hatten, um im Wettbewerb bestehen zu können. Das Schiff konnte in dieser Situation nur vor dem Kentern bewahrt werden, wenn wir dafür sorgten, daß die Ausgaben schneller sanken als der Bruttogewinn.

Die Kostenseite war ein Riesenproblem. Nach Monaten harter Arbeit kamen Finanzchef Jerry York und sein Team zu der Erkenntnis, daß das Verhältnis zwischen Ausgaben und Einnahmen bei IBM – das sich auf die Fragestellung reduzieren läßt, wieviel ausgegeben werden muß, um einen Dollar an Einnahmen zu erzielen – weit ungünstiger aussah als bei unseren Wettbewerbern. Im Durchschnitt gaben unsere Konkurrenten 31 Cent aus, um Einnahmen in Höhe von einem Dollar zu erzielen, wir ließen uns das 42 Cent kosten. Wenn wir diese Unwirtschaftlichkeit auf die Gesamterträge des Unternehmens hochrechneten, dann kamen wir zu dem Ergebnis, daß wir allein hier sieben Milliarden Dollar zuviel ausgaben!

Da die Wiederbelebung des Geschäfts mit den Großrechnern eine langfristige Herausforderung war und wir die Preise auf diesem Feld herabsetzen mußten, was wiederum unseren Bruttogewinn reduzierte, gab es wenigstens kurzfristig nur einen Weg, das Unternehmen zu retten: Wir mußten die Ausgaben drastisch kürzen, um wieder wettbewerbsfähig zu werden.

Deshalb trafen wir die Entscheidung, zusätzlich zu den fünfundvierzigtausend Mitarbeitern, die John Akers bereits 1992 entlassen hatte, weiteren fünfunddreißigtausend Beschäftigten zu kündigen. Das schmerzte alle, aber hier ging es ums Überleben, uns blieb keine andere Wahl.

Die Neuordnung des Geschäfts

Diese ersten Ausgabenkürzungen waren notwendig, um das Unternehmen am Leben zu halten, aber es war mir klar, daß sie bei weitem nicht ausreichten, um ein kraftvolles, zukunftsorientiertes, erfolgreiches Unternehmen zu schaffen. Wir brauchten fundamentale Veränderungen bei nahezu allen Abläufen im Unternehmen. Unsere bisherigen Abläufe waren schwerfällig und sehr teuer. Deshalb begannen wir 1993 mit einem großen, wenn nicht *dem* größten Umstrukturierungsprojekt, das jemals von einem multinationalen Konzern angepackt wurde. Es sollte ein Jahrzehnt dauern und im Laufe seines Fortgangs fast alle Managementverfahren von IBM verändern.

Neuordnungen sind schwierig, ermüdend und schmerzhaft. Einer meiner leitenden Mitarbeiter hat dazu einmal gesagt: »Eine Neuordnung ist so, als würden Sie ein Feuer auf ihrem Kopf anzünden und versuchen, es mit einem Hammer zu löschen.« Aber IBM benötigte wirklich eine Reform der Abläufe an Haupt und Gliedern.

Jerry York war dafür zuständig. Er hatte sich zuerst um einige besonders krasse Fälle gekümmert, und damit war es ihm bereits in dem laufenden Jahr gelungen, unsere Ausgaben um 2,8 Milliarden Dollar zu reduzieren. Aber die Gesamtaufgabe war gewaltiger und einschüchternder, als man es sich vorstellen kann. Wir waren aufgebläht, arbeiteten ineffektiv und erlaubten uns gefährlichen Luxus.

Unsere Systeme für Bestandserfassung und Buchhaltung, unsere Kontroll- und Vertriebssysteme waren alle mehr oder weniger durch Mutation veränderte Nachfahren von Systemen aus den alten Tagen der Großrechner; man hatte sie später adaptiert und zusammengekleistert entsprechend den Bedürfnissen der unabhängigen Geschäftsbereiche, von denen es vierundzwanzig gab. Heute gibt es bei IBM *einen* Leiter der IT-Abteilung, damals hatten wir sage und schreibe 128 Mitarbeiter, die das Kürzel CIO im Titel führten – sie alle managten ihre eigenen lokalen Systemarchitekturen und trugen die finanzielle Verantwortung für selbstgestrickte Anwendungen.

Das Ergebnis sah so aus wie das Eisenbahnwesen im 19. Jahrhundert: unterschiedliche Schienenwege, unterschiedliche Spurweiten, unterschiedliche Spezifikationen für das rollende Material. Wir hatten ein Finanzproblem, das nur zu lösen war, wenn verschiedene Geschäftsbereiche zusammenarbeiten, aber wir hatten keine gemeinsame Methode, darüber Gespräche zu führen, denn es existierten bei uns 266 unterschiedliche Buchhaltungsverfahren. Es gab eine Zeit, da war unser Personalwesen so unbeweglich, daß man in einer Abteilung entlassen werden mußte, damit man in einer anderen eingestellt werden konnte.

Statt den Umbau Schritt für Schritt voranzutreiben, nahmen wir uns die gesamte Organisation auf einmal vor. Zu jenem Zeitpunkt waren mehr als sechzig große Projekte zur Neustrukturierung im Gang – und dazu kamen Hunderte weiterer Bemühungen ähnlicher Art in einzelnen Einheiten und Abteilungen.

Der größte Teil der Arbeit konzentrierte sich auf elf Gebiete. Die ersten sechs nannten wir die Kerninitiativen, sie betrafen jene Unternehmensteile, die den meisten Kontakt mit der Außenwelt hatten: Hardware- und Softwareentwicklung (später wurden beide Bereiche in der integrierten Produktentwicklung zusammengefaßt), Kontrolle, integrierte Lieferkette, Kundenbeziehungen und Dienstleistungen.

Bei den übrigen ging es um interne Vorgänge, wir sprachen hier von Geschäftsgrundlagen: Personalwesen, Einkauf, Finanzen, Immobilienverwaltung und – zumindest auf den ersten Blick überraschend – Informationstechnologie.

Bei meinem Einstieg bei IBM hielt ich zwar nicht viel für selbstverständlich, aber ich erwartete doch, hier eines der besten IT-Systeme auf der Welt vorzufinden. An diesem Punkt erlebte ich wohl meinen größten Schock. Wir gaben allein vier Milliarden Dollar im Jahr für diese Aufgabe aus, aber wir verfügten nicht über die

Grundinformationen, die wir benötigten, um unser Unternehmen zu führen. Die Systeme waren veraltet und konnten nicht miteinander kommunizieren. Wir hatten Hunderte von Datenzentren und Netzwerken, verstreut über die ganze Welt; viele davon schlummerten vor sich hin oder wurden nicht effektiv genutzt.

Bis Ende 1995 konnten wir zwei Milliarden Dollar an IT-Kosten einsparen. Die Zahl unserer Datenzentren sank von 155 auf 16, und aus 31 Netzen für die interne Kommunikation machten wir ein einziges.

Die Immobilien waren ein weiteres großes Problem. Die Bau- und Grundstücksabteilung in den Vereinigten Staaten war so stark angewachsen, daß sie eine eigene Firma hätte sein können. Anfang der neunziger Jahre arbeiteten dort zweihundertvierzig Mitarbeiter. Wir verfügten über viele Millionen Quadratmeter Büroraum in besten Lagen in den Stadtzentren, die IBM in den herrlichen Zeiten der siebziger und achtziger Jahre gebaut hatte. In Übersee sah es nicht anders aus. Doch in den neunziger Jahren wurden viele Immobilien nicht voll genutzt und vermietet. Gleichzeitig mieteten wir für eine Million Dollar im Jahr ein ganzes Stockwerk in einem Bürogebäude im Zentrum von Manhattan, das vor allem für die Einführung neuer Produkte genutzt wurde.

Wir verkauften über 3000 Hektar Brachland. Wir stießen erstklassige Immobilien ab, die wir nicht benötigten, so etwa das höchste Gebäude von Atlanta. Dienstleister von außerhalb wurden herangezogen, so konnte die Zahl der Ganztagsmitarbeiter in diesem Bereich auf zweiundvierzig reduziert werden. In der Umgebung unserer Konzernzentrale in Westchester County im Staat New York reduzierten wir die Zahl der Standorte von einundzwanzig auf fünf.

Durch all diese Bemühungen um Neustrukturierung sparten wir von 1994 bis 1998 insgesamt 9,5 Milliarden Dollar ein, bis heute haben wir insgesamt Einsparungen von mehr als zwölf Milliarden Dollar erzielt. Die Durchschnittszeit für eine Hardwareentwicklung wurde von vier Jahren auf 16 Monate reduziert – bei manchen Produkten geht es noch viel schneller. Die Quote für pünktliche Lieferungen verbesserten wir von 30 Prozent in 1995 auf 95 Prozent in 2001; die Lagerhaltungskosten setzten wir um 80 Millionen Dollar herab, die Abschreibungen um 600 Millionen Dollar, die Auslieferungskosten um 270 Millionen und konnten nahezu 15 Milliarden Dollar an Materialkosten einsparen.

Verlustbringer verkaufen und so die Kasse füllen

Das vierte Aktionsprogramm, zu dem wir in jenem Sommer den Anstoß gaben, galt dem Bemühen, unproduktive Vermögenswerte zu verkaufen und die Kassen zu füllen. Nur wenige dürften wissen, wie gefährlich nahe IBM 1993 an dem Abgrund stand, an dem die Barmittel erschöpft gewesen wären. Ich kann nicht sagen, ob das unseren Bankrott bedeutet hätte. Es gab gewiß eine Menge Vermögenswerte, die man verkaufen konnte, um das Unternehmen wieder zahlungsfähig zu machen. Das Problem war, ob wir es schafften, bevor wir in jenen schrecklichen Abwärtsstrudel gerieten, in den Unternehmen kommen, wenn ihr Geldfluß versiegt und ihre Gläubiger die Geduld verlieren.

Im Juli verkündeten wir, daß wir die jährliche Dividende für die Anteilseigner von 2,16 Dollar auf einen Dollar kürzen würden. Jerry York und seine Leute begannen im Herbst 1993, alle Vermögenswerte zu veräußern, die für das Unternehmen nicht unbedingt notwendig waren. Wir verkauften einen großen Teil der Luftflotte des Konzerns. Wir stießen die Konzernzentrale in New York ab. Sehr viel hatten wir in teure Ausbildungszentren investiert, in denen jedes Jahr Zehntausende Gäste beherbergt und verpflegt wurden. 1993 gab es vier Einrichtungen dieser Art, alle nicht mehr als eine Autostunde von der Zentrale in Armonk entfernt; eine davon, ein früherer Landsitz der Familie Guggenheim an der Gold Coast von Long Island, wurde von der IBM-Personalabteilung genutzt.

Im Laufe des vorangegangenen Jahrzehnts hatte IBM eine große und bedeutende Kunstsammlung aufgebaut, die meisten Werke wurden in Kisten gelagert und waren gewissermaßen unsichtbar. Einiges wurde ab und zu in einer der Öffentlichkeit zugänglichen Galerie im IBM-Hochhaus in der 57th Street in Manhattan gezeigt. Zuständig für die Sammlung waren ein Kurator und seine

Mitarbeiter. 1995 wurde der größte Teil für 31 Millionen Dollar bei Sotheby's versteigert. Leider wurde dieser Verkauf von vielen Kunstsinnigen scharf kritisiert. Manche meinten aus unerfindlichen Gründen, es sei in Ordnung, IBM-Mitarbeitern zu kündigen und sie nach Hause zu schicken, solange wir in einer Galerie in New York City einige Gemälde präsentierten.

Der größte Verkauf, der uns im ersten Jahr gelang, betraf die Federal Systems Company von IBM, die vor allem wichtige Projekte für die amerikanische Regierung abwickelte. Wir machten uns die Tatsache zunutze, daß sich die Verteidigungsindustrie der Vereinigten Staaten zu jener Zeit schnell konsolidierte und daß es Käufer gab, die bereit waren, sehr viel Geld auszugeben, um die Konzentration in der Branche voranzutreiben. Dieser Geschäftsbereich hatte eine große Geschichte, die von wichtigen technischen Durchbrüchen bei verschiedenen Programmen auf den Gebieten nationale Sicherheit und Raumfahrt geprägt war. Der Sektor hatte nie viel eingebracht, und es gelang uns nicht, ihn in das insgesamt von hohen Kosten geprägte Modell unserer Handelsaktivitäten einzupassen. Loral Corporation kaufte diesen Konzernteil im Januar 1994 für 1,5 Milliarden Dollar.

Noch über Jahre bemühten wir uns, unproduktive Vermögenswerte zu verkaufen. Die Notwendigkeit, die Kassen zu füllen, verlor aber an Dringlichkeit, als wir die Jahre 1995 und 1996 erreichten. Lange noch setzten wir die Bemühungen fort, das Unternehmen von Ballast zu befreien, allerdings aus anderen Gründen: Nun ging es um Konzentration auf unsere Stärken. (Auf dieses Thema werde ich später zurückkommen.)

Festhalten an der Vision

Ich habe reichlich Erfahrungen darin gesammelt, Unternehmen in Schwierigkeiten wieder auf die Beine zu bringen. Einer der ersten Lehrsätze, den ich begriff, lautet: Wenn man unangenehme Dinge tun muß, dann soll man sie schnell tun und dafür sorgen, daß jeder erfährt, was passiert und warum es passiert. Ob man ein Problem aussitzt, eine Schwierigkeit versteckt oder Teillösungen verwirklicht, während man darauf wartet, daß das gestrandete Boot durch die Flut wieder flott wird – fast immer vermischen sich dann hektisches Agieren und Verschleppen zu einer düsteren Gesamtlage. Ich baute auf den Grundsatz: Ich will ein Problem schnell hinter mich bringen und dann vorwärts marschieren.

Es gab so viele Kundenkreise, für die die Zukunft von IBM wichtig war, daß es für uns nur durch eine Pressekonferenz möglich war, ihnen allen unsere Entscheidungen, darunter Reduzierungen von Ausgaben und zusätzliche Entlassungen, mitzuteilen.

Wir taten dies am Morgen des 27. Juli im großen Konferenzsaal eines Hotels im Zentrum von Manhattan. Allem Anschein nach gab es in jenem Jahr zwei »heiße« Themen, die dafür garantierten, daß Pressevertreter in großer Zahl kamen – Jobs und IBM. Wenn also IBM etwas bekanntgeben wollte, was mit Arbeitsplätzen zu tun hatte, dann war ein volles Haus sicher, jeder Fernsehsender und jede wichtige Zeitung der Welt würden vertreten sein.

Im Grunde handelte es sich hier um mein »Coming-out« – zum ersten Mal würde ich in aller Öffentlichkeit darüber diskutieren, was ich bei IBM vorgefunden hatte und was ich beabsichtigte. Ich feilte sehr gründlich an meiner Rede. Angesichts des überkommenen Images von IBM als einer von steifer Förmlichkeit geprägten Einrichtung beschloß ich, frei zu reden und nicht einmal auf ein Podest zu steigen. Es sollte keine Stütze geben, nichts zum Anlehnen, nur mich und meine Worte.

Bei dieser Pressekonferenz sagte ich etwas, das sich als die meistzitierte Aussage erweisen sollte, die ich in meinem Berufsleben gemacht habe.

»Ich möchte diese Darlegungen jetzt gern für Sie in eine Art Perspektive stellen. Es ist sehr viel darüber spekuliert worden, wann ich eine Zukunftsvision für IBM entwickeln werde, und eines möchte ich Ihnen ganz deutlich sagen: Das allerletzte, was IBM zur Zeit braucht, ist eine Vision.«

Man konnte geradezu hören, wie die Journalisten die Luft einsogen.

Und ich fuhr fort: »Was IBM heute braucht, ist eine Reihe von sehr realistischen, marktorientierten, differenzierten Strategien für alle Geschäftsbereiche – Strategien, mit denen sich Erfolg am Markt und Nutzen für die Aktionäre erzielen lassen. Und genau daran arbeiten wir.

Gegenwärtig hat die Wiederherstellung der Ertragskraft höchste Priorität für das Unternehmen. Wenn man eine Vision für eine Firma anstrebt, besteht der wichtigste Bezugsrahmen für mich darin, daß man Geld verdient und die wirtschaftlichen Grundlagen in Ordnung sind.

Und deshalb kommt es uns vor allem darauf an, dieses Unternehmen profitabel zu machen, darum geht es bei den Schritten, die wir heute tun.«

Ich ließ die Worte kurz wirken und fuhr dann fort. »Die zweite Priorität für das Unternehmen besteht darin, die Schlacht in den Geschäftsräumen der Kunden zu gewinnen. Und dafür werden wir eine ganze Menge tun, auch hier geht es nicht um Visionen – es geht darum, Dinge zu tun, die den Kunden zugute kommen.

Drittens werden wir auf dem Markt danach streben, im Client-Server-Bereich aggressiver aufzutreten. Bereits heute bringen wir mehr Lösungen in diesem Bereich zustande als jeder andere auf der Welt, aber immer wieder werden wir auf die Rolle des ›Großrechnerunternehmens‹ festgelegt. Nun, wir werden im Client-Server-Bereich sogar noch aktiver werden...

Viertens werden wir auch in Zukunft das einzige Unternehmen in unserer Branche sein, daß sich als Rundum-Dienstleister betätigt; immer wieder heben unsere Kunden hervor, daß sie IBM als Partner benötigen, der Gesamtlösungen anbietet. Und auf diesem Gebiet wollen wir immer mehr leisten und wir werden unsere Fähigkeiten erweitern.

Und schließlich tun wir noch eine Menge Dinge, die ich ›Eingehen auf Kundenwünsche‹ nennen möchte – wir wollen unsere Aufmerksamkeit noch stärker dem Kunden zuwenden, unsere Ziele sind schnelleres Arbeitstempo, kürzere Lieferzeiten, bessere Servicequalität.«

Die Reaktion auf die Ausgabenkürzungen war größtenteils positiv. »Dies ist das realistischste Neuordnungsprogramm, das IBM je hatte«, teilte der Analyst David Wu dem *Wall Street Journal* mit.

Michael Hammer, Mitautor von »Reengineering the Corporation« (»Das prozeßorientierte Unternehmen«), sagte zur *New York*

Times: »Gerstner hat entschieden, daß schnelle Lösungen besser als perfekte sind – für die alte IBM war das ein Tabuthema. Dies ist die wichtigste Art von Veränderung, die von oben kommen kann.«

Was meine Stellungnahme zum Thema Zukunftsvisionen angeht, so hatten die Untergangspropheten ihre große Stunde, sie konnten mein Fell an die Wand nageln.

Der allgegenwärtige Charles Ferguson, einer der Autoren von »Computer Wars« (»Computerschlachten«), sagte der *New York Times:* »Gerstner mag großartig sein, wenn es um Kostensenkung geht, trotzdem ist es ohne weiteres denkbar, daß er irgendwann im Laufe der nächsten fünf Jahre den Zusammenbruch von IBM erlebt. Es ist Zähigkeit vonnöten, um zu entscheiden, welche Strategien Erfolg versprechen, und um in der Zukunft eine profitable Nische für IBM zu finden.«

Barron's wurde sehr deutlich: »George Bush hätte von der Visionssache gesprochen. Andere hätten eher ›das Fehlen einer Vision‹ betont und sich damit kritisch auf die Behauptung des IBM-Chairman Louis V. Gerstner bezogen, daß ›eine Vision das allerletzte ist, was IBM jetzt braucht‹. Vielmehr, so sagte er letzte Woche zu Journalisten, benötige der Konzern ›marktorientierte...Strategien für jeden seiner Geschäftsbereiche‹. Anders gesagt: einen riesigen Werkzeugkasten. Und in der Tat hat der ziemlich neue Chef von IBM eine Lösung für den dahinsiechenden Computerriesen, die allerdings weder romantisch noch großartig ist. Sie läuft eher auf eine drastische Schlankheitskur hinaus.«

Der *Economist* stellte die Frage: »Aber kann Kosteneinsparung denn eine Überlebensstrategie sein?«

Der *Economist* nannte meine Absicht, IBM zusammenzuhalten, »kurzsichtig«. Weiterhin meinte die Zeitschrift: »Während PCs immer billiger, stärker und leichter zu Netzwerken verlinkbar werden, schwindet die Zahl der Kunden, die bereit sind, alles bei IBM zu kaufen. Tatsächlich wären die einzelnen Geschäftsbereiche von IBM weit stärkere Wettbewerber, würden sie nicht durch die immer noch gewaltigen Konzernunkosten von ›Big Blue‹ stranguliert – oder durch die Notwendigkeit, anderen Abteilungen auf die Zehen zu treten. Es wird so lange hohe Verluste geben, bis Mr. Gerstner endlich bereit ist, IBM zu zerlegen. Die Aktionäre, deren Papiere so niedrig notieren wie zuletzt vor achtzehn Jahren und deren Dividende in diesem Jahr zum zweiten Mal halbiert wurde, dürften den Wunsch hegen, daß der Mann mit der Axt sich über Nacht in einen Visionär verwandelt.«

Ich weiß nicht, ob ich von dieser Reaktion überrascht war – vermutlich war ich es. Ganz gewiß war ich verärgert – und mit gutem Grund.

Sehr viele Journalisten hatten einfach das Wort »zur Zeit« aus meiner Stellungnahme zum Thema Visionen gestrichen. Und so unterstellten sie mir den Satz: »Das allerletzte, was IBM braucht, ist eine Vision.« Das war keine sorgfältige Berichterstattung, denn es veränderte den Inhalt meiner Botschaft gründlich.

Ich hatte gesagt, daß wir *zur Zeit* keine Vision brauchten, weil ich im Laufe meiner ersten neunzig Tage bei IBM festgestellt hatte, daß es hier ganze Schubladen voller phantasievoller Perspektiven gab. Wir hatten stets jeden wichtigen technologischen Trend in der Branche richtig prognostiziert. Tatsächlich kamen immer noch die meisten revolutionären Technologien von uns.

Es war jedoch klar, daß IBM auf der Stelle trat und nicht in der Lage war, auf der Grundlage irgendwelcher Perspektiven zu handeln, es gab eben keine einfachen Lösungen für die Probleme des Unternehmens. Jene IBM, bei der so viele großartige, kluge Menschen arbeiteten, hätte liebend gern ein starkes, mutiges Erfolgsrezept entgegengenommen – je intelligenter, je komplizierter das Rezept, desto mehr hätte es jeder geschätzt.

Ich war nicht bereit, diesen Weg zu beschreiten. Es ging vielmehr um etwas ganz anderes: Wir mußten uns nach draußen begeben und dafür sorgen, daß auf dem Markt jeden Tag etwas passierte. Unsere Produkte waren nicht schlecht; unsere Mitarbeiter waren gut; unsere Kunden hatten jahrelange, erfolgreiche Beziehungen mit uns. Aber wir schafften es einfach nicht. Dazu sagte ich in jenen Tagen immer wieder den IBM-Mitarbeitern: »Wenn euch eure Schmerzen stören, dann gibt es nur eine Antwort, eure Konkurrenten müssen den Schmerz im Rücken spüren. Sie sind es, die euch einen Marktanteil weggenommen haben. Sie haben sich das angeeignet, was euch gehört. Sie machen es euch schwer, eure Kinder und Enkel aufs College zu schicken. Die Antwort muß lauten: Sie müssen euren Schmerz spüren, und IBM muß weltweit wieder erfolgreich sein.«

Wir brauchten vor allem Tatkraft. Wir mußten aufhören, nach Schuldigen zu suchen, aufhören, an den inneren Strukturen und Systemen herumzumäkeln. Ich wollte keine Entschuldigungen hören, keine Zukunftsprojekte, auf die die Menschen in der Erwartung blicken konnten, daß sie irgendwie durch Magie zu einer Wende führen würden. Ich verlangte – und IBM benötigte – einen starken Sinn für das, was jetzt unbedingt getan werden mußte.

Die neunmalklugen Kommentatoren übersahen außerdem die Tatsache, daß wir bereits einige grundlegende strategische Entscheidungen gefällt hatten, die Ansatzpunkte einer Vision waren. Darüber hatte ich bei der Pressekonferenz im Juli nicht gesprochen – zumindest habe ich mich nicht so offen dazu geäußert, wie es mir möglich gewesen wäre –, denn ich wollte nicht, daß unsere Konkurrenten erkennen konnten, in welche Richtung wir uns bewegten. Die strategischen Schlüsselentscheidungen, die bereits vor diesem ereignisreichen Tag fielen, waren für die Wende bei IBM außerordentlich wichtig. Es waren die folgenden:

- Das Unternehmen zusammenhalten und keine Teile verschleudern.
- Neuinvestitionen in Großrechner.
- Im Kerngeschäft Halbleitertechnik bleiben.
- Das zentral wichtige Forschungs- und Entwicklungsbudget verteidigen.
- Vom Kontakt mit den Kunden lernen, IBM am Markt orientieren, sich nicht durch Nabelschau ablenken lassen.

Man kann argumentieren, daß viele dieser Entscheidungen eine Rückkehr zu den Wurzeln bedeuteten, die Watson für IBM gepflanzt hatte. Doch hätte ich im Juli 1993 eine Strategie verkündet, die sich an der Vergangenheit orientierte, dann wären aus allen Ecken der Welt Stürme von Gelächter über uns hereingebrochen. Das allerletzte, was IBM im Juli 1993 brauchte, war eine Vision, aber beinahe ebenso schädlich wäre es gewesen, wäre ich aufgestanden und hätte verkündet, IBM habe im Prinzip alles richtig gemacht, wir würden unseren Kurs halten, allerdings härter arbeiten. Das hätte nach allen Seiten katastrophale Auswirkungen gehabt – bei Kunden, Mitarbeitern und Aktionären.

Die wirklich einzigartige Herausforderung meiner ersten Monate bei IBM bestand darin, Kurzschlußreaktionen zu vermeiden, die das Unternehmen schwer geschädigt hätten. Wir mußten uns auf die Alltagsarbeit konzentrieren und die Firma stabilisieren, während wir uns um Wachstumsstrategien bemühten, die auf unserer einzigartigen Stellung in der Branche aufbauten. Die Entwicklung dieser Strategien sollte noch ein weiteres Jahr in Anspruch nehmen.

7 EINE NEUE FÜHRUNGSMANNSCHAFT

Gegen Ende des Jahres 1993 richtete ich meine Aufmerksamkeit verstärkt auf das gesamte IBM-Personal, meine Führungsmannschaft im Management und unseren Board of Directors.

Wenn Sie mich heute fragen, auf welchen einzelnen Erfolg in all meinen Jahren bei IBM ich vor allem stolz bin, dann werde ich Ihnen antworten: Es ist die Tatsache, daß ein langjähriger Mitarbeiter von IBM mein Nachfolger wird, wenn ich in den Ruhestand trete, und auch die Chefs all unserer wichtigen Geschäftsbereiche kommen aus dem Hause.

Meiner Ansicht nach wäre es vollkommen naiv – und obendrein gefährlich – gewesen, wäre ich in ein so komplexes Unternehmen wie IBM mit dem Vorhaben eingetreten, eine Gruppe von Außenseitern hereinzuholen in der Annahme, sie könnten den Laden aus irgendeinem unerfindlichen Grund besser schmeißen als die Mitarbeiter, die schon lange da waren. Ich bin auch in andere Unternehmen von außen eingetreten und kann auf der Grundlage meiner Erfahrung sagen: Jemand von außen wird möglicherweise in einem kleinen Unternehmen in einer relativ unkomplizierten Branche und unter optimalen Bedingungen etwas zuwege bringen. Bei IBM war das aber ausgeschlossen. Die Firma war zu groß, ihre Struktur zu komplex. Und noch wichtiger war etwas anderes: Dort arbeiteten außerordentlich viele sehr begabte Leute, die über ein unvergleichliches Spezialwissen verfügten. Wenn ich den Spielern des eigenen Vereins keine Chance gab, würden sie mit ihren Talenten und ihrem Wissen einfach woanders hingehen. Ich mußte herausfinden, wer von der eigenen Mannschaft bereit war, Neues zu versuchen.

Da wir viele hochwichtige unternehmerische Entscheidungen zu fällen hatten, war es von großer Bedeutung, wem ich mein Vertrauen schenkte. Das war keine leichte Entscheidung. Ein Managementteam kann man nur Geschäftsbereich um Geschäftsbereich, Person um Person, Tag um Tag aufbauen. Ich las die Berichte der betreffenden Leute. Schaute mit an, wie sie mit Kunden umgingen. Saß bei Konferenzen mit dabei, bildete mir ein Urteil über die Klarheit ihres Denkens und schätzte ab, ob sie den Mut hatten, zu ihren Überzeugungen zu stehen, oder ob sie Wendehälse waren und sofort die Richtung wechseln würden, wenn ich die Stirn runzelte oder eine Augenbraue hochzog. Ich mußte mir darüber klarwerden, ob sie sich wohlfühlten, wenn sie offen über ihre geschäftlichen Probleme mit mir diskutierten.

Als ich in meinem ersten Monat bei IBM das Management Committee auflöste, war dies ein sehr deutlicher Hinweis darauf, daß es in der Managementkultur von IBM bedeutende Veränderungen geben würde. Trotzdem brauchte ich ein Gremium auf höchster Ebene, das bei der Führung des Unternehmens mit mir zusammenarbeitete, und daher rief ich im September das Corporate Executive Committee ins Leben, das sogleich allenthalben unter der Abkürzung CEC bekannt wurde. Mit mir hatte es elf Mitglieder.

Mit Blick auf die Erfahrungen mit dem alten Management Committee kündigte ich gleich an, was das CEC nicht tun würde: Es würde nicht dulden, die Lösung von Problemen zu delegieren. Es würde sich keine Präsentationen anhören und keine Entscheidungen für die Geschäftsbereiche fällen. Es hatte sich ausschließlich auf Belange des Gesamtunternehmens zu konzentrieren, die über die Grenzen der einzelnen Bereiche hinausreichten.

Es sollte nicht lange dauern, da war es in der Firmenkultur verankert, daß die höchste Ehre, die das Unternehmen zu vergeben hatte, die Zugehörigkeit zum CEC war, das in dieser Hinsicht das MC voll ersetzt hatte. Ich habe nie die Ansicht vertreten, daß die Mitgliedschaft in einem Gremium etwas ist, was ein erfolgreicher Mensch allen Ernstes hochschätzen sollte. Doch manchmal gibt es keine andere Möglichkeit, als innerhalb eines bestehenden Systems zu arbeiten. Wenn alle besonders talentierten IBM-Mitarbeiter bereit waren, härter zu arbeiten, um in das CEC aufgenommen zu werden, dann war mir das unter den gegebenen Umständen ganz recht.

Gleichzeitig schuf ich den Worldwide Management Council (WMC), um die Kommunikation zwischen unseren Geschäftsbereichen zu fördern. Der WMC hatte 35 Mitglieder und sollte vier- bis fünfmal im Jahr zu zweitägigen Sitzungen zusammentreten, um die Ergebnisse der operativen Einheiten sowie Initiativen, die das Gesamtunternehmen betrafen, zu erörtern. In meinen Augen bestand seine Hauptaufgabe jedoch darin, dafür zu sorgen, daß die Führungsmannschaft als eine Gruppe mit gemeinsamen Zielen zusammenarbeitete – und nicht wie die Vereinten Nationen als eine Versammlung souveräner Staaten. Seine Konferenzen sollten unseren Spitzenkräften die Gelegenheit bieten, einander beim Revers zu nehmen und zu sagen: »Ich habe eine großartige Idee, aber ich brauche Deine Hilfe.«

Wir berufen einen neuen Board

Eine der revolutionärsten, aber so gut wie nicht wahrgenommenen Veränderungen betraf den Board of Directors. Als ich in das Unternehmen eintrat, umfaßte er achtzehn Mitglieder, darunter waren vier Insider: John Akers, Jack Kuehler, John Opel (der Vorgänger von Akers als CEO bei IBM) und Paul Rizzo. Ich hielt die Größe des Gremiums für unzweckmäßig, auch gab es darin zu viele Leute aus dem eigenen Unternehmen, dies galt besonders angesichts der Vorherrschaft gegenwärtiger und früherer IBM-Mitarbeiter im mächtigen Executive Committee.

Ganz sicher hatten die Suche nach einem CEO, die Prügel, die das Unternehmen in aller Öffentlichkeit von der Presse bezog, und die scharfe, vielfältige Kritik bei der Jahreshauptversammlung viele Mitglieder des Board tief erschüttert. Diskret bat ich einige von ihnen, namentlich Jim Burke und Tom Murphy, um einige Gespräche über die Leitung des Konzerns.

Von mir dazu ermutigt, hatte sich das Directors' Committee entschlossen anzukündigen, daß der Board verkleinert werden solle, damit er effektiver agieren könne. Gleichzeitig wollten wir neue

Mitglieder hineinholen, die andere Perspektiven einbringen würden. Nachdem dies einmal verkündet war, hatte jeder innerhalb von Minuten begriffen, daß nun eine Reihe von Versetzungen in den Ruhestand fällig waren.

Ich denke, die meisten Board-Mitglieder waren in der Frage, ob sie bleiben sollten, hin- und hergerissen; einige begrüßten die Möglichkeit, einen eleganten Abgang hinzulegen. Mit höchstem Geschick fädelten Burke und Murphy den Vorschlag ein, alle Board-Mitglieder sollten ihren Rücktritt anbieten und anschließend solle das Directors' Committee sich um die angemessene zukünftige Struktur des Board bemühen.

Das hatte zur Folge, daß 1993 fünf Board-Mitglieder ihren Hut nahmen, weitere vier gingen 1994. Auch Murphy und Burke traten von sich aus ein Jahr früher in den Ruhestand, als es die internen Regelungen von IBM verlangten. Ihr Schritt war wie ein Fingerzeig an die anderen, daß es an der Zeit war, neuen Leuten Platz zu machen. Einige fanden sich ohne weiteres zum Gehen bereit, anderen mißfiel die Sache, und sie hatten persönliche Schwierigkeiten damit. Dennoch konnten wir alles erreichen, was wir wollten. Zur allgemeinen Überraschung haben die Medien den Vorgang überhaupt nicht zur Kenntnis genommen.

Ende 1994 hatten wir einen Board mit zwölf Mitgliedern. Ich war der einzige Angehörige des Unternehmens in diesem Gremium. Von den ursprünglichen achtzehn Mitgliedern waren nur noch acht übriggeblieben.

Ab 1993 nahmen wir Neulinge auf. Den Anfang machte Chuck Knight, Chairman und CEO von Emerson Electric Co. Ich hatte Chuck als Kollegen im Board von Caterpillar kennengelernt. Er war zäh, verlangte viel von sich, vom CEO und den übrigen Mitgliedern des Board, und das bewunderte ich. Er genoß großen Respekt als einer der dienstältesten CEOs in Amerika, und seine Berufung war der erste wichtige Schritt bei der Totalerneuerung des Board.

1994 kam Chuck Vest zu uns, der Präsident des MIT (Massachusetts Institute of Technology), außerdem Alex Trotman, Chairman und CEO der Ford Motor Company. Cathie Black, Präsidentin des amerikanischen Zeitungsverlegerverbandes, und Lou Noto, Chairman und CEO der ExxonMobil Corporation, traten 1995 ein. 1996 folgte Jürgen Dormann, Vorstandsvorsitzender der Hoechst AG. Minuri Makihara, Präsident der Mitsubishi Corporation und eine der angesehendsten Unternehmerpersönlichkeiten Japans, schloß sich uns 1997 an; Ken Chenault, Präsident und später CEO von American Express, kam 1998, und 2001 kam Sidney Taurel, Chairman und CEO von Eli Lilly and Company.

Dieser Board hat sehr viel zu unserem Erfolg beigetragen. Mit seiner Stärke, seinem Engagement und seiner Effektivität war er stets an der Führung des Unternehmens in einer Weise beteiligt, die anspruchsvollste Maßstäbe erfüllte. Und in der Tat beurteilte das California Public Employees' Retirement System (CalPERS), einer der größten Pensionsfonds der Welt, die Führungsspitze von IBM als eine der allerbesten. Später zollten auch andere Organisationen höchste Anerkennung.

Kommunikation mit Mitarbeitern

Gleichzeitig haben wir unsere gesamte Führungsstruktur auf der Ebene von Board und Topmanagement neu gestaltet. Es war sehr wichtig, eine eindeutige und kontinuierliche Kommunikation mit den Mitarbeitern von IBM herzustellen. Die notwendige Vorbedingung jeder erfolgreichen Umgestaltung eines Konzerns ist das offene Eingeständnis, daß eine Krise vorliegt. Wenn die Mitarbeiter davon nicht überzeugt sind, werden sie die Opfer nicht bringen, die für eine Wende erforderlich sind. Egal, ob leitender Manager oder frisch eingetretener Angestellter, der Wandel bedeutet auf jeden Fall Unsicherheit und möglicherweise Schmerz.

Es muß also eine Krise geben, und es ist Aufgabe des CEO, sie zu benennen, Ausmaß, Grad und mögliche Folgen der Schwierigkeiten darzustellen. Und ebenso muß der CEO vermitteln können, wie man die Krise beendet – er muß die neue Strategie, das neue Unternehmensmodell, die neue Kultur darlegen.

All dies verlangt vom CEO ungeheuer viel, er muß kommunizieren, kommunizieren und abermals kommunizieren. Es kann, so glaube ich, keine Umwälzung in einem Unternehmen geben, wenn sich der CEO nicht über Jahre hinweg engagiert, wenn er sich nicht persönlich immer wieder vor die Mitarbeiter stellt, in einer klaren, einfachen, überzeugenden Sprache zu ihnen spricht und so Entschlossenheit und Engagement im ganzen Unternehmen fördert.

Für mich bedeutete das bei IBM, daß ich in gewisser Weise den Leitern der einzelnen Geschäftsbereiche das Mikrofon wegnahm, waren sie doch sehr darauf aus, die Kommunikation mit »ihren Leuten« unter Kontrolle zu behalten – ihre eigenen Prioritäten zu setzen, ihrer Stimme und ihrem persönlichen Stil Nachdruck zu verleihen. In manchen Unternehmen mag so etwas zu bestimmten Zeiten angemessen sein – nicht aber in der balkanisierten IBM der frühen neunziger Jahre. Wir *alle* steckten in der Krise. Wir mußten damit beginnen, uns als ein Unternehmen zu begreifen, das von einer einheitlichen Vorstellung motiviert war. Das konnte nur eine Person vermitteln, nämlich ich, der CEO.

Die Informationsprozesse waren für mich in den Anfangszeiten von absolut entscheidender Bedeutung. Meine Botschaft war einfach. Ich stellte mich vor die IBM-Mitarbeiter überall in der Welt, schaute ihnen direkt in die Augen und sagte: »Was wir bislang getan haben, funktioniert einfach nicht. Wir haben in drei Jahren 16 Milliarden Dollar verloren. Seit 1985 haben mehr als 175 000 unserer Mitarbeiter ihre Arbeitsplätze eingebüßt. Die Medien und die Konkurrenz nennen uns Dinosaurier. Unsere Kunden sind bedrückt und wütend. Wir wachsen nicht, wie es unsere Konkurrenten tun. Sind Sie nicht auch der Ansicht, daß bei uns irgend etwas verkehrt sein muß und daß wir etwas anderes versuchen sollten?«

Ich lernte auch die Leistungsfähigkeit des firmeninternen Mitteilungssystems von IBM kennen, und so begann ich Rundbriefe an die Kollegen zu schreiben. Dies war ein wichtiger Teil meines Führungsstiles bei IBM. Sechs Tage, nachdem ich die Führung übernommen hatte, ging die erste Botschaft an alle hinaus:

6. April 1993
Hausmitteilung an alle IBM-Kollegen
Betrifft: Unser Unternehmen

Schon bald nach meinem Eintritt habe ich am PC in meinem Büro festgestellt, daß PROFS-Mail eine wichtige Methode der Verständigung innerhalb von IBM ist. Ich danke allen, die Grüße, Glückwünsche, Vorschläge und Rat geschickt haben.
Sie werden sicher verstehen, daß ich nicht jedes Schreiben beantworten kann. Aber ich möchte mir diese frühe Gelegenheit nicht entgehen lassen, auf einige immer wiederkehrende, wichtige Themen unserer Korrespondenz einzugehen.
Ihre tiefe Loyalität hat mich ebenso beeindruckt wie Ihr klares Bestreben, IBM – so schnell wie möglich – wieder in die Position des Marktführers zu bringen. Dies gilt in gleicher Weise für alle, die das Unternehmen verlassen haben, wie für jene, die hierbleiben. Es zeigt, daß unsere Stärke sich auf unsere Mitarbeiter und ihr Streben nach Erfolg gründet.
Einige von Ihnen waren verletzt und erzürnt, weil sie nach Jahren treuer Mitarbeit für »überflüssig« erklärt wurden und weil Berichte über Leistungsbeurteilungen in der Presse erschienen.
Ich bin mir dessen sehr bewußt, daß ich in einer schwierigen Zeit hierherkam, überall wird gestrichen und abgebaut. Ich weiß, daß das jedem weh tut, aber wir alle wissen auch, daß es notwendig ist. Ich kann Ihnen nur versichern, daß ich alles tun werde, um diese qualvolle Zeit so schnell wie möglich hinter uns zu bringen, damit wir wieder nach vorne schauen und unser Unternehmen aufbauen können.
Ich versichere Ihnen, daß all jene, die IBM nun verlassen, in meinen Augen in keiner Weise weniger wichtig oder weniger qualifiziert sind oder weniger als andere geleistet haben. Vielmehr schulden wir ALLE jenen, die jetzt gehen, tiefe Dankbarkeit und Anerkennung für ihre Leistungen bei IBM.
Schließlich haben Sie mir versichert, daß wir wieder an uns glauben müssen, daß nur so die Geschäftspläne funktionieren können, die wir aufstellen. Dem stimme ich voll und ganz zu. Im Laufe der nächsten Monate habe ich vor, möglichst viele Betriebsteile zu besuchen. Und wann immer es möglich ist, will ich mit vielen von Ihnen zusammentreffen und darüber sprechen, wie wir gemeinsam das Unternehmen stärken können.

Lou Gerstner

Die Reaktionen der Mitarbeiter von IBM waren unglaublich positiv, sie waren für mich während der finsteren ersten Zeit eine Quelle von Trost, Beistand und Kraft. Einer schrieb:

> Ich hatte Freudentränen in den Augen.

Ein anderer meinte einfach:

> Danke, danke und nochmals danke. Vernunft und Verstand kehren zu IBM zurück.

Gleichzeitig scheuten sich die IBM-Mitarbeiter nie, ihre Meinung zu sagen, wenn sie anderer Ansicht waren. Ich erhielt E-Mails, die unglaublich offen, unbeschreiblich aufrichtig, erstaunlich unbefangen waren – ich hätte es wohl, als ich noch jung war, nicht gewagt, etwas in dieser Art an meinen Vorgesetzten zu schicken, und schon gar nicht an den CEO. Ein Angestellter schrieb mir:

> Jetzt reicht's aber! Kümmern Sie sich um ernsthafte Sachen. Reduzieren Sie die Auftragsdurchlaufzeit. Bringen Sie die neuen Produkte auf den Markt. Finden Sie neue Märkte. Hören Sie auf die Leute draußen, die gegenwärtig nicht unsere Kunden sind, es aber sein könnten, wenn wir die richtigen Produkte für sie hätten.
> Hören Sie mit diesen Geschichten für die Tränendrüsen auf. Tun Sie alles dafür, daß Sie nicht alle sechs Monate weitere Leute rausschmeißen müssen.

Ein anderer begrüßte mich so:

> Willkommen, und machen Sie sich keine Sorgen, weil Sie nicht viel über Mikrochips wissen, das ist nicht wichtig, solange Sie sie nicht mit Kartoffelchips verwechseln.

Ein Mitarbeiter hatte allerdings selbst dann noch, als sein Unternehmen in Brand stand und dem Untergang nahe war, zur Freude unserer Konkurrenten die Zeit und das Bedürfnis, meinen Besuch in einer Einrichtung von IBM in Grund und Boden zu kritisieren.

> Es gab drei Gebiete, auf denen, so fand ich, Ihre Einstellungen und Perspektiven zu wünschen übriglassen. Sie wirken so aufgeschlossen und

zeigen eine solche Bereitschaft, Feedback zu erhalten, daß ich Ihnen gerne mitteilen möchte, was ich denke.

1. Sie haben eine Rangfolge dessen verkündet, was für IBMer wichtig ist: erstens der Kunde, zweitens IBM, drittens der eigene Bereich. Das erinnert an die Hierarchie von McKinsey. Für mich gibt es eine bessere Spitzenposition auf der Liste, die einer IBM-Tradition entspricht, und das ist der einzelne selbst – der Rest der Liste kann bleiben, wie er ist. Respekt für den einzelnen ist eine wichtige Grundlage für die Gesundheit, ob es sich nun um die Gesundheit eines Individuums, einer Organisation oder einer Gesellschaft handelt. (Die Organisationsstruktur nach McKinsey, bei der sich der einzelne irgendwo weit unten befindet, hinter dem Kunden und dem Unternehmen, führt zur Erschöpfung von Mitarbeitern und ihren Familien.)
Sie beschreiben die Notwendigkeit, uns selbst und die Art, wie wir unsere Geschäfte betreiben, kritisch unter die Lupe zu nehmen. Ich halte auch sehr viel von einer selbstkritischen Haltung und zähle das folgende als Bereiche auf, bei denen Sie in sich gehen sollten. (Hier können Sie mit gutem Beispiel vorangehen.)
2. Sie scheinen den Wettbewerb zu schätzen und legen großen Wert darauf, im Konkurrenzkampf zu siegen. Ich weiß, daß diese Haltung unserem kulturellen Umfeld entspricht, ich bin aber davon überzeugt, daß sie überflüssig und ungesund ist und daß andere Formen der sozialen Interaktion produktiver sind. Beispielsweise kritisieren Sie die interne Konkurrenz bei IBM (IBMer gegen IBMer). Außerdem unterstreichen Sie die Notwendigkeit, die Wünsche des Kunden zu erfüllen. Ich stimme mit diesem Ziel überein, bin aber der Ansicht, daß es von dem anderen Ziel, »im Wettbewerb zu siegen«, unterschieden werden muß. Die Prozesse, die wir entwickeln, um diese Ziele zu erreichen, müssen unterschiedlich sein. Wenn wir uns nicht über unser Ziel im klaren sind, dann wird es uns höchstwahrscheinlich auch nicht gelingen, die richtigen Wege zu finden.

Zu einigen Einzelheiten in diesem Zusammenhang: Sie sprechen davon, jemanden »fertigzumachen«, einem »das Fell über die Ohren zu ziehen«. Ist das nicht eine ungesunde Haltung? Bei diesen »jemand« handelt es sich um Menschen, die Freunde und Familien haben. Möglicherweise sind es die eigenen Freunde und Verwandten. Die Konkurrenz, eine Struktur und eine Haltung, bei der die beteiligten Parteien danach streben, andere daran zu hindern, daß sie ihr Ziel erreichen, bedeutet in ihrem innersten Kern Geringschätzung der Einzelperson.
Ich habe Ihnen ein Audioband zu diesem Thema (»Kulturelle Ketzerei: ein Plädoyer gegen den Wettbewerb«) mit einer kurzen Inhaltsbeschreibung geschickt. Offensichtlich ging dieses Material »auf dem

Dienstweg« verloren und hat Sie nicht erreicht. Wenn Sie daran interessiert sind, dieser Thematik gründlicher nachzugehen, kann ich Ihnen das Band noch einmal zuschicken.
Sie haben behauptet, der wichtigste Maßstab unseres Erfolges sei der Anteil am Budget für Informationstechnologie bei jedem unserer Kunden. Hier scheint mir ein Fall von Kurzsichtigkeit vorzuliegen. Ein Prozentsatz ist eine nach oben begrenzte Größe, er kann nie über hundert Prozent liegen. Nach diesem Maßstab müssen alle Erfolge, die ein Unternehmen erzielt, auf Kosten eines oder mehrerer Mitbewerber gehen. Wenn wir uns in Richtung Ausweitung orientieren, darüber nachdenken, wie wir den ganzen zu verteilenden Kuchen größer machen können, dann ist ein Zuwachs für jeden möglich. Wenn beispielsweise mehr Geld für Informationstechnologie ausgegeben wird, weil ihre Bedeutung immer mehr zunimmt, können wir zwar Prozentanteile verlieren und doch gleichzeitig wachsen und mehr Geld verdienen. (Vermutlich haben wir in den frühen achtziger Jahren Prozentpunkte verloren, als wir expandierten und in jedem Quartal eine Milliarde Dollar einfuhren.) Wie sehr können wir umgekehrt daran interessiert sein, einen hundertprozentigen Marktanteil bei Kartenlesegeräten zu erreichen?
Wenn ich mich in dieser Niederschrift auch auf »Verbesserungsvorschläge« konzentriert habe, so möchte ich doch noch einmal betonen, daß ich Sie für das bewundere, was sie bereits geleistet haben und noch leisten. Ich werde gern mit Ihnen zusammenarbeiten.

[Name]

P.S. – Ich weiß nicht, ob es stimmt, aber ich habe gehört, daß bei Ihrem Besuch in der RTP-Anlage in North Carolina der Weg, den Sie nehmen sollten, genau festgelegt war, ebenso wurden die Wände der Hallen, die Sie besuchen sollten, frisch gestrichen und der Boden wurde dort neu verlegt. Ich frage mich, ob Sie wissen, ob das stimmt oder nicht, und was Sie davon halten, wenn es stimmt.

Manchmal mußte ich mir sehr, sehr kräftig auf die Zunge beißen. Ich kann dazu nur eines sagen: Für manche Leute war es gut, daß ich einfach nicht die Zeit hatte, alle E-Mails zu beantworten.*

---

* Der Anhang enthält weitere Beispiele betriebsinterner Kommunikation, wie sie bei unserem Umbau so wichtig war.

8 EIN WELTUNTERNEHMEN SCHAFFEN

Bislang hatten wir nichts anderes getan, als das Feuer zu löschen. Nun ging es darum, eine neue Grundstrategie für die Firma zu entwickeln. Diese Strategie mußte sich, wie ich bereits seit sechs Monaten verkündete, an meiner Überzeugung orientieren, daß die einzigartige Chance für IBM – unser Wettbewerbsvorteil – in der Fähigkeit lag, integrierte Lösungen für unsere Kunden anzubieten.

Doch bevor ich die Integration der Komponenten im Interesse unserer Kunden durchsetzen konnte, stand die Integration von IBM auf meiner Tagesordnung! Während also die für die Strategie Verantwortlichen damit beschäftigt waren, kurz- und langfristige Pläne auszuarbeiten, richtete ich meine Aufmerksamkeit auf drei Gebiete, mit denen unsere Integrationsstrategie stand und fiel. Es gab keine Hoffnung mehr, wenn auf diesen Feldern kein einschneidender Wandel stattfand: Organisation, Markenimage und Vergütungsstruktur.

Erneuerung der Organisation

IBM besitzt wohl weltweit die komplexeste Organisation, wenn man einmal von Regierungen absieht. Das liegt nicht nur an der schieren Größe (86 Milliarden Dollar Umsatz im Jahr 2001), auch nicht an dem gewaltigen Aktionsradius (das Unternehmen ist in mehr als hundertsechzig Ländern tätig). Die Komplexität von IBM hat hauptsächlich mit zwei Dingen zu tun: Erstens ist jede Institution und fast jeder einzelne tatsächlich oder potentiell ein Kunde von IBM. Bei meinen früheren Aufgaben in anderen Unternehmen konnte ich stets etwa ein Dutzend Kernkunden in ein oder zwei Branchen ausmachen, die einen klar definierten Markt bildeten. Bei IBM war das anders. Wir mußten bereit sein, jeder Einrichtung, jeder Branche, jeder Art von Regierung, ob groß oder klein, an jedem beliebigen Ort der Welt zur Verfügung zu stehen.

Der zweite Faktor, der die Dinge so kompliziert machte, hat mit dem Anteil und dem Entwicklungstempo unserer Technik zu tun. Früher konnte ich gemeinsam mit meinem Managementteam vier oder fünf Unternehmen oder Organisationen benennen, die in den letzten zwanzig Jahren unsere Konkurrenten gewesen waren und dies wahrscheinlich auch die nächsten zwanzig Jahre bleiben würden. In der IT-Branche gab es tatsächlich Jahr für Jahr Tausende neuer Wettbewerber – manche in Garagen, manche in Universitäten, manche in den Herzen und Köpfen hervorragender Unternehmer. Die Produktzyklen, die früher gewöhnlich zehn Jahre gedauert hatten, dauerten jetzt neun oder zehn Monate. Neue wissenschaftliche Entdeckungen setzen sich immer wieder gegen Planungen und ökonomische Annahmen durch.

Das macht verständlich, warum die Führung von IBM angesichts dieser gewaltigen globalen Reichweite und der außergewöhnlichen Vielfalt der Kundschaft sowie der sich ständig verändernden technischen Grundlage eine ständige Herausforderung war.

Ein anderer Faktor machte die Aufgabe besonders interessant: die Zusammensetzung der Belegschaft von IBM. Wir sind kein Unternehmen, das einfach aus Managern und Angestellten besteht. Wir sind eine Gesellschaft mit mehr als 300 000 hochqualifizierten Mitarbeitern, die alle gescheit, wißbegierig und (leider auch) eigensinnig sind. Jeder hat seine eigenen Ansichten, wo die Priorität Nummer eins liegt und wer sich darum kümmern sollte.

Während IBM mit dieser Partitur für eine Kakophonie kämpfte, entwickelte sich die Firma im Laufe der Jahre in zwei unterschiedliche Richtungen: Es entstanden einerseits mächtige, geographisch definierte Einheiten, die sich mit der weltweiten Ausdehnung von IBM beschäftigten, und andererseits einflußreiche Produktabteilungen, die sich um die technologische Stärke kümmerten. Aber eines fehlte vollkommen: der Blick auf den Kunden. Den geographischen Regionen ging es hauptsächlich darum, niemanden von außen in ihr Reich eindringen zu lassen, sie wollten alles im Griff haben, was in ihrem Zuständigkeitsbereich geschah. Die technologischen Abteilungen konzentrierten sich darauf, was sie für machbar hielten oder was sie gern produzieren wollten, Bedürfnisse und Prioritäten der Kunden interessierten sie wenig.

Ich hatte dergleichen bei American Express aus nächster Nähe kennengelernt und war entschlossen, hier rasch Veränderungen durchzusetzen. Als ich bei American Express anfing, wurde die Kreditkarte für elf verschiedene Währungen ausgegeben, als ich das Unternehmen verließ, waren es fast dreimal so viele. Während wir die Karte weltweit verbreiteten, benötigten wir von IBM, unserem wichtigsten Lieferanten auf dem Gebiet der Informationstechnologie, ein einheitliches System, und wir brauchten buchstäblich in jedem wichtigen Land der Welt die Unterstützung des Kundenservices.

Wenn wir uns in einem neuen Land geschäftlich etablierten (ob in Malaysia oder in Singapur oder in Spanien), war es immer wieder verblüffend, daß wir unsere Seriosität beim örtlichen IBM-Management unter Beweis stellen mußten. Die Tatsache, daß American Express in den Vereinigten Staaten zu den größten Kunden von IBM gehörte, war für das IBM-Management in anderen Ländern völlig unerheblich. Wir mußten jedesmal von vorn beginnen, und man interessierte sich stets nur für die Gewinne und Verluste im jeweiligen Land, die weltweite Beziehung von IBM und American Express war nicht die geringste Aufmerksamkeit wert.

Ganz ähnlich sah es auch bei den Produkten aus. Produkte, die in den Vereinigten Staaten verbreitet waren, konnte man nicht unbedingt in anderen Teilen der Welt erhalten. Es war eine gewaltige Enttäuschung, daß IBM überhaupt nicht fähig zu sein schien, sich einen global agierenden Kunden vorzustellen und eine Technologie, die sich an Kundenbedürfnissen orientierte.

Zu meinen ersten wichtigen Aufgaben zählte es, eine grundlegende Verschiebung der Machtbasis innerhalb von IBM zu erreichen. Allein in den Vereinigten Staaten gab es ein nationales Hauptquartier, acht regionale Hauptquartiere, viele Gebietshauptquartiere unterhalb der Ebene der Regionen und schließlich lokale Einheiten, sogenannte »Verkaufsbezirke«. Jedes dieser Gebilde wurde vom Chef eines Profitcenters geleitet, der mit aggressiven Methoden bestrebt war, seine eigenen Ressourcen und Profite zu mehren. Nehmen wir ein Beispiel: Eine Bank in Atlanta suchte eine Lösung für das Geschäft mit kleinen Privatkunden. In diesem Falle spielte es überhaupt keine Rolle, daß unsere besten Bankfachleute in New York City oder Chicago saßen. Es kam häufig vor, daß der lokale Verantwortliche derlei Möglichkeiten ignorierte, um die eigenen Leute einzusetzen. (Eines Tages schaute ich die Finanzmeldungen durch und las mit Entsetzen, daß die regionalen Verkaufsbezirke von IBM für Alabama und Mississippi der Presse ihre Gewinnzahlen übermittelt hatten.)

Stabskräfte gab es auf jeder Ebene im Überfluß. Außerhalb der Vereinigten Staaten war die Struktur sogar noch rigider, etwa in Europa, wo 23 000 Leute im Servicebereich arbeiteten. IBMer mußten praktisch um Erlaubnis bitten, wenn sie das Territorium eines fremden Landesfürsten betreten wollten. In jedem Land gab es einen eigenen unabhängigen Apparat. In Europa allein hatten wir 142 verschiedene Finanzsysteme. Kundendaten waren dem Gesamtunternehmen nicht zugänglich. Mitarbeiter gehörten in erster Linie zu ihrer geographischen Einheit, IBM insgesamt stand dagegen mit großem Abstand an zweiter Stelle.

Die Lehnsherrschaften aufbrechen

Ich erklärte den Duodezfürsten den Krieg. Ich entschied, daß wir das Unternehmen weltweit nach Branchenteams organisieren würden. Die Stärke dieser Struktur hatte ich erstmals als junger Berater bei McKinsey kennengelernt. Wir führten eine zukunftsorientierte Organisationsstudie für die damalige Citibank durch. Das Ergebnis hatte zur Folge, daß die Citibank von einer geographischen Struktur in eine globale, verbraucherorientierte Organisationsform überführt wurde, und dies sollte während des nächsten Jahrzehnts zum Vorbild für die meisten Finanzunternehmen werden.

Dieses Modell hatte ich vor Augen, als ich Ned Lautenbach, der damals alle unsere Verkaufsorganisationen außerhalb der Vereinigten Staaten leitete, aufforderte, ein verbraucherorientiertes Gefüge aufzubauen. Es war ein schmerzvoller und manchmal turbulenter Prozeß, das Unternehmen dazu zu bringen, daß es die neue Richtung einschlug, aber Mitte 1995 war es soweit. Wir spalteten unsere Kundenbetreuung in zwölf Gruppen auf: Es gab nun elf branchenorientierte Kategorien (wie Banken, öffentliche Verwaltung, Versicherungswesen, Vertrieb und Fertigung) und eine letzte Kategorie, die sich um kleine und mittlere Firmen kümmerte. Diesen Branchengruppen gestanden wir finanzielle Eigenverantwortung zu und verkündeten, daß sie für Budget und Personal zuständig sein sollten. Die Reaktion der Landesfürsten erfolgte schnell und entsprach den Erwartungen. Sie reichten von »Das wird nie funktionieren« bis »Sie werden das Unternehmen zugrunde richten!«.

Ich werde eine bestimmte Auseinandersetzung nie vergessen, die ich mit dem Chef der mächtigen Einheit für Europa, den Mittleren Osten und Afrika hatte. Während eines Europabesuchs entdeckte ich zufällig, daß die Mitarbeiter in Europa nicht alle meine E-Mails erhielten, die im Gesamtunternehmen verbreitet wurden. Nach einigen Nachforschungen fanden wir heraus, daß der Europa-Chef die Nachrichten am zentralen Verteilerknoten abfing. Auf die Frage nach dem Grund hatte er eine einfache Antwort parat: »Diese Nachrichten sind für *meine* Mitarbeiter nicht geeignet.« Und er fügte noch hinzu: »Sie sind so schwer zu übersetzen.«

Für den nächsten Tag beorderte ich den Mann nach Armonk. Ich legte ihm dar, daß er gar keine Mitarbeiter hatte, alle Mitarbeiter seien bei IBM beschäftigt, und von heute an werde er nie wieder Mitteilungen blockieren, die von meinem Büro ausgingen. Er verzog das Gesicht, nickte und verließ schmollend den Raum. Mit der neuen, globalen Organisation konnte er sich nicht abfinden, und ein paar Monate später verließ er das Unternehmen.

Wir führten die neue, nach Branchen geordnete Organisationsform zwar Mitte 1995 ein, aber sie wurde doch wenigstens drei Jahre lang nicht voll akzeptiert. Die Regionalchefs hingen am alten System, manchmal aus Opposition, meist aber aus Tradition.

Wir mußten eine gewaltige Umschichtung von Ressourcen, Anlagen und Abläufen vornehmen, um das neue System arbeitsfähig zu machen. Es war einfach, auf dem Papier einen neuen Organisationsplan aufzustellen. Aber ihn durchzusetzen, verlangte drei Jahre harter Arbeit, und er mußte anständig implementiert werden.

Einen besonders sturen – und einfallsreichen – Generaldirektor in einem europäischen Land werde ich nie vergessen. Er weigerte sich einfach, die Tatsache zur Kenntnis zu nehmen, daß die große Mehrheit der Mitarbeiter in seinem Land in spezialisierte Einheiten versetzt worden war und nun globalen Führungskräften unterstand.

Jedesmal, wenn einer oder eine dieser neuen Verantwortlichen mit weltweiten Kompetenzen zu Besuch kam, um sein oder ihr neues Team zu treffen, rief der Generaldirektor in dem betreffenden Land eine Gruppe von Getreuen in einem Raum zusammen und schärfte ihnen ein: »Nun, ihr seid heute die Datenbankfachleute. Sprecht also über Datenbanken.« Beim nächsten Besuch hieß es dann: »Heute seid ihr die Experten für die Versicherungsbranche.« Wir begriffen bald, was dort los war, und bereiteten dem Spiel ein Ende.

9 DIE MARKE WIEDERBELEBEN

All unsere Bemühungen, IBM zu retten – das Unternehmen auf die richtige Größe zu bringen, die Abläufe zu verändern, eine Strategie zu entwickeln, Mut zu machen und so weiter –, wären umsonst gewesen, wenn die Marke IBM Schaden genommen hätte, während wir mit aller Kraft an den anderen Dingen arbeiteten. Ich war immer der Meinung, ein erfolgreiches Unternehmen müsse kunden- und marktorientiert sein und eine leistungsfähige Marketingorganisation haben. Deswegen mußte der zweite Schritt bei der Schaffung eines globalen Unternehmens der sein, die Marketinganstrengungen von IBM abzustimmen und zu konzentrieren.

In den achtziger Jahren des 20. Jahrhunderts hatte IBM etliche Preise für seine einfallsreichen Charlie-Chaplin-Werbespots gewonnen. Anfang der neunziger Jahre war die Werbepolitik kopflos. Als Teil des Bestrebens nach Dezentralisierung schien jeder Produktmanager in fast jedem Teil des Unternehmens seine eigene Werbeagentur zu beschäftigen. 1993 hatte IBM über siebzig Werbeagenturen, die alle unabhängig voneinander, ohne Koordinierung arbeiteten. Es war, als würden siebzig kleine Trompeten gleichzeitig auf sich aufmerksam machen wollen. In einer einzigen Ausgabe eines Branchenmagazin konnte man bis zu achtzehn unterschiedliche IBM-Anzeigen finden, mit achtzehn unterschiedlichen Designs, Botschaften oder sogar Logos.

Im Juni 1993 stellte ich Abby Kohnstamm als Leiterin des Marketings für IBM ein. Wir hatten bei American Express viele Jahre zusammengearbeitet. Die Aufgabe bei IBM war so wichtig und dringlich, daß ich jemanden brauchte, der mich und meinen Führungsstil kannte, mit dem ich mich gewissermaßen im Telegrammstil verständigen konnte.

Abby sah sich einer besonders schwierigen Herausforderung gegenüber. Bei IBM hatte es nie einen wirklichen Marketingchef gegeben. Nur wenige Leute in den Unternehmenseinheiten verstanden und akzeptierten ihre Rolle, man versuchte zunächst, Abby zu ignorieren. Das Fundament von IBM waren die Technologie und der Umsatz. Und bei IBM bedeutete damals der Begriff »Marketing« tatsächlich »Umsatz«. Im weitesten Sinne geht es beim Umsatz darum, die Nachfrage zu befriedigen. Wird das gut gemacht, ist Marketing eine multidisziplinäre Angelegenheit, die Marktsegmentierung, die Analyse von Konkurrenten und Kundenpräferenzen, Firmen- und Produktimage, Werbung und Direktversand mit einschließt. Das ist nur ein Teil der Aufgaben. Während IBM ganz offensichtlich mehr von seinen Produkten verkaufen mußte, war es gleichzeitig notwendig, das Image des Unternehmens neu zu gestalten und seine Bedeutung auf dem Markt wiederherzustellen. Als ich bei IBM begann, wurde Marketing nicht als eigenständige Disziplin betrachtet, und es gab kein Marketingmanagement. Abby bekam sechzig Tage Zeit für eine Situationsanalyse.

Ihre Recherchen erbrachten, daß IBM trotz der bekannten Probleme als übergreifender Markenname noch immer sehr angesehen war. Die Kunden waren überzeugt, ein gutes Produkt zu bekommen, wenn sie ein IBM-Produkt kauften. Wie ich erwartet hatte, lag unsere größte Stärke darin, als einheitliche Marke aufzutreten und nicht unter verschiedenen Markennamen. Folglich mußte das Marketing darauf abzielen, deutlich herauszustellen, warum Kunden mit einem integrierten Unternehmen Geschäfte machen wollten.

Abby wußte, daß die Unstimmigkeiten beseitigt werden mußten. Das erreichten wir stufenweise, denn man kann einer Organisation zwar alles aufwingen, aber wenn die Mitarbeiter keinen Sinn darin sehen, lassen sich Veränderungen nicht durchsetzen. Stufe eins hieß, den leitenden Angestellten den Luxus zu verwehren, eigene Werbebudgets, eigene Werbeagenturen und die Freiheit zu haben, daß sie eine Anzeige bestellen konnten, wann immer es ihnen paßte. In einem Monat gab es keine einzige IBM-Anzeige in wichtigen Branchenzeitschriften, im nächsten Monat hatten wir so viele Seiten, daß es den Eindruck erweckte, wir würden eine Sonderausgabe sponsern. Letzteres galt vor allem im November und Dezember, wenn die Marketingabteilungen ihre Budgets restlos ausschöpfen wollten.

Abbys Aufgabe bestand darin, die Ausgaben und die Werbebotschaften zu kontrollieren. Ich bat sie, dem neu gebildeten Worldwide Management Council (WMC) in unserem Konferenzzentrum in Palisades, New York, einen Plan vorzustellen. Es war ein schwieriges Meeting, aber sie ging ausgesprochen raffiniert vor. Als die fünfunddreißig WMC-Mitglieder den Raum betraten, waren sämtliche Wände mit den Anzeigen, Verpackungen und anderem Werbematerial all unserer Agenturen geschmückt. Es war eine völlig chaotische Anhäufung von Marken- und Produktwerbung.

Nach Abbys Präsentation stellte ich eine Frage: »Zweifelt jemand daran, daß wir das besser können?« Es gab keine Diskussion.

Eine Stimme, eine Agentur

Abby beschloß, die Werbeaktivitäten von IBM bei einer einzigen Agentur zu bündeln – nicht nur die in den Vereinigten Staaten, sondern weltweit. Damals war es die größte Zusammenziehung von Werbeaktivitäten in der Geschichte. Anfangs wußten nur wenige von ihrem Plan – eine Handvoll Leute innerhalb von IBM und nur die Chefs der Werbeagenturen, die in Betracht gezogen wurden. Es gab keine formale Anzeigenkritik. Keine Gestaltungsaufgabe. Keine Präsentationen. Abby beschränkte die Liste auf vier Agenturen, von denen damals nur eine mit IBM-Aufträgen zu tun hatte. Vier Wochen lang organisierte sie zweitägige Meetings in Hotels (die Vertreter beider Seiten benutzten Decknamen), um die Denkweise, die Möglichkeit der Zusammenarbeit und die Art und Weise, wie die Beteiligten eine so große Herausforderung angehen würden, auszuloten.

Sie und ihr kleines IBM-Team entschieden sich einstimmig für Ogilvy & Mather, die über solide Sachkenntnisse und weltweite Erfahrung verfügten. Das war genau das, was IBM brauchte, denn die

DIE MARKE WIEDERBELEBEN 107

Agentur würde in hundertsechzig Ländern die Werbung für alle unsere Produkte und Dienstleistungen wie auch unseren übergreifenden Markennamen managen.

Bevor wir den Vertrag unterzeichneten, bat ich Abby, die drei Leute an der Spitze von O&M in unsere Zentrale einzuladen. Wir hatten vor, die Marke IBM diesen Leuten anzuvertrauen. Deswegen wollte ich sichergehen, daß wir uns alle darüber im klaren waren, was auf dem Spiel stand. Ich wollte ihnen in die Augen schauen und hören, daß sie sich, was es auch kosten mochte, voll und ganz für den Erfolg dieses Unterfangens einsetzen würden. Interessanterweise zeigte dieses Treffen, daß sie ein ähnliches Ziel verfolgten. Sie setzten einen großen Teil ihrer Zukunft auf IBM – und gaben mehrere ihrer jetzigen Kunden auf. Wir waren also tatsächlich auf gleicher Augenhöhe.

Abby hatte meine volle Unterstützung, aber andere, sowohl innerhalb als auch außerhalb des Unternehmens, waren wesentlich schwieriger zu überzeugen. Viele Produkt- und Gebietseinheiten stellten sich bis zu dem Zeitpunkt, als wir die meisten Werbeausgaben und die Werbeaufträge an Medien zentralisierten und weltweite Verträge abschlossen, auf den Standpunkt »Auch das wird vorübergehen«. Die Werbewirtschaft war völlig schockiert. So etwas machte man in der Welt der Werbung einfach nicht – schon gar nicht in einer so vertrackten, problembeladenen Situation wie der von IBM.

Die *New York Times* berichtete über die Zusammenziehung auf Seite eins. Das Branchenblatt *Advertising Age* nannte sie den »Marketingschuß, den man in der ganzen Welt gehört hat«. Aber der Schritt wurde im wesentlichen positiv aufgenommen. *Ad Age* fuhr fort: »Da Computerprodukte, Marken und Publikationen nicht an geographische Grenzen gebunden sind, ist eine weltweite Strategie einleuchtend... Eine einzige Agentur paßt perfekt zu Mr. Gerstners Strategie, die Kontrolle zu zentralisieren und unabhängige Einheiten wie die PC-Abteilung in den Schoß der Gemeinde zurückzubringen.«

Das stets kritische *Wall Street Journal* nannte die Entscheidung »kühn« und »risikoreich«. Es warnte: »Wenn es der Agentur nicht gelingt, eine auf Anhieb erfolgreiche Kampagne zu entwickeln, könnte die Erholung von IBM um Monate zurückgeworfen werden.«

Weit gefehlt. Ungeachtet des heftigen Protests vieler Gebietsmanager startete 1994 die erste Kampagne unter dem Motto »Lösungen für einen kleinen Planeten«. Die innovativen Fernsehspots – mit internationaler Besetzung, von tschechischen Nonnen bis zu französischen Spaziergängern an der Seine, die in ihrer Muttersprache über Datenspeicherung redeten, wobei alle Dialoge mit Untertiteln versehen waren – fanden großen Beifall.

Die Kampagne bekräftigte wichtige Botschaften: IBM war ein weltweites Unternehmen und ein organisches Ganzes auf Weltklasseniveau. Gleichzeitig signalisierte sie, daß wir auch ein ganz anderes Unternehmen waren – fähig zum Wandel und zu kühnen Entscheidungen wie der zur Konsolidierung. Fähig, schnell zu agieren, Risiken auf uns zu nehmen und innovativ zu sein. Und wir waren offener. Die Kampagne machte unsere Marke menschlicher.

Im Einklang mit der kreativen Arbeit gingen wir auf völlig neue Weise an unsere Finanzplanung und die Vergabe unserer Werbeaufträge an Medien heran. Wir wußten, daß wir durch die Zusammenlegung Geld sparen würden, und so war es auch. Aber das hatte nicht den Ausschlag gegeben. Tatsächlich verdoppelten wir sofort unsere Investitionen in Marketing und Werbung und hielten diesen Level in den kommenden Jahren.

Auf »Lösungen für einen kleinen Planeten« folgte eine Kampagne, die den Begriff »E-Business« prägte und half, IBM eine Führungsposition bei diesem damals in der Industrie wichtigsten Trend zu verschaffen (darüber mehr an späterer Stelle).

Gegen alle Widerstände gelang Abby Kohnstamm etwas Großartiges und höchst Wirkungsvolles. Sie mußte das Marketing aus dem Nichts aufbauen und gleichzeitig eine einheitliche weltweite Kampagne für ein Unternehmen schaffen, das in jüngster Zeit mit kontraproduktiven, schwierigen und konkurrierenden Botschaften an die Öffentlichkeit getreten war. All das widersprach komplett der überkommenen Unternehmenskultur von IBM. Abby war eine weitere Heldin der Wende.

10 EINE NEUE VERGÜTUNGSPHILOSOPHIE

Das »alte« Unternehmen hatte hinsichtlich der Vergütung sehr starre Ansichten. Das lag, wie ich vermute, zum großen Teil an der Managementphilosophie von Tom Watson jr., dem Mann, der den großartigen IBM-Konzern der sechziger und siebziger Jahre des 20. Jahrhunderts geschaffen hatte. Da IBM in dieser Zeit so Außergewöhnliches geleistet hat, wäre es töricht zu sagen, es sei kein effektives Vergütungssystem gewesen.

Ich will kurz das System beschreiben, das ich vorfand, als ich zu IBM kam.

Erstens bestand die Vergütung auf allen Ebenen vor allem in einem Gehalt. Relativ wenig wurde in Form von Prämien, Aktienbezugsrechten oder Leistungseinheiten honoriert.

Zweitens gab es in diesem System kaum Differenzierungen.

- Alle Angestellten, mit Ausnahme derjenigen, deren Leistung als unzureichend eingestuft wurde, erhielten eine jährliche Gehaltserhöhung.
- Der Umfang der Gehaltserhöhungen von Spitzenkräften und Angestellten in niedrigeren Positionen unterschied sich kaum.
- Die Erhöhungen bewegten sich innerhalb einer engen Bandbreite ausgehend vom Jahresetat. Wenn dieser sich zum Beispiel um fünf Prozent erhöhte, wurden die Gehälter entsprechend zwischen vier und sechs Prozent angehoben.
- Alle Beschäftigungsgruppen (ob Software-Ingenieure, Hardware-Ingenieure, Verkäufer oder Finanzexperten) erhielten die gleiche Gehaltserhöhung innerhalb einer Gehaltsstufe, unabhängig davon, daß einige Fähigkeiten außerhalb des Unternehmens stärker gefragt waren.

Drittens wurde Sozialleistungen großes Gewicht beigemessen. IBM war eine paternalistische Organisation und sorgte großzügig für die Angestellten. Ob Betriebspensionen, medizinische Leistungen, Country-Clubs für Mitarbeiter, ein lebenslanges Beschäftigungsverhältnis, ausgezeichnete Ausbildungsmöglichkeiten – in all diesen Bereichen zählte IBM zu den besten Unternehmen in den Vereinigten Staaten.

Soweit ich das beurteilen kann, orientierte sich IBM dabei kaum an anderen Unternehmen. In gewissem Sinne war IBM der Maßstab und entschied allein.

Im Grunde war es eine familienorientierte, schützende Umgebung, in der Gleichheit und Gemeinsamkeit höher bewertet wurden als die Differenzierung nach Leistung.

Schon lange bevor ich zu IBM kam, war ich mir der starken Verpflichtung bewußt, die das Unternehmen gegenüber seinen Angestellten einging. Während der Blütezeit von IBM mochte das auch gut gewesen sein, doch in der Finanzkrise, die meiner Ankunft vorausging, brach das alte System zusammen. Mein Vorgänger hatte Zehntausende entlassen – ein Schritt, der die Prinzipien der IBM-Kultur verletzte. Im Jahr vor meiner Ankunft wurden Obergrenzen für die zukünftige Finanzierung medizinischer Leistungen festgesetzt, Beschäftigte und Rentner würden sich demnach an den Kosten beteiligen müssen – für die Gemeinschaft der IBM-Mitarbeiter ein weiterer sehr schwieriger Bruch mit der Vergangenheit.

Das alte System hatte nicht nur keinen Bezug mehr zur Realität des Marktes, es war auch nicht mehr in der Lage, den Angestellten die der historischen IBM-Kultur entsprechende Fürsorge angedeihen zu lassen. Das machte die Konsolidierung des Unternehmens sehr schwierig und die Angestellten traurig und zynisch. Wir brauchten einen völlig neuen Ansatz – und wir brauchten ihn schnell.

Entgelt für Leistung

Wir nahmen vier wesentliche Veränderungen unseres Vergütungssystems vor, die ich gleich beschreiben werde. Dahinter steckte, wie sich aus folgender Liste ersehen läßt, eine grundsätzlich andere Philosophie als in der Vergangenheit.

Alt	Neu
Gemeinsamkeit	Differenzierung
Festes Entgelt	Variables Entgelt
Interne Bezugspunkte	Externe Bezugspunkte
Anspruch	Leistung

Hier ging es um Entgelt für Leistung und nicht um Loyalität oder Unternehmenszugehörigkeit. Es ging um Differenzierung: auf dem Markt basierende Differenzierung der Gehälter; Differenzierung der Gehaltserhöhungen basierend auf individueller Leistung und marktüblicher Bezahlung; Differenzierung unserer Prämien basierend auf dem Unternehmensergebnis und dem individuellen Beitrag dazu; und Differenzierung unserer Aktienbezugsrechte nach wichtigen Fähigkeiten von einzelnen und dem Risiko, die Personen an Wettbewerber zu verlieren.

Auf einige Veränderungen möchte ich nun näher eingehen.

Aktienbesitz

Haben Sie sich jemals gefragt, wo das Vermögen der Familie Watson ist? Gewiß hatten Tom Watson sr., der 1914 in das Vorläuferunternehmen eintrat und daraus IBM machte, und sein Sohn, der während der großen Wachstumsphase an der Spitze von IBM stand (nimmt man beide Amtszeiten zusammen, so leiteten sie das Unternehmen ununterbrochen sechsundfünfzig Jahre), die Möglichkeit, ein Nettovermögen ähnlich dem der Fords, Hewletts und Waltons anzuhäufen. Sicherlich hätte es eine Watson Foundation geben können, die so mächtig gewesen wäre wie die Ford Foundation oder die Hewlett Foundation. Aber es gab keine derartige Anhäufung von Reichtum!

Warum? Beide Watsons hatten offensichtlich Vorstellungen, die ihren Besitz von IBM-Aktien einschränkten. Watson sr. besaß nie mehr als fünf Prozent des Unternehmens und gewährte weder sich selbst noch anderen Führungskräften Aktienbezugsrechte. Er bevorzugte Barbezüge und erhielt ein Gehalt plus einen prozentualen Anteil an den Gewinnen des Unternehmens.

Watson jr. rief 1956 ein Programm für Aktienbezugsrechte ins Leben, das jedoch nur für sehr wenige Führungskräfte galt. Über seinen eigenen Aktienbesitz schrieb er in seinem Buch »Father, Son, and Co.« (»Der Vater, der Sohn und die Firma«), daß er ab 1958 sein Bezugsrecht nicht mehr ausgeübt habe (er war bis 1971 CEO), weil er glaubte, daß seine Optionen, die damals zwei Millionen Dollar wert waren, irgendwann mehr als zehn Millionen wert sein würden. Offenbar erschien ihm das ausreichend.

Für Tom Watson jr. hatten Aktienbezugsrechte offensichtlich allein den Zweck, Führungskräfte zu entlohnen, es ging nicht darum, eine Verbindung zwischen ihnen und den Aktionären des Unternehmens herzustellen. Tatsächlich schreibt er in dem genannten Buch, daß »das Modellunternehmen der Zukunft weitestgehend den Leuten gehören sollte, die für das Unternehmen arbeiten, und nicht Banken, Investmentfonds und Aktionären, die die Aktien möglicherweise von ihren Eltern geerbt und nicht aufgrund eigener Leistung erworben haben«.

Obwohl ich glaube, daß Tom Watson und ich viele Gemeinsamkeiten haben (besonders unsere Leidenschaft zu gewinnen), trennen sich hier unsere Wege.

Ich wollte, daß die IBM-Mitarbeiter so dachten und handelten wie Langzeitaktionäre – sie sollten den Druck des Marktes spüren, ihr Vermögen sinnvoll anzulegen und Strategien zu entwickeln, die einen Wettbewerbsvorteil schaffen. Der Markt liefert langfristig eine brutal ehrliche Einschätzung der relativen Leistung, und ich brauchte einen starken Anreiz für die Mitarbeiter, ihr Unternehmen auch von außen zu betrachten. In der Vergangenheit war IBM Arbeitgeber und Punktezähler im Spiel zugleich gewesen. Meine neuen Kollegen sollten akzeptieren, daß externe Kräfte – der Aktienmarkt, der Wettbewerb, der veränderte Kundenbedarf – die Tagesordnung bestimmen mußten und nicht die Wünsche und Launen unseres Teams.

Abgesehen davon, daß Aktienbezugsrechte die Verbindung zur Außenwelt herstellten, spielten sie in meiner Anfangszeit bei IBM eine noch viel größere Rolle. Ich hatte die Entscheidung getroffen, IBM zusammenzuhalten. Nun mußte ich dafür sorgen, daß diese Entscheidung sich auszahlte. Ich habe bereits beschrieben, welche Rolle die Organisation und die Entscheidungen hinsichtlich der Marke bei der Unterstützung der Integrationsstrategie spielten. Doch für das Anliegen, eine Umgebung zu fördern, in der das Motto galt »einer für alle«, war nichts wichtiger als die Schaffung eines gemeinsamen Anreizsystems für eine große Anzahl von Mitarbeitern – und der Zugang zu den Anreizen hing stark von der Gesamtleistung des Unternehmens ab. Immer wieder sagte ich meinem Team, daß wir nicht Gewinne aus dem Software- oder PC-Bereich pro Aktie angeben würden, sondern nur Gewinne des Gesamtunternehmens pro Aktie. Es existierte nur eine finanzielle Anzeigentafel, und das war der Aktienkurs, der täglich in den Medien auftauchte. Folglich profitierten wir alle, wenn IBM als Ganzes gut abschnitt, und wenn wir unabhängig voneinander operierten, spürten wir alle die Nachteile.

Deswegen nahmen wir drei wichtige Veränderungen bei den Aktienbezugsrechten vor. Erstens wurden erstmals Zehntausenden Mitarbeitern Aktienbezugsrechte angeboten. 1992 erhielten nur 1300 Mitarbeiter (fast alle Angehörige der höchsten Führungsebene) Aktienbezugsrechte. Neun Jahre später wurden 72 500 Mitarbeitern Aktienbezugsrechte gewährt, und die nicht zur Führungsspitze gehörenden Angestellten erhielten insgesamt doppelt so viele Aktien wie die Topmanager.

Ich möchte betonen, daß die Entscheidung, vielen Angestellten ein Aktienbezugsrecht einzuräumen, kein allgemeiner Glaubenssatz meiner persönlichen Managementphilosophie ist. Ich bin wirklich kein Anhänger von Unternehmensplänen, die jedem Angestellten einer Firma einen kleinen Anteil an Optionen einräumen. Für die meisten Angestellten sind Aktien nichts weiter als eine verspätete Form des Gehalts. Sie verkaufen sie sobald wie möglich.

IBM unterscheidet sich jedoch von anderen Unternehmen auf der Welt. Wie schon an früherer Stelle erwähnt, setzt sich das Unternehmen weitgehend aus einer einzigen Klasse von Wissensarbeitern zusammen. Zweitens besteht IBM nicht aus mehreren Unternehmen, sondern ist ein einziger gigantischer 86-Milliarden-Dollar-Konzern.

Damit uns die Integration von IBM gelang, mußten Ingenieure, Marketingleute, Produktdesigner und sonstige Angestellte überall auf der Welt an einem Strang ziehen. All diese Personen mußten eine geschlossene Einheit bilden, und Tausenden von ihnen das Aktienbezugsrecht einzuräumen, konnte dazu beitragen, die Aufmerksamkeit auf ein gemeinsames Ziel, einen gemeinsamen Leistungsmaßstab zu richten. Ich mußte die IBM-Mitarbeiter davon überzeugen, daß es ihnen besser ging, wenn wir als einheitliches Unternehmen funktionierten, als ein Team und nicht als getrennte kleine Imperien. Wenn mir das nicht gelang, würde meine gesamte Strategie, eine Kehrtwende herbeizuführen, scheitern.

Die zweite Entscheidung zu den Aktienbezugsrechten betraf die Führungskräfte, und sie war viel einfacher: Den größten Anteil der Vergütung von Führungskräften machten in Zukunft Aktien aus, der Geldanteil trat gegenüber dem Wertzuwachspotential von Aktien in den Hintergrund. Dies gehört zu meiner Managementphilosophie. Die Führungskräfte sollten wissen, daß sie nur zu Reichtum gelangen, wenn das auch auf den langfristigen Aktionär zutrifft.

Die dritte und letzte Entscheidung zu den Aktienbezugsrechten ist ebenfalls Teil meiner Managementphilosophie. Führungskräften bei IBM sollte nur ein Aktienbezugsrecht eingeräumt werden, wenn sie gleichzeitig eigenes Geld in den Erwerb von Firmenaktien investierten. Unsere Richtlinien besagten: »Du mußt ein bestimmtes Risiko eingehen.« Keine Freikarten.

Richtlinien für Aktienbesitz von Führungskräften

Der Wert der IBM-Aktien (in US-Dollar), die Sie besitzen sollen, wird bestimmt durch Ihre Position, ein Vielfaches des jährlichen Grundgehaltes und des angestrebten jährlichen Leistungsanreizes:

Position	Minimales Vielfaches
Chief Executive Officer	4
Senior Vice President	3
Andere weltweite Führungskräfte	2
Sonstige Führungskräfte	1

Die Führungskräfte sollten sich in der gleichen Lage befinden wie die Aktionäre: Steigen die Aktien, fühlen wir uns gut, fallen sie, fühlen wir uns schlecht (und zwar wirklich schlecht – denn es geht nicht um den Verlust eines theoretischen Aktiengewinns). Anfangs habe ich wiederholt Aktien auf dem offenen Markt gekauft, denn ich hielt es für wichtig, mein eigenes Geld zu riskieren.

Eine unangenehme Notwendigkeit

Eine historische Fußnote zum Thema Aktienbezugsrecht: 1993 nutzte ich das Aktienbezugsrecht auf eine Weise, die mir persönlich unangenehm ist, aufgrund unserer Finanzkrise jedoch notwendig war. Ich erkannte, daß ich unsere wichtigsten Talente im Bereich Technik und Management nicht halten konnte und daß uns von der Konkurrenz systematisch unsere besten Leute weggeschnappt wurden. Zwar war es angesichts der Krise unerläßlich, unsere Beschäftigtenzahl zu reduzieren, doch noch viel wichtiger war es, unsere vielversprechendsten Leute bei der Stange zu halten.

Eine Möglichkeit wäre gewesen, neue Aktienbezugsrechte für Personen in Schlüsselpositionen einzuführen. Nach dem gültigen Aktienbezugsrechtsplan standen jedoch keine Aktien zur Verfügung, und die einzige Möglichkeit, sie zu bekommen, wäre gewesen, eine außerordentliche Aktionärsversammlung einzuberufen. Doch man stelle sich vor, ich hätte nach der hitzigen Aktionärsversammlung in Tampa die IBM-Aktionäre um eine weitere Zusammenkunft gebeten, um mir mehr Aktien für das Management absegnen zu lassen!

Ich beschloß, den Mitarbeitern, die wir auf jeden Fall halten wollten, die Chance zu geben, ihre im Grunde genommen wertlosen bestehenden Optionen gegen neue Optionen zu einem günstigeren Preis einzutauschen. Mir widerstrebte es, das tun zu müssen, denn mitten im Spiel die Regeln zu ändern, ist nicht die feine Art. Es gelang mir jedoch, meine Abneigung zu überwinden, indem ich ganz bestimmte Bedingungen stellte, die, wie ich glaube, angesichts unserer katastrophalen Situation zum damaligen Zeitpunkt ein brauchbares und angemessenes Programm für Aktienerwerb aus dem Kreis der Mitarbeiter schufen. Und wir schlossen die obere Führungsebene aus. Sie hatten bei der Schaffung unserer Probleme eine Rolle gespielt. Sie mußten ihre alten Optionen zu den alten Preisen behalten und an der Lösung der Probleme arbeiten.

Es war ein sehr wichtiges und erfolgreiches Programm. Ich kann keine genauen Zahlen nennen, aber ich weiß, daß es dazu beitrug, viele wichtige Leute bei der Stange zu halten, die versucht waren, zu unseren Konkurrenten zu wechseln; inzwischen haben sie Führungspositionen bei IBM inne. Außerdem war es eine Botschaft an alle – einschließlich der Führungskräfte, die ausgeschlossen wurden: Wir beabsichtigten wirklich, unsere Leistung am Wert der Aktien zu messen, und wollten unsere Interessen auf eine Linie mit denen der Aktionäre bringen. Und schließlich war es ein Signal, dem viele weitere folgen sollten, daß die Vergütung bei IBM in Zukunft auf Leistung basieren und nicht einfach nach Unternehmenszugehörigkeit bemessen würde.

Andere Veränderungen

Ich habe die Veränderungen beim Aktienbezugsrechtsprogramm so ausführlich beschrieben, weil ich meiner Überzeugung Nachdruck verleihen wollte, daß man Institutionen nicht verändern kann, wenn das System der Leistungsanreize nicht der neuen Strategie angepaßt wird. Ich möchte dieses Kapitel mit einer Beschreibung mehrerer anderer Veränderungen beschließen, durch die das Vergütungssystem mit der neuen IBM-Philosophie in Einklang gebracht wurde.

Vor meiner Ankunft erhielten die Führungskräfte Bonuszahlungen entsprechend der Leistung ihrer jeweiligen Bereiche. Mit anderen Worten: Wenn es dem eigenen Unternehmensbereich gutging, dem Unternehmen insgesamt jedoch schlecht, wirkte sich das nicht aus. Der Verantwortliche erhielt trotzdem seine Prämie. Das leistete einer Ich-zentrierten Kultur Vorschub, die meinen Zielen für IBM zuwiderlief.

Deswegen führten wir 1994 eine große Veränderung herbei. Bei allen Führungskräften sollte künftig ein Teil der Jahresprämie von der Gesamtleistung des Unternehmens abhängen. Der ungewöhnlichste Teil dieses Plans betraf die Personen, die mir unmittelbar unterstellt waren – die obersten Führungskräfte, einschließlich der Leiter unserer Geschäftsbereiche. Ihre Prämien sollten künftig *ausschließlich* auf der Gesamtleistung des Unternehmens basieren. Mit anderen Worten: Die Prämie desjenigen, der für den Dienstleistungsbereich oder den Hardwarebereich verantwortlich war, richtete sich nicht nach dem Erfolg seines Bereiches, sondern nach dem Gesamtergebnis von IBM. Führungskräfte auf der nächstniederen Ebene erhielten 60 Prozent entsprechend dem Gesamtergebnis und 40 Prozent entsprechend den Leistungen ihres Geschäftsbereiches. Dieses System setzte sich stufenweise bis in die unteren Ränge fort.

Von allen Veränderungen, die ich 1993 und 1994 vornahm, trug dieser Schritt am meisten dazu bei, dem gesamten Unternehmen deutlich zu machen: »Wir müssen als Team zusammenarbeiten. Gerstner meint es ernst. Er möchte tatsächlich die Integration ins Zentrum der neuen Strategie rücken.«

Wir unternahmen unseren einfachen Angestellten gegenüber einen vergleichbar kühnen Schritt. Mitte der neunziger Jahre führten wir weltweit bei IBM das System der variablen Vergütung ein. Dies war unsere Art, allen Mitarbeitern mitzuteilen, daß jeder einzelne davon profitieren würde, wenn IBM den Turnaround schaffte. In den folgenden sechs Jahren wurden weltweit 9,7 Milliarden Dollar an Mitarbeiter ausgezahlt (mit Ausnahme weniger Länder, in denen dieses Programm der Gesetzeslage widersprach).

Das variable Vergütungssystem war ebenfalls direkt an die Gesamtleistung von IBM gebunden, damit alle begriffen, daß sich die enge Zusammenarbeit im Unternehmen auszahlen würde.

Unsere letzte Veränderung hatte am wenigsten mit Strategie zu tun, war jedoch die umstrittenste: die Einschränkung der paternalistischen Sozialleistungen. Wir nahmen diese Veränderungen nicht vor, weil wir das sehr großzügige Beistandssystem für grundsätzlich schlecht hielten. Glauben Sie mir, ich hätte nur zu gerne die Country-Clubs und die kostenlose medizinische Versorgung beibehalten. Wir kürzten diese Programme, weil IBM sich Aufwendungen in diesem Umfang nicht mehr leisten konnte. Die hohen Gewinnmargen der siebziger und achtziger Jahre waren dahin – für immer. Wir kämpften um das Überleben. Keiner unserer Konkurrenten bot auch nur annähernd ähnliche Leistungen wie IBM. (Selbst jetzt, nach allen Veränderungen, gehört IBM hinsichtlich der betrieblichen Sozialleistungen zu den großzügigsten aller in den Vereinigten Staaten ansässigen multinationalen Gesellschaften.)

Wir nahmen diese Veränderungen auch vor, weil das alte System auf lebenslange Beschäftigung abgestimmt war – zum Beispiel den nach dreißig Jahren im Unternehmen angehäuften Pensionsansprüchen. Das neue Unternehmen konnte keine lebenslangen Beschäftigungsverhältnisse garantieren (und auch das alte Unternehmen nicht, nachdem es in Schwierigkeiten geraten war). Deswegen mußten wir Leistungsprogramme schaffen, die einer modernen Belegschaft angemessener waren.

Einige dieser Änderungen führten bei einer kleinen Gruppe von Angestellten zu heftigen Protesten, doch die Mehrheit der Mitarbeiter verstand, daß sie für das Überleben und das Wachstum des Unternehmens absolut notwendig waren. Wichtiger noch, Mitarbeiter auf allen Ebenen akzeptierten die neue Vergütungsphilosophie – weniger soziale Leistungen, doch mehr Möglichkeiten für alle, durch variable Vergütungsprogramme, Aktienkäufe, Aktienbezugsrechte und leistungsorientierte Gehaltserhöhungen am Erfolg von IBM zu partizipieren.

Nachtrag: Das erste Jahr ist vorüber

Das erste Jahr endete sehr traurig: mit dem Tod von Tom Watson jr. im Dezember 1993. Ich hatte Tom nur noch einmal gesehen, nachdem er an jenem Morgen im April mit mir zur Arbeit gefahren war. Er gab seiner Freude darüber Ausdruck, daß ich mich entschieden hatte, das Unternehmen (er nannte es wieder »meine Firma«) zusammenzuhalten.

Während des Gedenkgottesdienstes fragte ich mich, was er wohl von den massiven Veränderungen, die wir in nur neun Monaten vorgenommen hatten, und von den Reaktionen von Angestellten und Außenstehenden – positiven wie negativen – gehalten hätte.

Gerne hätte ich noch einmal mit Tom bei einem Mittag- oder Abendessen über die »neue IBM« gesprochen, die allmählich Gestalt annahm, aber noch einen so weiten Weg vor sich hatte. Ich war davon überzeugt, daß Tom Watson wie die meisten anderen großartigen Menschen, die Großes vollbringen, im Herzen ein Verfechter des Wandels war.

Erschöpft, aber guten Mutes flog ich nach Florida zu meinem alljährlichen Weihnachtsurlaub am Strand. Ich hatte viel Stoff zum Nachdenken.

11 ZURÜCK AM STRAND

An einem grauen Morgen, zehn Monate nach jenem Strandspaziergang in Florida, bei dem ich über meine Gespräche mit Jim Burke nachgedacht und überlegt hatte, ob ich bei IBM einsteigen sollte oder nicht, fand ich mich am selben Strand wieder und ließ mir die außergewöhnlichen Entwicklungen seit damals durch den Kopf gehen.

Zugegeben, ich fühlte mich ziemlich gut. Nur wenige hatten daran geglaubt, daß wir IBM retten könnten, aber ich wußte nun, daß IBM überleben würde. Wir hatten die Blutung zum Stillstand gebracht, den Liquidationsplan in die Schublade verbannt und IBMs grundlegenden Auftrag geklärt. Die Lecks im Schiffsrumpf waren geflickt. Dieses Schiff würde nicht untergehen.

Ich dachte an das, was vor uns lag. Wie würde der zweite Akt aussehen? Die Logik und meine Erfahrung sagten mir, daß den folgenden Punkten Priorität einzuräumen war: Wir mußten in neue Wachstumsquellen investieren, eine starke Liquiditätsposition schaffen und rigoros unsere Stellung im Wettbewerb analysieren.

Doch all das reichte nicht. Selbst wenn wir das Wachstum wieder ankurbelten, selbst wenn wir bei den Kunden wieder an Boden gewannen und IBM leistungsfähiger und weniger bürokratisch machten, würde das kein echtes Comeback bedeuten. Damit die Wende bei IBM wirklich gelang, mußte das Unternehmen seine ehemalige Führungsposition in der Computerindustrie und der Geschäftswelt im allgemeinen zurückgewinnen.

Ich kann mich nicht mehr erinnern, ob ich lächelte, lachte oder den Kopf schüttelte. Aber die Frage, ob IBM wieder die Führung übernehmen konnte, stimmte mich nachdenklich. Sicherlich wäre es für den CEO leicht, zu verkünden, daß IBM wieder an die Spitze treten würde, vermutlich erwartete man so eine Aussage auch von ihm. Aber als ich darüber nachdachte, was es erfordern würde, dieses Ziel tatsächlich zu erreichen, überkamen mich wieder die gleichen Zweifel wie damals, als ich mich gefragt hatte, ob ich diesen Job annehmen sollte.

Zunächst einmal hatten die IT-Firmen, die gerade noch einmal dem Abgrund entrissen worden waren, eine klägliche Bilanz vorzuweisen. Ich dachte an Wang, Data General, Sperry-Burroughs (heute Unisys), DEC. Selbst wenn Unternehmen gerettet wurden, überlebten sie gewöhnlich unter »ferner liefen«, fanden einen anderen Partner, mit dem sie fusionierten, oder boten sich zum Verkauf an.

Am meisten Sorgen machte mir die Entwicklungsrichtung der Computerbranche, im Grunde bewegte sie sich von IBMs traditionellen Stärken weg. Die Zeit des PCs war noch nicht vorbei, und der Großrechner war nicht tot. Doch es war offensichtlich, daß bei dem Modell des Computereinsatzes, das sich jetzt herausbildete – und für das der PC ein Vorbote gewesen war –, eine rasche Abkehr von zentralisierten Systemen und traditioneller Informationstechnologie stattfand. Und dies führte wieder dazu, daß sich ein anderer IT-Kundenstamm herauskristallisierte. IBM verkaufte an große Unternehmen, an Regierungen und andere Institutionen. Doch Informationstechnologie wurde mehr und mehr von Verbrauchern, kleinen Firmen und Abteilungsleitern innerhalb großer Unternehmen gekauft.

Die Kundenwünsche veränderten sich rasch. Wir entwickelten leistungsfähige Zentraleinheiten und Software, während weltweit, wie es schien, der Trend zu Desktops, Laptops und Palmtops ging. All unsere Forschungs- und Entwicklungsanstrengungen, unsere Technik und unsere rigorosen Tests stellten sicher, daß unsere Produkte sehr robust waren. Zuverlässigkeit und Sicherheit, das war das Fundament der Marke IBM. Aber den Leuten schien es nichts auszumachen, wenn sie ihre PCs dreimal täglich neu starten mußten.

Wir brachten unser Produkt durch Direktverkauf an den Mann – mit einem Stab hochgelobter IBM-Außendienstmitarbeiter im blauen Anzug, die Verkäufer, Wirtschaftsberater und Technologieberater zugleich waren. Ein unglaublicher Aktivposten, aber auch die teuerste Art, ein Produkt oder eine Dienstleistung zu verkaufen. Dieses Modell verlor gegenüber dem Kauf im Geschäft oder übers Telefon zum Nulltarif an Boden.

Die Aufgaben, die wir in Angriff nehmen mußten, betrafen nicht nur den Bereich der Informationstechnologie, sondern alle Geschäftsbereiche, in denen IBM im allgemeinen nicht präsent gewesen war und in denen uns eine starke Kundenanbindung fehlte. Besonders bedrohlich war, daß sich die Wertschöpfung und Margen weg von der Hardware, die ein ganz gewöhnlicher Verkaufsgegenstand geworden war, hin zur Software (und, wie es schien, zu Dienstleistungen) verlagerten.

Und mit wem hatten wir es zu tun! Unsere Konkurrenz war nichts weniger als die nächste Generation von Hyperkapitalisten: Bill Gates, Steve Jobs, Larry Ellison und Scott McNealy. Diese Jungs waren hungrig, und sie blieben hungrig, egal, wieviel Reichtum sie anhäuften. Die Art, wie sie ihre Unternehmen leiteten, die Leute, die sie für sich gewannen, wie sie sie bezahlten, ihre Arbeitsmoral – jung, aggressiv, flexibel, bereit, rund um die Uhr zu arbeiten – waren ehrfurchtgebietend. Das gesamte Silicon-Valley-Ethos – blitzschnell Produkte auf den Markt zu bringen, die gerade gut genug sind – war IBM nicht nur fremd, es war regelrecht eine andere Welt.

Selbst wenn man diese gewaltige Konkurrenz außer acht ließ, war unsere eigene Strategie in einigen Punkten nicht unproblematisch. Unsere bisherigen Schritte, um IBM zu einen – die Reorganisation nicht auf Länder konzentriert, sondern auf Branchen, die Konsolidierung unserer Marketingpolitik und die Veränderung unserer Lohn- und Gehaltspolitik –, waren relativ leicht gewesen. Was vor uns lag – die Entwicklung einer Strategie für eine grundlegend neue Welt und die Schaffung einer grundsätzlich neuen Kultur –, war eine Herausforderung von ganz anderer Größenordnung.

Ich fragte mich: »Wie bin ich da nur hineingeraten? Ist es nicht eine unmögliche Aufgabe?« Es würde schwer sein, entschieden nein zu sagen, auch zu meinen engsten Kollegen. Mir war klar, wie die verbleibenden vier Jahre meines Vertrags aussehen würden. Wir hatten eine Chance zu wachsen. Vielleicht konnten wir in einigen Segmenten einige Konkurrenten angreifen und sie aus dem Markt verdrängen. Aber Branchenführer werden? Dieser Berg schien für eine Besteigung zu hoch zu sein. Und wenn ich dieses Ziel anpeilte, lief ich offensichtlich Gefahr zu scheitern.

Ich setzte meinen Spaziergang fort und grübelte weiter, bis sich das Dunkel zu lichten begann. Ja, es waren entmutigende Hindernisse, aber war ich nicht gerade deswegen zu IBM gekommen? Machten sie die Herausforderung nicht wesentlich faszinierender?

Und war es das Risiko nicht wert? Wenn wir die Führungsposition nicht anstrebten, war eines klar: Das Unternehmen würde nie wirklich zu einer Einheit werden, nie wirklich sein Potential ausschöpfen. Und das wäre eine Schande.

Ich erinnerte mich an Jim Burkes Bemerkung, IBM sei ein nationales Kulturgut. Andere hatten sich ganz ähnlich geäußert. Kurz nachdem meine Ernennung bekannt wurde, traf ich zufällig auf der Straße in Manhattan den Genetiker und Nobelpreisträger Joshua Lederberg. Ich kannte ihn vom Verwaltungsbeirat des Memorial Sloan-Kettering Cancer Center. »Sie gehen also zu IBM«, sagte er. »Es ist ein nationales Gut. Ruinieren Sie es nicht.«

Damals schien mir diese Ehrfurcht ein wenig übertrieben. Bisher hatte ich es in meiner Karriere meistens mit Geschäftsleuten zu tun gehabt, die im wesentlichen durch zweierlei motiviert waren: Geld und Macht. Und wir befanden uns mitten in einem der turbulentesten Zeitalter in der Geschichte des Handels. Im Gegensatz dazu hatte ich, als ich zu IBM kam, das Gefühl, als sei die Zeit zurückgedreht worden und ich wieder in den fünfziger Jahren gelandet.

Unbestritten war mir IBM ans Herz gewachsen. Ich verstand inzwischen, was Jim Burke und Joshua Lederberg gemeint hatten. Das Unternehmen war wirklich wichtig – nicht nur in dem, was es für Kunden, Regierungen und Universitäten tat, und nicht nur aufgrund seiner Erfindungen, so beeindruckend und bedeutungsvoll sie auch waren, sondern auch aufgrund der Unternehmenskultur, an der es sich orientierte. Die IBMer waren angeschlagen, verletzt und verwirrt. Viele von ihnen hatten sich zum Selbstschutz in ein Schneckenhaus zurückgezogen. Doch immer noch bezogen sie ihre Motivation aus einer echten Liebe zu diesem Unternehmen und aus der Überzeugung, das Richtige zu tun.

Man konnte sich über IBM trefflich lustig machen. (Was unsere Konkurrenten fraglos taten.) Aber wenn es um Probleme ging, die wirklich zählten – um die nationale Verteidigung, um die Gesundheit unserer Kinder oder um bedeutende wissenschaftliche Entdeckungen –, war IBM unentbehrlich. Es mag pathetisch klingen, aber in einer Branche, die zunehmend von verrückten Wissenschaftlern und Rattenfängern beherrscht wurde, *mußten* wir es einfach schaffen.

Ich hatte nicht von der Unternehmensberatung ins Management gewechselt, nur um aufzuräumen oder einfach um des Vergnügens willen, bei dem Spiel mitzuspielen. Ich möchte immer gern gewinnen. Aber hier ging es um mehr als ums Gewinnen. Zum ersten Mal in meiner Laufbahn war ich in einer Position, wo ich Akzente setzen konnte, wo ich etwas wirklich Wichtiges auf den Weg bringen und fördern konnte. Davor würde ich nicht davonlaufen. Als ich zu unserem Strandhaus zurückging, war ich richtig aufgeregt. Ich sagte mir: »Mensch, wir könnten es tatsächlich schaffen!«

Damit waren die Würfel gefallen. Ich war zu dem Schluß gekommen, daß es – für mich persönlich und für das Unternehmen – nicht ausreichte, wenn wir uns damit zufriedengaben, IBM vor dem Tod zu retten. Wir würden alles daransetzen, um den langen Anstieg zurück an die Spitze der Branche zu schaffen.

Als ich bei IBM begann, hätte ich große Summen verwettet, daß diese hektischen ersten Monate, in denen es galt, Entscheidungen zu treffen und Schritte zu unternehmen, um den Patienten zu stabilisieren, das härteste Stück Arbeit in meiner Laufbahn sein würden. Ich hätte die Wette verloren. Das Ganze war schwierig, ja sogar schmerzvoll. Die Probleme waren jedoch offensichtlich und leicht zu analysieren, und die notwendigen Maßnahmen lagen auf der Hand.

Heute, nach fast einem Jahrzehnt Arbeit – und mit ein bißchen Abstand zum Alltag des CEO –, kann ich ohne Zögern sagen, daß das, was als Nächstes kam, wesentlich schwieriger war. Die ersten zwölf bis achtzehn Monate waren zumindest mit intensiven Adrenalinschüben gesegnet. Es gab viele Hochs und ebensoviele Tiefs, doch nie hatten wir die Zeit, das eine zu feiern oder über das andere länger nachzudenken, da wir uns buchstäblich in einer Situation befanden, in der jede Minute zählte.

Während dieses zweiten Spaziergangs am Strand begriff ich, daß wir, nachdem die Anfangsphase abgeschlossen war, lediglich bis zur Startlinie vorgerückt waren. Der Sprint war vorüber. Jetzt begann der Marathon.

Zwar ging es nicht mehr um Leben oder Tod von IBM, doch das endgültige Schicksal dieses »nationalen Kulturgutes« war noch längst nicht geklärt. Die Ereignisse der zweiten Hälfte der neunziger Jahre würden entscheiden, ob IBM lediglich ein weiterer netter, umgänglicher, aber ziemlich harmloser Wettbewerber in der IT-Branche sein würde, oder ob wir wieder ein Unternehmen von Belang werden könnten.

Der Ausgang dieses Rennens ist vielfach dokumentiert worden. 1997 erklärten wir, IBM habe den Turnaround geschafft. Im Unternehmen sprachen wir offen darüber, wieder an die Spitze zu gelangen und erneut die Marschrichtung in unserer Branche zu bestimmen – Ziele, die anfangs im besten Fall als übertriebener Ehrgeiz, im schlechtesten Fall als Wahnvorstellung erschienen wären.

Bevor ich im März 2002 zurücktrat, waren wir die Nummer eins der Welt im Bereich IT-Dienstleistungen, Hardware, Unternehmenssoftware (ausgenommen PCs) und für den Kundenbedarf maßgeschneiderter, hochleistungsfähiger Computerchips (siehe Kapitel 16). Das IBM-Team hatte auf vielen Märkten, auf denen man uns früher Steine in den Weg gelegt hatte, sein Comeback geschafft. Wir hatten traditionelle Produktgruppen aufpoliert und wiederbelebt, neue Wachstumsbetriebe gegründet und mehrere andere, die Rudimente der früheren Ära waren, aufgegeben.

Auf einer höheren Ebene hatten wir die zukünftige Richtung der Branche benannt und dann die Führungsrolle übernommen – eine Zukunft, in der unternehmerisches Denken und Technologie nicht unterschiedliche Wege darstellen, sondern miteinander verzahnt sein würden; und eine Zukunft, in der der Schwerpunkt der Branche – eine bemerkenswerte Kehrtwende – mehr auf Dienstleistungen als auf Hardware und Software liegen würde. Wir hatten den Begriff »E-Business« geprägt und eine führende Rolle dabei gespielt, zu definieren, was in einer vernetzten Welt von Bedeutung sein würde und was nicht.

Die Zahl der IBM-Mitarbeiter wuchs um rund 100 000, und der Wert unserer Aktien stieg nach zweimaligem Aktiensplit um 800 Prozent. Unser technischer Sektor läutete ein neues goldenes Zeitalter der Forschung und Entwicklung ein, und neun Jahre lang erhielten wir mehr US-Patentauszeichnungen als irgendein anderes Unternehmen. Wir verbanden sogar den Großrechnereinsatz mit der Popkultur, als eine Maschine namens Deep Blue Schachgroßmeister Garry Kasparow besiegte.

Kurz gesagt, sobald wir wieder auf die Füße gekommen waren, das Stigma abgeschüttelt hatten, eine scheinbar unangreifbare Führungsposition verspielt zu haben, und zu der Ansicht gelangt waren, daß wir unsere besten Tage vielleicht noch vor uns hatten, reagierte das IBM-Team hervorragend – so wie es das auch in den dunkelsten Tagen zu Beginn unserer Kehrtwende getan hatte.*

Im nächsten Kapitel dieses Buches, in dem es um die Strategie geht, findet ein Tempowechsel statt. Es ist unmöglich, über all das, was getan wurde, um die strategische Neuorientierung von IBM herbeizuführen, in allen Einzelheiten, das heißt Ereignis für Ereignis oder Monat für Monat, zu berichten (Sie würden das auch nicht lesen wollen). Ich möchte vielmehr eine zusammenfassende Beschreibung der wichtigsten strategischen Veränderungen geben. Einige können als Erfolge bezeichnet werden, andere sind noch nicht abgeschlossen. In jedem Fall habe ich jedoch die Schritte aufgeführt, die entweder eine so große Abweichung von IBMs früherer Richtung darstellten, daß sie als »risikoreiche« Veränderungen betrachtet werden können, oder die in einem derartig krassen Gegensatz zur bestehenden Kultur standen, daß die Gefahr groß war, sie könnten durch internen Widerstand vereitelt werden.

Ich werde auch darauf hinweisen, daß ich meinem Nachfolger viel unvollendete Arbeit hinterlasse. Eine Reihe unserer Strategien

---

* Der Anhang enthält eine statistische Zusammenfassung der Performance von IBM in den Jahren 1992–2001.

werden noch nicht in vollem Umfang angewendet. Andere müssen erst noch definiert werden. Und was noch wichtiger ist: An der Umwandlung von IBMs ehemals erfolgreicher und tiefverwurzelter Kultur – unsere entscheidendste und schwierigste Aufgabe – werden die Verantwortlichen beharrlich arbeiten müssen, damit das Unternehmen nicht wieder der Arroganz des Erfolgs erliegt.

II Strategie

12 EINE KURZE GESCHICHTE VON IBM

Ehe davon die Rede ist, wie die neue IBM aufgebaut wurde, scheint es mir angebracht, in groben Zügen nachzuzeichnen, wie IBM zu dem großen Unternehmen wurde, das die meisten von uns bis Anfang der neunziger Jahren bewunderten. Außerdem will ich auf die Frage eingehen, was, zumindest in meinen Augen, den rasanten Niedergang auslöste.

Die Ursprünge des Konzerns reichen bis ins frühe 20. Jahrhundert zurück. Thomas J. Watson sr. führte mehrere kleine Unternehmen zur International Business Machines Corporation zusammen. In der ersten Hälfte des Jahrhunderts bildeten die »Geschäftsmaschinen« von IBM eine breite und disparate Palette von Produkten: alles von Waagen und Käseschneidern bis hin zu Uhren und Schreibmaschinen. Von immenser Bedeutung erwies sich der Umstand, daß IBM ein Pionier im Rechenwesen war, bevor die meisten Menschen überhaupt wußten, was ein Computer war. Die ersten elektromechanischen Tabellier- und Lochkartenmaschinen führten die Rechner in Wirtschaft, Wissenschaft und bei den Regierungsinstitutionen ein. So verbuchte IBM einen großen Erfolg in den dreißiger Jahren, als sie von der amerikanischen Bundesregierung beauftragt wurde, das Sozialversicherungssystem zu automatisieren.

Die Erfindung des Großrechners

Genau wie Henry Ford, John D. Rockefeller und Andrew Carnegie war auch Thomas Watson ein mächtiger, patriarchalischer Chef, der dem Unternehmen in jeder Beziehung seinen Stempel aufdrückte. Seine persönlichen Weltanschauungen und Wertvorstellungen – harte Arbeit, anständige Arbeitsbedingungen, Fairneß, Ehrlichkeit, Respekt, tadelloser Kundendienst, lebenslange Zugehörigkeit zum Unternehmen – bestimmten die IBM-Kultur. Watsons Paternalismus wurde einerseits zu einem Aktivposten des Unternehmens, zugleich aber, lange nach seinem Tod, zu einer Herausforderung. Jedenfalls kann kein Zweifel daran bestehen, daß IBM nach der Weltwirtschaftskrise einem Arbeiter, der sich nach Arbeitsplatzsicherheit und fairen Bedingungen sehnte, als das reinste Paradies erschienen sein dürfte.

Eine neue Phase, die für die spätere Wende viel bedeutender war, begann mit Tom Watson jr., der seinen Vater 1956 als CEO ablöste und IBM – ja die ganze Welt – unerschrocken in das Computerzeitalter führte.

Es ist viel geschrieben worden über diese Phase und über die Frage, wie Tom das Unternehmen auf eine revolutionäre, neue Produktlinie namens System/360 – der ursprüngliche Name der außerordentlich erfolgreichen Großrechnerfamilie von IBM – einschwor.

Um zu begreifen, was System/360 für IBM war und welche Auswirkungen es für die Computertechnik hatte, muß man sich nur Microsoft anschauen, sein Betriebssystem Windows und die PC-Revolution. System/360 war das Windows seiner Ära – einer Ära, die IBM fast drei Jahrzehnte lang dominierte. Der Vergleich zwischen IBM in den Sechzigern und Siebzigern mit Microsoft in den Achtzigern und Neunzigern trifft es in der Tat am besten. Beide Unternehmen machten sich bedeutende technische Neuerungen zunutze und brachten eine völlig neuartige Nutzungsmöglichkeit für den Kunden auf den Markt. Beide eroberten führende Marktstellungen und profitierten enorm von der Führungsposition.

Bei IBM kam die technische Neuerung mit der Einführung des integrierten Schaltkreises – was wir heute als Halbleiterchip kennen. Gewiß hat IBM nicht den integrierten Schaltkreis erfunden (ebensowenig wie Microsoft den Personal Computer erfunden hat!), aber Watson und seine Kollegen erkannten seine Bedeutung. Vor der Verwendung integrierter Schaltkreise waren Computer riesige, raumfüllende Maschinen, die Unmengen Strom verbrauchten, überaus unzuverlässig und in der Herstellung teuer waren. Viele dieser Probleme konnten durch integrierte Schaltkreise mit einer hohen Dichte gelöst werden. Statt Computer mit unzähligen spezialisierten Komponenten zu bauen, konnten diese Funktionen verkleinert und auf Chips plaziert werden.

Das neue Produkt, das IBM auf den Markt brachte, war die erste Familie vollkompatibler Computer und Peripheriegeräte. Aus heutiger Sicht mag das alles andere als revolutionär klingen, aber damals war es ein grundlegend neues Konzept. Vor System/360 war IBM nur eines von vielen Unternehmen, die Computer herstellten und verkauften.

Die Computer aller Unternehmen basierten auf einer eigenständigen Technologie. Sie funktionierten nicht mit anderen Computern, nicht einmal vom selben Hersteller, und jedes Computersystem hatte seine eigenen Peripheriegeräte wie Drucker und Bandlaufwerke. Das bedeutete, daß ein Kunde, wenn sein Computer den Ansprüchen nicht mehr genügte oder wenn er die Vorteile einer neuen Technologie nutzen wollte, die gesamten Investitionen in Hard- und Software in den Wind schreiben konnte und von neuem beginnen mußte. Um es in der Sprache von heute auszudrücken: Er mußte alles rausreißen und ersetzen.

Das System/360 brachte einen völlig neuen Ansatz. Vor allen Dingen wurde es mit modernen, hochleistungsfähigen integrierten Schaltkreisen gebaut, die zuverlässiger und zugleich billiger waren als alles, was auf dem Markt angeboten wurde. Es bestand aus einer Familie von Computern – von ganz kleinen bis zu ganz großen Prozessoren –, so daß die Kunden ohne weiteres die Kapazität erweitern konnten, wenn ihre Anforderungen stiegen. Software, die für einen Prozessor entwickelt wurde, lief auf allen System/360-Prozessoren. Sämtliche Peripheriegeräte – Drucker, Bandlaufwerke, Lochkartenleser – funktionierten mit jedem Prozessor der Familie. Für die Kunden war System/360 ein wahrer Segen. Für die Konkurrenten von IBM war es eine Katastrophe.

Natürlich war die Vision von System/360 nur eine Seite. Sie in die Realität umzusetzen, erforderte einen Aufwand, der vergleichbar war mit der Forschung für die erste Mondlandung. Die Kosten lagen fast genauso hoch. Laut Tom Watsons Memoiren betrug die erforderliche Investitionssumme fünf Milliarden Dollar (wohlgemerkt in den sechziger Jahren!) – mehr als das Manhattan Project gekostet hatte, der Bau der ersten Atombombe.

Wachsen mit dem Großrechner

Abgesehen von dem Risiko und der gewaltigen Größe des Unterfangens war IBM wegen System/360 gezwungen, sich in eine ganze Reihe neuer Geschäftsbereiche zu stürzen und neue Talente und Fähigkeiten zu entwickeln – die allesamt in der einen oder anderen Form noch Bestand hatten, als ich dazukam.

IBM mußte in das Halbleitergeschäft einsteigen. Warum? Ganz einfach, weil es damals noch keine Halbleiterindustrie gab. IBM mußte massiv in Forschung und Entwicklung investieren, um die völlig neuartigen Technologien zu schaffen, die für System/360 erforderlich waren. Nicht umsonst ist diese Zeit eine der fruchtbarsten Phasen in der IBM-Forschung. Damals erfanden IBM-Forscher und Ingenieure den Speicherchip, die relationale Datenbank, Computersprachen wie FORTRAN und machten gewaltige Fortschritte in der Materialforschung, Chipherstellung und Magnetaufzeichnung.

Wie kam es, daß IBM im Jahr 1990 das weltweit größte Softwaregeschäft vorzuweisen hatte? Weil ein System/360-Rechner ohne Betriebssystem, Datenspeicher, ein System für die Verarbeitung von Eingaben, Softwaretools und Programmiersprachen einfach unbrauchbar gewesen wäre.

Selbst der Außendienst mußte sich umstellen. System/360 erforderte sachkundige Berater als Verkäufer, die den Kunden helfen konnten, wichtige Geschäftsvorgänge wie Buchhaltung, Gehaltsabrechnung und Lagerhaltung in Computersprache zu übersetzen. Die herkömmlichen Handelsvertreter, die lediglich Bestellungen entgegennahmen, waren dafür ungeeignet. Das Unternehmen mußte eine Kundendienst- und Wartungsabteilung schaffen, außerdem eine Abteilung für die Schulung und Weiterbildung der Kunden.

Dabei muß man im Hinterkopf behalten, daß dieser Aufwand – Hardware, Software, Außendienst, Dienstleistungen – ausschließlich für das System/360 betrieben wurde. Ungeachtet der Tatsache, daß IBM damals wie heute als ein komplexes Unternehmen mit Tausenden von Produkten angesehen wird, meine ich, daß IBM bis Mitte der achtziger Jahre *ein Unternehmen mit einem einzigen Produkt* war – dem Großrechner –, allerdings mit einer Palette milliardenschwerer Geschäftsbereiche, die mit diesem Alleinverkauf verbunden waren.

Und der Alleinverkauf entpuppte sich als eine Goldgrube. Der Anteil von IBM am Rechnermarkt schoß in die Höhe. Die Konkurrenten strauchelten; viele mußten schließen. Die Einnahmen des Unternehmens stiegen von 1965 bis 1985 um durchschnittlich 14 Prozent. Unvorstellbare Bruttogewinnspannen wurden erzielt – beständig um 60 Prozent. Der Marktanteil kletterte auf über 30 Prozent, was später sogar die Kartellbehörden auf den Plan rief.

Wie sich die Kultur entwickelte

Diese jahrzehntelange ununterbrochene Erfolgsserie ist eng mit einem weiteren, ebenso wichtigen Aspekt der jüngsten Konzerngeschichte verbunden. Die Rede ist von der Unternehmenskultur – speziell der Kultur, die sich in einem Umfeld ohne Wettbewerbsdruck und echte Bedrohungen entwickelt. Im Fall IBM war ich nie der Meinung, das Problem bestehe einfach nur in Selbstgefälligkeit oder Arroganz, obwohl beide Elemente vorhanden waren, als ich anfing. Es ging nicht darum, daß Zehntausende von Menschen selbstzufrieden und langsam wurden, jedes Risiko mieden, auch wenn der Zustand von IBM Anfang der neunziger Jahre damit sehr treffend charakterisiert wird.

Die IBM-Kultur war das Produkt zweier alles beherrschender Faktoren. Von dem einen war bereits ausführlich die Rede – dem unschlagbaren Erfolg des Rechners System/360. Wenn praktisch kein Konkurrenzdruck besteht, wenn hohe Gewinnspannen und eine führende Marktstellung erreicht sind, dann gelten die Wirtschafts- und Marktgesetze schlichtweg nicht mehr, nach denen andere Unternehmen ums Überleben kämpfen. Welche Entwicklung ist unter solchen Umständen zu erwarten? Der Konzern und seine Mitarbeiter verloren den Bezug zur Außenwelt, weil das, was sich auf dem Markt abspielte, im Grunde irrelevant war für den Erfolg des Unternehmens.

IBM vergaß jedoch, daß alles, was zu ihrer Kultur gehörte – von Verhaltensweisen, die der Konzern schätzte und belohnte, über das Tempo, mit dem sich die Dinge entwickelten, bis hin zu dem Luxus, alle möglichen Privilegien und Programme einzuführen, die die Mitarbeiter stolz machten, für IBM zu arbeiten –, abhängig war von der Alleinstellung dank System/360. Es war im Grunde nicht das Ergebnis einer genialen Führung oder überragender Betriebsabläufe. Durch die Dominanz war bei IBM eine in sich geschlossene, autarke Welt entstanden. IBM hatte auf ein einziges Pferd gesetzt und es ausgezeichnet geritten. Doch das Pferd konnte den Konzern nur so lange tragen, bis es selbst zusammenbrach.

Der zweite entscheidende Faktor – der häufig übersehen wird – ist die Auswirkung der Kartellklage, die das US-Justizministerium am 31. Januar 1969 gegen IBM einreichte, am letzten Amtstag der Regierung Lyndon B. Johnson. Die Klage wurde unter Ronald Reagans Präsidentschaft am Ende mit dem Verweis »unbegründet« fallengelassen, aber 13 Jahre lang lebte IBM mit dem Damoklesschwert einer gerichtlich angeordneten Zerschlagung. Man kann sich vorstellen, daß eine derartige mißtrauische Beobachtung über Jahre hinweg das Verhalten eines Unternehmens nachhaltig beeinflußt.

Nehmen wir nur die Auswirkungen auf den Wortschatz – ein wichtiges Element einer jeden Kultur, auch der Unternehmenskultur. In der Zeit, als IBM unter Anklage stand, wurden Wörter wie »Markt«, »Marktanteil«, »Wettbewerber«, »Wettbewerb«, »dominieren«, »anführen«, »gewinnen« und »schlagen« systematisch in schriftlichen Dokumenten zensiert und waren bei internen Sitzungen tabu. Man stelle sich die deprimierende Wirkung auf eine Belegschaft vor, die nicht einmal davon sprechen durfte, einen neuen Markt ins Auge zu fassen oder einem Wettbewerber Marktanteile abzunehmen. Im Laufe der Zeit wirkt sich das nicht nur auf das Sprechen aus, sondern auch auf das Denken.

War der Kartellprozeß »der« Hauptfaktor, der den Zusammenbruch der IBM-Kultur herbeiführte? Nein. Trug er aber dazu bei? Einige meiner langjährigen Weggefährten bei IBM sind überzeugt davon. Wenn das Timing alles ist, wie das Sprichwort sagt, dann war das Timing in dem Fall schrecklich. Ungefähr zur gleichen Zeit, als die Klage Anfang der achtziger Jahre endlich fallengelassen wurde (und nachdem den führenden Köpfen des Unternehmens jahrelang der Kampfgeist systematisch ausgetrieben worden war), kam die »nächste große Sache« in der Branche. Ob der Konzern sich zu diesem Zeitpunkt darüber im klaren war oder nicht, der Niedergang stand unmittelbar bevor.

Die nächste große Sache

Diese nächste große Sache war nicht, wie allgemein angenommen, der Personal Computer. Eine viel direktere Gefahr für das Großrechnermodell stellte der Aufstieg von UNIX dar, einer »offenen« Betriebsumgebung, die von Unternehmen wie Sun und HP propagiert wurde. UNIX bot den Kunden die erste brauchbare, wirtschaftlich attraktive Alternative zu IBMs Großrechnerserie und Preispolitik.

In der offenen Welt von UNIX, die nach dem einfachen Prinzip Plug and Play, einstecken und los, funktionierte, konnten unzählige Unternehmen verschiedene Teile einer Gesamtlösung anbieten – und damit die Kontrolle von IBM über die Architektur zerschlagen. Beinahe über Nacht sah IBM sich den Attacken eines ganzen Heeres solcher »pure play«-Unternehmen wie Sun, HP, SGI, Digital und sämtlicher Hersteller der zugehörigen Software und Peripheriegeräte ausgesetzt.

Wenn man das einmal erkannt hat, beginnt man zu verstehen, weshalb John Akers sich für eine locker miteinander verknüpfte Konföderation mehrerer »Baby Blues« (anstelle des einen »Big Blue« IBM) einsetzte. Ihm war klargeworden, daß die Zeit der vertikal integrierten Unternehmen zu Ende ging, und er glaubte, diese

Veränderung würde früher oder später auch sein vertikal integriertes Unternehmen ins Verderben führen. Er zerlegte IBM, um es an das neue Branchenmodell, wie er es sich vorstellte, anzupassen. Wie dargelegt, hielt ich das für den falschen Weg und kehrte die Richtung um. Aber ich habe Verständnis für die Denkweise, die dahintersteckt.

Nachdem UNIX das Fundament ausgehöhlt hatte, rückten die PC-Hersteller mit den Abrißbirnen an. Es wäre zwar eine grobe Vereinfachung zu sagen, die größten Probleme von IBM seien auf das Versäumnis zurückzuführen, bei PCs eine führende Stellung zu erlangen. Allerdings steht fest, daß der Konzern im Zusammenhang mit den PCs zwei Dinge außer acht ließ:

- PCs würden früher oder später auch von Unternehmen eingesetzt werden, nicht nur von Computerfreaks und Studenten. Aus diesem Grund versäumten wir es, den Markt entsprechend zu erweitern, und räumten den PCs nicht oberste Priorität im Konzern ein.
- Weil wir nicht glaubten, daß PCs jemals das Kerngeschäft von IBM, die Alleinstellung bei Großrechnern, gefährden würden, verloren wir die Kontrolle über die wichtigsten Komponenten eines PC: das Betriebssystem an Microsoft und den Mikroprozessor an Intel. Zu dem Zeitpunkt, als ich zu IBM kam, hatten sich die beiden Unternehmen dank dieser Geschenke bereits zu den Branchenführern aufgeschwungen.

13 AUF DAS RICHTIGE PFERD SETZEN

Wollte man die Erneuerung von IBM in den letzten zehn Jahren auf die wesentlichen Elemente reduzieren, dann würde sich die Schilderung auf zwei wichtige Entscheidungen beschränken: eine zur allgemeinen Richtung der Branche und eine zur Strategie von IBM. Um besser zu verstehen, was wir taten und warum, ist es hilfreich, in der Zeit zurückzugehen und die kurze Konzerngeschichte dort aufzugreifen, wo wir sie im vorigen Kapitel abgebrochen haben.

Halten wir uns vor Augen, daß das Jahr 1994, um das es hier geht, unmittelbar vor der Internet-Revolution lag. Immer mehr Mitarbeiter bei IBM waren überzeugt, daß die Branche kurz vor einer grundlegenden Umwälzung stand – einem Paradigmenwechsel im Computereinsatz, wie er alle zehn oder fünfzehn Jahre zu erwarten ist. Immer wenn sich ein derartiger Wandel abzeichnet, schneiden die Unternehmen, die die Gelegenheit beim Schopf packen und vorneweggehen, außerordentlich gut ab – und alle anderen müssen der vorgegebenen Richtung folgen.

Anfang der neunziger Jahre war das Schicksal der Unternehmen in der ersten Reihe in der einen oder anderen Weise mit dem PC verknüpft. Dazu gehörten natürlich Computerhersteller wie Dell und Compaq. Die unangefochtenen Marktführer waren jedoch ohne Zweifel Microsoft, das mit Windows den Markt für Betriebssysteme beherrschte, und Intel, das die Mikroprozessoren für PCs herstellte. Der beherrschende Einfluß dieser beiden Unternehmen wurde durch die Bezeichnung »Wintel-Duopol« für das Tandem aus Microsofts Windows und Intels Chips unterstrichen.

Und so stiegen die Mitarbeiter von IBM, dem Unternehmen, das die vorherige Phase des Computerwesens angeführt und unzählige maßgebliche Technologien der Branche erfunden hatte, jeden Morgen aus dem Bett und mußten feststellen, daß die Lieblinge des Desktop-Geschäftes ihr Unternehmen an den Rand gedrängt hatten. Kluge Köpfe, die Systeme für multinationale Konzerne, Universitäten und Regierungen auf der ganzen Welt gebaut hatten, mußten nun den Anbietern von Textverarbeitungsprogrammen und Computerspielen hinterherlaufen. Diese Situation war ärgerlich und frustrierend. Und so elend die Gegenwart auch scheinen mochte, die Zukunftsaussichten waren noch trüber.

Ihr wahres Motiv

Niemand glaubte, die PC-Unternehmen würden sich mit ihrer Rolle als Könige des Desktop zufriedengeben. Ihre Ambitionen reichten bis ins Herz des Kerngeschäfts von IBM: große Server, Unternehmenssoftware und Speichersysteme, kurz die Basis der Computerinfrastruktur für Unternehmen. Schon allein der Name des neuen Rechnermodells, das ihnen vorschwebte – die »Client/Server-Architektur« – entlarvte ihre Sichtweise und Stoßrichtung. Mit dem »Client« ist keine Person gemeint, kein Kunde, sondern der PC. Unter »Server« hingegen versteht man Großrechner und andere Systeme, die von dem Client genutzt werden können – indem sie tagtäglich Hunderte von Millionen PCs bei Anwendungen, Datenverarbeitung und Speicherkapazität unterstützen.

Das Angebot der führenden PC-Hersteller an die Geschäftskunden war einfach und überzeugend: »Sie wollen, daß Ihre Mitarbeiter produktiv Ihre Geschäftsdaten, Anwendungen und Ihr Wissen nutzen, die in alten Back-Office-Systemen gebunden sind. Momentan sind diese Systeme und Ihre PCs nicht kompatibel. Da alle Ihre PCs bereits Microsoft- und Intelgeräte sind, sollten Sie Back-Office-Systeme einführen, die die gleiche Technologie nutzen.«

Das geplante Szenario ließ sich ohne weiteres durchspielen. Die großen PC-Hersteller würden unaufhaltsam vom PC in den Markt für Geschäftskunden einbrechen und IBM-Produkte verdrängen, daneben noch die Produkte anderer Anbieter wie Sun, HP, Digital Equipment und Oracle. Viele langjährige Rivalen von IBM warfen das Handtuch und schlossen sich der Wintel-Achse an. Es wäre keine Schwierigkeit gewesen, HP und UNISYS und den anderen auf diesem Weg zu folgen, sämtliche Computergurus prophezeiten, daß diesem Modell die Zukunft gehören würde.

Genauso einfach wäre es gewesen, sich stur zu stellen und den Umbruch zu ignorieren. In diesem Fall hätten wir ein Rückzugsgefecht auf der Basis unserer veralteten Einschätzung eines zentralisierten Rechnermodells geführt.

Wir taten weder das eine noch das andere. Wir sahen zwei Kräfte in der Branche aufkommen, die es uns ermöglichten, einen ganz anderen Kurs einzuschlagen. Damals barg er viele Gefahren. Aber wir beschlossen, nicht zuletzt weil die Alternativen uns abschreckten, die Zukunft des Unternehmens auf eine völlig andere Sichtweise der Branche zu gründen.

Der erste Anstoß ging von den Kunden aus. Ich war davon überzeugt, daß die Kunden zunehmend unzufriedener würden mit einer Branchenstruktur, die sie zwang, die Bausteine unzähliger Anbieter zusammenzusetzen. Das war jedoch ein integrales Element der Client/Server-Architektur, die in den achtziger Jahren aufkam. Also gingen wir eine Wette ein – eine Wette, bei der sich unsere Kollegen vermutlich gekugelt hätten vor Lachen, wenn wir sie damals laut angekündigt hätten.

Unsere Wette lautete: Im nächsten Jahrzehnt wollten die Kunden verstärkt auf Unternehmen zugehen, die Lösungen anbieten konnten – Lösungen, welche die Technologie verschiedener Anbieter untereinander und, wichtiger noch, die Technologie in die Geschäftsabläufe eines Unternehmens integrierten. Wir wetteten, daß die traditionelle Fixiertheit auf Prozessorgeschwindigkeit, neueste Softwareversionen, proprietäre Systeme und dergleichen nachlassen würde und daß Serviceorientierung das Motto für die Zukunft sein würde, nicht Technologieorientierung.

Das zweite Pferd, auf das wir setzten, war ein Netzwerkmodell, das 1994 die PC-dominierte Computerwelt ablösen sollte.

Ich möchte unsere damalige Denkweise näher erläutern:

Ein serviceorientiertes Modell

Wie schon gesagt, mußte die Zersplitterung der Branche in Tausende von Nischenanbietern meiner Einschätzung nach zur Folge haben, daß IT-Dienstleistungen zu einem gewaltigen Wachstumssegment der gesamten Branche würden. Sämtliche Wachstumsanalysen und Prognosen unserer eigenen Mitarbeiter und beauftragter Firmen bestätigten das. Für IBM hieß das ganz eindeutig, daß wir unser Servicegeschäft ausbauen mußten, das zwar bereits ein vielversprechender Teil unseres Portfolios war, aber immer noch im Schatten von IBMs Hardwaregeschäft stand. Die Dienstleistungen, soviel war klar, konnten zu einem gewaltigen Wachstumsmotor für IBM werden.

Je mehr wir über die langfristigen Auswirkungen dieses Trends nachdachten, desto reizvoller erschienen die Aussichten. Wenn Kunden nach einem »Integrator« Ausschau hielten, der ihnen bei der Planung, Entwicklung und Zusammenstellung von Komplettlösungen half, dann hatten Unternehmen, die diesen Part übernahmen, einen enormen Einfluß auf die ganze Palette der Entscheidungen zur Technologie: von der Architektur und den Anwendungen bis hin zur Hard- und Softwareauswahl.

Damit wäre ein historischer Wandel im Kaufverhalten der Kunden verbunden. Zum ersten Mal wären Servicefirmen, nicht Technologiefirmen, der Schwanz, der mit dem Hund wackelt. Auf einen Schlag wurde eine Entscheidung, die vernünftig und konsequent erschien – eine Wachstumschance nutzen –, zu einem strategischen Imperativ für das gesamte Unternehmen. Das war die eine Wette: Wir wollten nicht nur das größte, sondern auch das einflußreichste Dienstleistungsgeschäft der Branche aufbauen.

Ein Netzwerkmodell

Und die andere Wette war die These, daß der Einzelrechner langfristig von Netzwerken verdrängt würde.

Aus heutiger Sicht mag das nicht sonderlich riskant erscheinen. Aber wiederum müssen wir uns in das Jahr 1994 zurückversetzen, in die Zeit, bevor das Internet die PC-Welt erobert hatte. Erste Anzeichen des Wandels waren bereits zu spüren. Bestimmte Industriezweige, vor allem in der Telekommunikation, schwärmten von der »Superdatenautobahn«, von einer strahlenden Zukunft aus Hochgeschwindigkeitsleitungen zum Arbeitsplatz, nach Hause und zur Schule. Sollte diese »vernetzte Welt« Wirklichkeit werden, dann würde sie die gesamte Funktionsweise der Wirtschaft und der Gesellschaft verändern.

Sie würde darüber hinaus der Computerbranche eine ganz neue Richtung vorgeben. Beispielsweise war es so gut wie sicher, daß diese Welt auf offenen Standards beruhen würde. Anders war das Versprechen nicht einzuhalten, daß sämtliche Unternehmen, Nutzer, Geräte und Systeme in einer wahrhaft vernetzten Welt auch wirklich immer und überall miteinander verbunden sein würden. Wenn die auf Standards basierende Welt kam, dann würde sie die gegenwärtige Wettbewerbslandschaft von Grund auf verändern.

In jeder anderen Branche setzen wir gemeinsame Standards voraus. Wir betrachten es als selbstverständlich, daß ein Auto mit Benzinmotor jedes bleifreie Benzin verträgt. Wir denken nicht lange nach, wenn wir ein Gerät einstecken oder eine Glühbirne in die Fassung schrauben oder Muffen aufsetzen. Das alles geht nur deshalb, weil die verschiedenen Hersteller und Anbieter von Dienstleistungen sich vor langer Zeit auf gemeinsame Standards geeinigt haben.

Ob Sie es glauben oder nicht, aber die IT-Branche funktionierte ganz anders. Nach meiner Erfahrung war es der einzige Industriezweig auf der Welt, in dem die Anbieter Produkte bauten, die nur mit ihrer eigenen Ausrüstung kompatibel waren und mit keiner anderen. Wenn man einmal etwas aus der Produktreihe eines Herstellers gekauft hatte, mußte man auch alle anderen Produkte von ihm beziehen. Stellen Sie sich einmal vor, Sie würden ein Auto kaufen und man würde Ihnen erklären, daß Sie neue Reifen, Zündkerzen, Filter, Zubehör und selbst das Benzin nur bei dem Autohersteller erwerben können.

Natürlich mußte ich mir sagen lassen, daß dieses proprietäre Modell seine Wurzeln gerade in dem unnachahmlichen Erfolg von IBM in den sechziger und siebziger Jahren hatte. Andere Unternehmen – allen voran Microsoft – kopierten die Strategie, perfektionierten sie und weigerten sich im Anschluß daran hartnäckig, sie wieder aufzugeben, und zwar aus den gleichen Gründen, aus denen IBM anfangs dem Reiz des UNIX-Marktes widerstand. Offene Computersysteme sind für jedes Unternehmen eine enorme Gefahr, dessen Geschäftsmodell auf der Fähigkeit beruht, die Kunden mit Hilfe von Schlüsselelementen in der Architektur zu steuern.

Zum Glück saßen in den achtziger Jahren Dutzende radikaler Denker bei IBM, die bereits vehement dafür plädierten, daß das Unternehmen sich der Tendenz hin zu offenen Umgebungen anschloß. Mitte der neunziger Jahre hatten wir die gewaltigen technischen und kulturellen Anstrengungen bewältigt, die nötig waren, um die geschlossene Technologie bei IBM abzuschaffen und unsere Produkte so zu öffnen, daß sie mit anderen führenden Plattformen der Branche kommunizieren konnten.

Dann kam die Welt der Netzwerke. Falls sich diese untereinander verflochtene, auf Standards basierende Welt durchsetzen sollte, wäre Microsoft am angreifbarsten. Ungeachtet seiner unersättlichen Ambitionen konnte nicht jedes digitale Gerät auf der Welt Teil einer einzigen Architektur sein, die von einem einzigen Unternehmen kontrolliert wurde.

Die Folgen einer Post-PC-Welt

Eine vernetzte Welt hatte aber noch weitere Auswirkungen. Der PC würde dadurch seine zentrale Stellung verlieren. Sehr schnelle Netze mit einer hohen Bandbreite würden es ermöglichen, daß größere Systeme innerhalb des Unternehmens und im Netz selbst etliche PC-Funktionen übernehmen könnten. Das System würde die Verbindung zu einer ungeahnten Zahl neuer Geräte gestatten: intelligenten Fernsehgeräten, Spielekonsolen, Handgeräten, Mobiltelefonen, selbst Haushaltsgeräten und Autos. Der PC wäre dann eine – aber eben nur eine – von vielen Zugangsmöglichkeiten zum Netz. Und wenn die Welt von Milliarden unterschiedlicher Computergeräte bevölkert wäre, dann würde eine enorme Nachfrage nach maßgeschneiderten Chips bestehen, um diese einzigartigen Geräte zu steuern.

Wichtiger für IBM war jedoch ein anderer Aspekt: Immer mehr Menschen und Unternehmen, die ihre Geschäfte über Netzwerke abwickelten, zogen einen entsprechenden Anstieg der Arbeitslast für das Rechnerwesen insgesamt nach sich. Die Herkules-Aufgabe, den freien Datenstrom zu steuern, würde mit Sicherheit nicht vom Desktop aus erledigt. Diese Arbeitslast mußte von großen Systemen verwaltet werden – was wiederum eine immense Nachfrage nach Produkten für die Rechnerinfrastruktur zur Folge hatte, zusätzlich zur Netzwerkeinrichtung.

Und schließlich würde diese neue Landschaft die Frage neu beantworten, wer die Technologie- und die Kaufentscheidungen traf. In einer PC-Welt und selbst in der Client/Server-Welt hatten die Verbraucher, Endnutzer und kleinen Abteilungsleiter das Sagen. Aber wenn die Entscheidung wiederum zu Unternehmenssystemen verlagert wurde und mit großen Geschäftsstrategien zu tun hatte, dann würden einmal mehr die Cheftechniker und die Unternehmensleitung die Entscheidung treffen – Menschen, die IBM kannte und verstand.

All das stand uns damals nicht in dieser Klarheit vor Augen. Es gab jedoch Anzeichen, daß die Computerwelt sich in der Tat in einer Weise veränderte, die, zumindest theoretisch, den traditionellen Stärken von IBM entgegenkam.

Wir hatten noch einen großen Berg Arbeit vor uns und mußten erhebliche Risiken eingehen: von der fortgesetzten Öffnung all unserer Produkte bis hin zum Ausbau des Dienstleistungsgeschäftes. Aber allein die Aussicht, daß die Karten möglicherweise neu gemischt würden, spornte uns gewaltig an. Wir nahmen unser Schicksal selbst in die Hand. Wir gingen in die Offensive.

14 DIENSTLEISTUNGEN – DER SCHLÜSSEL ZUR INTEGRATION

Manche haben sich im vorigen Kapitel vielleicht gewundert bei dem Satz, daß IBM künftig verstärkt auf Dienstleistungen setzen wollte. Ich meine, ist IBM nicht immer schon für seine hingebungsvolle Kundenbetreuung bekannt gewesen? Zählte ein erstklassiger Kundendienst nicht zu den Eckpfeilern der Unternehmensphilosophie? Wurde die IBM nicht dafür bewundert, daß sie ihren Kunden zur Seite stand, ganz gleich, was passiert war, rund um die Uhr?

Als Kunde wußte ich den aufmerksamen Kundendienst von IBM stets zu schätzen. Er wertete bestimmte IBM-Produkte auf, die nicht so leistungsfähig oder kostengünstig waren wie andere auf dem Markt, und er rechtfertigte (beinahe) die sehr hohen Preise.

Aber diese Dienstleistungen sind hier nicht gemeint. Wir setzten auf eine andere Form der Dienstleistungen – der neue Service sollte Kundenbedürfnisse befriedigen, die in den sechziger, siebziger und achtziger Jahren, also vor dem Urknall einer rasant fortschreitenden Zersplitterung der Branche, schlichtweg nicht existiert hatten. Traditionell hing der Service von IBM ganz eng mit den Produkten zusammen – genauer gesagt mit Produkten, auf denen das Logo von IBM prangte. Wenn ein IBM-System abstürzte, behob IBM den Fehler. Wenn Kunden jedoch ein Problem mit einem Produkt von Digital, Compaq oder Amdahl hatten oder wenn sie Geräte eines anderen Herstellers installieren wollten, dann waren sie auf sich gestellt. Der Service war mit dem Kernproduktgeschäft verknüpft.

Hier tritt Dennie Welsh auf den Plan. Wie bei allem im Leben spielte das Glück eine große Rolle. Ich hatte bei IBM zweimal

DIENSTLEISTUNGEN – DER SCHLÜSSEL ZUR INTEGRATION

Glück. Das erste Mal war ein Treffen im Jahr 1993 mit Dennie, einem langjährigen IBM-Mitarbeiter, der die Serviceabteilung leitete. Das zweite Mal betraf das Aufkommen des Internet und unseren Einstieg in eine vernetzte Welt. Zufällig hatte Dennie auch dabei seine Hand im Spiel (mehr dazu später).

Als ich zu IBM kam, leitete Dennie eine hundertprozentige Tochtergesellschaft namens Integrated Systems Services Corporation. Die ISSC war unsere Abteilung für Dienstleistungen und Netzwerkbetrieb in den Vereinigten Staaten – ein vielversprechender, aber kleiner Teil von IBMs Unternehmensportfolio. In Wahrheit war es nicht einmal ein eigenständiger Geschäftsbereich innerhalb von IBM, sondern dem Außendienst unterstellt.

Ein Gespräch mit Dennie vergißt man nicht so schnell. Er ist groß, freundlich, lacht gerne, aber er ist immer ganz bei der Sache. Er war früher Militärpilot und Offizier der Luftabwehr und begann seine IBM-Laufbahn in der Abteilung, die High-Tech-Systeme für US-Regierungsprojekte baute, etwa für das Apollo-Programm. An jenem historischen Tag, als Neil Armstrong an Bord von *Apollo XI* zur ersten Mondlandung startete, saß Dennie im Kontrollraum des Kennedy Space Centers in Cape Canaveral.

Es war unser erstes persönliches Gespräch, und er kam ohne Umschweife zur Sache. Er sagte mir, er stelle sich unter einem Serviceunternehmen etwas anderes vor als eine Abteilung, die lediglich die Wartung von IBM-Produkten übernahm und für die Kunden Computercodes zusammenpuzzelte. Er beschrieb mir ein Unternehmen, das buchstäblich alle Aspekte der IT-Technik im Auftrag des Kunden übernahm und ausführte: vom Systemaufbau über die Definition der Architektur bis hin zur Betreuung der Computer und der Einrichtung für die Kunden.

Ich war sofort Feuer und Flamme. Er skizzierte nicht nur etwas, das ich mir als Kunde gewünscht hätte (beispielsweise hatte ich erfolglos versucht, den EDV-Bereich von RJR Nabisco an ein externes Unternehmen zu vergeben), sondern seine Idee paßte auch haargenau zu unserer Strategie der Integration. Vor mir stand ein Mann, der erkannt hatte, wofür die Kunden bereit waren, Geld auszugeben, und der wußte, was das bedeutete: nicht nur das Geschäftspotential für IBM, sondern die bevorstehende Restrukturierung der Branche rund um Lösungen anstelle der Lieferung von Einzelteilen.

Dennie machte jedoch deutlich, daß sich dieses System im Rahmen der IBM-Kultur nicht so ohne weiteres würde durchsetzen lassen. Um wirklich Erfolg zu haben, mußten wir einige Maßnahmen ergreifen, die den Konzern bis in seine Grundfesten erschüttern würden. Beispielsweise mußte es der Serviceabteilung erlaubt sein, auch Produkte von Microsoft, HP, Sun und allen anderen IBM-Konkurrenten zu empfehlen, wenn sie wirklich die beste Lösung für den Kunden boten. Und selbstverständlich würden wir in der Folge diese Produkte auch warten und betreuen.

Außerdem mußte laut Dennie der Dienstleistungssektor vom Außendienst getrennt werden, weil unser Außendienst niemals einen Servicemitarbeiter in seinem Zuständigkeitsbereich dulden würde, wenn die Möglichkeit bestand, daß dieser etwas anderes als IBM-Produkte verkaufte.

Schließlich wies er darauf hin, daß die Wirtschaftsweise eines Dienstleistungsunternehmens sich erheblich von der eines produktorientierten Unternehmens unterschied. Ein großer Serviceauftrag konnte sechs oder zwölf Jahre lang laufen. Ein Outsourcingauftrag, bei dem wir interne Abläufe für eine Fremdfirma abwickelten, sagen wir über einen Zeitraum von sieben Jahren, konnte durchaus im ersten Jahr ein Verlustgeschäft sein. Das alles war der traditionellen Welt des Produktabsatzes fremd und würde Probleme für unser Gehaltssystem und die Finanzverwaltung mit sich bringen.

Ich beendete das Gespräch mit Dennie begeistert und deprimiert zugleich (ein Zustand der Verwirrung, den ich in den ersten Tagen bei IBM häufiger erlebte). Ich war begeistert, weil ich eine Basis entdeckt hatte, von der aus wir die Integrationsfähigkeit aufbauen konnten, die unsere Kunden so dringend brauchten – damit hatte ich den Hauptgrund für den Zusammenhalt von IBM gefunden. Und ich war deprimiert über die Erkenntnis, daß die IBM-Kultur trotz der zwingenden Logik – daß dieses Servicemodell IBMs einzigartiger Wettbewerbsvorteil war – ein gewaltiges Hindernis sein würde.

Also standen wir vor einer neuen großen Aufgabe: diesen erfolgversprechenden Geschäftszweig aufzubauen und ihn zugleich so in die IBM-Strukturen zu integrieren, daß er nicht als Bedrohung angesehen wurde, sondern als neuer großer Verbündeter unserer traditionellen Produktabteilungen.

Ich wußte, daß das mit Sicherheit eine außerordentlich heikle Aufgabe würde. Aus den Erfahrungen auf früheren Positionen hatte ich gelernt, daß in fast allen großen Unternehmen heftige Rivalitäten unter den verschiedenen Einheiten herrschten. Die traditionelle Basis eines Unternehmens widersetzte sich (offen oder heimlich) meistens dem Aufstieg eines neuen Partners, ob er aus dem eigenen Haus kam oder dazugekauft worden war.

Der Aufbau der Organisation

Trotz Dennies Ansicht, seine Einheit müsse ein eigenständiger Geschäftsbereich sein und nicht nur eine Unterabteilung des Außendienstes, setzte ich den Gedanken nicht sofort in die Tat um. Vielmehr versuchte ich in stundenlangen Gesprächen mit unseren Teams, ein Gespür für die wechselseitige Abhängigkeit zwischen den Vertriebs- und den Servicemitarbeitern zu entwickeln. Die Serviceleute mußten lernen, daß die Verkäufer für sie den Fuß in die Tür bringen konnten. Die Verkäufer mußten erkennen, daß die Serviceexperten einträgliche neue Einnahmequellen bei ihren Kunden entwickeln konnten.

Natürlich blieben Zusammenstöße nicht aus. Mir kam es in der entscheidenden Anfangsphase so vor, als würde jede Woche ein Konflikt zwischen der Serviceabteilung und einem anderen Geschäftsbereich ausbrechen. Viele Markenmanager und Vertriebsleiter gingen jedesmal an die Decke, wenn der Servicebereich eine Lösung vorschlug, die ein Konkurrenzprodukt enthielt. Nicht nur einmal stürmte einer von ihnen in mein Büro und wetterte gegen die Verräter aus dem Dienstleistungsbereich. Meine Antwort lautete immer gleich: »Ihr müßt euch die Mühe machen, mit dem Serviceteam zusammenzuarbeiten, damit gewährleistet ist, daß sie die Wettbewerbsvorteile eurer Produkte kennen. Betrachtet sie als einen Vertriebsweg für eure Produkte. Eure Konkurrenten tun das!«

Unterdessen legten wir nach und nach die Serviceabteilungen weltweit zusammen. Wie gesagt, leitete Dennie Welsh nur die US-Abteilung. Über die ganze Welt verteilt gab es Dutzende ähnlicher Dienstleistungsorganisationen. Sie hatten völlig unterschiedliche Abläufe, Preise, Angebote, Bedingungen und Markennamen. Ich bat Dennie, eine einheitliche Organisation aufzubauen – immer noch unter den Fittichen des Außendienstes – und weltweit Outsourcing und die Betreuung von Netzwerken einzuführen. Er stand vor einer Herkules-Aufgabe: gemeinsame Problemlösungen, Methoden, Terminologien, Stellenanforderungen, die weltweite Erfassung und Verbreitung des Wissens sowie die Einstellung und Ausbildung Tausender neuer Mitarbeiter jährlich.

Im Jahr 1996 hielt ich es für angebracht, die Serviceabteilung als einen separaten Geschäftsbereich auszugliedern. Wir bildeten IBM Global Services. Einige unserer Manager denken noch heute mit Schaudern an diese Veränderung zurück, aber im Laufe der Zeit wurde sie von den meisten Kollegen als unvermeidlich akzeptiert.

Wenn der Versuch, IBM Global Services aufzubauen, gescheitert wäre, dann wäre zugleich IBM – oder zumindest meine Vision von IBM – gescheitert. Im Jahr 1992 machte der Servicebereich einen Umsatz von 7,4 Milliarden Dollar (ohne die Wartung). 2001 war der Umsatz auf 30 Milliarden Dollar gestiegen, zudem war fast die Hälfte der Gesamtbelegschaft in diesem Bereich beschäftigt. Ich glaube kaum, daß es vielen Unternehmen gelungen ist, in so kurzer Zeit einen Geschäftsbereich aufzubauen, der Milliarden von Dollar einbrachte.

Die Kunden steckten aus mehreren Gründen so hohe Investitionen in den Dienstleistungsbereich. Zum einen waren erfahrene Informatiker so gefragt, daß Millionen von IT-Stellen unbesetzt blieben. Die Kunden fanden einfach keine geeigneten Leute für die Arbeit, die dringend erledigt werden mußte. Der Hauptgrund hatte jedoch mit dem zu tun, worüber Dennie und ich bei unserem ersten Treffen gesprochen hatten: dem übermächtigen Wunsch der Kunden nach einem Fachmann, der die Integration übernahm. Anfangs ging es nur um die Integration von Technologien. Doch als das Netzwerkmodell sich mehr und mehr durchsetzte, entstanden ganz neue Dimensionen der Integration. Die Kunden sahen sich gezwungen, Technologien in Kerngeschäftsabläufe und dann wiederum die Abläufe – wie Preispolitik, Auftragserfüllung oder Logistik – untereinander zu integrieren.

Wie unsere Herausforderung aussah

Wenn ich sage, wir hätten auf den Dienstleistungssektor gesetzt, dann will ich kurz umschreiben, worin unser Einsatz bestand.

Ich habe für Dienstleistungsunternehmen (McKinsey und American Express) und für Produkthersteller (RJR Nabisco und IBM) gearbeitet. Ich kann ohne Einschränkung sagen, daß Dienstleistungsgeschäfte weit schwieriger zu managen sind.

Für die Steuerung von Dienstleistungsabläufen braucht man ganz andere Fähigkeiten als für die Leitung erfolgreicher Produktunternehmen. Wir hatten keine Erfahrung mit dem Aufbau eines arbeitsintensiven Geschäftsbereichs innerhalb eines kapitalintensiven Unternehmens. Wir waren Experten bei der Leitung von Fabriken und der Entwicklung von Technologien. Wir kannten die Kosten von Waren, Lagerhaltung und Herstellung, aber ein arbeitsintensives Servicegeschäft ist völlig anders. Im Dienstleistungssektor fertigt man kein Produkt und verkauft es anschließend. Man verkauft eine Fähigkeit, man verkauft Know-how. Man erzeugt die Ware in dem Moment, in dem man sie liefert. Der Sektor funktioniert nach einem völlig andersartigen Geschäftsmodell. Die ökonomischen Aspekte sind ganz andere.

Nehmen wir zum Beispiel das Outsourcing-Geschäft. Sie sagen dem Kunden folgendes: »Übertragen Sie einfach Ihre IT-Posten – Produkte, Anlagen und Belegschaft – auf meine Bücher. Ich werde sie übernehmen, managen, die Leistungsfähigkeit garantieren und versprechen, daß Sie ständig auf dem modernsten Stand der Technik sind. Das alles mache ich, *und* ich werde Ihnen weniger in Rechnung stellen, als es Sie momentan kostet.«

Zugleich sagen Sie sich selbst: »Ich kann das alles versprechen und mache am Ende doch einen Gewinn.«

Das setzt einiges voraus, angefangen mit der Bereitschaft, die eigene Bilanz zu strapazieren. In diesen Geschäftsbereich braucht man gar nicht erst einzusteigen, wenn man sich nicht dazu durchringen kann, die Infrastruktur anzubieten und den Verlust zu tragen, bis ein Auftrag über möglicherweise fünf oder zehn Jahre endlich Gewinn abwirft. Man kann nicht zuerst mit dem kleinen Zeh testen, wie kalt das Wasser ist. Wer den Absprung wagt, entschließt sich zu dem sprichwörtlichen Sprung ins kalte Wasser.

Man vertraut dabei auf die eigene Fähigkeit, Kosten einzusparen: etwa unzählige Datenzentren der Kunden zu Megaplexen (was in der Branche »Serverfarmen« genannt wird) zusammenzufassen oder die gleiche Arbeit, die zwei oder drei Kunden zuvor mit 1000 Mitarbeitern bewältigt haben, künftig mit nur 750 Mitarbeitern zu übernehmen.

Wir mußten darauf vertrauen, daß wir die nötigen Einstellungs-, Schulungs- und Vergütungsabläufe aufbauen konnten, um monatlich tausend und mehr neue Mitarbeiter zu finden – obwohl wir niemals etwas auch nur annähernd Vergleichbares in Angriff genommen hatten. Mitte bis Ende der neunziger Jahre, als der Servicebereich stetig um über 20 Prozent im Quartal wuchs, wußten wir, daß wir noch erfolgreicher sein könnten, wenn wir noch mehr Mitarbeiter hätten. Bei diesem Stand stellten wir jedoch keine neuen Mitarbeiter mehr ein, ganz einfach weil wir fürchteten, wir würden sonst unsere Ausbildungskapazitäten überfordern.

Und schließlich mußten wir diszipliniertes Arbeiten lernen: wie gewinnbringende Verträge ausgehandelt werden, wie hoch unsere Fähigkeiten zu bewerten sind, welches Risiko wir eingehen und wie wir uns vor schlechten Aufträgen und Geschäften hüten konnten.

Aus all diesen Gründen habe ich mehrmals betont, daß man diese Fähigkeit nicht einfach aufkaufen kann (auch wenn unsere Konkurrenten das unablässig versuchen). Im Grunde setzt man ganz auf die eigene Verpflichtung, die Jahre und das Kapital zu investieren sowie die Erfahrung und die Disziplin aufzubauen, die für den Erfolg unabdingbar sind.

Die Zukunft

Bei der Niederschrift dieses Kapitels im Frühjahr 2002 litt das IBM-Servicegeschäft unter der Flaute, die den gesamten High-Tech-Sektor erfaßt hatte. Ich war zuversichtlich, daß der Abschwung nur von kurzer Dauer sein würde, weil ich noch nie einen Geschäftsbereich mit einer so erstaunlichen Fähigkeit zur Selbsterneuerung erlebt hatte. Jedesmal, wenn die Branche eine neue Richtung einschlug, wurde das Angebot der IT-Dienstleistungen umgekrempelt. Selbst in einer wirtschaftlichen Rezession blieben viele Dienstleistungen – Outsourcing ist das Paradebeispiel – attraktiv, weil die Kunden nach Möglichkeiten zur Kosteneinsparung Ausschau hielten.

Mit der Entscheidung, den Sprung ins Servicegeschäft zu wagen, verließen wir uns ein wenig auf eine vage Vorahnung. Wenn ich heute sage, die Branche und unser Unternehmen werden in absehbarer Zukunft serviceorientiert sein, so ist das keine Vorahnung. Seit Beginn der finanziellen Sanierung von IBM im Jahr 1993 hat der Servicebereich rund 80 Prozent des gesamten Einnahmenzuwachses erwirtschaftet – über 20 Milliarden Dollar von 25 Milliarden Dollar Gesamtzuwachs bis 2001.

Ich kann das Kapitel über das Servicegeschäft von IBM nicht ohne einen letzten Kommentar abschließen. Schon im Anfangsstadium, als Dennie Welsh seine kleine Serviceabteilung aufbaute, ging er zu meinem Vorgänger und sagte ihm, er brauche unbedingt den Topvertriebschef von IBM, einen Mann von Statur und mit Charisma, ein außergewöhnliches Verkaufstalent. Sam Palmisano, mein Nachfolger als CEO, leitete damals einen Teil des Asiengeschäftes von IBM. Er wurde zum Präsidenten von ISSC berufen. Sam führte den Geschäftsbereich nicht nur auf ein neues Niveau, er war auch ein hervorragendes Vorbild für viele leitende Angestellte, die noch lernen mußten, daß unsere Zukunft zum großen Teil im Servicebereich lag.

15 DER AUSBAU DES BEREITS WELTGRÖSSTEN SOFTWAREGESCHÄFTS

Wenn wir recht hatten mit unserer Einschätzung, daß eine Computerära zu Ende ging und eine neue begann, brauchten wir Antworten auf grundlegende Fragen: Wohin würde sich die Wertschöpfung in der neuen Ära verlagern? Wie würde die neue strategische Priorität lauten? Was würde die Aufmerksamkeit (und die Ausgaben) der Kunden in ähnlicher Weise beherrschen wie der PC in der Phase zuvor?

Mit Sicherheit würde die Nachfrage nach Netzwerkzubehör hoch sein, damit die digitalen Datenströme mit Hochgeschwindigkeit und einer möglichst großen Bandbreite weiterflossen. Um die gewaltige Explosion an Transaktionen zu bewältigen, würden die Kunden höhere Server- und Speicherkapazitäten benötigen. Für die Entwicklung und Umsetzung von vernetzten Lösungen war eine ganze Palette von Dienstleistungen erforderlich.

Den Dreh- und Angelpunkt dürfte jedoch die Software bilden. Damit meine ich nicht die Software der abgelaufenen Ära: Betriebssysteme und Anwenderprogramme, die in eingeschweißten Schachteln verkauft wurden. Die Software der Zukunft würde ganz andere Merkmale aufweisen.

Zunächst mußte sie auf offenen Standards basieren, die jeder Wettbewerber nutzen und weiterentwickeln konnte. Warum? Weil in der vernetzten Welt Hunderte von Millionen, später gar Milliarden unterschiedlicher Geräte und Systeme miteinander verbunden sein würden. Die Kunden würden es niemals zulassen, daß die Technologie eines einzigen Unternehmens alle miteinander verbundenen Elemente kontrollierte, selbst wenn sie dazu imstande sein sollte.

Ich bin kein Technikexperte, also werde ich gar nicht erst versuchen, den Aufbau des Internets zu erklären. Es mag genügen, festzuhalten, daß das Internet auf einer Reihe offener technischer Standards basiert, den sogenannten Protokollen. Sobald Computersysteme diese Standards erfüllen, kann der Nutzer sich mit ihrer Hilfe in das Web einloggen.

Ursprünglich war das die Vision des Client/Server-Modells: nahtlose Verbundenheit. Natürlich hat es nicht funktioniert. Nunmehr bot das Internet die Chance, das Versprechen zu erfüllen, und zwar weltweit.

Ein Rohdiamant

Im Jahr 1993 hätten nur sehr wenige – selbst von den kundigen Branchenexperten – folgende Frage richtig beantwortet: »Wie heißt die größte Softwarefirma der Welt?« Ich vermute, fast alle hätten »Microsoft« geantwortet. In Wirklichkeit verkaufte IBM 1993 mehr Software als jedes andere Unternehmen.

Was war der Grund für diese falsche Wahrnehmung? Sie war in erster Linie auf den Umstand zurückzuführen, daß IBM sich niemals als ein Softwareunternehmen betrachtete, nie von sich als Softwareunternehmen sprach, über keine Softwarestrategie verfügte und nicht einmal eine einheitliche Softwareabteilung hatte.

Software war für IBM nur ein Bestandteil des auf Hardware ausgerichteten Angebots. Da jeder Computer ein Betriebssystem braucht und in der Regel einen Datenspeicher sowie die Fähigkeit, Eingaben zu verarbeiten, entwickelte IBM einen großen Teil dieser Softwareanforderungen selbst, betrachtete dies aber nie als einen eigenen Geschäftsbereich. Vielmehr waren sie in die IBM-Hardware eingebettet oder wurden als Zusatzangebot verkauft. Und was die Hauptsache war: Die Software lief nur auf Computern von IBM.

Also standen wir vor Problem Nummer eins: Wir hatten kein Bewußtsein für die Bedeutung der Software, geschweige denn ein echtes Softwaregeschäft. Problem Nummer zwei: Das meiste von dem, was wir anzubieten hatten, war für Großrechner entwickelt worden, und das zu einem Zeitpunkt, an dem die Masse der Kunden in kleinere Systeme investierte. Problem Nummer drei: ein Sorgenkind namens OS/2.

Aufgrund meiner Erfahrung in einem Konsumgüterkonzern habe ich Verständnis dafür, wenn Unternehmen sehr stark an ihren Produkten hängen. Aber in der IT-Branche herrscht eine ganz andere und weit intensivere emotionale Bindung. In meinen ersten Tagen bei IBM war ich mir darüber noch nicht im klaren, doch ich sollte es schon bald erfahren, als ich in unseren eigenen Glaubenskrieg gestürzt wurde: den Kampf um die Vorherrschaft im Desktop-Bereich, das Betriebssystem OS/2 von IBM gegen Windows von Microsoft. Die Auseinandersetzung verschlang Dutzende Millionen Dollar, einen Großteil der Zeit unserer Geschäftsleitung und gab uns am Ende dem Gespött preis. Aber in bester IBM-Tradition fochten wir den Kampf bis zum bitteren Ende aus.

IBM hatte schon immer eigene Betriebssoftware für ihre Hardware entwickelt. Als der PC aufkam, hatten die fehlenden Ambitionen von IBM auf diesem Markt jedoch zur Folge, daß man Microsoft aufforderte, das Betriebssystem für den ersten Personal Computer von IBM zu entwickeln. Microsoft machte sich diese Fehleinschätzung zunutze und baute geschickt das umfassendste Lizenzgeschäft in der Computerbranche auf.

Einige Topmanager von IBM waren geradezu besessen von dem Bestreben, die Entscheidungen der achtziger Jahre rückgängig zu machen und Microsoft die Kontrolle über das Betriebssystem zu entreißen (ebenso, allerdings weniger leidenschaftlich, Intel die Kontrolle über den Mikroprozessor streitig zu machen). In meinen Augen war es außerordentlich riskant, sich auf ein so gewagtes Spiel einzulassen, während das Unternehmen finanziell auf wackligen Füßen stand.

Für OS/2 sprach die technische Überlegenheit des Betriebssystems. Ich kann ganz unvoreingenommen sagen, daß viele Menschen außerhalb von IBM OS/2 für das bessere Produkt hielten. Gegen Windows wurde vorgebracht, daß die legendäre Propagandafabrik von Microsoft den Kunden mit ihren cleveren Marketing- und PR-Methoden ein minderwertiges Produkt andrehen, die Branche noch stärker beherrschen und am Ende IBM vernichten würde.

Doch meine Kollegen konnten oder wollten offenbar nicht akzeptieren, daß der Krieg bereits vorüber war und mit einer klaren Niederlage geendet hatte: 90 Prozent Marktanteil für Windows gegenüber fünf oder sechs Prozent für OS/2.

Wir rannten nicht nur mit dem Kopf gegen eine sehr harte, undurchdringliche Wand, ich mußte mich auch fragen, ob irgend jemand noch auf unsere strategische Richtung achtete. Wenn wir wirklich überzeugt waren, daß sich die Herrschaft des PC dem Ende zuneigte, warum verschwendeten wir dann Energie, Ressourcen und unser Image für einen Krieg von gestern? Eine führende Stellung im Desktop-Bereich mochte gut und schön sein, aber aus strategischer Sicht war sie nicht länger lebenswichtig. Eine Fortsetzung des Kampfes war mehr als nur ein kostspieliges Vergnügen, ganz zu schweigen von dem potentiellen Ärger mit Kunden. Es widersprach unserer Vision der künftigen Computerwelt.

Das letzte Aufbäumen war 1994 die Einführung eines Produktes namens OS/2 Warp, aber in meinen Augen war der Ausstieg längst beschlossene Sache. Wir mußten nur noch einen Weg finden, uns aus der Affäre zu ziehen. Ich fragte nach den Alternativen und bekam gleich drei präsentiert. Die ersten beiden hätten einen sehr abrupten Stop der Produktlinie bedeutet. Die dritte Alternative beinhaltete ein Zurückfahren über fünf oder sechs Jahre hinweg, das uns Hunderte Millionen Dollar kosten würde, dafür den Kunden eine Betreuung anbieten würde, damit sie schrittweise von OS/2 zu Systemen auf Windows- oder UNIX-Basis wechseln konnten. Es ist nicht schwer zu erraten, für welchen Weg ein ehemaliger Kunde sich entschied. IBM bietet noch heute Kunden ihre Unterstützung an, die mit OS/2 arbeiten.

Die Entscheidung gegen OS/2 sorgte für erhebliche Seelenqualen im Konzern. Tausende IBM-Mitarbeiter aus allen Bereichen – Technik, Marketing, Strategie – hatten sich voll in das Gefecht gestürzt. Sie glaubten an ihr Produkt und an die Sache, für die sie gekämpft hatten. Das Untergangsszenario, daß IBM ohne PC-Betriebssystem die führende Rolle in der Branche verlieren würde, entpuppte sich als eine erste emotionale Reaktion. Aber noch heute erhalte ich Briefe von eingeschworenen OS/2-Fans.

Eine Zukunft nach dem Krieg

Nachdem wir den Krieg von gestern hinter uns hatten, war es leichter, mit der Planung der Zukunft anzufangen. Bei einer Bestandsaufnahme der Software, die uns innerhalb von IBM zur Verfügung stand, ergab sich ein gemischtes Bild: ein zwar umfangreiches, aber zersplittertes und ungesteuertes Softwaregeschäft, eine Palette von Produkten, die ausnahmslos geschlossen waren, in einer Welt, die offen sein mußte, Software für Großrechner statt für kleinere und dezentrale Systeme und ein Geschäftsbereich, der, abgesehen von den Betriebssystemen für die zugehörige Hardware, immense Verluste einfuhr.

Wir brauchten eine viel stärkere Fokussierung. Ende 1994 beschloß ich, sämtliche Softwareposten von IBM unter einem einzigen Manager zusammenzufassen, er sollte einen eigenständigen Geschäftsbereich für Software aufbauen. John Thompson war mir gleich zu Beginn als einer der scharfsinnigsten und tüchtigsten Manager bei IBM aufgefallen. Er legte ein tiefes Verständnis für die Technologie an den Tag, hatte einen klaren und wachen Verstand und, vielleicht das Wichtigste für mich, er war imstande, die kryptische Technologie in eine betriebswirtschaftliche Sprache zu übersetzen.

Damals leitete John unsere Server Group – das Herz des Unternehmens. Wir befanden uns mitten in einer kritischen Übergangsphase in der Technologie, und er war erst seit rund vierzehn Monaten auf seinem Posten. Deshalb war er einigermaßen schockiert, als ich ihn bat, den Aufbau eines ganz neuen Geschäftsbereichs zu betreuen. Aber er nahm, wie so oft während meiner Zeit bei IBM, die Herausforderung an und brachte seine Talente rasch und effektiv zur Geltung.

Man kann die Schwierigkeiten gar nicht übertreiben, vor denen John Anfang 1995 stand. IBM hatte 4000 Softwareprodukte, jedes mit einem eigenen Namen (die meisten davon sperrig und kaum zu behalten). Sie wurden in über dreißig verschiedenen Laboratorien auf der ganzen Welt entwickelt. Es gab weder ein Managementsystem noch ein Modell für die Funktionsweise einer Softwarefirma noch Erfahrung mit dem Verkauf von Software als eigenes Produkt.

In den kommenden beiden Jahren stellten John und seine Kollegen 5000 Softwareverkäufer ein und schulten sie. Sie wurden zum Rückgrat einer neuen Vertriebsfunktion innerhalb von IBM, die im Jahr 2000 auf 10 000 Mitarbeiter angewachsen war.

John verringerte die Zahl der Labors auf acht und faßte sechzig Markennamen zu sechs zusammen. Er baute ein Managementteam auf, entwickelte Strategien und Marketingprogramme. Sein Team leitete Hunderte Millionen Dollar für Forschungsmittel um und verlagerte insbesondere beträchtliche Geldsummen in die neuen Marketing- und Vertriebsfunktionen. Die Außendienstmitarbeiter von IBM verkauften eben am liebsten Hardware, warum auch nicht? Damit erreichten sie ihre Quoten und verdienten ihre Provision. Sie hatten weder Lust noch das Können, gegen Außendienstmitarbeiter von Oracle oder Computer Associates anzutreten, die eigens für den Verkauf von Software ausgebildet wurden.

Es fehlte noch die Vorgabe einer Richtung, einer Vision, die anderen die Botschaft vermittelte, daß IBM künftig bei der Software ein Wörtchen mitreden wollte. John glaubte, die Antwort gefunden zu haben.

Um zu erläutern, auf welche Art von Software wir setzen wollten, muß man sich vor Augen führen, daß Software auf drei Ebenen arbeitet:

- An der Basis gibt es die Betriebssysteme, die der Hardware mitteilen, was sie tun soll.
- An der Spitze steht die Anwendungssoftware, etwa ein Tabellenkalkulationsprogramm, ein Programm für die Einkommensteuererklärung oder ein Graphikprogramm. Das bekommt der Endnutzer auf seinem Bildschirm zu sehen.
- Dazwischen gibt es eine Reihe von Softwareprodukten, die beides miteinander verbinden.

Schauen wir auf die Basis: Microsoft besaß das dominierende Betriebssystem, das unabhängig vom Schicksal von OS/2 unserer Ansicht nach in einer Welt offener Standards zunehmend vermarktet würde.

Und auf die Spitze: Unternehmen wie SAP, PeopleSoft und JD Edwards dominierten den Markt für Anwendungssoftware, während wir unter »ferner liefen« rangierten.

Und dazwischen lagen Produkte wie Datenbanken, Systemsteuerungsprogramme und Programme zur Eingabeverarbeitung. Das war die komplexe, weitgehend unsichtbare Schicht (treffend »Middleware« genannt), für die sich nur eingeschworene Computerfreaks begeistern können.

Je mehr wir jedoch über die Frage nachdachten, was denn den Ton angeben würde, wenn das Client/Server-Modell von der Netzwerktechnologie verdrängt wurde, desto weniger erschien uns Middleware als eine Provinz für ein paar unverbesserliche Hinterwäldler, sondern eher als das strategische Hauptschlachtfeld. Wir hatten damals noch nicht das ganze Bild vor Augen, aber wir sahen genug: mehr Nutzer, mehr Geräte, mehr Transaktionen. Und eine größere Nachfrage nach Wegen, sämtliche Anwendungen, Prozesse, Systeme, Nutzer und Institutionen zu integrieren. Kein Betriebssystem würde imstande sein, das alles unter einen Hut zu bringen. Genau dafür war die Middleware da.

Um diese Form der Integration zu gewährleisten, mußte Middleware jedoch auf den Computersystemen aller großen Anbieter laufen, die über riesige Netze miteinander verbunden werden sollten. Im Branchenjargon hieß es, die neue Middleware müsse »plattformübergreifend« funktionieren. Damit standen wir vor einem gewaltigen Problem. Bis zum Jahr 1995 war nämlich die gesamte IBM-Software proprietär und lief nur in Verbindung mit IBM-Hardware und anderer IBM-Software.

Folglich starteten wir ein umfassendes, mehrjähriges Projekt, unsere gesamte maßgebliche Software umzuschreiben, damit sie nicht nur netzwerktauglich war, sondern auch auf Plattformen von Sun, HP, Microsoft und anderen Anbietern lief. Es war ein enorm kostspieliges und schwieriges Unterfangen und schürte die gleichen internen Spannungen, die unsere Servicestrategie hervorgerufen hatte: Einmal mehr »kollaborierten wir mit dem Feind«!

Die Übernahme von Lotus

Anfang 1995 kam John mit einem kühnen Gedanken zu mir, der zwei Fliegen mit einer Klappe schlagen sollte: eine Lücke in unserem Middlewareangebot schließen und ein deutliches Zeichen setzen gegen individuelle Abschottung zugunsten von Kooperation in der Computerwelt. Er schlug vor, die Lotus Development Corporation aufzukaufen. Inzwischen hat er mir anvertraut, daß er damals weiche Knie hatte, weil es überhaupt nicht dem Charakter von IBM entsprach, Technologie zu »kaufen«, statt sie zu entwickeln. Abgesehen davon kannten John und ich uns noch nicht allzugut, und er verlangte von mir, daß ich einen sehr großen Scheck unterschrieb.

Lotus hatte sich mit dem beliebten Tabellenkalkulationsprogramm 1-2-3 einen Namen gemacht. Wir waren jedoch vor allem an einem eleganten Produkt namens Notes interessiert, gewissermaßen die Kronjuwelen von Lotus – eine bahnbrechende Software, die die Zusammenarbeit zwischen mehreren Computernutzern unterstützte.

Im Mai hatte John mich überzeugt, daß IBM Lotus aufkaufen sollte. Damit begann die größte Übernahme einer Softwarefirma in der Computergeschichte. John hatte schon mehrfach beim CEO von Lotus, Jim Manzi, wegen eines möglichen Deals vorgefühlt, war aber jedesmal abgewiesen worden. Wir beschlossen, unaufgefordert ein Angebot zu machen. Ich rief Manzi am 5. Juni an und teilte ihm mit, daß wir eine feindliche Übernahme planten. Ich kann es nicht mit Sicherheit sagen, aber ich hatte nicht den Eindruck, daß er überrascht war. Seine Antwort war nichtssagend, kühl, aber höflich – und sehr kurz.

Jeder wird Ihnen sagen, daß der Kauf einer Softwarefirma riskant ist. Das eigentliche Kapital, das man dabei erwirbt, sind die Mitarbeiter. Wenn die maßgeblichen Leute beschließen zu gehen (und viele von ihnen hatten mit Sicherheit das nötige Kleingeld das zu tun, nachdem der Deal abgeschlossen war), dann haben Sie viel Geld für einige Gebäude, Büroeinrichtungen und den Zugang zu einer beim Kunden installierten Basis ausgegeben.

Dieser Teil des Deals schreckte mich aber nicht ab. Bei American

Express hatten wir First Data Resources übernommen, das eine ganz eigene Kultur hatte, in privatem Besitz und überhaupt nicht daran interessiert war, von einem großen Konzern geschluckt zu werden. Ich wußte, daß es möglich war. Im Fall eines Einzelkämpfers in der Softwarebranche hatte ich jedoch das Gefühl, daß wir schon vor dem ersten Schuß versuchen mußten, die Belegschaft für uns zu gewinnen. Uns war klar, daß jeder unserer Schritte mißtrauisch von den Lotus-Mitarbeitern verfolgt würde, ihr Vertrauen mußten wir unbedingt gewinnen.

Wir wußten, daß die Belegschaft von Lotus – damals weit stärker als die von IBM – ausgiebig Gebrauch vom Internet machte. Wir nutzten das Internet und die IBM-Homepage, um den Lotus-Mitarbeitern und Aktionären schnell und ungefiltert unseren Standpunkt zu erklären. Eine Minute nach meinem Anruf bei Manzi stand unsere Botschaft, einschließlich des Briefes, den wir an Lotus gefaxt hatten, im Web. Wie erwartet, wußten die Mitarbeiter genau, wo sie suchen mußten. Sie kamen und lasen. Die erste Hürde bei der Fusion zweier diametral entgegengesetzter Kulturen hatten wir genommen.

Insgeheim fürchteten wir immer noch, daß der Deal sich über Monate hinziehen könnte. Bei feindlichen Übernahmen kommt es häufig zu gewichtigen Dramen, die von Weißen Rittern über gerichtliche Streitigkeiten bis zum goldenen Handschlag alles enthalten. Aber unser Angebot ergab aus strategischer Sicht für alle Beteiligten Sinn, und ich denke, wir hatten die richtigen Vorkehrungen getroffen. Am Dienstag rief Manzi mich an, und wir sprachen noch am selben Abend beim Dinner in Manhattan miteinander. Unsere beiden Unternehmen trafen sich an den nächsten beiden Tagen in kleinen Gruppen und erörterten die Unternehmenskultur, juristische Fragen, Mitarbeiter und den Preis. Am Freitagabend besiegelten wir in einer Anwaltskanzlei per Handschlag den endgültigen Preis: 3,2 Milliarden Dollar. Bis Sonntag hatten beide Unternehmensleitungen den Deal abgesegnet. Innerhalb einer Woche hatten wir das größte Softwaregeschäft der Geschichte unter Dach und Fach gebracht.

Außerdem war es die erste von IBM durchgeführte feindliche Übernahme – ein Novum in der Geschäftswelt. Die *New York Times* sagte: »Der wohl erstaunlichste Aspekt an dem IBM-Übernahmeversuch, der zugleich auch am meisten über die heutige Zeit aussagt, ist der Umstand, daß er der allgemein anerkannten Weisheit widerspricht, es sei außerordentlich schwierig, ein Unternehmen zu erwerben, dessen Hauptkapital nicht die Maschinen oder Immobilien sind, sondern die Mitarbeiter, sprich die flüchtigste Form eines Aktivpostens.« Zum Glück gelang es uns, die wichtigsten Leute zu halten, darunter Ray Ozzie, das Entwicklergenie, das hinter Notes steckte. (Jim Manzi blieb noch einige Monate; er gehört zu den Menschen, die sich in einem großen, komplexen Unternehmen nicht wohlfühlen.)

Im Juli 1995, beim Abschluß des Deals, waren ungefähr zwei Millionen Notes-Pakete bei Kunden installiert. Die Zahl kletterte bis Ende 2001 auf 90 Millionen. Und auch wenn das Internet in der Folge einen großen Teil des Bedarfs an Basissoftware für die Zusammenarbeit überflüssig gemacht hat, bleibt Lotus doch ein Paradies in der Welt des Wissensmanagements und der Zusammenarbeit.

Am Ende gewannen wir mehr als nur eine Softwarefirma. In kultureller Hinsicht bewiesen wir, daß wir bei der Organisation eine gewisse Distanz wahren konnten und es einem schnellen Team gestatteten, sich frei zu entfalten. Aber der vielleicht wichtigste Aspekt war: Die feindliche Übernahme sandte ein eindeutiges Signal innerhalb und außerhalb von IBM aus, daß wir den Überlebenskampf überstanden hatten und in der Branche wieder mitzureden gedachten.

Ungefähr neun Monate später übernahmen wir, wieder auf Drängen von John Thompson, eine zweite Softwarefirma: Tivoli Systems. Das katapultierte uns mitten hinein in den Markt für Systemsteuerungsprodukte (noch kryptischere, aber sehr wichtige Middleware). Tivoli war eine Firma mit einem Umsatz von 50 Millionen Dollar, als wir sie aufkauften. Mittlerweile, nach der Verschmelzung mit einigen IBM-Geschäftsbereichen, liegen die Einnahmen über einer Milliarde Dollar.

Heute ist die Software Group von IBM eine der mächtigsten Softwarefirmen der Welt und im Netzwerkbereich führend. Mit Einnahmen von 13 Milliarden Dollar (an zweiter Stelle hinter Microsoft) im Jahr 2001 und einem Gewinn von rund drei Milliarden

Dollar vor Steuern (der mit einer zweistelligen Rate wächst) stehen wir in jedem Marktsegment, an dem wir Anteil haben, an Position eins oder zwei.

Die Softwarestory von IBM ist ein wunderbarer Mikrokosmos des gesamten Umbruchs, der im letzten Jahrzehnt in dem Unternehmen stattfand. Unvorstellbare technische Ressourcen wurden freigesetzt und gegen die gesamte Branche in Position gebracht. Der Katalysator dieses Wandels war ein äußeres Ereignis: die Verbreitung des Internet. Angespornt von dieser sich bietenden Gelegenheit strukturierten wir rasch unsere Aktivposten und die Organisation um und investierten Ressourcen in Übernahmen und Entwicklungsstrategien.

16 DER KONZERNLADEN IST ERÖFFNET

So weit dürfte die Logik, die unseren großen strategischen Entscheidungen zugrunde lag, allen einigermaßen eingeleuchtet haben. Wenn man ein Unternehmen werden will, das integrierte Technologielösungen entwickelt, aufbaut und anbietet, dann braucht man eine Serviceabteilung. Wenn man bereits mehr Software entwickelt und verkauft als irgendein anderes Unternehmen und man überzeugt ist, daß die Software das Bindeglied zur vernetzten Welt bilden wird, dann muß man sein Softwaregeschäft eben wie ein Unternehmen leiten.

Aber wie steht es mit dem Beschluß, die eigene Spitzentechnologie an die Konkurrenz zu verkaufen? Stellen Sie sich folgende Unterredungen vor:

Sie sprechen mit den Spitzentechnikern von IBM. Diese Leute sind nicht nur innerhalb von IBM bekannt, sondern haben sich in der ganzen Branche einen Namen gemacht. Viele wurden in die angesehensten wissenschaftlichen und technischen Akademien und Gremien berufen. Die meisten haben ihr ganzes Berufsleben dafür gearbeitet, daß ein oder vielleicht zwei bahnbrechende Neuerungen von ihnen eines Tages in einem IBM-Produkt auf den Markt kommen würden. Und jetzt erklären Sie ihnen einmal, Sie hätten die Absicht, die Früchte ihrer Arbeit an die Rivalen zu verkaufen, die versuchen, IBM vom Markt zu verdrängen.

Stellen Sie sich das gleiche Gespräch mit einem Außendienst vor, der sich tagtäglich mit Dell, Sun, HP oder EMC und Konsorten herumschlagen muß – Firmen, die aller Wahrscheinlichkeit nach diese Technologie auf der Stelle kaufen würden.

Sie können sich die interne Auseinandersetzung um die Entscheidung ausmalen, einen Geschäftsbereich aufzubauen, der auf dem Verkauf unserer Technologiekomponenten basierte – das Geschäft mit den Wiederverkäufern beziehungsweise mit Originalherstellerteilen. Das war ebenso schwer wie die Entscheidung, Service für Nicht-IBM-Geräte anzubieten und IBM-Software kompatibel mit der Hardware der Konkurrenz zu machen. Doch diese Auseinandersetzung reichte auch über IBM hinaus.

Stellen Sie sich nun noch ein anderes Gespräch vor. Dieses Mal reden Sie mit Spitzenmanagern von Unternehmen wie Dell, HP und Sun. Einerseits fordern Sie diese auf, Technologie von Ihnen zu kaufen, also eine Geschäftsbeziehung einzugehen, bei der Sie Geld verdienen – Geld, das Sie wiederum in die Kriegskasse stecken und für den Wettbewerb mit den betreffenden Firmen nutzen können.

Andererseits verlangen Sie von den Firmen, Ihnen zu vertrauen, daß Sie auch wirklich die lebenswichtigen Komponenten liefern werden, die sie für ihre eigenen Produkte benötigen, obwohl Sie Konkurrenten sind. Sie versprechen den Firmen, daß sie, sollte die Versorgung mit den wichtigen Komponenten jemals knapp werden, Ihnen nicht auf Gedeih und Verderb ausgeliefert sein werden. Ohne weiteres wird verständlich, was für ein gegenseitiges Mißtrauen in diesem Geschäft herrscht.

Die Ankündigung vom April 1994, daß wir den ernsthaften Versuch starten würden, unsere Technologie Wiederverkäufern anzubieten, war gleichermaßen Ausdruck von geschäftlichem Pragmatismus und Konsequenz einer weiteren Schicksalsentscheidung. Einmal mehr mußten wir beweisen, daß wir in einem Geschäftsbereich erfolgreich arbeiten konnten, der für uns ebenso neu war wie der IT-Service. Der Verkauf von Komponenten ist etwas völlig anderes als der Verkauf von fertigen Systemen. Es sind weder die gleichen Wettbewerber noch die gleichen Käufer. Es ist ein Geschäft nach ganz anderen Regeln. Wir mußten von Grund auf eine Organisation aufbauen. Doch die positive Kehrseite der Medaille war überzeugend:

- Die IBM Forschungsabteilung überstieg mit ihrer Ergiebigkeit und Kreativität unsere Fähigkeit, alle ihre Entdeckungen kommerziell zu nutzen. Wir unterforderten einen immensen Aktivposten.
- Eine größere Verbreitung unserer Technologie würde es uns erlauben, stärker Einfluß auf die Standards und Protokolle zu nehmen, die der künftigen Entwicklung der Branche zugrunde lagen.
- Der Verkauf unserer Technologie würde uns teilweise für unsere hohen Forschungsausgaben entschädigen und eine neue Einnahmequelle eröffnen.
- In einer Post-PC-Welt würde eine hohe Nachfrage nach Komponenten bestehen, die alle neuartigen digitalen Geräte für den Netzzugang steuern.

IBM-Forschung

Wie gesagt, seit gut einem halben Jahrhundert ist bekannt, daß IBM über eines der ergiebigsten und bedeutendsten Forschungslabors der Welt verfügt. IBM hat mehr Nobelpreisträger vorzuweisen als die meisten Länder, hat jeden wichtigen Forschungspreis der Welt gewonnen und hat über Jahrzehnte hinweg einen großen Teil der Informationstechnologie hervorgebracht.

Anfang der neunziger Jahre war die Lage in der Forschungsabteilung jedoch schwierig. Meine Kollegen dort sahen schon die Zerschlagung des Konzerns und fragten sich, wo eine zentral finanzierte Forschungsorganisation Platz finden sollte, wenn IBM aufgelöst würde. Als sie hörten, daß ich beschlossen hatte, den Konzern zusammenzuhalten, war der kollektive Seufzer der Erleichterung, der durch Yorktown Heights in New York ging (das Hauptquartier der Forschungsabteilung), beinahe hörbar.

Eine der offensichtlichen, aber irritierenden Ursachen für die Krise von IBM war die Unfähigkeit, wissenschaftliche Entdeckungen effektiv zu vermarkten. Die relationale Datenbank, Hardware für Netzwerke, Software für Netzwerke, UNIX-Prozessoren und vieles mehr – all das wurde in IBM-Laboratorien entwickelt, aber erfolgreicher von Unternehmen wie Oracle, Sun, Seagate, EMC und Cisco genutzt.

In meinem ersten Jahr bei IBM grübelte ich häufig über die Frage nach, weshalb das Umsetzen von technologischen Neuerungen in Markterfolge so kläglich mißlang. War es das fehlende Interesse der IBM-Forscher, sich mit Kunden und mit kommerziellen Produkten zu befassen? Schon nach kurzer Zeit erkannte ich, daß die Antwort nein lautete.

Der Hauptfehler lag auf der Produktseite, wo IBM fortwährend zögerte, neue Entdeckungen zu übernehmen und zu vermarkten. Warum? Weil das in den siebziger und achtziger Jahren bedeutet hätte, bestehenden IBM-Produkten, allen voran dem Großrechner, das Wasser abzugraben oder mit anderen Anbietern der Branche bei der Vermarktung neuer Technologien zusammenzuarbeiten.

Beispielsweise war UNIX die Basis für die meisten Datenbankanwendungen in den achtziger Jahren. IBM entwickelte relationale Datenbanken, aber unsere wurden nicht dem am schnellsten wachsenden Marktsegment zugänglich gemacht. Sie blieben IBM-Systemen vorbehalten.

Den Anfang machen

Der einfachste Schritt in diese Richtung war die Vergabe von Lizenzen an Dritte. Damit wurden zwar Komponenten oder Teile der Hard- und Software nicht wirklich verkauft, aber anderen Firmen wurde Zugang zu unserer Produktpalette und Prozeßtechnologie gewährt. (Unter »Prozeßtechnologie« versteht man, wie der Name sagt, die Technologie, die für die Fertigungsprozesse der IT-Industrie erforderlich ist – die Fertigkeiten und das Know-how, leistungsfähige Halbleiter und Speicherkomponenten zu bauen.) Dieser Schritt – die Lizenzvergabe, Patentgebühren und der Verkauf von geistigem Eigentum – war ein großer Erfolg. Die Einnahmen aus dieser Quelle stiegen von rund 500 Millionen Dollar im Jahr 1994 auf 1,5 Milliarden in 2001. Wenn unser Technologieteam ein unabhängiges Unternehmen gewesen wäre, dann hätte es mit so hohen Einnahmen zu den größten und gewinnbringendsten Unternehmen der Branche gezählt!

Doch das war nur der erste Schritt zur Eröffnung des Konzernladens.

Wir gingen von der einfachen Lizenzvergabe dazu über, Technologiekomponenten an andere Firmen zu verkaufen. Anfangs verkauften wir im Grunde Standardprodukte, die auf dem Markt in großer Zahl angeboten wurden, die IBM aber trotzdem lieber selbst herstellte. Auf diesem Markt traten wir gegen viele andere Technologieanbieter an wie Motorola, Toshiba und koreanische Halbleiterproduzenten. Unser wichtigstes Produkt waren einfache Speicherchips, sogenannte DRAMs (sprich *D-Rams*).

Beim Verkauf warenähnlicher Technologiekomponenten gibt es fette Jahre und Hungerjahre, das richtet sich weniger nach der Kundennachfrage als nach Kapazitätsentscheidungen der Lieferanten. Unser DRAM-Geschäft konnte 1995 einen Bruttogewinn von 300 Millionen Dollar verzeichnen (das fette Jahr), drei Jahre später fuhren wir dann einen Verlust von 600 Millionen Dollar ein (das Hungerjahr).

Wir machten uns keineswegs Illusionen über die Art dieses Geschäfts, die zyklisch aufeinanderfolgenden Auf- und Abschwünge waren uns wohlbekannt. Es stellte sich jedoch heraus, daß der Abschwung von 1998 der bislang schlimmste in der Geschichte der Branche war.

Warum hatten wir uns überhaupt in das DRAM-Geschäft gestürzt? Ehrlich gesagt blieb uns keine andere Wahl. Wir mußten der Welt beweisen, daß es uns ernst war mit dem Verkauf von Technologiekomponenten. Die meisten potentiellen Kunden für unsere Technologie fürchteten (nicht ganz zu unrecht), daß sie von uns abhängig sein und wir uns später wieder zum Rückzug nach innen entschließen würden.

Das Reiten auf der DRAM-Welle war folglich der Preis für den Einstieg in den Markt für Technologiekomponenten. Im Jahr 1999 zogen wir uns aus dem DRAM-Markt zurück, aber zu dieser Zeit hatten wir über DRAMs den Fuß in die Tür bekommen. Potentielle Kunden machten sich jetzt weniger Gedanken über unsere Zuverlässigkeit als Zulieferer oder über die Frage, ob wir uns in diesem Geschäft ernsthaft engagieren wollten.

Wir waren bereit, die sich anbahnende Gelegenheit im Komponentengeschäft zu nutzen: Der erwähnte Wandel im Computereinsatz förderte eine grundlegende Verlagerung der strategischen Prioritäten in der Chipindustrie.

Künftig würde sich alles um das Angebot von Zugangsgeräten zum Internet, explodierende Daten- und Transaktionsmengen und den fortwährenden Ausbau der Kommunikationsinfrastruktur drehen. All das würde wiederum die Nachfrage nach Chips steigern – und zwar, zu unserer großen Freude, nach Chips, die sich grundlegend von ihren Doppelgängern, den Prozessoren für Personal Computer, unterschieden.

In dem neuen Modell würde sich die Wertschöpfung zu Chips verlagern, die die großen, im Verborgenen arbeitenden Prozessoren antrieben. Am anderen Ende des Spektrums würde ein Bedarf an eigens entwickelten Chips bestehen, die in Millionen, wenn nicht Milliarden Zugangsgeräte und digitale Geräte eingebaut werden. Und dazwischen wiederum gäbe es die Chips in den Netzwerk- und Kommunikationsausrüstungen.

In einer derart ausgefeilten High-Tech-Entwicklungsphase gelingt es zum einen gerade den großen Technologiekonzernen zu glänzen, darüber hinaus werden Gewinnspannen ermöglicht, die die erforderlichen Investitionen rechtfertigen, um eine führende Stellung einzunehmen. In den folgenden vier Jahren stieg die Technology Group von IBM aus dem Nichts zur Nummer eins für maßgeschneiderte, mikroelektronische Artikel auf. Der PowerPC erlebte hier eine regelrechte Renaissance und tauchte heimlich, still und leise als der einfachere, billigere und leistungsfähigere Prozessor aus der Versenkung auf, der in einer breiten Palette von Kundengeräten eingesetzt wurde, nicht zuletzt in Spielekonsolen. Man führe sich nur vor Augen, daß das Volumen der Verträge von IBM mit Sony und Nintendo im Jahr 2001 zusammen das Potential für die Fertigung von mehr intelligenten Geräten enthielt, als die gesamte PC-Branche im Jahr 2000 herstellte.

Infolgedessen – und das ist die Hauptsache – ist IBM zum ersten Mal in einer Position, in der das Unternehmen von dem Wachstum von Geschäftszweigen außerhalb der Computerindustrie profitiert. Diese Diversifikation führt uns keineswegs von unseren Kernkompetenzen weg; wir haben sie lediglich auf völlig neue Märkte ausgedehnt.

Unsere Technology Group ist noch jung und im Aufbau. Es wäre zu früh, von einem Sieg in dieser dritten Wachstumsstrategie zu sprechen. Diesen noch unfertigen Geschäftsbereich muß ich meinem Nachfolger überlassen.

Obwohl der wirtschaftliche Nutzen der Bildung einer Technologieabteilung schwankte, sprachen doch zwingende Gründe für diese Strategie und es stand dabei für IBM einiges auf dem Spiel. Zum ersten, wenn man von der Theorie überzeugt ist, daß große Institutionen um Kernkompetenzen und einzigartige Stärken herum aufgebaut werden müssen, dann bietet die Ausnutzung der technologischen Schatztruhe von IBM dem Konzern eine einzigartige Chance.

Zum zweiten ist die derzeitige Situation auf dem Markt ziemlich eindeutig: Die beiden IT-Unternehmen, die im vergangenen Jahrzehnt am höchsten bewertet wurden, waren Hersteller von Komponenten – Intel und Microsoft. Gewiß ist es keine Schwierigkeit, aus einer faktischen Monopolstellung großen Nutzen zu ziehen. Aber es besteht kein Zweifel daran, daß sich die Strategie, grundlegende Bausteine der Rechnerinfrastruktur anzubieten, in dieser Branche bewährt hat.

17 DAS REGAL UMRÄUMEN UND DEN BESTAND KONZENTRIEREN

Bevor Sie fortfahren und dieses Kapitel lesen, möchte ich wegen einer Graphik, die gleich folgen wird, um Entschuldigung bitten. Ich habe nicht vor, an dieser Stelle einen topologischen Atlas der Datenverarbeitung vorzulegen. Vielmehr möchte ich das nun folgende sehr stark vereinfachte Bild der Branche benutzen, um die Kehrseite unserer Bemühungen zu beschreiben, die wirtschaftliche Überlebensfähigkeit von IBM wiederherzustellen. Hier geht es um die mühselige Knochenarbeit, die darin bestand, das Unternehmen zu zwingen, daß es seine Ambitionen zügelte und sich auf Märkte konzentrierte, die strategisch und ökonomisch Erfolg versprachen.

Was das Diagramm zeigt, wird gewöhnlich als »das Regal« bezeichnet, und in der Computerbranche redet man sehr, sehr gern darüber. Das Regal enthält die meisten Bestandteile einer typischen Computerperipherie. Ganz unten befinden sich Komponenten, aus denen sich das fertige Hardwareprodukt zusammensetzt, weiter oben sind dann Betriebssysteme, Middleware und Anwendungssoftware eingeordnet, und an der Spitze steht ein ganzer Stapel von Dienstleistungen. Selbstverständlich handelt es sich dabei um eine stark vereinfachte Wiedergabe der Realität.

Inzwischen wissen Sie, daß das Kalkül von IBM beim Start von System/360 darauf abzielte, für jedes Regalfach ein Angebot zu machen und das entsprechende Produkt herzustellen. Doch 30 Jahre später hat sich die Struktur unserer Branche in zwei elementaren Aspekten verändert. Erstens liefern sehr kleine Unternehmen Teile für das Innere dieses Regals, die IBM entwickelt und sehr lange unter Kontrolle gehabt hat. Die Kunden kaufen diese Teile jetzt selbst und fügen sie zusammen.

Zweitens sind zwei weitere Regale aufgetaucht, und das war ebenso bedrohlich. Eines basierte auf einer offenen UNIX-Betriebsplattform, das zweite auf einer geschlossenen Plattform von Intel/Microsoft. Mitte der achtziger Jahre, als der Anteil von IBM an der gesamten Branche mehr als 30 Prozent betrug, konnte das Unternehmen diese Nebenschauplätze in aller Gelassenheit ignorieren. Aber als der Marktanteil von IBM dann in den frühen neunziger Jahren auf unter zwanzig Prozent gefallen war und immer noch weiter absank, war es allerhöchste Zeit, einen Strategiewechsel zu vollziehen.

Wir mußten die Tatsache akzeptieren, daß wir einfach nicht jedem alles bieten konnten. Daher würde es anderen Unternehmen möglich sein, sich im Innern des IBM-Regals auskömmlich einzurichten. Wichtiger aber noch war folgendes: Wenn wir wettbewerbsfähig bleiben wollten, dann mußten wir unsere technischen Entwicklungsanstrengungen massiv forcieren. Wir konnten es uns nicht erlauben, uns von den anderen Regalen fernzuhalten, wo Geschäftschancen entstanden, die Milliarden von Dollars versprachen.

Ich habe bereits die Ergebnisse unserer Entscheidung dargelegt, in die Märkte von UNIX und Wintel hineinzuexpandieren – zur gleichen Zeit unsere Hardwareplattformen zu erneuern und neue Geschäftsbereiche auf den Feldern Software, Dienstleistungen und Komponententechnologie aufzubauen. Etwas anderes war genauso wichtig: Wir mußten uns ernsthaft darüber Gedanken machen, wo wir innerhalb des IBM-Regals unsere Besitzansprüche auf lange Sicht abstecken sollten.

Die erste und schwierigste Entscheidung war die, uns aus der Schlacht OS/2 versus Windows zurückzuziehen und die Middleware in den Mittelpunkt unseres neuen Softwaregeschäfts zu stellen. Bevor die neunziger Jahre zu Ende gingen, vollzogen wir einen weiteren strategischen Rückzug aus einem Softwaremarkt.

Das Regal

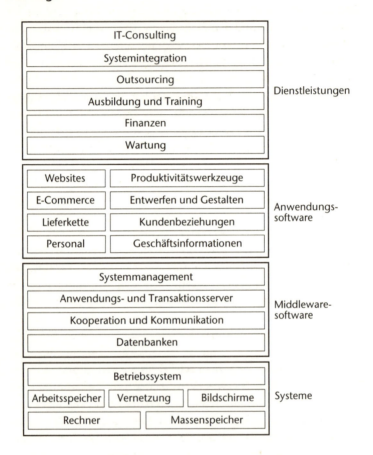

Der Verzicht auf die Anwendungssoftware

In der jüngsten Zeit der Unternehmensgeschichte produzierte und verkaufte IBM hauptsächlich Hunderte von Unternehmensanwendungen für Kunden in Branchen wie industrielle Fertigung, Finanzdienstleistungen, Vertrieb, Touristik, Versicherungen und Gesundheitswesen. Das waren wichtige Anwendungen für bedeutende Kunden, aber wir verloren dabei bares Geld. Jerry York hat eine Bilanz für diesen Sektor aufgestellt, und dabei zeigte sich, daß IBM im Laufe der letzten zwanzig Jahre etwa 20 Milliarden Dollar in die Entwicklung und den Erwerb von Anwendungssoftware investiert hat, und 70 Prozent dieses Einsatzes flossen nicht zurück!

Hier handelte es sich – und handelt es sich immer noch – um ein hochspezialisiertes Segment der Branche: Es reicht von Lohnabrechnungssoftware für Kleinunternehmen bis zum Fahrzeugdesign, ja sogar zu hochkomplizierter Software für die Simulierung biologischer und genetischer Prozesse. Dieser Bereich wurde stets von innovativen Firmen beherrscht, die sich leidenschaftlich auf ihren Spezialgebieten – wie Automatisierungslösungen für den Außendienst oder Finanzdienstleistungen – tummeln. Interessanterweise ist es hier nie jemandem gelungen, ein breites Angebot aufzubauen.

Als ich wissen wollte, warum wir in diesem Geschäft blieben, lautete die Antwort, Anwendungssoftware sei für Gesamtlösungen entscheidend (was vollkommen richtig war), unsere Probleme hätten mit der Umsetzung zu tun – und seien daher lösbar. Also tauschten wir leitende Angestellte aus, stümperten an der Strategie herum und beschäftigten uns mit der Frage, ob wir einfach einige der führenden Unternehmen auf diesem Gebiet kaufen sollten. Der erste Kandidat war SAP.

Drei Jahre später, nachdem wir vieles unternommen und ein paar Milliarden Dollar ausgegeben hatten, waren wir immer noch nicht Marktführer bei Lösungen, und unsere gewaltigen Investitionen brachten keine auch nur annähernd befriedigenden Erträge.

Doch es gab ein Gebiet, auf dem wir außerordentliche Erfolge erzielten: Wir reizten die führenden Lieferanten von Anwendungen – Unternehmen wie SAP, PeopleSoft und JD Edwards – bis zur Weißglut. Diese Firmen konnten uns eine Menge Geschäftschancen eröffnen, wenn sie bereit waren, ihre Anwendungen auf unsere Hardware zu laden und sich von unseren Dienstleistungsabteilungen unterstützen zu lassen. In der Regel kauften Kunden zuerst die Anwendungen und fragten dann ihren Softwarelieferanten nach der geeigneten Hardware. Solange diese Unternehmen in uns einen Rivalen sahen, trieben wir sie in die Arme von Konkurrenten wie Sun oder HP.

Dazu ein Beispiel: Der Zweig von IBM, der Anwendungen für Kunden in den Bereichen Vertrieb und Fertigung produzierte, setzte sich (bei einer Ausgangsbasis, die um 100 Millionen Dollar lag) das sehr ehrgeizige Ziel, die Verkäufe um 50 Millionen Dollar zu steigern. Es wurden Anzeigen geschaltet, Kampagnen und Verkaufswettbewerbe gestartet, und das Ziel wurde erreicht. Aber dabei machte man sich alle Softwarefirmen in diesem Marktsegment zu Gegnern. Daraufhin hörten diese Unternehmen auf, unsere Hardware zu empfehlen, und trugen so unmittelbar dazu bei, daß die Verkäufe eines unserer populärsten Produkte um eine Milliarde Dollar einbrachen.

1999 waren wir schließlich bereit, uns einzugestehen, daß wir niemals so fokussiert sein konnten wie die Lieferanten von Anwendungssoftware, deren Geschäft es war, nur dieses eine zu tun – und das besser als jeder andere. Wir stellten die Entwicklung von Anwendungen ein, retteten aber die wenigen Software-Produkte, die IBM in der Vergangenheit erfolgreich entwickelt und vermarktet hatte. Tausende von Software-Ingenieuren konnten sich jetzt mit anderen Aufgaben beschäftigen, Forschungsabteilungen wurden geschlossen, Investitionen abgeschrieben oder verkauft.

So wichtig es sein mochte, daß wir uns keinen Selbsttäuschungen über unsere Leistungsfähigkeit in diesem Teil des Regals hingaben, genauso wichtig war die Botschaft, daß wir bereit waren, mit den führenden Entwicklern von Anwendungssoftware zusammenzuarbeiten. Wir boten ihnen nun folgendes an: Wir werden euch diesen Markt überlassen; wir wollen in Zukunft euer Partner und nicht euer Konkurrent sein; wir werden mit euch zusammenarbeiten, damit eure Anwendungen hervorragend auf unserer Hardware laufen, und wir werden eure Anwendungen mit unserer Serviceabteilung unterstützen.

Wir beschränkten uns nicht darauf, bei einem Geschäftsessen mit diesen Leuten zu verkünden »Laßt uns Partner sein!«. Wir entwickelten vielmehr detaillierte Verpflichtungen, Ertrags- und Aufteilungsziele sowie Meßverfahren, auf die sich beide Seiten freiwillig festlegten.

Das erste Unternehmen, an das wir mit solch einem Vorschlag herantraten, war Siebel Systems, der Marktführer bei Software-Paketen für das Management von Kundenbeziehungen. Der CEO dieser Firma, Tom Siebel, war verständlicherweise begeistert von der Aussicht, daß die weltweite Verkaufs- und Dienstleistungsorganisation von IBM sein Produkt vermarkten und unterstützen werde. Aber angesichts seiner Eindrücke von der Beweglichkeit (oder vielmehr Unbeweglichkeit) von IBM vertraute Siebel uns an, er bezweifle, ob wir einen Deal nach seinem Zeitplan zustande bringen könnten. Er wettete mit dem Verhandlungsteam von IBM um eine gute Flasche Wein, daß der gesamte Prozeß an dem scheitern würde, was er die »kulturelle Differenz« zwischen Siebel und IBM nannte.

Fünf Tage später wählte Tom einen sehr guten Chardonnay aus. Der Vertrag war unterzeichnet, wir gaben die Zusammenarbeit und das neue, gemeinsame Programm bekannt. Im Laufe der nächsten zwei Jahre unterzeichneten wir 180 Vereinbarungen über ähnliche Partnerschaften.

Im nachhinein scheint es selbstverständlich, daß dies zur gewaltigen Verbesserung der Ertragslage unseres Unternehmens beitrug, auch stand es in völligem Einklang mit unserer Gesamtstrategie, der wichtigste Integrator zu werden. Softwareunternehmen, die IBM noch in den frühen neunziger Jahren als Hauptkonkurrenten betrachteten, sind heute für uns sehr wichtige Partner. Die Zusatzerlöse, die wir dadurch erzielten, gehen in die Milliarden, und wir haben in den Jahren 2000 und 2001 erhebliche Marktanteile hinzugewonnen.

Das IBM-Netzwerk

Manche meinen vielleicht, daß die Datenübertragung von zentralen zu dezentralen Computern, von einem Werk zum anderen oder von einem Land ins andere die natürliche Domäne von Unternehmen der Telekommunikationsbranche sei, die sich seit fast einem Jahrhundert mit der Übertragung der menschlichen Stimme beschäftigten. Doch bis in die allerjüngste Zeit hinein verfügten die Telefongesellschaften nur über minimale Fertigkeiten auf dem Gebiet der Datenübertragung, und die Dienstleistungen, die mit der

Übertragung der menschlichen Stimme zu tun hatten, gründeten auf einer ganz anderen Technologie. Darüber hinaus war die ganze Branche nationalistisch, monopolistisch und in sehr hohem Maße reguliert. Weltweit agierende Unternehmen auf dem Sektor der Telekommunikation tauchten erst Mitte der neunziger Jahre auf.

Deshalb machte sich IBM im Sinne der Parole »Wenn Sie es brauchen, dann bauen wir es« in den siebziger und achtziger Jahren daran, multiple Datennetzwerke zu schaffen, die es den Kunden erlaubten, Daten rund um die Welt zu übertragen. Und damit füllten wir eine wichtige Lücke.

In den frühen neunziger Jahren jedoch verlagerten die Telekommunikationsunternehmen den Schwerpunkt ihrer Tätigkeit dramatisch. Teilweise durch Deregulierungsmaßnahmen gedrängt, aber auch mit Blick auf das Ertragspotential digitaler Dienstleistungen, strebten alle wichtigen Telekommunikationsunternehmen der Welt danach, global präsent zu sein und zugleich die Digitalisierung voranzutreiben. Im Jargon der IT- und der Telekommunikationsindustrie ging es ihnen darum, in der Wertschöpfungskette nach oben zu steigen. Firmen aus den Vereinigten Staaten, die bislang nur für Kunden in bestimmten Teilen des eigenen Landes einen Telefondienst betrieben hatten, investierten plötzlich in lateinamerikanische Telefongesellschaften. Europäische Telefonunternehmen traten in Konsortien ein und bauten in fernen Weltteilen drahtlose Netzwerke auf.

Im Laufe von etwa zwei Jahren fanden sich die CEOs fast aller wichtigen Telekommunikationsgesellschaften in Armonk ein und sprachen mit mir darüber, wie sich ihre Firma und IBM zusammentun könnten, um digitale Dienstleistungen anzubieten. Die Vorschläge, die uns unterbreitet wurden, umfaßten das denkbar breiteste Spektrum – sie reichten von bescheidenen gemeinsamen Aktivitäten bis zu totalen Verschmelzungen. Doch IBM in irgendeiner Weise mit einer Telefongesellschaft zu verbinden, ergab für mich keinen Sinn. Ich konnte nicht erkennen, welchen Vorteil eine Partnerschaft mit einem regulierten Unternehmen in einem anderen Land haben sollte. Außerdem hatten wir im Kerngeschäft von IBM genug eigene Probleme. Ich hatte keinen Bedarf an zusätzlichen Problemen.

Mir wurde jedoch deutlich, daß wir über einen Aktivposten verfügten, den sich die meisten dieser Firmen im Laufe der nächsten fünf Jahre noch zulegen wollten. Und wenn die Welt sich in die Richtung bewegte, die wir erwarteten – nämlich hin zu einem Überangebot an Netzwerken (das Internet stellte zu dieser Zeit noch keinen Faktor dar, der ernsthafte Überlegungen rechtfertigte) –, dann würde der Wert unseres Netzwerks nie höher sein, als er gerade heute war. Und daher beschlossen wir, es an den Meistbietenden zu verkaufen. Es wäre in unseren Augen ein gutes Ergebnis gewesen, wenn die Versteigerung 3,5 Milliarden Dollar eingebracht hätte. Aber der Überschwang war so groß, daß schließlich ein Angebot über fünf Milliarden Dollar von AT&T einging; das war ein außerordentlich hoher Preis für einen Geschäftsbereich, der zu den Gewinnen von IBM nur einen sehr kleinen Prozentsatz beitrug.

Damit will ich keineswegs sagen, daß es sich für AT&T nicht um ein gutes Geschäft handelte. Es gab dem Käufer einen großen Vorsprung vor seinen Konkurrenten. Freilich ging es für IBM hier um einen strategischen Coup. Wir zogen uns aus einem Geschäftszweig zurück, dessen Wert sehr schnell verfallen würde, da es überall auf der Welt massive Kapazitätserweiterungen gab. Gewaltige Kapitalinvestitionen, wie sie für die Erhaltung des Netzwerks notwendig gewesen wären, konnten wir nun vermeiden. Und wir räumten auf diese Weise einen anderen Teil des Regals, der nicht von strategisch lebenswichtiger Bedeutung war.

Es wäre eine Untertreibung zu sagen, daß es in Teilen von IBM starken Widerstand gab. Viele argumentierten leidenschaftlich, wir würden unsere Zukunft unter Wert verschleudern. Sie verstanden einfach nicht die Logik der Entscheidung, daß man ein globales Datennetzwerk zu einem Zeitpunkt über Bord warf, an dem wir alle glaubten, an der Schwelle zu einer vernetzten Welt zu stehen. Das Argument der Kritiker lautete »Man muß in allen Bereichen präsent sein, damit man der Beste ist«. Und wieder einmal entschied ich mich dafür, daß wir uns konzentrieren und nicht in die Breite entwickeln sollten.

Das PC-Dilemma

Von den Unternehmensteilen, die während meiner Zeit bei IBM einer gründlichen Überprüfung bedurften, bereitete unser PC-Bereich wohl die meisten Schwierigkeiten. Im Laufe von fast 15 Jahren hatte IBM an Personalcomputern wenig oder kein Geld verdient. Wir verkauften in jenem Zeitraum PCs im Wert von zig Milliarden Dollar. Wir gewannen Preise für technische Leistungsfähigkeit und ergonomische Gestaltung (insbesondere für unsere tragbaren Computer vom Typ ThinkPad). Doch am Ende stellte sich all das als relativ wenig profitable Angelegenheit heraus. Es gab Zeiten, da wir bei jedem Computer, den wir verkauften, bares Geld zulegten, und daher waren wir emotional im Zwiespalt – war es unter den gegebenen Umständen eine schlechte oder eine gute Nachricht, wenn die Verkaufszahlen zurückgingen?

Unsere Position wurde primär dadurch bestimmt, daß Intel und Microsoft die wichtigsten Systeme in den Bereichen Hardware und Software kontrollierten und dementsprechend die Preise machen konnten. Wir sahen jedoch nicht bloß als unbeteiligte Betrachter zu, als sie diese Vormachtstellung erreichten. In den achtziger Jahren waren wir in dieses Geschäft eingestiegen, aber es mangelte uns an Begeisterung für das Produkt. Größe und Bedeutung des PC-Markts hatten wir konstant unterschätzt. Nie haben wir eine dauerhafte Vormachtstellung im Vertrieb entwickeln können, zeitweilig setzten wir auf konzerneigene Verkaufsstellen, dann wieder auf Einzelhändler, Versender oder Telefonvertrieb. Und schließlich konnten wir, was Kosten und schnelle Vermarktung anging, keine PCs produzieren, die Weltspitze waren.

Trotz dieser unbefriedigenden Lage fanden wir uns nie bereit, den Rückzug aus diesem Markt anzutreten. Dafür gibt es viele Gründe, und einige hatten in den frühen neunziger Jahren mehr Gewicht als heute. Aber hier genügt es zu sagen, daß der PC damals einiges an Geld und an Kundenbindung brachte. Auf sehr reale Weise förderte der PC eines Unternehmens dessen Image in der Branche. Es gab heftige interne Auseinandersetzungen über diese Frage, aber schließlich gelangten wir zu dem Urteil, daß wir den PC nicht vollkommen aufgeben und gleichzeitig der Integrator bleiben konnten, der wir für unsere Kunden unbedingt sein wollten.

So wählten wir eine Strategie, die unsere Stärken in den Vordergrund stellte, die hauptsächlich auf dem Gebiet der tragbaren Computer und auf dem Markt für Systeme zur Vernetzung und Verbindung von Personalcomputern lagen. Zwar warteten wir damit zu lange, aber schließlich gaben wir die eher handelsorientierten Segmente auf, verkauften nicht mehr über Einzelhandelsgeschäfte an Verbraucher und verlagerten einen größeren Teil unseres Konsumentengeschäftes auf Direktvermarktung, zum Beispiel über das Internet und Teleselling. Später überließen wir die Entwicklung und Herstellung unserer PCs überwiegend Partnern von außerhalb und verminderten damit unsere Wahrnehmbarkeit auf diesem Sektor noch weiter. So handelt es sich hier im besten Fall um eine durchwachsene Erfolgsgeschichte, auf die ich nicht besonders stolz bin.

Es wurden viele andere Schritte unternommen, um sich aus Teilen des Regals zurückzuziehen und unsere Angebotspalette zu konzentrieren. Wir gaben die Netzwerk-Hardware auf, obwohl wir hier die Pioniere waren, aber es war uns einfach in fünfzehn bis zwanzig Jahren nicht gelungen, auf diesem Gebiet Gewinne zu erzielen. Wir gaben das DRAM-Geschäft auf. Wie bereits erwähnt, geht es hier um einen handelsorientierten Markt mit starken zyklischen Schwankungen. Mitte des Jahres 2002 haben wir im Rahmen einer Vereinbarung mit Hitachi eingewilligt, auf unser Geschäft mit Harddisk-Speichern zu verzichten. Und es gibt bei uns noch andere Kandidaten, mit denen wir wohl ähnlich verfahren werden. Dieser Prozeß der Selektion von Märkten und des Wettbewerbs auf der Grundlage einer bestimmten nachhaltigen Kompetenz ist für die neue IBM von wesentlicher Bedeutung, und ich weiß, daß hier auch in Zukunft eine Herausforderung liegen wird.

Irrtümer, Mythen und Lehren

Während diese Arbeit weitergeht, hoffe ich, daß die neue Führung des Unternehmens auch in Zukunft einige der besonders wichtigen Lektionen berücksichtigt, die sich aus diesen Entscheidungen ergaben.

> Das Beispiel OS/2 zeigt: Nicht immer trägt die beste Technologie den Sieg davon.

Ich kann verstehen, warum es IBM besonders schwerfiel, das zu akzeptieren. In der Frühzeit der Computerindustrie gab es immer wieder Systeme, die Schiffbruch erlitten, und Sieger wurde in der Regel, wer die beste Technologie hatte. So gingen wir in die Auseinandersetzung zwischen OS/2 und Windows mit einem Produkt, das technisch überlegen war, und aus unserer Mentalität heraus konnten wir nicht begreifen, warum wir auf dem Markt Prügel einstecken mußten.

Erstens handelte es sich bei den Käufern um Einzelkunden und nicht um für Technologie zuständige und entsprechend versierte Einkäufer. Die Einzelkunden interessierten sich nicht besonders für geheimnisvolle technische Möglichkeiten. Sie wollten vor allem einen Personalcomputer, der ohne Schwierigkeiten zu benutzen war und über eine Menge handlicher Anwendungen verfügte. Und wie bei jedem Konsumgut – ob Autos, Kaugummi, Kreditkarten oder Kekse – kam alles auf Vermarktung und Vertrieb an.

Zweitens hatte Microsoft alle Software-Entwickler so festgenagelt, daß die besten Anwendungen unter Windows liefen. Microsofts Verträge mit PC-Herstellern machten es diesen unmöglich, irgend etwas anderes als Windows mitzuliefern – auf jedem PC, den sie verkauften, war es betriebsbereit bereits installiert. (Selbst auf den Personalcomputern von IBM waren bei Lieferung OS/2 *und* Windows installiert!) Und Mitte der achtziger Jahre beschäftigte allein die Marketing- und PR-Maschinerie von Windows mehr Mitarbeiter, als IBM Leute hatte, die mit Softwarepartnern oder -vertreibern zusammenarbeiteten. Unsere wunderbare Technologie wurde von einem Produkt geschlagen, das so gerade eben in Ordnung war, hinter dem aber ein Unternehmen stand, das genau wußte, was der Kunde wollte. Für eine auf Lösungen fixierte Firma wie IBM war dies eine bittere, aber ganz entscheidende Lektion.

Das Beispiel Anwendungssoftware zeigt: »Kundenkontrolle« ist ein Mythos.

»Kundenkontrolle« war bei IBM und anderen die Bezeichnung dafür, daß ein Unternehmen seine Kunden und deren Brieftasche im Griff hält. Dahinter steht der folgende Gedanke: Wenn Kunden einmal etwas von einer Firma gekauft haben, wird der Lieferant die Mitarbeiter des Kunden für dieses Produkt ausbilden und sie an die dazugehörenden Dienstleistungen gewöhnen. Danach wird es ihnen außerordentlich schwerfallen, zur Konkurrenz zu wechseln.

Als ehemaliger Kunde war ich stets verstimmt und entrüstet, wenn IT-Unternehmen davon sprachen, daß sie die Kontrolle über die Kundschaft haben wollten. Ich war der merkwürdigen Ansicht, es sei Aufgabe der Lieferanten, den Kunden Nutzen zu bringen, nicht sie zu kontrollieren!

Was IBM beim »Ausräumen« dieses Regalfachs gelernt hat, läuft auf folgenden Schluß hinaus: Wir können der wichtigste Integrator sein und gleichzeitig als Partner vieler anderer Unternehmen bei der Lieferung einer integrierten Lösung auftreten. Wenn ich mich in die Rolle des Konsumenten versetze, neige ich zu der Auffassung, die Aufgabe des IT-Partners oder Integrators könne nicht durch Unternehmen bewältigt werden, die sich nur auf eine Technologie oder ein Regal stützen. Die Kunden sollten sich vor Lieferanten hüten, die auf ihre Probleme nur die Antworten von UNIX oder Wintel liefern. Sie sollten sich vor engstirnigen Besitzstandswahrern in acht nehmen, die neue Entwicklungen wie Linux bekämpfen. Solche Verkäufer sehen die Welt aus der Perspektive ihres proprietären Regals.

Bei IBM konzentrieren wir uns inzwischen auf ein anderes Regal: die Abläufe im Unternehmen des Kunden. Wir fragen uns, wie wir die im Weltmaßstab führende Technologie – unsere eigene, aber auch solche, die von anderen führenden Firmen geliefert wird – einsetzen können, um die Abläufe zu verbessern.

Beim Personal Computer sind immer noch einige Fragen offen.

Warum haben wir die Entscheidung gefällt, die Geschäftsbereiche Anwendungssoftware, Netzwerkhardware, DRAMs und Datenübertragung aufzugeben, nicht aber den Bereich PC? Warum haben wir beschlossen, im Hardwaregeschäft zu bleiben, während wir OS/2 fallenließen? War das auf lange Sicht die richtige Entscheidung? Damals, so denke ich, war sie richtig, aber die Entscheidung war für IBM schmerzhaft und kostspielig.

Wenn es eine Lehre aus dieser Geschichte gibt, dann lautet sie, so meine ich, daß man an der eigenen strategischen Vision festhalten soll. 1993 habe ich gesagt, der Markt würde über jede wichtige Entscheidung bestimmen, die wir bei IBM fällten. Aber als es dann um das PC-Geschäft ging, haben wir unser Augenmerk weder auf unsere Kunden noch auf unsere Konkurrenten gerichtet.

Ein Wettbewerber in der PC-Branche war dabei zu beweisen, daß Kunden durchaus bereit waren, direkt zu kaufen – zuerst über das Telefon und später über eine Website. Doch wir lösten uns viel zu langsam von unseren bestehenden Vertriebswegen. Warum? Die unvollständige und unbefriedigende Antwort lautete damals, wir hätten das schon immer so gemacht.

Ich leugne nicht, daß die Umorientierung auf weniger kostspielige, direkte Vertriebskanäle auch einigen Schmerz verursacht hätte, ich behaupte auch nicht, an einer strategischen Linie festzuhalten, sei ebenso leicht, wie sie zu formulieren. Die Tendenz geht insbesondere auf einem sehr stark vom Wettbewerb geprägten Markt dahin, eine Stellung zu erobern, sich einzugraben und sie zu verteidigen. Aber wenn wir uns auf den Markt konzentriert und unsere Hausaufgaben gemacht hätten, dann gäbe es keinen Grund zu der Annahme, daß das Computergeschäft von IBM heute hinter dem von Dell rangieren würde.

Das Öffnen des Regals (und unserer Köpfe) für andere hat für IBM viele positive Auswirkungen gehabt. Es hat unsere Verluste reduziert und unsere integrierten Angebote an Kunden verbessert.

Es hat nicht zuletzt Mittel für Zukunftsinvestitionen freigesetzt. Sehr viel Geld und sehr viel Verstand werden nun nicht mehr sinnlos vergeudet, sondern in aufregende neue Anstrengungen auf Gebieten wie Speichersysteme, selbstgesteuerte Computer, Bioinformatik und Nanotechnologie gesteckt.

Fokussierung ist das Stichwort – ein Thema, auf das ich noch zurückkommen werde.

18 DIE ÄRA DES E-BUSINESS BRICHT AN

Sie werden sich an meine Bemerkung erinnern, daß ich zweimal Glück hatte. Der erste Glücksfall bestand, wie berichtet, in meiner ersten Begegnung mit Dennie Welsh, dem Manager, der meine Vision teilte, IBM in ein dienstleistungsorientiertes Unternehmen zu verwandeln. Ob Sie es glauben oder nicht, Dennie spielte auch eine wichtige Rolle, als ich das zweite Mal Fortuna auf meiner Seite hatte (darüber gleich mehr).

Lange vor meinem Eintritt bei IBM zielte eine der am meisten diskutierten technologischen Tendenzen im Geschäftsleben auf das, was man »Konvergenz« nannte: die Verschmelzung von Telekommunikation, Computern und elektronischen Konsumgütern, oder anders ausgedrückt, die Kombination von traditionellen analogen mit den neu aufkommenden digitalen Technologien. Je nach Standpunkt sahen manche darin eine Zukunftshoffnung, andere die Gefahr einer Umwälzung in vielen Branchen.

Die Thematik war mir nicht fremd. Bereits im Februar 1983 hatte ich bei einer Rede an der University of Virginia ausgeführt:

»Computer- und Telekommunikationstechnologien geben uns einen Spielraum und eine Flexibilität, wie wir sie uns vor ein paar Jahren noch nicht hätten vorstellen können … Die Technik hat die Entfernung als Hindernis bei Geschäften praktisch überwunden. Der Inhaber einer Kreditkarte von American Express, der aus Dallas kommt, kann in Kuala Lumpur ein Ticket kaufen, und die Transaktion wird innerhalb von weniger als sechs Sekunden durch ein Computersystem in Phoenix, Arizona, bestätigt.«

Während meiner kurzen Mitwirkung im Board of Directors von

AT&T hatte ich sehr viel über die Zugkraft von Konvergenz gelernt. Diese Firma hatte das Computerunternehmen NCR gekauft. Einige Jahre zuvor hatte IBM den Telekommunikationsausrüster ROLM erworben. In beiden Fällen wurde auf Konvergenz gesetzt. Und es gab viele ähnliche Beispiele.

Für ein Telefonunternehmen war damals die Aussicht höchst verlockend, über die gewöhnlichen Telefondienstleistungen hinaus Unternehmen und Endverbrauchern höherwertigen Service aller Art anzubieten – Daten, Unterhaltung, Handel.

Falls Sie in der Unterhaltungs- oder Medienbranche tätig waren, bedeutete Konvergenz für Sie den besten aller denkbaren Vertriebskanäle. Sie waren dann nicht nur imstande, all Ihre Inhalte zu digitalisieren, Sie würden sie auch an alle Arten von Geräten liefern können – von Personalcomputern und intelligenten Fernsehapparaten bis zu Mobiltelefonen und Armbanduhren, die mit Netzwerken verbunden sind.

Hersteller von Unterhaltungselektronik träumten davon, einen Kranz von Geräten zu schaffen, die Milliarden von Menschen den Zugang zu dieser Welt digitaler Information und Unterhaltung erlaubten.

Und die IT-Branche stellte sich auf eine Explosion der Nachfrage nach Hardware und Software ein für die Verwertung, Verarbeitung und Speicherung der digitalen Inhalte der Welt.

Als ich 1993 begann, mich mit der strategischen Orientierung von IBM kritisch auseinanderzusetzen, war es für mich keine Überraschung, daß dieses Thema sehr viele Leute sehr bewegte. Und das bringt mich zum zielsicheren Dennie Welsh zurück.

Die Wolke entdecken

Im August 1992 hatte Dennie den größten Einzelvertrag eingefädelt, den IBM jemals abgeschlossen hat; es ging um die Abwicklung aller Datentransaktionen für Sears, Roebuck & Co. Im Rahmen des Outsourcing-Vertrages legten IBM und Sears ihre jeweiligen Datennetzwerke in einem Gemeinschaftsunternehmen namens Advantis zusammen. Das war typisch für Dennie. Er hatte innerhalb von IBM dafür gekämpft, unser globales Netzwerk zu einem Bestandteil seiner Dienstleistungsorganisation zu machen, aber er hatte nicht viel erreichen können im Kreis von Kollegen, die seiner Vision, das Netzwerk zu einem erstklassigen Profitcenter auszubauen, nicht recht folgen konnten. Nun hatte er auf einen Streich einen Vertrag mit Sears abgeschlossen, bei dem es um acht Milliarden Dollar ging, und er hatte damit auch die Kontrolle über zusätzliche Netzwerkkapazitäten erobert.

Später wurde das Gemeinschaftsunternehmen mit Sears aufgelöst, wir waren nun Alleineigentümer, und Advantis wurde zu einem Teil dessen, was wir IBM Global Network nannten. Bis heute ist IGN eines der ausgefeiltesten Netzwerke der Welt. Außerdem war es der größte Provider von Internetdienstleistungen weltweit – fürwahr ein Aktivposten ohnegleichen, eine Geldquelle und unser Brückenkopf im Netzwerkgeschäft.

Jahre später, das habe ich im vorigen Kapitel bereits geschildert, zogen wir uns aus Global Network zurück; der Verkauf an AT&T brachte uns fünf Milliarden Dollar ein. Eines habe ich in diesem Zusammenhang noch nicht erwähnt: Bereits 1993 war es uns klar, daß wir diesen Geschäftsbereich irgendwann verkaufen würden. Bei einem meiner ersten Gespräche mit Dennie waren wir uns einig, daß wir die gewaltigen Kapitalinvestitionen, die erforderlich waren, um gegenüber den Telekommunikationsunternehmen konkurrenzfähig zu bleiben, langfristig nicht rechtfertigen konnten. Angesichts ihrer Anlagen und ihrer Kapitalausstattung konnten diese Firmen unsere Preise leicht unterbieten. Nicht voraussehen konnten wir damals das Internet, das es schließlich vollends überflüssig machte, daß wir ein eigenes Netzwerk besaßen.

Es muß bei einem dieser ersten Gespräche mit Dennie gewesen sein, daß ich »die Wolke« kennenlernte – eine auf IBM-Schaubildern sehr beliebte und viel genutzte Grafik, die zeigte, welche Veränderungen Netzwerke für die elektronische Datenverarbeitung, das Kommunikationswesen und alle anderen Arten von Geschäften und menschlichen Interaktionen mit sich bringen würden. Die Wolke schwebte in der Mitte des Bildes. Auf der einen Seite waren kleine Symbole zu sehen, die für Menschen standen, die Personalcomputer, Mobiltelefone und andere durch Netzwerke verbundene Geräte benutzten. Auf der anderen Seite der Wolke waren Unternehmen, öffentliche Verwaltungen, Universitäten und Institutionen ebenfalls durch das Netzwerk verbunden. Der Gedanke dahinter war, daß die Wolke – das Netzwerk – unglaubliche Mengen an einzelnen Vorgängen der Kommunikation und Transaktion zwischen Menschen, Unternehmen und Institutionen ermöglichen und unterstützen würde.

Wenn die Strategen recht hatten und die Wolke wirklich zum Ort all dieser Interaktionen werden sollte, dann würde dies zwei Revolutionen auslösen: eine in der EDV und eine im Wirtschaftsleben.

Diese Neuerung würde eine Revolution in der Datenverarbeitung bedeuten, weil sehr viele Aufgaben von Personalcomputern und anderen sogenannten Kundengeräten zu größeren Zentralsystemen innerhalb von Unternehmen und zur Wolke selbst – dem Netzwerk – verlagert würden. So würde sich die Tendenz umkehren, die den Personalcomputer zum Mittelpunkt von Innovationen und Investitionen gemacht hatte – mit all den offensichtlichen Konsequenzen für IT-Unternehmen, die ihr Vermögen an PC-Technologien verdient hatten.

Noch wichtiger aber war etwas anderes: Die gewaltige, globale Verbundenheit, für die die Wolke stand, würde eine Revolution in den Interaktionen zwischen Millionen von Unternehmen, Schulen, Verwaltungen und Verbrauchern auslösen. Sie würde Wirtschaft, Erziehung, Gesundheitswesen, die öffentliche Verwaltung und vieles mehr verändern. Es wäre die größte Welle von Umwälzungen im Wirtschaftsleben seit Einführung der digitalen Datenverarbeitung in den sechziger Jahren.

So war es nur natürlich, daß meine Wahl auf Dennie fiel, als ich mich entschied, jemanden an die Spitze eines Teams zu stellen, das herausfinden sollte, ob Konvergenz wirklich unsere Zukunft sein würde – und wenn ja, welche Konsequenzen das hätte. Dieses Thema beschäftigte ihn leidenschaftlich, unser Netzwerk »gehörte« ihm inzwischen geradezu, und doch war ich sicher, er würde dafür sorgen, daß die Arbeitsgruppe unvoreingenommen urteilte. Das Team lieferte innerhalb von drei Monaten seine Antwort sowie eine Reihe detaillierter Empfehlungen.

Ein Entwurf für ein Datenverarbeitungsnetzwerk

Dennie und seine Leute waren – im Hinblick auf die technische Machbarkeit wie auch im Hinblick auf die wirtschaftlichen Chancen – glühend davon überzeugt, daß die Branche sich *tatsächlich* in diese Richtung bewegte. Doch was sie vorlegten, war nicht in erster Linie eine Internet-Strategie. Und das ist durchaus verständlich, denn zu der Zeit hatte außerhalb von Universitäten und staatlichen Forschungseinrichtungen kaum jemand vom Internet auch nur gehört. Noch geringer war die Zahl jener, die glaubten, daß sich das Internet jemals zu einem Massenkommunikationsmittel oder gar zu einer Plattform für normale Geschäftsvorgänge entwickeln könnte. (Eine bemerkenswerte Ausnahme in dieser Hinsicht war innerhalb von IBM John Patrick, ein leitender Angestellter im Marketing, der die einzigartige Fähigkeit besaß, die Welt der Netzwerke vom technischen Jargon zu befreien und Normalsterblichen verständlich zu machen. John wurde unser Wortführer, wenn es darum ging, Kunden und Mitarbeitern von IBM zu erklären, wie ganz alltägliche Aufgaben mit Hilfe des Netzes besser erledigt werden konnten.)

Ob wir nun über Netzwerke im allgemeinen oder über das Internet im besonderen nachdachten, das wichtigste Einzelergebnis der Überlegungen von Dennies Mannschaft war die Empfehlung, das Gesamtunternehmen darauf zu verpflichten, bei der nächsten Welle der Computerentwicklung an der Spitze zu marschieren – und an allen Fronten seine Kräfte zu mobilisieren.

Auf den ersten Blick und in Anbetracht des Erfolges, den wir in der Vergangenheit mit eigenen Anlagen wie dem System/360 erzielt hatten, war das Gelingen der Netzwerkstrategie durchaus fraglich. Aber in Wahrheit war diese Frage für uns nicht so heikel wie für einige unserer etablierten Konkurrenten, weil wir schon lange unsere Entscheidung für eine offene, auf Standards basierende Datenverarbeitung gefällt hatten, was die Übernahme aller wichtigen Internet-Standards und -Protokolle einschloß. Aber es blieb immer noch viel zu tun, das ist weitgehend bereits geschildert worden.

Was die Software anging, so hatten wir glücklicherweise erkannt, daß die Middleware das Bindemittel bei Netzwerkanwendungen sein würde. Wir mußten die Internetfähigkeit der betreffenden Produkte verbessern und einige neue entwickeln.

IBM mußte ein wichtiges neues Dienstleistungsgeschäft aufbauen, den Bereich, der später unter der Bezeichnung Webhosting bekannt werden sollte. Und weil die Welt der Netzwerke den Kunden helfen sollte, ihre Geschäftstätigkeit zu verändern, mußten wir die Fähigkeit aufbauen, beratende und implementierende Dienste im Zusammenhang mit dem Electronic Business anzubieten.

Bei der Komponententechnologie wurde aus dem, was in den frühen neunziger Jahren als Suche nach neuen Ertragsquellen begonnen hatte, die Fertigung von hochspezialisierten Chips, für die eine große Nachfrage zu erwarten war.

Auch etliche Lücken mußten wir füllen. Im Sommer 1996 stellten IBM und Lotus den Domino Web Server vor, die erste wichtige Adaptation der Notes-Software von Lotus für die Netzwerkwelt. Wir brauchten für den Handel einen Server auf industriellem Niveau. Nach mindestens einem Fehlstart schufen wir das, was heute als Websphere bekannt ist.

Schließlich aber sollte es von ganz entscheidender Bedeutung sein, daß das ganze Unternehmen mitzog und wir uns gemeinsam voranbewegten. Wenn ich etwa einen Unternehmensbereich wie Global Services oder Software aufforderte, die Führung zu übernehmen, dann war Widerstand aus anderen Bereichen vorprogrammiert. So entschlossen wir uns, eine neue Gruppe zu bilden, die einen Auftrag für die gesamte IBM haben sollte. An der Spitze stand ein außergewöhnlicher Manager, Irving Wladawsky-Berger. Seine Aufgabe bestand darin, unsere Netzwerkstrategie in allen Geschäftsbereichen von IBM zu verkünden und sie zu veranlassen, daß sie ihre Planungen bei Forschung und Entwicklung sowie im Marketing änderten und auf das Netz ausrichteten. (Es war zumindest ein kleiner Vertrauensvorschuß, daß wir Irvings Gruppe als Internet-Abteilung bezeichneten.)

Irving war der ideale Manager für diese Aufgabe. Er hatte seinen Aufstieg in den technischen Bereichen von IBM gemacht – in der Forschungsabteilung und im Spitzencomputergeschäft. Daher galt er als äußerst solider Techniker. Aber er besaß noch andere Fähigkeiten, er konnte – in seinem charmanten kubanischen Akzent –

sehr komplexe technische Zusammenhänge in verständliche Konzepte übersetzen, die die Menschen faszinierten. Das war nicht nur deshalb wichtig, weil viele in den Geschäftsbereichen die neue Strategie nicht voll begriffen, sondern auch, weil Irving damit Mitarbeiter sehr stark beeinflußte, die ihm nicht unterstanden.

Ich möchte unsere Schwierigkeiten nicht bagatellisieren, als wir unsere Angebotspalette in Richtung Internet neu orientierten. Aber ich kann ohne Zögern versichern, daß es ein sehr viel größeres und schwierigeres Stück Arbeit werden sollte, mit unseren Kunden und der Branche den Meinungsaustausch über die Entwicklungstendenzen der Netzwerkwelt zu beginnen.

Das Gespräch gestalten

Als ich im März 1994, wenige Monate nach meinen berüchtigten Bemerkungen zum Thema »Visionen«, mit einer Gruppe von Wall-Street-Analysten zusammensaß, erwähnte ich zum ersten Male in der Öffentlichkeit etwas von diesen Zusammenhängen. Diesmal blieben meine Worte weitgehend unbemerkt.

Ich formulierte nun eine strategische Zukunftsvision, die um sechs »Gebote« kreiste. Eines dieser Gebote sollte in der Verpflichtung bestehen, die Führung in den Gefilden zu übernehmen, die ich als eine im Entstehen begriffene, »um das Netzwerk zentrierte Welt« bezeichnete. Dies war ein zugegebenermaßen unscharfes terminologisches Gebilde, und ich kann Ihnen versichern, daß die Presse am nächsten Tage nichts brachte, was IBMs kühnen Vorstoß in die unbekannte Welt der Computernetzwerke auch nur annähernd widerspiegelte. Sei's drum. Bis Herbst 1995 war mein Vertrauen in unsere Strategie so weit gewachsen, daß ich die Entscheidung fällte, die netzwerkzentrierte Datenverarbeitung zum Kernstück der strategischen Vision von IBM zu machen.

Im Oktober 1995 veröffentlichte *Business Week* eine Titelgeschichte unter der Überschrift: »Gerstners Wachstumsplan: Ja, der CEO hat tatsächlich eine Vision. Er nennt sie netzwerkzentrierte Datenverarbeitung.« Zwei Wochen später, am 13. November 1995, hielt ich auf der höchst bedeutenden Comdex-Messe in Las Vegas meine erste wichtige programmatische Rede innerhalb der Branche. Zu jener Zeit war Comdex das größte Freundschaftstreffen der PC-Liebhaber aus aller Welt, und im wesentlichen lief meine Botschaft darauf hinaus, daß etwas Neues – die netzwerkzentrierte Datenverarbeitung – im Begriff sei, die Herrschaft des Personalcomputers im Zentrum des Universums der EDV zu beenden.

»Ich nehme an, daß Sie alle einen PC besitzen«, sagte ich, »die meisten von Ihnen haben wahrscheinlich sogar mehrere. Und soweit Sie nicht leise etwas in Ihr Notebook tippen, während ich hier rede, stehen alle diese Personalcomputer still – in Ihrer Tasche, in Ihrem Hotelzimmer, in Ihrem Auto oder bei Ihnen zu Hause. Denken Sie einmal darüber nach, wieviel Computerpotential auf diese Weise verschwendet wird, einfach brachliegt. Doch in einer wirklich vernetzten Welt könnten wir unsere Computerpotentiale miteinander teilen, könnten sie kombinieren und ihre Hebelkraft nutzen. Und daher wird diese neue Welt unsere Auffassung von Datenverarbeitung und insbesondere unsere Einschätzung des Personalcomputers umwälzen. Seit fünfzehn Jahren bereits ist der PC ein wunderbares Werkzeug für den einzelnen. Aber der PC ist ironischerweise nicht besonders gut für den persönlichsten Aspekt dessen geeignet, was Menschen tun: Wir kommunizieren. Wir arbeiten miteinander. Wir interagieren.«

Von nun an ging alles sehr schnell. Netscape eroberte die Schlagzeilen und faszinierte die Börse. Microsoft verkündete feierlich, daß es sich in Richtung Netz orientieren werde. Es ging zu wie in einem Bienenkorb. Einerseits war das gut für IBM, weil nun immer mehr Stimmen das Loblied auf die Internetwelt sangen. Doch während sich mehr und mehr Partner in das Gespräch einschalteten und Konkurrenten in immer größerer Zahl auf den Zug in Richtung vernetzte Welt aufsprangen, überschatteten die Wortgefechte und Kontroversen schnell die wirkliche Bedeutung, die echte Chance des Netzes. Microsoft und Netscape fochten einen Titanenkampf um Browser aus. Die Telefongesellschaften und die neuen Provider ließen sich auf ein Wettrennen ein, wem es schneller gelang, Menschen und Unternehmen ans Netz zu bringen. Viele Unternehmen innerhalb und außerhalb der IT-Branche suchten nach »Inhalten« – Nachrichten, Unterhaltung, Wetterberichte, Musik –, in der Erwartung, das vernetzte Millionenpublikum werde bereit sein, für den Online-Zugang zu all diesen digitalisierten Informationen Gebühren zu zahlen.

Nichts von alledem lag im Interesse von IBM. Zwar wollten wir als Machtfaktor auf diesem neuen Feld gelten, doch wir hatten keinen Browser. Wir planten bereits, das Global Network zu verkaufen und in Zukunft nicht mehr als Provider für den Internetzugang aufzutreten. Wir verkündeten vernehmlich und voller Stolz, wir hätten nicht vor, in ein Konkurrenzverhältnis zu unseren Kunden zu treten, und damit unterschieden wir uns von einigen unserer Wettbewerber, denen es nicht schnell genug gehen konnte, ihre eigenen Online-Magazine und E-Commerce-Sites zu lancieren. Wir wollten nicht zu einem Anbieter für digitalisierte Unterhaltung oder zu einem Medienunternehmen werden, wir wollten uns zudem weder im Online-Banking noch im Einzelhandel, noch im Aktienhandel betätigen.

Kurz gesagt: Wir hatten andere Ansichten darüber, was wirklich im Gang war – darüber, was das Netz für die Wirtschaft und für die gesellschaftlichen Beziehungen bedeuten würde. Begriffe wie »Datenautobahn« und »E-Commerce« reichten nicht aus, um zu beschreiben, was unser Thema war. Wir brauchten ein Vokabular, das der Branche, unseren Kunden und sogar den IBM-Mitarbeitern zu der Erkenntnis verhalf, daß unsere Perspektive über den Zugang zu digitalisierten Informationen und den Online-Handel hinausging. Sie sollte alle bedeutsamen Arten von Beziehungen und Interaktionen zwischen Unternehmen und Menschen neu gestalten. Schließlich entwickelten unsere Marketing- und Internet-Teams den neuen Begriff »E-Business«.

Als ich den Begriff zum ersten Mal hörte, sagte er mir nicht viel, das muß ich offen zugeben. Er bedeutete nichts. Ich hielt ihn nicht für besonders einprägsam. Aber es steckte ein gewisses Potential darin, immerhin lautete der Kernbegriff Business und nicht Technik. Aber wir konnten den Begriff nicht so ohne weiteres in unsere Anzeigen, Reden und telefonischen Verkaufsgespräche einflechten. Wir mußten ihn mit Bedeutung füllen und andere in der Branche veranlassen, ihn zu benutzen. Und wir mußten Bilanz ziehen. Wir wollten als die Baumeister des E-Business gelten – als Trendsetter, die die Weichen für ein neues Zeitalter stellten, daher entschieden wir uns, den Begriff E-Business nicht schützen zu lassen. Wir wollten daraus nicht eine Bezeichnung oder eine Idee machen, die IBM exklusiv für sich beanspruchte. Wichtiger war es, Aufmerksamkeit und Verständnis für unsere Perspektive zu gewinnen. Um solch ein Umfeld zu schaffen, bedurfte es gewaltiger Investitionen finanzieller und intellektueller Natur.

Unsere Führungskräfte lüfteten den Schleier über dem E-Business im November 1996 bei einem Hintergrundgespräch an der Wall Street. Das Konzept wurde nicht gerade begeistert aufgenommen. Viele Monate später entwickelte unsere Werbeagentur Ogilvy & Mather eine denkwürdige Fernsehwerbekampagne mit kleinen Bürodramen in Schwarzweiß. Sie funktionierten, weil sie die Konfusion zeigten, die bei Kunden im Zusammenhang mit dem Internet herrschte, und sie erklärten auch den wirklichen Wert des Netzes. Diese Werbespots waren auf Anhieb erfolgreich. Und das machte uns Mut.

Wir polierten unser gesamtes Marketingkonzept auf – von unserer Präsenz bei Ausstellungen bis zu Mailingkampagnen. Alle unsere Führungskräfte bauten bei ihren Präsentationen und Reden einen Abschnitt über E-Business ein. Wir kommunizierten ständig mit unseren Mitarbeitern über dieses Thema, damit sie es begriffen und weitertragen konnten.

Bis heute hat IBM mehr als fünf Milliarden Dollar für Marketing und Kommunikation im Bereich E-Business investiert. Das ist eine ganze Menge Geld, aber der Nutzen für unsere Marke und für unsere Marktposition ist nicht in Zahlen auszudrücken. Ich halte die E-Business-Kampagne für eine der gelungensten Bemühungen um die Verbesserung einer Marktposition, die ich in meiner Laufbahn je erlebt habe.

In gewisser Weise ist sie vielleicht sogar ein wenig zu erfolgreich gewesen. Indem wir vielen Menschen deutlich machten, welche unternehmerischen Potentiale im Netz steckten, haben wir womöglich unbeabsichtigt zum spektakulären Aufstieg und Fall der Internetfirmen beigetragen.

Des Kaisers Neue Ökonomie

Auf eine Art und Weise, die ich erstaunlich fand (obwohl ich es damals bereits hätte besser wissen können), verwandelte sich beinahe in dem Augenblick, da der Markt die Vorstellung akzeptierte, daß das Netz ernstzunehmen sei, diese nüchterne Idee in den Dotcom-Wahn der späten neunziger Jahre.

Das Internet erschien auf einmal als eine Art Zauberstab. In den richtigen Händen sollte es in der Lage sein, von den Grundlagen der Wirtschaft bis zum Kundenverhalten alles zu verwandeln. Es brachte eine neue Kategorie von Wettbewerbern hervor, die im Netz das Licht der Welt erblickt hatten und nun auszogen, über Nacht etablierten Marken und ganzen Branchen den Garaus zu machen. Können Sie sich noch an die New Economy erinnern? Sie wollte altmodische unternehmerische Maßstäbe wie Gewinn und Geldfluß durch so revolutionäre Dinge ersetzen wie »Zahl der Besucher auf der Homepage«, »Klicks« und »Verweildauer«.

Ausschließlich auf der Grundlage einer Website erhielten Unternehmen ohne Erträge und ohne Aussichten, jemals schwarze Zahlen zu schreiben, Bewertungen, die über denen einiger der am meisten geachteten Unternehmen der Welt lagen. »Dot oder tot« schien das Motto zu lauten.

Und was hatten wir erreicht? Wir hatten als erste die Vorstellung entwickelt, das Internet sei ein Medium für reale Geschäfte, und nun mußten wir den Höhepunkt dieser wilden, aber kurzlebigen Welle der Dotcom-Hysterie mit ansehen, die dann im Jahr 2000 zusammenfiel. Ich sagte damals gern einen Satz, der ebenso richtig war, wie er überheblich klang: »Der Mut, an unseren eigenen Überzeugungen festzuhalten, hat uns davor bewahrt, bei diesem irrwitzigen Goldrausch mitzumachen.« Im nachhinein bin ich tatsächlich immer noch ein wenig überrascht, wie leicht es für uns war, uns von dem Dotcom-Wahnsinn fernzuhalten.

In einer Rede vor Wall-Street-Analysten im Frühjahr 1999 offenbarte ich ein gewisses Maß an klammheimlicher Freude an dem sehr ernsthaften Thema, was denn real und was einfach irreal war.

»Hier handelt es sich um hochinteressante Unternehmen, und es ist nicht auszuschließen, daß ein oder zwei von ihnen eines Tages

Gewinne erwirtschaftet werden. Aber ich halte sie heute für eine Art von Glühwürmchen, die – aufgeregt und funkensprühend – einen Sturm ankündigen. Der Hurrikan, der bevorsteht – ein gewaltiges Ereignis – wird dann zum Ausbruch kommen, wenn Abertausende von heute etablierten Unternehmen zu den Möglichkeiten dieser globalen Datenverarbeitungs- und Kommunikationsinfrastruktur greifen und sie nutzen, um sich selbst völlig zu verändern. Das ist dann die wirkliche Revolution.«

Was hatten wir dazugelernt? Was waren die wirklichen Lehren nach all den kometengleichen Aufstiegen und dem ebenso schnellen Verglühen?

Für die Kunden bestand die wichtigste Lehre wohl darin, daß jene, die sich von der Hysterie nicht anstecken ließen und zu harter Arbeit bereit waren, die Chance ihres Lebens bekamen – sie konnten die Dinge jetzt nicht nur besser und schneller erledigen, sie konnten auch Dinge tun, die ihnen zuvor schlichtweg unmöglich gewesen waren. Während ich dies schreibe, nehmen die Kunden weiterhin bedeutende Investitionen vor, um die Transformation durch E-Business voranzutreiben, und sie werden für absehbare Zukunft fortfahren, solche Investitionen zu tätigen.

Für die Investoren lautet die Lehre ebenso wie für die Kunden: Es gibt keine Abkürzungen! Ich bin davon überzeugt, daß der Buchstabe »E« im Wort »E-Business« für viele »easy« bedeutet hat. Leicht verdientes Geld. Leichter Erfolg. Ein leichtes Leben. Wenn man die Dinge auf ihren Kern reduziert, dann ist E-Business nichts anderes als Business – Geschäft. Und wirkliche Geschäftserfolge beruhen auf ernsthafter Arbeit.

Die Lehre, die IBM aus all dem zog, bestand darin, etwas neu zu entdecken, was uns verlorengegangen war. Wir hatten unsere Stimme wiedergefunden, unser Selbstvertrauen und unsere Fähigkeit, endlich wieder die Tagesordnung für die gesamte Branche aufzustellen. Die Botschaft, die wir unseren Kunden übermittelten, versetzte sie in die Lage, Vorteile und Werte zu entdecken, die von unseren Konkurrenten vernachlässigt wurden. Das Konzept E-Business spornte unsere Mitarbeiter an und bildete einen integrierten Gesamtentwurf für unsere vielen hundert Produkte und Dienstleistungen. Die gewaltigen neuen Herausforderungen der vernetzten Computerwelt brachten einen Energieschub für die Forschungsabteilungen von IBM und lösten ein neues goldenes Zeitalter technischer Errungenschaften für das ganze Unternehmen aus. Noch wichtiger aber war: Die Investitionen führten zu dem Ziel, das wir von Anfang an anstrebten – IBM setzte sich wieder an die Spitze der Branche.

19 ÜBERLEGUNGEN ZUR STRATEGIE

Blicke ich heute zurück, für welche strategischen Einsätze wir uns entschieden haben und wie wir unser Spiel während der letzten neun Jahre gespielt haben, dann ist mein Eindruck widersprüchlich. Auf einer Ebene hat sich bei IBM sehr viel verändert. Auf einer zweiten ist kaum etwas anders geworden.

Wenn wir uns zwei Schnappschüsse ansehen, von denen der erste die Geschäftsfelder von IBM im Jahr 1993 zeigt und der zweite die im Jahr 2002, dann sind zunächst kaum Veränderungen zu erkennen. Vor zehn Jahren waren wir in den Bereichen Server, Software, Dienstleistungen, Personalcomputer, Halbleiter, Drucker und Finanzwesen tätig. Und all diese Geschäftsbereiche pflegen wir noch heute. Selbstverständlich haben einige davon ein gewaltiges Wachstum erlebt. Andere mußten sich neu positionieren. Aber IBM hat nur ganz wenige Sektoren der Branche ganz aufgegeben. Und wir haben gigantische Neuerwerbungen gemacht, um den Markteintritt in völlig anderen Branchen zu schaffen.

Damit will ich sagen, daß alle Aktivposten vorhanden waren, die das Unternehmen benötigte, um erfolgreich zu sein. Aber in jedem Fall – Hardware, Technologie, Software und sogar Dienstleistungen – waren sie Bestandteil eines Geschäftsmodells, das in eine gewaltige Distanz zu den Realitäten des Marktes geraten war. Es läßt sich überhaupt nicht bestreiten, daß der strategische Entwurf, der sich auf den Großrechner System/360 stützte, brillant und richtig war, als er vor rund vierzig Jahren formuliert wurde. Aber Ende der achtziger Jahre war er besorgniserregend veraltet. Man hatte versäumt, ihn der neuen Lage anzupassen, während sich Kunden, Technologie und Konkurrenten veränderten.

Was nun auf der Tagesordnung stand, war klar, aber verteufelt schwer und nur unter großen Risiken zu bewerkstelligen. Wir mußten unsere Geschäftsbereiche, unsere Produkte und unsere Menschen aus einer geschlossenen, selbstgenügsamen Eigenwelt herausholen und sie in der realen Welt zum Erfolg führen.

Auf der Ebene der Technik stellte sich hierbei, wie ich geschildert habe, die keineswegs einfache Aufgabe, unser gesamtes Angebot – all unsere Dienstleistungen, Betriebssysteme, Middleware, Programmiertools und Chips – nach außen zu orientieren, von geschützten zu offenen Strukturen überzugehen. Das allein hätte für uns das Ende sein können. Viele IT-Unternehmen, deren Geschäft sich ursprünglich auf ein geschütztes Produkt gründete, haben versucht, über diesen Abgrund zu springen. Wenigen ist es gelungen.

All dies geht über die technische Entscheidung hinaus, ein Bündel Spezifikationen von Industriestandards zu übernehmen und zu unterstützen. Für IBM bedeutete der Bruch mit unserer geschützten Vergangenheit eine Abwendung von allen überlieferten strukturellen Kontrollmöglichkeiten. Wir begaben uns nun auf einen von Wettbewerb bestimmten Kampfplatz, der allen offenstand.

Die Konsequenz eines Sprunges dieser Art kann für das Wirtschaftsmodell eines Unternehmens katastrophal sein. Für IBM bedeutete es einen tiefen Absturz der Bruttogewinnspanne mit der Folge, daß wir tiefgreifende Veränderungen durchführen mußten, um unsere Kosten zu reduzieren, ohne unsere Effektivität zu beeinträchtigen.

Doch der schwierigste Teil dieser Entscheidungen betraf weder die technologischen noch die ökonomischen Veränderungsprozesse. Es ging um kulturellen Wandel – um die Denkweise und die Gefühle von Hunderttausenden von Menschen, die in einer unbestreitbar erfolgreichen Firma groß geworden waren, die jahrzehntelang gegenüber den normalen Kräften des Wettbewerbs und der Ökonomie abgeschottet gewesen war. Die Herausforderung bestand darin, den Mitarbeitern neue Energie einzuflößen, das Unternehmen und seine Menschen wettbewerbsfähig zu machen und es in der Welt, wie sie nun mal war, zum Sieg zu führen. Das war ungefähr so, als habe man einen Löwen vor sich, der sein gesamtes Leben in Gefangenschaft verbracht hat, und müsse ihn lehren, wie er im Dschungel überlebt.

Solch ein gewaltiger kultureller Wandel läßt sich nicht von oben befehlen. Ich konnte nicht einfach einen Schalter umlegen und dadurch Verhaltensänderungen bewirken. Hier handelte es sich in jeder Hinsicht um den schwierigsten Teil der Veränderung von IBM, und manchmal hatte ich durchaus Zweifel, ob er zu schaffen war.

III Kultur

20 ÜBER UNTERNEHMENSKULTUR

Wenn in den frühen neunziger Jahren jemand die Abkürzung »IBM« sah oder hörte, welche Worte und Bilder kamen ihm in den Sinn? »Großrechner«, »Personalcomputer«, »ThinkPads« – möglicherweise. Aber ganz gewiß assoziierte man auch »Großkonzern«, »konservativ«, »bürokratisch«, »zuverlässig« und schließlich »dunkle Anzüge und weiße Hemden«.

Es ist aufschlußreich, daß die letzte Gedankenkette sich nicht auf Produkte oder Dienstleistungen, sondern auf Menschen und eine bestimmte Unternehmenskultur bezieht. IBM ist in dieser Beziehung einmalig; die Firma war ihrer Kultur wegen genauso berühmt wie für das, was sie herstellte und verkaufte. Selbst heute noch fallen manchem, wenn er innehält und über IBM nachdenkt, eher die (hoffentlich sehr positiven!) Eigenschaften einer bestimmten Art von Unternehmen und seiner Mitarbeiter ein als Merkmale von Computern und Software.

Ich habe mehr als fünfundzwanzig Jahre in drei verschiedenen Konzernen Führungspositionen bekleidet – und in den Jahren davor hatte ich Einblicke in viele weitere Großunternehmen. Vor meiner Zeit bei IBM war ich wohl der Ansicht, die Kultur sei eines von mehreren für Erscheinungsbild und Erfolg eines Unternehmens maßgeblichen Elementen – neben Zukunftsvisionen, Strategie, Marketing, Finanzen etc. Wahrscheinlich hätte ich die positiven und negativen kulturellen Merkmale meiner Firmen aufgeführt (»positiv« und »negativ« unter dem Aspekt des Erfolges am Markt). Und möglicherweise hätte ich berichtet, wie ich mich bemüht habe, Nutzen aus diesen Eigenschaften zu ziehen – oder sie zu verändern.

All dies wäre richtig, aber unter einem wichtigen Aspekt auch falsch gewesen.

In meinen zehn Jahren bei IBM lernte ich zu begreifen, daß Kultur keine Nebensache ist – alles dreht sich vielmehr darum. Letzten Endes verkörpert eine Organisation nicht mehr als die kollektive Fähigkeit ihrer Angehörigen zur Wertschöpfung. Vision, Strategie, Marketing, Finanzmanagement – ja praktisch jedes Führungssystem – können die Mitarbeiter auf den richtigen Weg bringen und ihnen eine Zeitlang weiterhelfen. Aber keine Einrichtung – ob in der Wirtschaft, in der staatlichen Verwaltung, im Bildungswesen, in der Gesundheitsversorgung oder auf irgendeinem anderen Feld menschlicher Betätigung – wird auf lange Sicht überleben, wenn diese Elemente nicht gleichsam Bestandteil ihres genetischen Codes sind.

Wie wir wohl alle bemerkt haben, zählen die meisten Firmen stets die gleichen Dinge auf, wenn sie ihre Kultur beschreiben: exzellente Kundenbetreuung, hohe Qualitätsstandards, Teamarbeit, Shareholder Value, verantwortungsvolles Unternehmensverhalten, Integrität. Selbstverständlich schlagen sich solche Wertmaßstäbe nicht notwendigerweise bei allen Unternehmen in den gleichen Grundhaltungen nieder, wie Menschen arbeiten, wie sie miteinander umgehen, was sie motiviert. Das ist – nicht anders als bei den Kulturen der verschiedenen Völker – so, weil die wirklich wichtigen Regeln nirgends zu Papier gebracht wurden.

So kann man schnell feststellen, oft schon, wenn man sich irgendwo nur wenige Stunden aufhält, was die Kultur fördert und wovor sie abschreckt, was sie belohnt und was sie bestraft. Handelt es sich um eine Kultur, die individuelle Leistung oder im Gegenteil eher den Mannschaftsgeist belohnt? Wird es honoriert, wenn jemand sich exponiert und Risiken eingeht, oder wird Konsensbildung bevorzugt?

Ich vertrete eine bestimmte Theorie, wie eine Kultur in großen Institutionen entsteht und sich weiterentwickelt: Erfolgreiche Institutionen bringen fast immer starke Kulturen hervor, die ihrerseits jene Elemente verstärken, die die Institution groß gemacht haben. Sie spiegeln die Verhältnisse wider, aus denen sie hervorgegangen sind. Wenn das Milieu sich verändert, dann ist es für die

Kulturen sehr schwierig, das nachzuvollziehen. Praktisch werden sie zu einem enormen Hemmnis für die Anpassungsfähigkeit der Institution.

Dieses Problem tritt zugespitzt auf, wenn eine Firma das Geschöpf einer visionären Führungsgestalt ist. Die ursprüngliche Kultur eines Unternehmens wird gewöhnlich durch den Geist seines Gründers bestimmt. Manchmal heißt es, jede Institution sei nichts anderes als der verlängerte Schatten eines Mannes. Bei IBM war dieser Mann Thomas J. Watson Sr.

Die Glaubenssätze

Die ethischen Grundüberzeugungen des Firmengründers Watson waren bei IBM allenthalben spürbar. Sie waren im genetischen Code des Unternehmens verankert – von der paternalistischen Fürsorge für die Mitarbeiter bis zum höchst bescheidenen Aktienoptionsprogramm; vom Alkoholverbot bei Veranstaltungen des Unternehmens bis zur Bevorzugung von verheirateten Mitarbeitern.

Watsons Lebenserfahrungen als Selfmademan brachten eine Kultur hervor, in der Respekt zählte, harte Arbeit und Anständigkeit. IBM war jahrzehntelang ein Vorreiter der Chancengleichheit, lange bevor die Regierungen auch nur von gleichen Bedingungen bei Einstellung, Beförderung und Entlohnung sprachen. Der Geist von Integrität und Verantwortlichkeit strömt in einer Weise durch die Adern von IBM, wie ich es bei keinem anderen Unternehmen erlebt habe. Die Mitarbeiter von IBM sind engagiert – sie fühlen sich ihrer Firma verpflichtet und sind überzeugt von dem, was ihr Unternehmen tut.

Und darüber hinaus gab es auch sichtbare, weithin bekannte (und in unseren heutigen Augen oft kitschige) Symbole – von den öffentlichen Ritualen, mit denen besondere Leistungen gefeiert wurden, bis hin zu den Firmenliedern und zur Kleiderordnung bildeten sie einen umfassenden Bezugsrahmen für das Leben der Mitarbeiter. Auch die Kunden wurden in den Rahmen einbezogen.

Selbstverständlich wissen aufgeklärte Unternehmen und Manager, daß Institutionen in der Lage sein müssen, jede Einzelperson und jede Führungsgruppe zu überdauern. Watson hat das erkannt und daher bewußt und systematisch die Werte institutionell verankert, die IBM unter seiner Leitung zu einer außergewöhnlich erfolgreichen Firma gemacht haben. Er faßte sie in seinen sogenannten Glaubenssätzen zusammen:

- Spitzenleistungen bei allem, was wir tun
- Überragender Kundendienst
- Respekt vor jedem einzelnen

Um diese Überzeugungen zu institutionalisieren, reichte es nicht aus, entsprechende Tafeln in jedem Büro anzubringen (was allerdings auch geschah). Die Glaubenssätze spiegelten sich wider in den Regeln für Vergütung und Prämien, in der betrieblichen Ausbildung der Manager, in Unterrichts- und Trainingsprogrammen für Angestellte, im Marketing und in den Dienstleistungen für die Kunden. Sie waren das Programm des Unternehmens – und nur wenige Firmen haben ihr Programm so umfassend formuliert.

Es funktionierte lange Zeit. Je erfolgreicher ein Unternehmen wird, um so dringlicher möchte es kodifizieren, was es groß gemacht hat – und das kann eine gute Sache sein. Dies sorgt für institutionelles Lernen, effektiven Wissenstransfer und klare Vorstellungen, »wie wir die Dinge anpacken«. Doch wenn die Welt sich wandelt, passiert es unvermeidlich, daß die Regeln, Richtlinien und Gepflogenheiten ihren Zusammenhang mit dem verlieren, was Sinn und Zweck des Unternehmens ist.

Die Kleiderordnung von IBM ist dafür ein hervorragendes Beispiel. Es war in Wirtschaftskreisen wohlbekannt, daß das Verkaufspersonal von IBM – ja sogar jeder Mitarbeiter von IBM – sehr förmliche Kleidung trug. Tom Watson begründete diese Regel, als die Ansprechpartner des Außendienstes Angestellte anderer Unternehmen waren, die – nun raten Sie mal – dunkle Anzüge und weiße Hemden trugen! Watsons sehr kluger Grundsatz lautete: dem Kunden mit Respekt begegnen und sich entsprechend anziehen.

Doch im Laufe der Jahre zogen die Kunden sich bei der Arbeit anders an, und wenige technische Einkäufer in großen Unternehmen kleideten sich nun in Blauweiß. Watsons sensible Orientierung an den Kunden war allerdings in Vergessenheit geraten, und die Kleiderordnung bei IBM blieb, wie sie war. Als ich 1995 die Kleiderordnung abschaffte, beschäftigte das die Presse außerordentlich. Manche sahen darin ein böses Omen. Tatsächlich ist mir kaum je eine Entscheidung leichter gefallen. Oder vielmehr war es gar keine Entscheidung. Schließlich haben wir ja nicht eine Kleiderordnung durch eine andere ersetzt. Ich bin einfach zu dem klugen Machtwort von Mr. Watson zurückgekehrt und habe entschieden: Jeder soll sich so kleiden, wie es den jeweiligen Erfordernissen entspricht, er soll sich danach richten, mit wem er zusammenkommen wird (mit Kunden, Regierungspolitikern oder einfach Kollegen im Forschungslabor).

Diese Art von Kodifizierung, ja Leichenstarre, wenn es um Werte und Verhaltensweisen geht, ist eine Problematik, die nur erfolgreiche Unternehmen kennen – und die oft zerstörerisch ist. Ich vermute, daß viele erfolgreiche Unternehmen, die in der Vergangenheit schwere Zeiten durchmachen mußten – darunter IBM, Sears, General Motors, Kodak, Xerox und andere –, die Veränderungen in ihrem Umfeld durchaus klar sahen. Sie waren möglicherweise imstande, die Notwendigkeit eines Wandels zu erkennen und zu artikulieren, vielleicht sogar Strategien dafür zu entwickeln. Aber sehr schädlich war in meinen Augen ihre Unfähigkeit, hochdifferenzierte, ausgefeilte Kulturen zu verändern, die in einer ganz anderen Welt ihren Ursprung hatten.

Nehmen wir als Beispiel nur die ethischen Glaubenssätze. Darüber gibt es überhaupt keine Diskussion. Sie sollten Standardmaßstäbe für jedes Unternehmen in jeder Branche sein, in jedem Land und zu jeder Zeit. Aber was die Grundsätze in der Praxis bedeuteten – oder wenigstens die Art und Weise, wie sie praktiziert wurden –, war 1993 sehr anders als 1962, als Tom Watson sie eingeführt hatte.

Betrachten wir den »überragenden Kundendienst«. Die Beziehung zwischen Lieferanten und Kunden hatte sich während der Marktführerschaft von IBM so einseitig entwickelt, daß »Dienst am Kunden« im wesentlichen bedeutete »unsere Maschinen im Betrieb des Kunden warten«. Es ging nicht darum, Veränderungen im Geschäftsbetrieb zu berücksichtigen – und wo es angebracht war, Kunden aufzufordern, in neuen Bahnen zu denken (wie es IBM in denkwürdiger Weise bei der Einführung von System/360 getan hatte). Im Grunde verhielten wir uns so, als wäre schon weit in der Vergangenheit für alle Zeiten festgelegt worden, was die Kunden brauchten, und unsere Aufgabe schien nur darin zu bestehen, sie an unser nächstes System heranzuführen, sobald es auf den Markt kam. Dienstleistungen für Kunden wurden weitgehend zu einem administrativen Geschehen – so ähnlich wie in einer Ehe, in der die Leidenschaft schon lange erloschen ist.

Nicht anders erging es dem Prinzip »Spitzenleistungen bei allem, was wir tun«. Dieses Streben nach exzellenter Leistung führte im Laufe der Zeit zu einem verbissenen Perfektionismus. Am Ende standen Albernheiten und ein Spinnennetz von Kontrollen, Genehmigungen und Beurteilungen, die Entscheidungen nur im Schneckentempo zuließen.

Als ich bei IBM anfing, wurde etwa alle vier bis fünf Jahre ein neuer Großrechner vorgestellt. Heute kommt alle achtzehn Monate ein neuer Zentralrechner auf den Markt (und das, so muß ich hinzufügen, in hervorragender Qualität). Ich habe ein gewisses Verständnis für den Witz, der Anfang der neunziger Jahre über IBM im Umlauf war: »Produkte werden bei IBM nicht lanciert. Sie laufen einfach davon.«

Die wohl mächtigste Überzeugung – und die am meisten korrumpierte – betraf den »Respekt vor jedem einzelnen«. Hier begebe ich mich auf allerheiligsten Boden, und das tue ich behutsam. Bis heute ist »Respekt vor jedem einzelnen« die Kampfparole des harten Kerns der Gläubigen – der »True Blue«, der Wahrhaft Blauen, wie sie sich nennen.

Doch ich kann nicht verschweigen, daß die Bedeutung der Parole »Respekt vor jedem einzelnen« sich in den Augen eines Außenseiters, wie ich einer bin, in einer Weise entwickelt hat, daß sich vielerlei dahinter verbergen kann, auch Dinge, die Watson ganz sicher nicht gemeint hat. Zum einen trug dieser Grundsatz dazu bei, eine Anspruchshaltung entstehen zu lassen, die vom einzelnen keine Leistung verlangt, damit er sich den Respekt verdient – Privilegien und eine Lebensstellung erwartete einfach, wer einmal bei IBM eingestellt worden war.

Oder zumindest schienen mir die Dinge zunächst so zu liegen.

Später wurde mir immer deutlicher, daß das wirkliche Problem nicht die Anspruchshaltung der Mitarbeiter war. Sie hatten sich nur daran gewöhnt, vor Erscheinungen wie Rezessionen, Preiskämpfen und technischem Wandel geschützt zu sein. Meist bemerkten sie nicht einmal, daß dieses in sich geschlossene, isolierte System auch *gegen* sie wirkte. So war ich beispielsweise entsetzt, als ich die Unterschiede in der Bezahlung – ein besonders wichtiger Bereich bei qualifizierten Kräften in Technik und Verkauf – zwischen IBM-Mitarbeitern und denen der Konkurrenz sowie der Branche im allgemeinen entdeckte. Unsere besten Leute bekamen nicht das, was sie verdienten.

»Respekt vor jedem einzelnen« hieß zunehmend auch, daß ein IBM-Mitarbeiter weitgehend das tun konnte, was ihm beliebte; wenn er sich nach den weit gefaßten Regeln der Personalabteilung und der geltenden Normen richtete, war er so gut wie keine Rechenschaft schuldig. Wenn jemand unbefriedigende Leistungen erbrachte und wir das Beschäftigungsverhältnis beendeten, dann hieß es, wir berücksichtigten die individuelle Persönlichkeit dieses Mitarbeiters nicht, wir hätten ihn nicht gut genug für das ausgebildet, was wir von ihm verlangten. Wenn ein Vorgesetzter anordnete, daß jemand eine bestimmte Aufgabe erledigen sollte, der Untergebene das aber nicht wollte, konnte er die Anordnung einfach ignorieren.

Hier handelte es sich um sehr ernste Probleme. Sie hatten sich in Jahren sich selbst bekräftigender Erfahrungen tief eingeschliffen. Das größte Problem aber bestand darin, daß sie unlösbar mit dem verknüpft waren, was an diesem Unternehmen und seinen Menschen gut, intelligent und kreativ war – also mit den Faktoren, die zu zerstören oder auch nur zu verändern Wahnsinn gewesen wäre. Wir wollten das Kind ja schließlich nicht mit dem Bade ausschütten.

Sich der Herausforderung stellen

Offen gesagt: Wenn ich die Wahl gehabt hätte, von einem Frontalangriff auf die IBM-Kultur abzusehen, wäre mir das lieber gewesen. Denn zum einen gingen meine Neigungen, als ich bei IBM anfing, in Richtung Strategie, Analyse und objektive Messungen. Mit diesen Mitteln hatte ich in der Vergangenheit positive Ergebnisse erzielt, und wie jeder Mensch neigte ich dazu, mich an dem zu orientieren, womit ich auf meinem beruflichen Weg bereits Erfolg gehabt hatte. Sobald ich eine Gruppe pfiffiger Leute um mich geschart hatte, da war ich mir ganz sicher, konnten wir uns den Laden unbefangen ansehen und am Ende klare strategische Orientierungsmarken setzen, in neue Geschäftsbereiche investieren und die Kosten in den Griff bekommen.

Im Vergleich dazu ist es eine ungeheuer schwierige Aufgabe, die Einstellung und das Verhalten Hunderttausender von Menschen zu verändern. Das lernt man nicht einmal auf den besten Business Schools. Man kann eine Revolution dieser Art nicht aus der vornehmen Abgeschiedenheit einer Konzernzentrale steuern. Es reicht nicht, einfach ein paar Reden zu halten oder ein Glaubensbekenntnis für das Unternehmen zu formulieren und dann zu verkünden, daß eine neue Kultur Wurzeln geschlagen habe. Derlei kann man nicht verfügen, das kann man nicht deichseln.

Allerdings *kann* man die Voraussetzungen für den Wandel schaffen. Man kann Anreize bieten, kann die Realitäten des Markts zur Sprache bringen und Ziele formulieren. Aber dann muß man vertrauen können. Letzten Endes verändert nicht das Management die Unternehmenskultur. Das Management fordert die Mitarbeiter auf, die Kultur zu verändern.

Wohl die härteste Nuß, die ich zu knacken hatte, bestand in der Aufgabe, die IBM-Mitarbeiter zum Mitmachen zu bewegen. Manche verschanzten sich hinter den Hierarchien und zögerten sehr, persönliche Verantwortung für Ergebnisse zu übernehmen. Statt nach den zur Verfügung stehenden Ressourcen und Vollmachten zu greifen, warteten sie darauf, daß der Boß ihnen sagte, was zu tun sei; sie delegierten nach oben. Letzten Endes bestand mein wichtigstes Ziel bei der kulturellen Veränderung darin, den Mitarbeitern den Glauben an sich selbst zurückzugeben – die Überzeugung, daß sie fähig waren, über ihr eigenes Schicksal zu bestimmen, und daß sie den Schlüssel zum Erfolg kannten. Man mußte sie einfach aus ihrer depressiven Erstarrung herausreißen, ihnen wieder ins Bewußtsein rufen, wer sie waren – Ihr seid die IBM, verdammt noch mal! – und sie dazu bringen, wie ehrgeizige, neugierige Pioniere gemeinsam zu denken und zu handeln.

Während ich mich also bemühte, Gehör bei den Mitarbeitern zu finden, damit sie verstanden, wohin wir uns bewegen mußten und warum sie mir folgen sollten, mußte ich sie gleichzeitig aus der Passivität bloßer Gefolgsleute herausholen. Das war keine logische, geradlinige Sache. Es war durch Erkenntnisprozesse allein nicht zu erreichen, hier ging es um Stimmungen und Gefühle, weniger um Vernunft.

Wie auch immer die Lage sein mochte, wir mußten uns der Herausforderung stellen und damit beginnen, die Kultur zu revolutionieren. Mir war bewußt, daß wir dafür mindestens fünf Jahre brauchen würden. (Ich hatte mich verschätzt, es dauerte länger.) Und ich wußte genau, *ich* mußte der Anführer dieser Umwälzung sein. Ich mußte ganz persönlich Tausende von Stunden damit zubringen, den Wandel in Gang zu setzen. Ich mußte stets ganz vorn stehen und klar zum Ausdruck bringen, welches Ziel ich anstrebte. Und ich mußte meine Führungsmannschaft dazu bringen, daß sie mich unterstützte. Wir alle mußten uns offen und direkt zu den Themen Kultur, Verhaltensweisen und Überzeugungen äußern – vornehme Zurückhaltung war hier fehl am Platz.

21 NABELSCHAU

Wer von außen zu IBM stieß, kam sich vor wie in einem Treibhaus, einer Art isoliertem tropischem Ökosystem, das schon zu lange von der Außenwelt abgeschottet war. Infolgedessen hatten sich dort ziemlich exotische Lebensformen ausgebreitet, die sonst nirgendwo zu finden waren. Und weil IBM so intensiv mit sich selbst beschäftigt war, sich so ausschließlich für die eigenen Regeln und Konflikte interessierte, hatte es seine Robustheit eingebüßt. Es war bei Angriffen von außen extrem verletzlich.

Diese hermetische Abgeschlossenheit – im Inneren der Institution herrschte die Überzeugung, daß alle wichtigen Dinge im Unternehmen ihren Ursprung hatten – war meiner Überzeugung nach die tiefste Ursache vieler unserer Probleme. Zur Verdeutlichung, wie verbreitet diese gestörte Wahrnehmung war, muß ich nur einige ihrer Manifestationen schildern.

Eine dieser Manifestationen war eine allgemein verbreitete Gleichgültigkeit gegenüber Verbraucherwünschen, während man total von der »Innenpolitik« in Anspruch genommen war. Es war grundsätzlich erlaubt, Projekte aufzuhalten und abzuwürgen, es gab eine bürokratische Infrastruktur, der die Verteidigung des eigenen Reviers mehr bedeutete als die Förderung von Zusammenarbeit; und das Management präsidierte lieber, als daß es die Initiative ergriff. IBM hatte sogar eine eigene Sprache.

Es geht hier nicht darum, die IBM-Kultur lächerlich zu machen. Ganz im Gegenteil. Ich habe ja bereits angedeutet, daß sie nach wie vor eine der einzigartigen Stärken des Unternehmens ist. Aber wie alle lebenden Wesen war sie für Krankheiten anfällig –

und der erste Schritt zur Heilung bestand darin, die Symptome zu erkennen.

Der Kunde steht an zweiter Stelle

Es spricht einiges dafür, daß die Selbstbezogenheit von IBM in den sechziger und siebziger Jahren durchaus produktive Konsequenzen hatte. Damals hatten die Kunden keine Vorstellung, was die Datenverarbeitung für sie leisten konnte. IBM erfand diese leistungsfähigen und geheimnisvollen Geräte, und die Kunden erwarteten, daß wir ihnen erklärten, wie sie die neue Technik anwenden konnten, um die Wirtschaftlichkeit ihrer Unternehmen zu steigern. In der IT-Branche war und ist diese Perspektive sehr verbreitet, ging man doch von dem Satz aus: »Sie brauchen, was wir herstellen können.«

Doch im Laufe der Zeit begriffen die Unternehmen die Bedeutung der Informationstechnologie und ihre Konsequenzen für all ihre Projekte. Das weiß ich aus eigener Erfahrung, denn ich gehörte zu dieser Klientel. Jede Unternehmensstrategie beginnt mit der Aufstellung einer technologischen Tagesordnung, umgekehrt geht es nicht, und so wurden bei den Kunden immer mehr Investitionsentscheidungen durch Manager von Geschäftszweigen, nicht aber von den CIOs, den Leitern der Informationstechnologieabteilungen, gefällt. Unsere gesamte Branche – und ganz besonders IBM – mußte sich dieser Entwicklung anpassen. Wir mußten die Fenster zur Außenwelt aufstoßen. Und IBM hatte jetzt Konkurrenz. Unix-Systeme und Personalcomputer ermöglichten es Hunderten von Konkurrenten, sich Teile des Kuchens abzuschneiden, der zuvor IBM allein gehört hatte. Wir konnten unser Unternehmen nicht mehr wie einst das Römische Reich regieren, auf unsere Hegemonie vertrauen und sicher sein, daß die Barbaren, die sich an den Grenzen zusammenrotteten, keine ernsthafte Bedrohung darstellten.

Und doch war ich, als ich bei IBM begann, schockiert, wie wenig wir über Kunden und Wettbewerber wußten. Es fehlte die systematische Beschaffung von Marktinformationen. Unsere Kenntnisse über Marktanteile waren höchst fragwürdig, hauptsächlich weil

IBM den Markt durch seine von Betriebsblindheit beschlagenen Brillengläser in Augenschein nahm.

Vielleicht wußten wir nicht viel über die Kunden, aber es gab eine Gruppe, der wir viel Aufmerksamkeit schenkten – das waren wir selbst. Innerhalb der IBM-Kultur waren die eigene Organisation und die Frage, wie man sich in sie einfügte, wichtige Themen. Die IBM-Variante der Kreml-Astrologie – durch die man anhand der Aufstellung der Führungsmannschaft an Lenins Grab am Maifeiertag beurteilte, wer in der Hierarchie aufstieg und wer abstieg – war zu einer hohen Kunst geworden. So bemerkte ich ziemlich am Anfang, daß bei jeder Präsentation, egal zu welchem Thema, das erste Schaubild (»Folie«) stets die interne Organisationsstruktur zeigte, und nie fehlte der Hinweis auf die Position des Vortragenden innerhalb des Diagramms (meist ziemlich in der Nähe des CEO).

Mitteilungen über Veränderungen innerhalb der Organisation waren Spitzenmeldungen. Wenn jemand befördert wurde, gab es eine Pressemitteilung, außerdem eine Hausmitteilung an unserem elektronischen Schwarzen Brett, und der Chef des Beförderten sprach telefonisch per Konferenzschaltung mit seinen direkten Untergebenen, um die frohe Botschaft zu verkünden, der Geehrte saß dabei neben dem Boß – vermutlich strahlend. Jeden Abend schaute ich meine Post und meine E-Mails durch und fand dabei Dutzende wichtigtuerischer Unternehmensmitteilungen wie die folgende:

Die folgenden Veränderungen im Geschäftsbereich Produktion und Entwicklung sind bekanntgegeben worden.
- Jean-Pierre Briant, IBM-Direktor für Produktion und Logistik, untersteht weiterhin Patrick A. Toole, Senior Vice President für Produktion und Entwicklung. Mr. Briant unterstehen:
  - Jean-Pierre Briant, (amtierender) IBM-Direktor für Produktion;
  - Lars G. Ljungdahl, der zum IBM-Direktor für Produktion und für Logistik und Beschaffung ernannt worden ist. Er war IBM-Direktor für logistische Prozesse.
- Mr. Ljungdahl unterstehen:
  - Lars G. Ljungdahl, (amtierender) IBM-Direktor für Auftragsbearbeitung. Seine Abteilung bleibt unverändert.
  - Lars G. Ljungdahl, (amtiernder) IBM-Direktor für Beschaffung konzernweit.

Im übrigen bleibt die Organisation von Mr. Ljungdahl unverändert.

Ich wollte Mitarbeiter, die sich auf die Kunden und den Markt konzentrierten, nicht auf ihren Status innerhalb des Konzerns. Ein Unternehmen, das um das Überleben kämpft, braucht kein Kastensystem, über das die breite Öffentlichkeit genau informiert wird. So beendete ich die Gepflogenheit, zwischen »IBM«-Vizepräsidenten und einfachen Vizepräsidenten alter Art sowie »IBM«-Direktoren zu unterscheiden, und ich untersagte, daß Pressemitteilungen über organisationsinterne Vorgänge verbreitet wurden.

Wir hatten allerdings einige sehr unternehmungslustige Leute in unseren Reihen, insbesondere in unserem PC-Bereich. Es war immer absehbar, wann dort mit der Verkündung einer organisatorischen Veränderung zu rechnen war, denn die leitenden Angestellten ließen die Nachricht vorzeitig an die Presse durchsickern, und dabei wurden die Journalisten vorsorglich darauf hingewiesen, wie gut das Plappermaul bei dieser Veränderung abschnitt. Einmal rief das *Wall Street Journal* an und bat, wir sollten die Mitarbeiter unseres PC-Bereichs auffordern, solche Meldungen nicht weiter zu lancieren, es gingen nämlich so viele Anrufe ein, daß die Mailboxen der Journalisten total überlastet seien.

Eine Kultur des Neinsagens

Der wohl merkwürdigste Aspekt der IBM-Kultur war in meinen Augen die Tatsache, daß jeder einzelne, jedes Team, jede Abteilung die Möglichkeit hatte, Übereinkünfte oder Handlungen zu blockieren. Der »Respekt vor jedem einzelnen« war zu einem institutionalisierten System zur Förderung des Nichthandelns pervertiert.

Man konnte das auf jeder Ebene registrieren. Eine seltsame Blüte der Kultur des Neinsagens war das berüchtigte System des »nonconcurring«: Wenn ein IBMer mit der Ansicht seiner Kollegen nicht einverstanden war, konnte er seine Ablehnung kundtun.

Man stelle sich das einmal vor: Selbst wenn es ein mehrere Unternehmensbereiche übergreifendes Team mühsam geschafft hatte, eine Gesamtlösung für das Unternehmen zu erarbeiten, konnte ein einzelner Manager, wenn er der Meinung war, daß die gefundene Regelung seinem Unternehmensteil schadete oder gegen seine persönliche Weltsicht verstieß, mit dem Knüppel seiner Ablehnung alles blockieren. Das bedeutete unzumutbare Verzögerungen von Schlüsselentscheidungen; Dinge wurden doppelt getan, wenn die Einheiten sich weiter auf ihre Steckenpferde konzentrierten; hinzu kamen heftige persönliche Streitigkeiten, wenn die Ergebnisse von zahllosen Stunden anständiger Arbeit durch einzelne Andersdenkende aufs Spiel gesetzt oder zunichte gemacht wurden. Jahre später hat jemand dieses Phänomen als eine Kultur bezeichnet, in der keiner ja sagen *wollte*, aber jeder nein sagen *durfte*.

Die Lage wurde noch dadurch verschlimmert, daß eine öffentlich artikulierte Nichtübereinstimmung ja wenigstens unter Gleichgestellten gerechtfertigt werden muß. In den meisten Fällen schwieg der Nichtzustimmende allerdings. So entstand der Anschein, daß eine Entscheidung gefallen war, aber einzelne Abteilungen, für die es selbstverständlich war, aus der Reihe zu tanzen, gingen einfach in ihre Labors oder Büros zurück und taten, was ihnen gerade paßte!

Hier zur Illustration eine Hausmitteilung an zahlreiche IBM-Mitarbeiter aus dem Jahr 1994:

Der Ablehnungsprozeß [nonconcur process] erstreckt sich über das ganze Jahr mit Schwerpunkten in den Planungsphasen im Frühjahr (Strategie) und Herbst (Verpflichtung). Diese Hausmitteilung ist der offizielle E/ME/A-»Anstoß« für die Zurückweisung in diesem Jahr.
Um den Erfolg dieses Prozesses sicherzustellen, muß ich wissen, wer in Ihrer Abteilung/Branche der Zurückweisungskoordinator für den Rest des Jahres sein wird. Ich werde die detaillierten Instruktionen und Richtlinien an Ihren Koordinator schicken, sobald Sie mir ihn und seine VNET ID mitgeteilt haben. Es wäre sehr hilfreich, wenn Sie dies bis Freitag, den 20. Mai 1994 per COB tun könnten.
Im diesem Jahr ist es besonders wichtig, auf die Einspruchsphase vorbereitet zu sein, da wir damit rechnen, daß E/ME/A während der Frühjahrsperiode eine große Zahl von Zurückweisungen veröffentlichen wird, die mit NLS zu tun haben. Bitte achten Sie darauf, daß Ihre Produkt-/Branchenmanager dafür sorgen, daß abweichende Stellungnahmen mich über Ihren Koordinator für den Frühjahrszyklus bis Freitag, den 3. Juni 1994 erreichen. (FYJ, der Frühjahrsplan ist von M&D veröffentlicht worden.) Ich appelliere nachdrücklich an Sie, dafür zu sorgen, daß mich Ihre Eingaben möglichst vor diesem Datum erreichen.
Bitte beachten Sie, das ich keinerlei abweichende Stellungnahmen im NCMS (Nonconcur Management System [Einspruchsverfahren]) be-

rücksichtigen werde, die nicht rechtzeitig von Bill ..., Bob ... oder gegebenenfalls ihren Beauftragten gebilligt worden sind.
Dies bedeutet auch, daß Sie bereit sein müssen, ... nötigenfalls auf dem Dienstweg nach oben bis hin zu Gerstner beizustehen.
Mit Dank für Ihre Hilfe und Mühe.

Die Hochschätzung für das Treiben von Spielverderbern manifestierte sich auch auf der Ebene der Abteilungen. Die Rivalität zwischen den Abteilungen schien manchmal wichtiger und heftiger als Auseinandersetzungen mit der Konkurrenz draußen auf dem Markt. Zu Beginn meiner Zeit bei IBM war ich schockiert, als unsere Hardwareabteilung ein Abkommen mit Oracle schloß – einem Unternehmen, das zu den Hauptrivalen des Softwarebereichs von IBM gehörte –, ohne unsere Softwareleute auch nur im Vorfeld zu informieren.

Ich möchte hier nicht falsch verstanden werden. Ich bin durchaus für ein pragmatisches, elastisches Herangehen an die komplexe Realität des Marktes. Bereits an früherer Stelle habe ich die Notwendigkeit einer Kombination von Kooperation [cooperation] und Konkurrenz [competition] zu »Kookurrenz« [coopetition] erörtert – wobei wir durchaus mit ein und demselben Unternehmen hier zusammenarbeiten und dort im Wettbewerb stehen können. Aber dazu ist nur eine Firma in der Lage, die weiß, wo sie steht, wo ihre fundamentalen Interessen liegen und wo nicht. Hier geht es nicht um die Art von exquisiter Doppelzüngigkeit, für die jene Außendienstmitarbeiter von IBM, deren Zuständigkeit sich auf ein bestimmtes Produkt erstreckte, berühmt waren: Sie gingen zu den Kunden und machten ein anderes IBM-Produkt schlecht, das für den Kunden durchaus hätte nützlich sein können. Es kam sogar vor, daß IBM-Abteilungen draußen miteinander in Konkurrenz traten und Kunden parallele IBM-Angebote erhielten.

Die Forschungs- und Entwicklungsabteilungen hielten die Projekte geheim, an denen sie gerade arbeiteten, so erfuhren andere Bereiche nichts davon und konnten nicht von ihrem Wissen profitieren. Auf diese Weise drehte sich unablässig ein bedenkliches Karussell interner Rivalität. Teamarbeit wurde weder geschätzt noch angestrebt oder gar belohnt.

Was das Gebräu von Unbeweglichkeit und Feindseligkeit zuwege brachte, landete oft vor meiner Tür. Wenn ich jemanden aufforderte, eine bestimmte Aufgabe zu erledigen, dann bedeutete dies, wie ich feststellen mußte, noch lange nicht, daß die Aufgabe tatsächlich erledigt wurde. Wenn ich das Tage oder Wochen später herausfand und nach den Gründen fragte, konnte es vorkommen, daß ein leitender Angestellter dazu meinte: »Ich habe das für eine unverbindliche Bitte gehalten.« In einem ähnlichen Fall hieß es: »Ich war anderer Meinung als Sie.«

Merkwürdigerweise kam es zur gleichen Zeit vor, daß einige sich bei ihren Anweisungen auf mich beriefen: »Lou hat gesagt, Sie sollten...« Oder: »Lou möchte, daß Sie...« In solchen Fällen wurde die Durchführung des Auftrags oft so nachdrücklich und erkennbar kontrolliert, daß das Gewünschte wirklich passierte. Es handelte sich dabei vielfach um Dinge, von denen ich nichts wußte, manchmal auch um solche, die ich eindeutig nicht wollte. Es kam schließlich so weit, daß ich eine besondere Besprechung mit allen, die direkten Zugang zu mir hatten, ansetzen und explizit verbieten mußte, daß man sich auf angebliche Anweisungen von mir berief.

Bürokratie, die verletzt

Der Begriff »Bürokratie« hat heute im Zusammenhang mit den meisten Institutionen einen negativen Beiklang. Doch kein großes Unternehmen kann ohne Bürokratie funktionieren. Bürokraten oder Stabskräfte sorgen für die Koordinierung unterschiedlicher Abteilungen; sie formulieren Strategien für das Gesamtunternehmen, die sinnlose Doppelungen, Chaos und Konflikte im Inneren unterbinden, und setzen sie durch; sie verteilen hochspezialisierte Fähigkeiten, die es aus Kostengründen oder einfach wegen der Knappheit an Ressourcen nicht mehrfach geben kann.

Die Erfüllung dieser Aufgaben ist für eine Organisation wie IBM von lebenswichtiger Bedeutung. Koordinierung war außerordentlich wichtig, weil wir es bei IBM mit einer quadratischen Matrix mit den folgenden vier Feldern zu tun hatten: Geographie, Produkt, Kunden und Lösungen. Es war aus vielen Gründen unerläßlich, Standards für den gesamten Konzern zu haben – so ist beispielsweise die Gleichartigkeit von Produkten überall auf der Welt für Kunden, die weltweit operieren, außerordentlich wichtig. Der Konzern benötigte ein einheitliches Personalwesen, damit kundige Mitarbeiter schnell und effektiv dorthin geschickt werden konnten, wo sie benötigt wurden. Und angesichts der Komplexität eines High-Tech-Weltkonzerns brauchten wir ganz eindeutig spezielle personelle Ressourcen, die dem Gesamtunternehmen dienten – beispielsweise Warenzeichenspezialisten und Anwälte für Urheberrecht.

Das Problem bei IBM bestand nicht darin, daß es eine Bürokratie gab, es ging um ihre Dimension und darum, wie sie eingesetzt wurde.

In der Kultur des Neinsagens bei IBM – einer sich über viele Phasen erstreckenden Auseinandersetzung, bei der Bereiche miteinander konkurrierten, sich voneinander abschotteten, Verstecken spielten und das Eindringen anderer IBMer in ihr Territorium zu verhindern suchten – waren die Stabskräfte die Fußsoldaten. Statt die Koordinierung zu fördern, standen sie auf den Barrikaden und verteidigten die Grenzen.

So verbrachten beispielsweise viele Stabsmitarbeiter ihre Zeit damit, zwischen IBM-Einheiten Verhandlungen über interne Verrechnungspreise zu führen und zu vermitteln, statt sich um einen störungsfreien Vertrieb von Produkten an die Kunden zu kümmern. Die Stäbe wurden auf allen Ebenen der Organisation vervielfacht, weil kein Manager Mitarbeitern aus einer anderen Einheit Aufgaben anvertrauen wollte. Meetings zu Angelegenheiten, die über die Grenzen der Abteilungen hinausreichten, hatten ungeheuer viele Teilnehmer, weil jeder meinte, anwesend sein zu müssen, um sein Revier zu verteidigen.

Das Endergebnis dieser Stellungskämpfe war eine sehr starke Bürokratie, die sich auf allen Ebenen des Unternehmens einmischte – hier arbeiteten Zehntausende und kämpften darum, die Vorrechte, Ressourcen und Profite ihrer Bereiche zu schützen; Tausende weiterer Mitarbeiter waren damit beschäftigt, für Ordnung zu sorgen und bei der Masse Verhaltensmaßstäbe durchzusetzen.

IBM-Kauderwelsch

Ich glaube an die Macht der Sprache. Die Art, wie sich eine Organisation ihren verschiedenen Zuhörerkreisen gegenüber artikuliert, verrät eine ganze Menge darüber, welches Bild sie von sich hat. Wo immer ich beruflich tätig war, habe ich der »Stimme« der Organisation – ihren Äußerungen gegenüber wichtigen Ansprechpartnern innerhalb und außerhalb der Firma – große persönliche Aufmerksamkeit geschenkt. Und ich habe meine eigenen Worte – bei schriftlicher wie bei elektronischer Kommunikation und auch bei Gesprächen von Angesicht zu Angesicht – stets sehr sorgfältig gewählt.

Tatsächlich kann man eine ganze Menge über einen bestimmten Ort lernen, wenn man sich einfach anhört, wie dort gesprochen wird. Ganz gewöhnliche Gespräche bei IBM in den frühen neunziger Jahren verrieten ungeheuer viel über die kulturelle Abschottung dieses Unternehmens – oft war das ziemlich komisch, zugleich aber auch traurig.

Im Innenbereich von IBM gab es ein besonderes Vokabular – Wörter und Begriffe, die nur von IBM-Mitarbeitern benutzt wurden. Wie die Regierung in Washington und andere Bürokratien liebten wir es geradezu, Kürzel wie MDQ, FSD, GPD und SAA zu schaffen und zu benutzen.

So passierte es mir zu Anfang häufig, daß ich in Sitzungen keine Ahnung hatte, worüber der Vortragende überhaupt sprach. Ich tat allerdings nicht so, als würde ich es verstehen. Vielmehr unterbrach ich den Redner und bat ihn um eine Übersetzung in gewöhnliches Englisch. Das war unangenehm, aber die Mitarbeiter kapierten es bald.

Hier einige der besonders verbreiteten und besonders interessanten IBM-Spezialausdrücke:

Crisp up, Tweak, and Swizzle: Eine Präsentationsfolie aufpolieren.
Boil the Ocean: Himmel und Hölle in Bewegung setzen.
Down-Level: Hier ist die Rede von einem Dokument, das mittlerweile aufpoliert wurde; die Formulierung wird meist im Gespräch mit mir verwendet, wenn ich mich über etwas beschwert habe: »Lou, Sie arbeiten mit einer ›down-level‹-Version.«

Level-Set: Zu Beginn einer Sitzung wird ein gemeinsames Niveau festgelegt.
Take it Off-Line: Ein schwieriges Thema nimmt man aus der Schußlinie – und berät nach der Sitzung darüber.
Hard Stop: Wenn eine Sitzung unbedingt beendet werden muß, zieht man die Handbremse. (Ich habe den Ausdruck liebgewonnen und verwende ihn bis heute.)
One-Performer: Ein Spitzenstar, der die höchstmögliche Leistungsbewertung erreicht hat.
Management-Initiated Separation: Gefeuert werden, das Akronym dafür lautet: »Ich bin geMISt worden.«
Left the Business: Ein Mitarbeiter, der gefeuert wurde, hat das Unternehmen verlassen.
Measured Mile: Ein Mitarbeiter, der wahrscheinlich im Laufe des nächsten Jahres das Unternehmen verlassen muß, hat »Kilometerbegrenzung«.
Pushback: Das erleben Sie, wenn Sie auf jemanden stoßen, der nicht mit Ihren Ansichten übereinstimmt.
Nonconcur: Das geht dem »pushback« voraus.
Lobs: Lines of Business oder Geschäftsbereiche (nicht zu verwechseln mit dem Fachbegriff beim Tennis).

Ich bin stets dafür eingetreten, eine klare Sprache zu sprechen, die die Kunden verstehen, ob es um Rechnungen, Verträge oder einfache Geschäftsbriefe geht. Daher fällte ich den Entschluß, die hausinterne Fachsprache abzuschaffen. 1993 schrieb ich in einer Hausmitteilung: »Wir nehmen diese Gelegenheit außerdem wahr, einigen unserer Geschäftsbereiche neue Bezeichnungen zu geben, damit die Terminologie für unsere Kunden verständlich ist (man kann das auch kundenfreundlich nennen). Ich werde nicht länger die Abkürzung LOB verwenden. Unsere produktorientierten Einheiten heißen von jetzt an Abteilungen.«

Beobachter von Prozessen

Kurz nachdem ich in das Unternehmen eingetreten war, bat ich einen sehr hochrangigen Manager, mir eine detaillierte Analyse eines Geschäftsbereichs zu liefern, in dem wir besonders viel Geld verloren. Ich tat das nicht nur, weil ich mir etwas von der Analyse versprach, ich wollte auch diesem sehr geschätzten Mitarbeiter auf den Zahn fühlen.

Drei Tage später fragte ich ihn, wie es denn mit der Arbeit vorangehe. Er erwiderte: »Ich werde das Team fragen und Ihnen dann Bescheid sagen.« Ende der Woche erhielt ich nochmals die gleiche Antwort. »Ich werde den Leiter des Teams fragen und Sie dann informieren« (was er später auch tat). Als sich das Spielchen zum dritten Mal wiederholte, meinte ich: »Sagen Sie mir doch einfach, wer die Arbeit tut, dann kann ich in Zukunft direkt mit ihm oder ihr sprechen.«

Wie ich feststellen mußte, betätigten sich die hochrangigen Manager oftmals ausschließlich als Aufsichtführende. Sie organisierten die Arbeit, dann warteten sie ab, und schließlich sahen sie sich das Ergebnis an. Am Anfang des Berufsweges mußte man selbst arbeiten, aber wenn man einmal die Spitze erreicht hatte, überwachte man nur noch die Arbeit der anderen. Ich hingegen stelle mir unter Führungskräften Menschen vor, die sich in Details einarbeiten, sich Tag für Tag mit Problemen auseinandersetzen und durch ihr Beispiel, nicht aufgrund ihrer Position in der Hierarchie, den Weg weisen. Sie betrachten das Ergebnis als ihre eigene Sache und übernehmen dafür die Verantwortung. Sie sehen ihre Aufgabe darin, die Dinge voranzutreiben, sie halten sich nicht nur für einen Namen in einer Rubrik ganz oben auf dem Diagramm der Organisation.

Als ich dem erwähnten hochrangigen Manager meine Erwartung darlegte, daß er sich direkt und aktiv an der Arbeit zur Lösung des anstehenden Problems beteiligen sollte, war er sprachlos. Das hatte er nicht gelernt, und das machte man damals nicht in der Firma. Der Vorfall öffnete mir die Augen. Ich hatte ein Heer von einzelnen Manager. Aber ich benötigte eine Führungsmannschaft.

Ich denke nicht, daß die leitenden Mitarbeiter von IBM ihre Tätigkeit in der Art dargestellt hätten, wie ich sie dargestellt habe. Sie spielten einfach die Rollen, die ihnen in der seit langem geltenden internen Kultur zufielen. So machte man es eben. Ich will damit keineswegs sagen, daß diese Mitarbeiter nicht intelligent und engagiert waren. Es handelte sich hier um Teilchen eines gewaltigen, komplizierten Mosaiks, das Handeln und Verhalten bestimmte. Kein anderes Bild ergab sich auch bei den überall zu findenden, einflußreichen Assistenten der Geschäftsleiter, beim »non-concur system« und bei der Aufgabenstellung der sogenannten »corporate officers«. (Bei IBM war es üblich, hochrangige Mitarbeiter zu »corporate officers« zu berufen. Der Titel wurde auf Lebenszeit verliehen, ähnlich wie bei einem Lehrstuhl an einer Universität. Was man danach leistete, war ohne Belang, man behielt den Rang auf jeden Fall.)

22 FÜHRUNG DURCH GRUNDSÄTZE

In einer Organisation, in der sich die Verfahrensweisen vollkommen von ihren Ursprüngen und den damaligen Absichten gelöst hatten und in der Vorschriften an die Stelle von persönlicher Verantwortung getreten waren, bestand die erste Aufgabe darin, diesem Zustand ein Ende zu bereiten. Ich mußte dafür sorgen, daß ein frischer Wind durch das ganze Unternehmen wehte. Daher entschloß ich mich zu einer Wende um hundertachtzig Grad: In Zukunft sollte es nur wenige Regeln, Vorschriften und festgelegte Verfahren geben.

Wir begannen mit einer Grundsatzerklärung. Warum Prinzipien? Weil ich der festen Überzeugung bin, daß alle Unternehmen, die Außerordentliches leisten, durch Grundsätze geführt werden und nicht durch Verfahren. Entscheidungen müssen von Führungskräften gefällt werden, die die Haupttriebkräfte des Erfolgs im Unternehmen verstehen und die Prinzipien dann in einer gegebenen Situation mit praktischer Vernunft, Können und einem Gefühl für ihre Relevanz in der gegebenen Situation anwenden.

»Aber wie steht es mit ethischen Glaubenssätzen?« werden Sie möglicherweise fragen. »Konnten sie nicht wieder zum Leben erweckt und in die Art von Prinzipien verwandelt werden, von denen hier die Rede ist?« Bedauerlicherweise lautet die Antwort auf diese Frage nein. Zur Zeit der Watsons haben die Glaubenssätze gewiß auf diese Weise funktioniert, und das galt auch noch viele Jahrzehnte danach. Aber im Laufe der Zeit degenerierten die anfangs ganz hervorragenden Prinzipien so weit, daß sie praktisch nicht mehr wiederzuerkennen waren. Bestenfalls handelte es sich jetzt um Moralpredigten. Wir brauchten mehr, wir brauchten praktisch anwendbare Grundsätze.

Im September 1993 formulierte ich acht Prinzipien als Grundlage der neuen Kultur von IBM. Ich sorgte dafür, daß alle IBM-Mitarbeiter weltweit sie unter Hinweis auf ihre besondere Bedeutung erhielten. Wenn ich sie heute noch einmal lese, bin ich überrascht, wie gut sie den kulturellen Wandel der folgenden zehn Jahre erfassen.

Hier folgen die Prinzipien und jeweils eine Kurzfassung meiner Erläuterungen dazu:

1. Der Markt ist die treibende Kraft hinter allem, was wir tun.
IBM beschäftigte sich zu sehr mit seinen eigenen Vorstellungen davon, welche Arten von Geschäften wir betreiben sollten und auf welche Weise. Das ist in der Tat ein Problem, das sich der gesamten Branche stellt. Uns allen ist vorzuwerfen, daß wir eine verwirrende Technologie hervorbringen und sie dann schnellstens für überholt erklären. IBM muß sich darauf konzentrieren, den Kunden zu dienen, und dadurch im Wettbewerb den Sieg davontragen. Der Erfolg eines Unternehmens steht und fällt mit dem erfolgreichen Umgang mit Kunden, dazu gibt es keine Alternative.

2. Wir sind im Kern ein Technologieunternehmen und in höchstem Maße der Qualität verpflichtet.
Es werden viele Diskussionen geführt, welche Art von Unternehmen wir sind und sein sollten. Das ist überflüssig, denn die Antwort ist klar: Unsere größte Stärke ist von jeher die Technik. Wir müssen unser Wissen auf diesem Gebiet einfach auf die Entwicklung von Produkten konzentrieren, die vor allem den Bedürfnissen unserer Kunden dienen. Die Gewinne werden in alle anderen Bereiche unserer Firma einschließlich Hardware, Software und Dienstleistungen fließen.

3. Unsere wichtigsten Erfolgsmaßstäbe sind Kundenzufriedenheit und Shareholder Value.
Dies bringt auf eine andere Weise zum Ausdruck, daß wir über die Grenzen unseres Unternehmens hinausblicken müssen. Während

meines ersten Jahres bei IBM fragten mich viele, und ganz besonders viele Wall-Street-Analysten, wie denn der Erfolg von IBM bei der Umstrukturierung zu messen sei – dabei dachten sie an Umsatzrenditen, Ertragswachstum und dergleichen. Der beste Maßstab, den ich kenne, ist ein steigender Aktienkurs. Außerdem ist kein Unternehmen finanziell oder in anderer Hinsicht ohne zufriedene Kunden erfolgreich.

4. Wir arbeiten als eine unternehmerische Organisation mit einem Minimum an Bürokratie und im ständigen Streben nach höherer Produktivität.
Es wird uns nicht leichtfallen, aber der neue, rasend beschleunigte Markt verlangt von uns, daß wir unsere Methoden ändern. Die Firmen mit dem besten unternehmerischen Geist stellen sich Neuerungen, gehen vernünftige Risiken ein und verhalten sich wachstumsorientiert, sie bauen bestehende Geschäftszweige aus und entdecken neue. Das ist genau die Haltung, die wir bei IBM benötigen. IBM muß sich schneller bewegen, effizienter arbeiten und auf kluge Art Geld ausgeben.

5. Wir dürfen unser strategisches Fernziel nicht aus den Augen verlieren.
Will ein Unternehmen Erfolg haben, so muß es unbedingt einen Sinn für Aufgaben und Ziele besitzen. Man weiß dann – ganz gleich, wer man ist und was man tut –, wie man sich einbringt und daß das, was man tut, wichtig ist.

6. Wir denken und handeln im Bewußtsein der Dringlichkeit.
Ich nenne das gern »konstruktive Ungeduld«. Unsere Stärken sind Forschung, Studien, Gremien und Debatten. Aber in dieser Branche und zu dieser Zeit ist Tempo oft wichtiger als Einsicht. Planung und Analyse sind keinesfalls überflüssig – sie dürfen nur nicht dazu führen, daß man heute nicht erledigt, was *jetzt* fällig ist.

7. Hervorragende, engagierte Menschen bringen alles in Bewegung, besonders wenn sie als Mannschaft zusammenarbeiten.
Die beste Methode, Bürokratie und Revierkämpfen ein Ende zu

bereiten, besteht darin, jeden wissen zu lassen, daß wir Teamwork hochschätzen – und belohnen, ganz besonders dann, wenn sich die gemeinsame Arbeit darauf konzentriert, unseren Kunden hochwertige Güter zu liefern.

8. Wir achten auf die Bedürfnisse all unserer Mitarbeiter und der Gemeinwesen, in denen wir arbeiten.
Das ist nicht nur ein Lippenbekenntnis. Wir wollen, daß unsere Leute den Freiraum und die Ressourcen haben, die sie brauchen, um zu wachsen. Und wir wollen, daß es den Gemeinwesen, in denen wir unsere Geschäfte betreiben, besser geht, weil wir da sind.

Diese acht Grundsätze waren ein wichtiger erster Schritt – nicht nur, um die Prioritäten der neuen IBM zu definieren, sondern auch, um die Vorstellung von Führung durch Verfahren insgesamt anzugreifen. Aber jener erste Schritt würde nicht viel nützen, wenn es uns nicht gelang, die neuen Prinzipien gewissermaßen in den Genen der Mitarbeiter von IBM zu verankern. Ganz offensichtlich reichten Ermunterung und Analyse hierfür nicht aus.

Was sind die Hebel der Motivation? Was kann ein CEO – und das gilt genauso für einen Regierungschef und einen Universitätspräsidenten – tun, um die Einstellungen, Verhaltensweisen und das *Denken* seiner Leute zu verändern? Selbstverständlich haben unterschiedliche Menschen unterschiedliche Motive. Bei einigen steht Geld an erster Stelle, bei anderen der berufliche Aufstieg, bei manchen auch Anerkennung. Für einige ist die wichtigste Triebkraft Angst – oder Zorn. Es gibt noch viele weitere Motive; es kann das Lernen sein, die Möglichkeit, etwas zu bewirken, oder mit ansehen zu können, wie die eigenen Bemühungen konkrete Resultate zeitigen. Die meisten Menschen kann man aufrütteln, indem man Untergangsszenarien ausmalt. Aber am meisten kann man erreichen, wenn man ihnen eine überzeugende Zukunftsvision vermittelt.

Im Laufe der letzten zehn Jahre habe ich so ziemlich alle Hebel bedient.

Die Führungsmannschaft aufwecken

Im Frühjahr 1994 veranstaltete ich meine erste Konferenz für das leitende Management in einem Hotel in Westchester County im Bundesstaat New York. Es kamen etwa vierhundertzwanzig Manager aus aller Welt, sie vertraten alle Unternehmensteile (und auf den Parkplätzen lauerten ein paar Journalisten – vergeblich – auf Nachrichten). Ich verfolgte ein Ziel, das wichtiger war als alle anderen: Diese Gruppe sollte dazu angeregt werden, ihre Talente und Bemühungen auf Anliegen außerhalb des Unternehmens zu konzentrieren – nicht auf interne Kämpfe.

Der entscheidende Teil meiner Rede begann mit zwei Schaubildern: bei einem ging es um Kundenzufriedenheit, bei dem anderen um Marktanteile. Das zweite Diagramm war alarmierend – wir hatten seit 1985 mehr als die Hälfte unseres Marktanteils verloren, und das in einer Branche, die sehr schnell wuchs. Das Thema Kundenzufriedenheit war nicht weniger deprimierend. Wir lagen in unserer Branche auf dem elften Platz und blieben damit sogar noch hinter einigen Firmen zurück, die es inzwischen gar nicht mehr gibt! Ich faßte diese beiden Momentaufnahmen unserer Leistung als Konzern so zusammen: »Auf dem Markt kriegen wir ständig einen Tritt in den Hintern. Andere machen uns das Geschäft kaputt. In Zukunft möchte ich einmal anderen in den Hintern treten – nämlich unseren Konkurrenten. Hier geht es nicht um Kleinigkeiten. Wir müssen uns wieder auf den Markt hinauswagen und knochenhart zurückschlagen. Ich kann Ihnen versichern, unsere Konkurrenten konzentrieren sich irrsinnig auf diese Schaubilder, sie sprechen ständig schlecht über uns.«

Ich zeigte Fotos der CEOs unserer wichtigsten Konkurrenten. Es handelte sich um die üblichen Verdächtigen – Gates, McNealy, Ellison und ihresgleichen. Dann las ich Zitate von ihnen vor, in denen IBM schlechtgemacht wurde, sie weideten sich geradezu an unserem Niedergang und stellten unsere Bedeutung für die Branche in Frage. Als Beispiel hier ein Ausspruch von Larry Ellison: »IBM? Über diese Burschen denken wir nicht einmal mehr nach. Sie sind nicht tot, aber sie zählen nicht mehr.«

Ich fragte die versammelten Manager: »Was ist Ihrer Ansicht

nach mit all den Marktanteilen passiert?« Und ich gab die Antwort: »Diese Kerle haben sie uns weggenommen. Ich weiß nicht, wie Sie das sehen, aber mir gefällt es nicht. Es macht mich wütend, wenn ich mit anhören muß, wie so etwas über unser Unternehmen gesagt wird. Jedesmal, wenn Visa eine Anzeige veröffentlicht hat, in der American Express angegriffen wurde, wußte ich genau, was am nächsten Tag passieren würde. Bei uns waren alle aus dem Häuschen. Der Chefsyndikus holte Verstärkung zu Hilfe, um die Leute davon abzuhalten, Dinge zu tun, die sie besser bleiben ließen. Ich mußte meine Truppen nicht scharf machen. Ich mußte verhindern, daß sie zu weit gingen.

Wie Sie wissen, habe ich Tausende von E-Mails bekommen, seitdem ich in diesem Unternehmen tätig bin, und ich habe sie alle gelesen. Ich will Ihnen ganz deutlich sagen, daß ich mich nicht an eine einzige Mail – ich betone *nicht eine* – erinnern kann, die sich mit Leidenschaft gegen unsere Konkurrenz wandte. Tausende äußerten sich leidenschaftlich über andere Teile von IBM. Wir müssen uns in einen gewissen Kollektivzorn hineinsteigern über das, was unsere Konkurrenten über uns sagen, auch über das, was sie uns auf dem Markt antun. Die Lust, den Wettbewerb aufzunehmen, muß aus dem Bauch kommen, nicht vom Kopf. Sie muß ihren Platz in unseren Eingeweiden haben, nicht in unseren Hirnen. Die anderen dringen in unser Haus ein und nehmen uns das Geld weg, das wir für die Ausbildung unserer Kinder und Enkel brauchen. Genau das tun sie.

Einhundertfünfundzwanzigtausend IBM-Mitarbeiter sind gegangen. Sie haben ihre Jobs verloren. Wer hat ihnen das angetan? War es der liebe Gott? Die Kerle von der Konkurrenz sind bei uns eingebrochen und haben uns verdroschen. Sie haben uns Marktanteile weggenommen und haben dem Unternehmen Kummer bereitet. Nicht irgend jemand hat das getan, sondern bestimmte Leute haben mit sehr viel Sorgfalt Pläne geschmiedet, um unser Geschäft kaputtzumachen.«

Ich brachte meine Enttäuschung und Bestürzung über das ständige Versagen bei Durchführung und Umsetzung zum Ausdruck sowie über die mangelnde Bereitschaft, daran etwas zu ändern.

»Wir verlangen weder vollständige Erledigung von Aufgaben

noch Nachkontrolle. Wir setzen keine Endtermine. Und wenn wir es doch tun und sie nicht eingehalten werden, dann stellen wir keine Fragen. Aber wir bilden Arbeitsgruppen, und die rufen weitere Arbeitsgruppen ins Leben. Wir führen nichts zu Ende, weil wir uns dessen nicht bewußt sind, daß das, was draußen [außerhalb des Unternehmens] zählt, wichtiger ist als das, was drinnen zählt. Bei IBM kämpfen zu viele gegen den Wandel an, wenn er nicht in ihrem persönlichen Interesse liegt. Im Vokabular von IBM gibt es ein sehr wichtiges Wort. Ich habe es noch nie in einem anderen Unternehmen gehört. Das Wort heißt ›pushback‹. Entscheidungen werden allem Anschein nach als Vorschläge begriffen. Seit ich hier bin, habe ich Leute kennengelernt, die über Jahre gegen Entscheidungen ankämpfen – und unterdessen schrumpft unser Marktanteil immer weiter.

Wenn es um den Marktanteil und um die Zufriedenheit der Kunden so bestellt ist, dann ist einfach nicht mehr viel Zeit, um Diskussionen zu führen. Wir müssen uns nach draußen bewegen und uns daranmachen, den Markt zurückzuerobern. In Zukunft müssen wir eine leistungsorientierte Unternehmenskultur entwickeln. Ich kümmere mich persönlich um die Besetzung sämtlicher neuen Schlüsselstellungen in der Firma, denn ich halte nach Leuten Ausschau, die etwas in Gang setzen und nicht abwarten und diskutieren, während die Dinge ihren Lauf nehmen.«

Ich teilte dann meine Ansichten über unsere Chancen und Aussichten mit. Ich sagte, ich hielte die in diesem Saal Anwesenden für die beste Versammlung von Talenten in irgendeinem Unternehmen und irgendeiner Branche, und nach einem Jahr Tätigkeit in meinem neuen Job sei ich davon überzeugt, daß IBM tatsächlich ein unerschöpfliches Potential besitze – aber wir müßten uns den Herausforderungen stellen, die ich dargelegt hätte. Dann skizzierte ich die Verhaltensänderungen, die wir in unserer Kultur durchzusetzen hätten (siehe unten).

»In meinem Sprachschatz existieren keine Wenns«, sagte ich. »Wir werden es anpacken. Wir werden gemeinsam handeln. Aus den hier Versammelten werden wir eine Gemeinschaft von Veränderern machen – Leute, die von dem Gefühl der Eignung und der Chance erfüllt sind, was uns selbst und all unsere Kollegen betrifft.

Wer von Ihnen sich bei dieser Vorstellung unbehaglich fühlt, sollte sich nach etwas anderem umsehen. All jene aber, die sich von diesen Aussichten mitreißen lassen, heiße ich im Team willkommen, denn allein kann ich es ganz bestimmt nicht schaffen.«

Erforderliche Verhaltensänderungen

Von	Zu
Produkt raus (Ich sage Ihnen, was Sie brauchen)	Kunde rein (denken wie die Kunden)
Es auf meine Art tun	Es nach Art des Kunden tun (echten Service bieten)
Nach moralischen Grundsätzen führen	Erfolgsorientiert führen
Entscheidungen auf der Grundlage von Anekdoten und Mythen	Entscheidungen auf der Grundlage von Daten und Fakten
Beziehungsorientierung	Leistungsorientierung
Konformismus (politische Korrektheit)	Vielfalt von Ideen und Meinungen
Leute angreifen	Prozesse angreifen (*warum* fragen, nicht *wer*)
Ein guter Eindruck ist genausoviel wert oder mehr wert als gute Leistungen	Verantwortlichkeit (immer die Steine aus dem Weg räumen)
Amerikanische Herrschaft (Armonk)	Globales Teilen
Handeln nach Vorschriften	Handeln nach Grundsätzen
Ichbezogenheit (Silo-Prinzip)	Wir-Orientierung (das Ganze)
Analytische Sackgasse (100 % + x)	Entscheidungen fällen und sich vorwärts bewegen (80 % ± 20 %)
Alles selbst erfinden	Lernende Organisation
Geld nach dem Gießkannenprinzip verteilen	Prioritäten festlegen

Für meine Verhältnisse war das eine sehr emotionale Rede, und ich hoffte, mein Publikum habe sie auch so verstanden. Viele Zuhörer hatten, da bin ich sicher, die Sitzung als Durchbruch empfunden –

das gilt gewiß für jene, die den Wandel herbeiführen wollten. Aber was war mit den anderen? Nun, immerhin brachten alle ihre Zustimmung zum Ausdruck. Aber aus Absichtserklärungen wirkliche Ergebnisse zu machen, war eine ganz andere Sache.

Tatsächlich habe ich in den darauffolgenden Wochen und Monaten erfahren, daß zwar die meisten Führungskräfte auf meiner Seite standen, einige aber einfach erschüttert waren. Nicht so sehr meine Vorstellungen und Mitteilungen schockierten sie. Es war die Art, wie ich sie vortrug – meine Leidenschaft, mein Zorn, meine Direktheit (»in den Hintern treten« beispielsweise und »unser Geschäft kaputtmachen«). Das entsprach nicht dem Stil, den man bei IBM gewohnt war, das erwartete man nicht von einem CEO.

Ich war nicht überrascht – und ich bedauerte auch nichts. Ich hatte mich bewußt dafür entschieden, meine Zuhörer aufzurütteln. Nichts hatte ich bloß um des dramatischen Effekts willen getan. Ja, IBM benötigte eine gewisses Maß an Schocktherapie und eine Überprüfung auf Herz und Nieren. Aber noch dringender war ich auf eine Führungsmannschaft angewiesen, die mich verstand – und ich wußte, nur wenige würden je die Chance haben, unmittelbar mit mir zusammenzuarbeiten. Aus allen möglichen Gründen, die erst in Zukunft ganz deutlich werden würden, mußte ich den Spitzenleuten von IBM meine kämpferische Seite zeigen.

Und das habe ich getan. Jeder, der mich kennt, weiß, daß ich keine Show abgezogen habe. Ich trete der Konkurrenz gern in den Hintern. Und wenn ich etwas hasse, dann ist es zu verlieren.

Ein neuer Weg für Führungskräfte

Kurz nach dieser Veranstaltung kam Bewegung in das Unternehmen. Ich konnte ein wenig Erregung und Hoffnung spüren. Einige Spitzenmanager zeigten erste Anzeichen der Art von persönlicher Führungsstärke und Engagement für den Wandel, die ich sehen wollte.

Diesen risikofreudigen Personen mußte ich Unterstützung und Ermutigung geben. Sie waren immer noch von einer Menge alter Bolschewiken eingekesselt, die sich nach dem System von gestern zurücksehnten. Jene, die bereit waren, Risiken einzugehen, benötigten ein Symbol und eine Struktur zu ihrer Bestätigung.

Das geschah im Februar 1995 mit der Bildung der Senior Leadership Group (SLG). Ihre Hauptaufgabe war, die Aufmerksamkeit auf die Themen Führung und Wandel zu lenken. Wir trafen uns einmal im Jahr für mehrere Tage und erörterten die Unternehmensstrategie, aber ebensoviel Zeit widmeten wir dem Thema Führung.

Angesichts der symbolischen Bedeutung dieses Forums – und der Notwendigkeit, ständig frische Gedanken in das Gremium einfließen zu lassen – gelangte ich zu der Entscheidung, daß es hier keine automatischen Mitgliedschaften aufgrund von Titel und Rang geben sollte. Ich wollte lebendige, greifbare Vorbilder haben – ohne Rücksicht auf ihre Stellung in der Firmenhierarchie und auf die Zahl der Mitarbeiter, die ihnen unterstanden. Ein großer Softwaredesigner, ein wichtiger Marketingmann oder ein bedeutender Produktentwickler konnten ebenso eine Führungspersönlichkeit sein wie ein Senior Vice President.

Die Größe spielte eine Rolle. Die fünfunddreißig Führungskräfte, mit denen ich mich regelmäßig traf, waren zuwenig – doch die vierhundertzwanzig, die bei jener ersten Begegnung dabeiwaren, waren zuviel. Ich beschloß, die Zahl auf dreihundert zu begrenzen. Niemand sollte dem Gremium auf Dauer angehören. Jedes Jahr sollte eine Auswahl stattfinden: Mein Top Executive Team sollte zusammentreten und die Gruppe neu konstituieren. Es sollten einzelne zur Mitgliedschaft vorgeschlagen werden, sie mußten allerdings die Unterstützung der gesamten Führungsmannschaft haben. Jede Ernennung eines neuen SLG-Mitgliedes bedeutete automatisch, daß ein altes Mitglied zuvor ausgeschieden war; es kam aber auch vor, daß man jemandem mitteilte, er arbeite nicht mehr in der Weise mit, die unseren Erwartungen an SLG-Mitglieder entsprach. Es ist unglaublich, aber wahr: Viele, die zu dieser letzten Gruppe gehörten, waren zwar sehr enttäuscht, machten aber mit unserer Ermutigung weiter.

Es gab also viel Wechsel in der Gruppe, und das war segensreich. Von den ursprünglichen Mitgliedern der Senior Leadership Group waren bei unserem Treffen im März 2002 noch einundsiebzig übrig.

Die hohe Umschlagsgeschwindigkeit an der Spitze – verbunden mit dem frühen, sehr sichtbaren Ausscheiden von Führungskräften, die nicht im Team mitspielen konnten oder wollten – war wichtig, um die Unerläßlichkeit des Wandels deutlich zu machen. Nichts kann eine kulturelle Transformation schneller zum Stocken bringen als ein CEO, der es einer Führungskraft – und sei sie noch so erfolgreich – gestattet, das neue Verhaltensmodell zu unterlaufen.

Es war mir sehr wichtig, Führungskräfte zu fördern und zu belohnen, die die neue Kultur annahmen. An alle Nachwuchsmanager schickte ich eine Mitteilung, die deutlich machte, daß der Weg zum Erfolg nun durch eine andere Landschaft führen würde.

Insbesondere wollten viele wissen, wie sie es schaffen könnten, eines Tages in die SLG zu gelangen. Die Antwort bestand darin, eine Reihe Eigenschaften festzulegen, die wir bei allen unseren Führungskräften erwarteten; wir faßten sie unter dem Titel »IBM-Führungskompetenzen« zusammen. So wie ich den Übergang von prozessorientierter Führung zu einem Ansatz angestrebt hatte, der sich auf allgemeine Grundsätze stützte – und es den einzelnen gestattete, die Prinzipien je nach Situation auf ihre eigene Weise anzuwenden –, so beschrieben unsere Führungskompetenzen einige wesentliche Voraussetzungen für einen effektiven, vielgestaltigen Leitungskader mit unterschiedlichen Stilen, Persönlichkeiten und Ansätzen.

Die Kompetenzen (siehe unten) wurden zur Grundlage für die Bewertung jedes leitenden Angestellten im Unternehmen. Es dauerte nicht lange, da hatten alle erkannt, daß hier das Geheimnis des Aufstiegs in der neuen IBM lag.

Außerdem mußten alle leitenden Angestellten, auch jene, die mir direkt unterstanden, noch einmal drei Tage »die Schulbank drücken«. Sie mußten mit ausgebildeten Beratern trainieren zu erkennen, wie sie von ihren Kollegen im Hinblick auf ihre Kompetenzen gesehen wurden. Außerdem sollten sie auf ihre Person zugeschnittene Programme entwickeln, wie sie ihre Fähigkeiten steigern konnten.

Obwohl ich die Grundsätze aktiv verbreitete und unsere Managementausbildung und unsere Leistungsbeurteilung an den Führungskompetenzen orientierte, war die neue Art, die Dinge anzugehen, weit weniger stark kodifiziert als das alte System. So sollte es in meinen Augen auch bleiben – und das führte zu einem deutlichen Wandel beim Verhalten und der Fokussierung unserer Führung (ganz zu schweigen von der nützlichen Zermürbung bei all jenen, die die neuen Methoden unannehmbar fanden).

IBM-Führungskompetenzen

Konzentration auf das Gewinnen
- Die Kunden kennen
- Durchbrüche anstreben
- Leistung wollen

Mobilisieren für die Durchführung
- Ein Team führen
- Offen sprechen
- Im Team arbeiten
- Klare Entscheidungen fällen

Den Schwung behalten
- Organisatorische Befähigung aufbauen
- Andere fördern
- Persönliche Hingabe zeigen

Der Kern
- Leidenschaft für das Geschäft

Es auch wirklich umsetzen

Doch mußte ich nach einiger Zeit feststellen, daß der kulturelle Wandel in eine Sackgasse geriet. Das Problem tauchte nicht unerwartet auf; es zeigte sich vielmehr sehr häufig bei der Wiederbelebung von Institutionen. Immer mehr IBM-Mitarbeiter bekannten sich zu den neuen Strategien und versicherten, sie schätzten die Verhaltensweisen, die wir benötigten, um diese Strategien zu realisieren. Aber all dies blieb mehr oder weniger eine intellektuelle Übung. Die Menschen glaubten an die neue IBM, wurden aber beurteilt und bezahlt – und arbeiteten auch noch weiter so – als befänden sie sich immer noch in der alten IBM.

Ich mußte unsere neuen Prinzipien aus dem Elfenbeinturm herausholen und für alle Mitarbeiter zu einer lebendigen Angelegenheit machen. Zu diesem Zweck mußte ich sie vereinfachen und mit dem in Zusammenhang bringen, was unsere Mitarbeiter Tag für Tag taten. Und da die Menschen nicht das tun, was man von ihnen erwartet, sondern das, was kontrolliert wird, mußte ich eine neue Methode finden, die Ergebnisse zu messen.

Wie notwendig mehr Einfachheit war, wurde mir erstmals Ende 1994 nach einem Gespräch mit einem meiner Kollegen klar. Er sagte zu mir: »Über das Wochenende habe ich nachgezählt, es gibt etwa zwei Dutzend Punkte, die mir am Morgen beim Aufwachen einfallen sollen und auf die ich mich konzentrieren soll. Ich schaffe das nicht. Dafür bin ich nicht gut genug. Was sollen die Leute denn wirklich Ihrer Ansicht nach tun?«

Ich dachte an die Konferenz mit den höheren Führungskräften, die zu einem früheren Zeitpunkt in jenem Jahr stattgefunden hatte, und hatte sofort die Antwort parat: »Siegen, handeln und Teamarbeit.« In diesen drei Begriffen waren die Verpflichtungen enthalten, die ich in jener Sitzung proklamiert hatte – und sie faßten meiner Meinung nach die wichtigsten Kriterien zusammen, die alle Mitarbeiter zugrunde legen mußten, wenn sie ihre Ziele bestimmten. Sie würden das Fundament unserer neuen Kultur bilden. Das war kein leeres Anfeuerungsgeschrei. Für mich hatte jedes einzelne Wort eine ganz präzise Bedeutung:

- **Siegen:** Alle IBM-Mitarbeiter müssen unbedingt verstehen, daß es im Geschäftsleben um Konkurrenz geht. Es gibt Sieger und Verlierer. In der neuen IBM würde für niemand Platz sein, dem es an Kampfbereitschaft mangelte. Viel wichtiger aber war: Der Gegner ist *draußen*, nicht in einem anderen Firmengebäude in Armonk. Wir mußten den Markt zur Antriebskraft all unseres Handelns, unseres gesamten Verhaltens machen.
- **Handeln:** Hier ging es um Tempo und Disziplin. Es mußte Schluß sein mit dem Perfektionswahn, der dazu geführt hatte, daß wir Marktchancen nicht wahrnahmen und andere aus unseren Entdeckungen Kapital schlagen konnten. Es durfte nicht weiter so sein, daß wir die Dinge endlos analysierten. In der neuen IBM engagierten sich erfolgreiche Leute dafür, daß die Dinge – schnell und effektiv – getan wurden.
- **Teamarbeit:** Dies war die Verpflichtung darauf, daß wir schlicht und einfach als *eine* IBM handelten.

»Siegen, handeln und Teamarbeit« war zunächst nicht viel mehr als eine Beschwörungsformel – die durch vielfältige Kanäle innerhalb der Firma verbreitet wurde –, und sie nahm schließlich die Form eines neuen Leistungsmanagementsystems an. Jedes Jahr gingen alle IBM-Mitarbeiter im Rahmen unserer Jahresplanung persönliche betriebliche Verpflichtungen (Personal Business Commitments, PBCs) ein, darin listeten sie auf, was sie im bevorstehenden Jahr konkret zu unternehmen beabsichtigten, um die Verpflichtungen zu erfüllen. Die konkreten Ziele unterschieden sich selbstverständlich von Tätigkeit zu Tätigkeit, aber das Grundmuster war einheitlich. Und das PBC-Programm war kein Papiertiger. Die Leistungen wurden an den Verpflichtungen gemessen, und das war der Schlüssel für die festen und variablen Bezüge.

Natürlich ließen sich die Dinge letzten Endes nur durch persönliche Führung in Bewegung bringen – und das betraf nicht nur mich, sondern Hunderte von Mitarbeitern, die glücklich waren, daß sie die alten Zwänge und Verhaltensmuster zugunsten eines neuen kulturellen Modells abstreifen konnten. Viele fühlten sich offensichtlich erleichtert, weil sie von einem geradezu absurd starren System befreit waren.

In diesem Zusammenhang verdient ein Mann besondere Erwähnung. Nachdem es mir zunächst nicht gelungen war, einen neuen Personalchef zu finden, engagierte ich Tom Bouchard, der zuvor die Personalabteilung von U. S. West Inc. und davor die von United Technologies Corporation geleitet hatte. Beim Anblick von Tom denkt man sofort an eine Bulldogge: ein intelligenter, cleverer, praktischer und fleißiger Manager. Er war nicht der Typ, den man gewöhnlich in einer Personalabteilung erwartet, sondern ein höchst praktisch orientierter Geschäftsmann. Mehr als irgend jemand sonst hat er den kulturellen Wandel in unserem Unternehmen vorangetrieben, und dafür verdient er Anerkennung als einer der Helden des Umbaus von IBM.

Unsere Mondmission

Je weiter man in die Zukunft schreitet, um so rosiger erscheint einem die Vergangenheit. Jemand hat einmal gesagt, die einzigen Paradiese, die wir kennen, seien jene, die wir verloren hätten. Ich bin überzeugt, dieser Jemand hat in einem legendenumwobenen Wirtschaftsimperium wie IBM gearbeitet.

Das Goldene Zeitalter der Firma – zum großen Teil eine Realität, zum Teil aber auch eine Legende – spielte in der Phantasie und den Herzen einiger IBM-Mitarbeiter eine so bedeutende Rolle, daß sie sich jede Veränderung nur als Wandel zum Schlimmeren vorstellen konnten. Sie wünschten, daß die Zeit stehenbliebe, sie wollten den Realitäten des Marktes und des gesellschaftlichen Wandels Einhalt gebieten.

Unser wichtigster Verbündeter bei der Überwindung der Vergangenheit war, wie sich herausstellte, der steile Absturz von IBM. Ich wußte jedoch, daß die Erinnerung daran nicht ewig anhalten würde. Daher entschied ich mich, entgegen der Gepflogenheit in der Firma, stets ein fröhliches Gesicht zu machen, die Dinge optimistisch darzustellen und so schnell wie möglich den Turnaround für abgeschlossen zu erklären, die Krise im Zentrum aller Bemühungen zu halten – und dies nicht aus Verantwortungslosigkeit. Ich hatte durchaus nicht vor, Panik zu erzeugen. Aber ich wollte auch nicht, daß das Wissen um den Ernst der Lage zu schnell verlorenging.

Es kam jedoch eine Zeit, da war allen klar, daß für das Unternehmen die Krise auf Leben und Tod vorbei war. Die Aussicht auf den drohenden Untergang hatte den IBM-Mitarbeitern geholfen, mit der Vergangenheit zu brechen. Wie waren wir für die Zukunft gerüstet? Die Antwort brachte unsere Strategie des E-Business. Ich habe sie bereits als integrierendes Programm für das Unternehmen auf strategischem und operativem Niveau beschrieben, und all das war sie auch. Aber der Reiz des E-Business war für mich tatsächlich noch größer, angesichts dessen, was es intern – für unsere Mitarbeiter – leisten konnte.

Ich entschied, das E-Business zu unserer »Reise zum Mond« zu erklären, unserer belebenden Mission, zum Äquivalent von System/360 für ein neues Zeitalter. Wir haben alles damit durchtränkt, nicht nur unsere Werbung und Produktplanung, unsere Forschungsprogramme und Kundentreffen, sondern auch unsere Kommunikation und unsere Arbeitsweise – das reichte von meinen E-Mails, Interviews und Besuchen bis zu der Methode, unsere innere Veränderung zu messen. Es stellte einen starken Bezugsrahmen für all unsere Geschäfte dar. Es verlieh uns ein marktorientiertes Sendungsbewußtsein und eine neue Grundlage für unser eigenes Verhalten und Handeln – kurzum: Kultur.

Am wichtigsten war jedoch der Blick nach draußen. Wir konzentrierten uns nicht länger auf Selbstbespiegelung. Es ging uns darum, wieder den Kurs für die gesamte Branche zu bestimmen. Unsere interne Diskussion verlagerte sich von der Frage »Was wollen wir sein?« zu der Frage »Was wollen wir tun?«.

Ständige Selbsterneuerung

Bald nach meinem Eintritt bei IBM gelangte ich zu der Erkenntnis, daß es in der Kultur dieses Unternehmens gewaltige Stärken gab – und gibt –, Besonderheiten, die niemand verlieren möchte. Wenn wir die schlechten Stellen herausschneiden und die guten Elemente wieder zum Leben erwecken könnten, wäre das Ergebnis ein uneinholbarer Wettbewerbsvorteil.

Während ich das schreibe, ist der Kampf noch nicht vorüber. Bei IBM hat sich tatsächlich ein tiefgreifender kultureller Wandel abgespielt. Die »new Blue« – verknüpft mit unserer E-Business-Strategie und konzentriert auf die vielversprechendsten Wachstumschancen des Marktes – wird bald abheben. Die IBM-Mitarbeiter sind engagiert, motiviert und stimuliert, wie sie es seit langem nicht gewesen sind. Der Marktführer IBM – der sich sehr stark vom Spitzenunternehmen IBM in einer früheren Zeit unterscheidet – beherrscht allmählich die Köpfe von über 300 000 der intelligentesten Menschen auf dem Planeten.

Wohin wird uns der Weg von hier führen? Eine von zwei Möglichkeiten wird in den nächsten fünf Jahren Gestalt annehmen:

- Vielleicht werden wir wieder in die Falle der Kodifizierung geraten. Siegen, handeln, Teamarbeit werden dann ebenso zu hohlen Phrasen werden wie die Glaubenssätze von einst. Das SLG wird dann dem Management Committee der Vergangenheit entsprechen.
- Es kann aber auch ganz anders kommen, dann werden wir den Kurs halten, unsere neu entdeckte Kompromißlosigkeit und Beweglichkeit bewahren. Vielleicht können wir eine kontinuierliche, unermüdliche Selbsterneuerung zu einem ständigen Merkmal unserer Unternehmenskultur machen.

Dergleichen haben nur wenige Institutionen über einen längeren Zeitraum zuwege gebracht. IBM hat durch eine Kombination von Umständen, Tradition und harter Arbeit – aber auch Glück – eine Position erreicht, in der es jetzt Vorhut einer neuen Art von Unternehmen ist: der erste Konzern, der sich bewußt von seiner Vergangenheit löst. In meinem letzten Brief an die Aktionäre im Jahresbericht 2001 habe ich einige typische Eigenschaften festgehalten:

> ... groß, aber schnell; risikobereit und diszipliniert; zugleich von der Wissenschaft und vom Markt angetrieben; in der Lage, im Weltmaßstab intellektuelles Kapital zu schaffen und es dem einzelnen Kunden zu liefern. Dieses neue Gebilde lernt kontinuierlich, ändert und erneuert sich selbst. Es ist unbeirrbar und zielorientiert – doch offen für neue Ideen. Es verabscheut Bürokratie, Heuchelei und Intrigen. Es weiß Resultate zu würdigen. Vor allem aber verlangt es Talent und Leidenschaft für alles, was es tut.

Aufbauend auf Jahrzehnten an Erfahrung, Wissen, Reife und Ansehen hat IBM in den letzten zehn Jahren nach und nach die Fähigkeit entwickelt, ein hohes Niveau an interner Komplexität und sogar offenen Widersprüchen zu bewältigen. Statt daß wir uns vor den Konflikten verstecken oder sie unterdrücken, lernen wir jetzt, damit umzugehen, ja sogar davon zu profitieren. Dieses Gleichgewicht kann nur erreicht werden, wenn ein Unternehmen ein starkes Selbstbewußtsein besitzt.

Es wird nicht einfach sein, das Gleichgewicht zu erhalten, aber ich bin optimistisch. In diesem ehedem schlafenden Giganten hat sich etwas geregt. Die Menschen im Unternehmen sind sich wieder bewußt geworden, wer sie sind, was sie sind, was sie leisten können. Ihr Stolz ist wieder da, ihre Hoffnung erneuert.

Außerdem wird uns der Markt, auf dem wir nun zu Hause sind, helfen – die am stärksten dynamische, umkämpfte, globale Ökonomie der Geschichte (ganz zu schweigen vom politischen, kulturellen und gesellschaftlichen Umfeld). Solange die IBM-Mitarbeiter sich nach außen orientieren, wird die Welt dafür sorgen, daß sie nicht den Boden unter den Füßen verlieren.

IV Gelernte Lektionen

Welche Erfahrungen habe ich in meiner Zeit bei IBM gemacht? Welche Lektionen habe ich im Laufe der mehr als drei Jahrzehnte in diesem Geschäft gelernt? Dies sind Fragen, die mir in letzter Zeit häufig untergekommen sind. Und ich stelle meiner Antwort stets dieselben Sorgen, dasselbe Zögern voran: Ich bin mir nie sicher gewesen, ob ich aus meinen Erfahrungen tatsächlich eine Handvoll Lektionen ziehen kann, die andere in ihren jeweiligen Situationen anwenden könnten.

Von dieser sehr pragmatischen Überlegung abgesehen, beschleichen mich mehr als leise Zweifel, ob das, was ich im Folgenden anzubieten habe, den Leser überraschen, erstaunen oder erfreuen wird, der auf der Suche nach so etwas ähnlichem wie einer Geheimformel ist oder einem Verzeichnis zeitloser Offenbarungen.

Das alltägliche Geschäftsleben hat mit Moden oder Wundern nichts zu tun. Es gibt fundamentale Punkte, die erfolgreiche Unternehmen und erfolgreiche Unternehmensführung charakterisieren.

- Sie sind zielorientiert.
- Die Durchführung ist ausgezeichnet.
- Sie setzen sehr stark auf persönliche Führung.

Diese drei Punkte sind zwar nicht unveränderlich, doch zumindest finden sie sich im Auf und Ab der Wirtschaftszyklen, der Veränderungen in der Führung eines bestimmten Unternehmens und in den technischen Revolutionen wie jener, die wir gerade mit dem Internet erlebt haben, durchgängig wieder. Sie treffen auf Unternehmen jeder Größe und jeder Art zu: kleine und große Firmen, öffentlich gehandelte und Non-Profit-Organisationen, Universitäten und teilweise auch Regierungen. Gegen Ende dieses Buches möchte ich auf einen letzten Punkt zu sprechen kommen, den man einzig in den größten und komplexesten Institutionen antrifft: Wie findet man die ausgewogene Balance zwischen Integration und Dezentralisierung?

23 DAS ZIEL IM BLICK – KENNE DEIN GESCHÄFT (UND LIEBE ES)

Nur wenige Menschen und wenige Institutionen würden zugeben, daß es ihnen an Fokussierung mangelt, selbst wenn ehrliche Selbstbewertung gefragt ist. Ich habe allerdings gelernt, daß mangelnde Fokussierung der am weitesten verbreitete Grund für die Mittelmäßigkeit eines Unternehmens ist. Sie zeigt sich in vielerlei Formen, vor allem in den folgenden Sätzen:

»Das Gras woanders ist grüner.«

Dies ist das gefährlichste Beispiel. In den fünfunddreißig Jahren meines Berufslebens habe ich viele Firmen gesehen, die dann, wenn es in ihrem Kerngeschäft hart wurde, beschlossen, ihr Glück auf anderen Gebieten zu suchen. Die Liste ist lang: Xerox steigt ins Finanzgeschäft ein, Coca-Cola in die Filmindustrie, Kodak in die Pharmabranche.

Ich erinnere mich noch, daß während meines Studiums an der Harvard Business School vor vierzig Jahren ein Professor für Marketing meinte, das Problem mit den Kutschenfabrikanten sei gewesen, daß sie glaubten, sie seien in der Kutschenbranche tätig und nicht in der Transportbranche. Er führte aus, daß manche Firmen sich häufig auf ein zu kleines Marktsegment konzentrierten und deshalb wichtige Veränderungen auf dem Markt übersähen. Gegen die Idee habe ich grundsätzlich nichts einzuwenden, doch möchte ich behaupten, daß es einer Kutschenfabrik sehr, sehr schwerfallen dürfte, Flugzeuge herzustellen.

Zu viele Manager scheuen vor den schweren Kämpfen zurück,

die bei der Wiederbelebung und Stärkung des Kerngeschäfts gefochten werden müssen – oder sie geben das Kerngeschäft zu schnell auf. Mit der in Kapitel 18 beschriebenen Entscheidung für das E-Business verließ IBM den Bereich dessen, was das Unternehmen seit jeher gut konnte – starke Großrechner bauen –, und es kaufte eine Telefongesellschaft (ROLM) hinzu. Als es in den achtziger Jahren im Kreditkarten- und Reisegeschäft schwierig wurde, versuchte der damalige CEO von American Express ins Kabelfernsehen, in die Unterhaltungsbranche und in den Buchmarkt einzusteigen. Natürlich brachte American Express keinerlei Qualifikationen für diese Branchen mit. 1985 kaufte Nabisco, einer der großen Nahrungsmittelproduzenten dieser Welt, eine Tabakfirma. Vierzehn Jahre später verkauften sie sie wieder, und das einzige, wirklich langfristige Ergebnis war, daß man die Nahrungsmittelsparte des Konzerns geschwächt hatte.

Aber genau das passiert üblicherweise, wenn eine Firma den Bereich ihrer Kernkompetenzen verläßt. Die Konkurrenz freut sich über diese mangelnde Fokussierung und wird daran verdienen. Und die Firma landet letztlich in einem noch tieferen Loch.

Tatsache ist, in den meisten Fällen verfügt eine Firma in ihrem Kerngeschäft über eine Reihe von konkurrenzfähigen Vorteilen. Es mag schwer sein, sehr schwer sogar, ein bestehendes Unternehmen neu auszurichten oder neu zu beleben. Aber glauben Sie mir, es ist erheblich einfacher, als eine ganze Firma auf ein vollkommen neues Feld zu setzen und dort Erfolg zu haben. Der gesunde Menschenverstand sagt es uns: Schuster, bleib bei deinen Leisten; tanze mit dem Partner, mit dem du zum Ball gekommen bist. Die Geschichte zeigt, daß wirklich große und erfolgreiche Firmen eine ständige und manchmal schwierige Selbsterneuerung des Kerngeschäfts durchmachen. Sie springen nicht in neue Becken, bei denen sie nicht wissen, wie tief sie sind und wie kalt das Wasser ist.

»Wir müssen wachsen, also kaufen wir etwas dazu.«

Eng verbunden mit der Konzentration auf den Ausbau des Kerngeschäfts ist die Fähigkeit, dem Übernahmefieber zu widerstehen. Es handelt sich dabei um eine ansteckende Krankheit, die nur allzu viele Manager befällt. Angesichts der Wahl, hart daran zu arbeiten, das Kerngeschäft zu sichern, oder lieber einen glanzvollen Zukauf abzuschließen und in den Wirtschaftssendungen von der gemeinsamen Zukunft zu schwärmen, setzen viel zuviele Manager auf letztere Alternative. Im Rückblick auf meine Jahre bei IBM steht für mich außer Zweifel, daß ein Gutteil unseres Erfolges all den Aufkäufen zu verdanken ist, die wir *nicht* getätigt haben. Zu der Liste der Firmen, die uns als Kandidaten vorgeschlagen wurden, gehörten unter anderem: MCI, Nortel, Compaq, SGI und Novell, dazu noch zahlreiche Telekomfirmen. Investmentbanker mit fertigen Übernahmeplänen in der Tasche standen allezeit bereit, um uns die mit Gold gepflasterte Straße zur wunderbaren Stadt Oz zu zeigen. Nicht eines dieser Geschäfte hätte funktioniert.

Ich könnte viele Geschichten von Investmentbankern erzählen, doch eine ist mir besonders lebhaft im Gedächtnis geblieben: der Vorschlag einer Bank, IBM solle Compaq Computer kaufen. Die Zusammenfassung dieser Transaktion, die gleich vorn in dem stets präsenten Blue Book aufgelistet war, zeigte den nach Abschluß des Geschäfts stetig steigenden Kurs der IBM-Aktien. Überrascht darüber, wie dieser Baum bis in den Himmel wachsen konnte, blätterte ich durch den Anhang und stellte fest, daß die Gewinne von IBM in den nächsten fünf Jahren (grob geschätzt 50 Milliarden Dollar nach Steuern) von dieser Transaktion aufgefressen würden und wir in der ganzen Zeit enorme Verluste einfahren sollten. Als ich meinen Finanzchef bat, den Banker doch einmal zu fragen, wie Investoren dies denn als positiv ansehen könnten, bekam ich als Antwort: »Den Investoren werden wir das schon schmackhaft machen.« Ach, wenn doch dieses Allheilmittel, das uns die Investmentbanker andrehen wollen, nur wirkte, dann bräuchten sich die CEOs keine Sorgen mehr zu machen und nicht einmal mehr zu arbeiten. Her mit den Golfschlägern!

In der realen Welt jedoch haben zahlreiche empirische Untersuchungen in den letzten zwanzig Jahren eines gezeigt: Die Wahrscheinlichkeit, daß sich ein Zukauf als Fehler herausstellt, überwiegt die Chancen eines Erfolges bei weitem. Das soll nicht heißen, daß Akquisitionen keinen Platz in einer guten Firmenstrategie haben sollten. Während meiner Zeit als CEO erwarb IBM neunzig

Firmen. Die erfolgreichsten Zukäufe waren jene, die sich wunderbar in einen organischen Wachstumsplan einfügten, Informix ist ein sehr gutes Beispiel dafür. Auf dem Sektor der Datenbanken lagen wir Kopf an Kopf mit Oracle. Informix, eine andere Datenbankfirma, hatte Schwung und Marktführerschaft verloren. Wir brauchten Informix nicht, um ins Datenbankengeschäft einzusteigen oder um eine schwache Position zu stärken. Allerdings konnten wir so eine Reihe von Kunden schneller und effektiver erreichen, als wenn wir eine Alleinstrategie verfolgt hätten.

Das gleiche galt für eine Reihe anderer Akquisitionen, bei denen wir im Grunde Technologie kauften, die wir auch selbst entwickelt hätten. Durch einen fokussierten Zukauf konnten wir unsere Kontrolle über die betreffende Technologie schneller erreichen. Mit anderen Worten: Akquisitionen, die sich in eine bestehende Strategie einfügen, haben die größten Erfolgschancen. Versuche, sich neue Positionen in neuen Märkten einzukaufen oder zwei sehr ähnliche Firmen zu verschmelzen, stecken voller Risiken.

Ein unerbittlicher Blick

Letzten Endes zeichnet ein erfolgreiches, konzentriertes Unternehmen aus, daß es ein gründliches Verständnis für die Bedürfnisse seiner Kunden, für seine Konkurrenz und die ökonomischen Realitäten entwickelt hat. Die umfassende Analyse dient dann als Grundlage für bestimmte Strategien, die in die tagtägliche Umsetzung übertragen werden.

Klingt das nicht ganz einfach? Meiner Erfahrung nach unterziehen sich aber nicht genug Firmen einer wahrhaft objektiven Analyse (zumeist ist der Wunsch Vater der Einschätzung); noch weniger Firmen können dann die Analyse in genaue Handlungsanweisungen umsetzen, die Monat für Monat kontrolliert werden.

Wie schon erwähnt, fanden meine Bemerkungen zum Thema Vision ein besonders negatives Echo. Während meiner Zeit bei McKinsey sah ich viele unterschiedliche Firmen, und ich war immer wieder überrascht, wie viele Führungskräfte »Vision« gleichsetzten mit »Strategie«. Es ist sehr leicht, Visionen zu entwickeln.

Das ist so, wie wenn der legendäre Baseballstar Babe Ruth mit ausgestreckter Hand den nächsten Homerun ankündigte. Was glauben Sie, wie viele Babe Ruths haben in den letzten zwanzig Jahren diese Handbewegung gemacht? Und was glauben Sie, wie vielen ist danach auch tatsächlich ein Homerun gelungen?

Visionen können ein Gefühl der Zuversicht verbreiten, ein beruhigendes Gefühl, und das ist gefährlich. Visionen sind in der Regel ehrgeizig, und sie können dazu beitragen, Verantwortungsgefühl und Begeisterung unter den Mitarbeitern einer Firma zu wecken. Doch wenn es darum geht, aufzuzeigen, wie eine Firma dieses ehrgeizige Ziel in die Wirklichkeit umsetzt, sind Visionen nutzlos.

Gute Strategien beginnen mit einer großen Zahl an quantitativen Analysen – harten, schwierigen Analysen, die mit Klugheit, Klarsicht und Risikobereitschaft betrachtet werden müssen. Als ich bei IBM anfing, lautete meine erste Frage: »Was denken unsere Kunden über uns? Zeigen Sie mir mal unsere Daten über die Kundenzufriedenheit.« Ich erhielt Berichte, die erstaunlich positiv waren. Die Kunden liebten uns offenbar.

Das waren die Zahlen, gut und gründlich erarbeitet. Doch angesichts der Tatsache, daß wir bei nahezu allen Produkten Einbußen erlitten, ergaben die Zahlen keinen Sinn. Es dauerte eine Weile, dann fand ich heraus, wo das Problem lag: Wir ermittelten das Maß der Kundenzufriedenheit in der Weise, daß wir die Verkaufsleute anwiesen, ein paar ihrer Kunden auszuwählen und sie zu bitten, einen Fragebogen auszufüllen. IBM stellt keine dummen Verkäufer ein. Sie wählten offenkundig die besten und zufriedensten Kunden aus, wir bekamen einen Haufen positiver Zahlen und verkauften uns so Tag für Tag selbst für dumm.

Jeder einzelne Geschäftszweig bei IBM spielte sein eigenes Spielchen: Wir führten 339 verschiedene Umfragen durch. Unterschiedliche Methoden machten es unmöglich, einen Gesamtüberblick zu erhalten – selbst wenn die Ergebnisse nicht von den Verkaufsleuten vorfabriziert gewesen wären.

Heute gibt es vierzehn große Kundenbefragungen, die von einem unabhängigen Institut durchgeführt werden. Die Namen werden aus externen Listen ausgewählt (und gerade nicht von den Verkäufern), und wir lassen jedes Jahr rund 100 000 Kunden und

Nichtkunden interviewen. Die Umfragen werden in fünfundfünfzig Ländern in dreißig Sprachen durchgeführt, und dabei werden unsere Leistungen mit denen all unserer großen Konkurrenten verglichen. Vor allem aber werden die Daten zweimal pro Woche in unsere taktischen und strategischen Pläne eingearbeitet.

Mit Intelligenz gewinnt man Schlachten

Der vielleicht schwierigste Teil einer guten Strategie besteht in einer unerbittlichen Analyse der Konkurrenz. Nahezu jede Institution entwickelt einen gewissen Stolz; sie möchte gern glauben, die beste zu sein. Viel von dem, was wir Manager tun, besteht darin, dieses Gefühl von Loyalität und Stolz zu fördern. Doch dieser Familiensinn kann zur Falle werden, wenn man einen wirklich tiefgründigen Einblick in die eigene Konkurrenzfähigkeit gewinnen will. Wir wollen zu gerne glauben, daß unsere Produkte besser sind als die unseres Konkurrenten. Wir wollen glauben, daß die Kunden uns höher schätzen als unsere Konkurrenten.

Produktmanager wollen, daß ihre Chefs glauben, sie hätten die besten Produkte der Branche erschaffen. Doch Fakten sind Fakten, und sie müssen auf eine kontinuierliche, unvoreingenommene Weise erhoben werden. Produkte müssen auseinandergenommen und auf Kosten, Leistungen und Funktionalität untersucht werden. Jeder Posten der Umsatzrechnung und der Bilanz muß vollkommen objektiv mit den Posten der Konkurrenz verglichen werden. Was kostet deren Distribution? Wieviel Verkaufspersonal haben sie? Wie werden deren Verkäufer entlohnt? Was halten die Wiederverkäufer von ihnen und von uns? Es gibt Hunderte von Fragen, die analytisch untersucht werden müssen, zusammen ergeben sie eine umfassende, tiefe Analyse der Konkurrenzfähigkeit.

Eine Wurzel des Übels inadäquater Analysen besteht darin, daß man den Gastwirt fragt, wie gut seine Gaststätte ist. Es versteht sich fast von selbst, daß die meisten Manager nicht den Ast absägen werden, auf dem sie sitzen. Die meisten Manager werden den Beschäftigten wohl kaum ein ungeschminktes Bild ihrer eigenen Arbeit liefern, wenn es unerfreulich ist. (Man bekommt wohl nur einmal eine wirklich vollkommen objektive Analyse vom Abteilungschef, nämlich dann, wenn er oder sie anfängt. Dann geht es ja nicht um eigene Fehler, sondern um die Hinterlassenschaften des Vorgängers!)

Gute Strategie: Groß im Detail

Das Management trägt dann am meisten zum Mehrwert bei, wenn es sicherstellt, daß die Strategien, die von den einzelnen Geschäftsbereichen entwickelt werden, aus harten Analysen erwachsen und daß sie scharfsichtig und praktikabel sind. All die kritischen Vorgaben – Dinge wie Preisgestaltung und Wachstumsraten – müssen unbarmherzig und unablässig kontrolliert werden.

Warum ist dies im Zusammenhang mit der Fokussierung so überaus wichtig? Weil wirklich große Firmen Strategien formulieren, die glaubwürdig und durchführbar sind. Firmen, die sich auf neue Geschäfte stürzen und aufs Geratewohl nach Akquisitionen Ausschau halten, glauben nicht wirklich an ihre eigene Strategie. Sie verfügen nicht über ein klares Verständnis der fünf, sechs entscheidenden Dinge, die sie in ihrem Kerngeschäft tun müssen, um erfolgreich zu sein; diese fünf oder sechs Dinge sind die primären Elemente, mit denen die Organisation Tag für Tag beschäftigt sein sollte; danach sollten die Ressourcen entsprechend der Notwendigkeit bemessen, angepaßt und umverteilt werden.

Gute Strategien setzen auf Details und nicht auf Visionen. Sie legen Mehrjahrespläne in großer quantitativer Detailfülle vor: das Marktsegment, in dem die Firma sich bewegen wird, Marktanteile, die erreicht, Kosten, die gemanagt, Ressourcen, die aufgebracht werden müssen. Diese Pläne werden dann regelmäßig kontrolliert und verwandeln sich so in gewisser Weise in die treibende Kraft hinter allem, was die Firma tut.

Sollte Ihr freundlicher Investmentbanker Ihnen eine Akquisition vorschlagen, dann geben Sie sich nicht mit der Analyse der Bank zufrieden. Erstellen Sie lieber Ihre eigene detaillierte Analyse, wie der Zukauf in Ihre Strategie paßt. Wenn eine Firma tatsächlich erst von einem Investmentbanker von einer attraktiven Ergänzung erfährt, dann bedeutet das fast immer, daß die Firma bei der eigenen Strategie keine gute Arbeit geleistet hat. Eine gute Strategie wird stets die kritischen Lücken offenbaren, Schwächen im Wettbewerb aufdecken und das Potential benennen, wie diese mit taktischen Zukäufen aufgefüllt werden können. Ich habe im Laufe meines Berufslebens einige Firmen aufgekauft; nicht eine Akquisition war auf dem Mist eines Investmentbankers gewachsen.

Der schwerste Teil: Bereitstellung von Ressourcen

Letzten Endes ist die schwerste Aufgabe eines Unternehmens, darauf zu achten, daß die Ressourcen auch den wichtigsten Elementen der Strategie zukommen. Zu viele Firmen betrachten Strategie und tatsächliches Geschäft als zwei voneinander getrennte Bereiche. Strategien werden einmal im Jahr festgelegt, auf langen Meetings durchgesprochen und an höherer Stelle abgesegnet. Dann zieht jeder los und macht im großen und ganzen weiter wie bisher. Die meisten Unternehmen sind nicht gut in der äußerst schwierigen Aufgabe, Ressourcen von einem Teil der Firmenaktivitäten abzuziehen und sie der höherbewerteten Aktivität zur Verfügung zu stellen, wenn die Strategie das verlangt.

Kehren wir noch einmal zur Kundenzufriedenheit bei IBM zurück. Nachdem wir wirklich effektive, unabhängige Meßmethoden entwickelt hatten, um feststellen zu können, wie unsere Kunden uns und unsere Konkurrenz sahen, wurde deutlich, daß eines unserer größten Probleme darin bestand, wie leicht – oder eben nicht leicht – unser Geschäft war. Unsere Kunden mochten unsere Produkte, ihnen gefiel unser Erfahrungshorizont, unsere Fähigkeit, ihnen bei der Lösung von Problemen zu helfen, doch oft genug fanden sie es wahnsinnig schwer, mit uns zu arbeiten und zügig Antworten zu erhalten.

Dieses Problem anzugehen war nicht einfach. Es gab nicht die eine Silberkugel, die wir abfeuern konnten, um das Problem aus der Welt zu schaffen, kein einzelnes Projekt, in das wir nur einen Haufen Geld stecken mußten, um sicherzustellen, daß die Aufgabe auch erledigt wurde. Tatsächlich ging es um Hunderte von Projekten, die die ganze Firma betrafen, vom Außendienst hin zu Anwälten und den Telefonisten.

In manchen Unternehmen wäre ein solches Projekt, das in seinen tagtäglichen Ausführungen banal scheint, aber im strategischen Kontext gesehen von allergrößter Bedeutung ist, in relativ kurzer Zeit am eigenen Gewicht und an der mangelnden Verbindung zur Alltagsroutine zugrunde gegangen. Wir mußten hart daran arbeiten, die Lebensfähigkeit des Projekts zu erhalten, die Gelder dafür bereitzustellen und das Augenmerk stets darauf gerichtet zu halten. Es funktionierte, doch das war eine gute Erinnerung für mich, wie schwer es ist, große Organisationen dazu zu bringen, daß sie bedeutende Ressourcen und große Aufmerksamkeit auf Dinge richten, die sich im Quartalsbericht kaum niederschlagen, für den Langzeiterfolg aber von größter Bedeutung sind.

Nur der Dickste überlebt

Noch eine letzte Beobachtung zum Thema Fokussierung: Das Darwin'sche Prinzip, daß nur der Tüchtigste überlebt, läßt sich leider auf einen Großteil der Unternehmen nicht anwenden. Nur allzuoft überlebt nicht der Fitteste, sondern der Fetteste. Abteilungen oder Produktlinien, die heute erfolgreich sind, stecken in der Regel ihr Geld und andere Ressourcen wieder in vorhandene Produkte und vorhandene Märkte. Ausreichend Ressourcen aufzutreiben, um neues Wachstum und neue Geschäfte zu fördern, ist eine der schwersten Aufgaben eines Firmenchefs.

Zwar erreichten wir nie das Maß an Leistungsfähigkeit, das ich gern bei IBM gesehen hätte, doch arbeiten wir hart daran, die Verlustbringer auszuhungern und in neue vielversprechende Bereiche zu investieren. Dazu war ein vollkommen anderer Prozeß nötig als bei der Entwicklung der Strategie. Hier ging es darum, rigoros unser Portfolio anzuschauen und der gesamten Firma zu sagen: Investiertes Geld gehört der Firma, jeder einzelne Dollar, nicht nur die frei verfügbaren neuen Dollars. Wir versuchen, alle unsere Unternehmungen – die erfolgreichen und die weniger erfolgreichen – alle paar Jahre als Nullsummen-Planungsprozeß neu beginnen zu lassen. Das erlaubte uns, Tausende von Forschungsprojekten zu streichen, Hunderte von Produkten zu eliminieren, große Geschäftsbereiche zu verkaufen und die Ressourcen in neue vielversprechende Unternehmungen zu investieren. Und selbst dann konnten wir nicht sicher sein, daß wir unsere Gewinne auch tatsächlich effektiv angelegt hatten. Die neuen Unternehmungen mußten vor dem normalen Budgetierungszyklus geschützt werden, denn wenn es einmal knapp wird, neigen die Manager von Profitcentern dazu, den zukunftsorientierten Projekten das Wasser abzugraben.

Hier ist nicht der Platz, um die vielen Schritte zu erläutern, die wir unternahmen, um Probleme zu vermeiden und neue Geschäftszweige zu fördern, doch ich bin fest davon überzeugt, daß der Satz gilt: Fokussierung entscheidet über den Erfolg eines Unternehmens. Wenn das Management nicht daran glaubt, daß es wirklich neue Wachstumsmöglichkeiten erkannt hat, und sie nicht ernsthaft finanziert, dann wird es irgendwann versucht sein, vom Wege abzuweichen und einen kräftigen Schluck von dem berauschenden Gebräu aus Akquisition und Diversifikation zu nehmen – und letztlich wird es scheitern.

24 DURCHFÜHRUNG – STRATEGIE IST NICHT ALLES

Durchführen – die Aufgabe erledigen, die Dinge ins Rollen bringen – ist die am meisten unterschätzte Fähigkeit eines erfolgreichen Managers. In meinen Jahren als Unternehmensberater arbeitete ich an der Entwicklung zahlreicher Strategien für zahlreiche Firmen mit. Ich verrate Ihnen ein kleines schmutziges Geheimnis: Es ist ungeheuer schwer, eine einzigartige Strategie für eine Firma zu entwickeln, und wenn die Strategie tatsächlich anders ist als das, was andere in der Branche machen, dann ist sie wahrscheinlich recht riskant. Der Grund dafür ist, daß die einzelnen Branchen von Wirtschaftsmodellen definiert und eingeengt werden, von ganz bestimmten Kundenerwartungen und von Konkurrenzstrukturen, die allen bekannt sind und die sich in kurzer Zeit nicht ändern lassen.

Es ist also recht schwer, eine einzigartige Strategie zu entwerfen, und noch schwerer ist es, sie zu schützen, wenn man sie denn gefunden hat. Manchmal hat eine Firma einen ganz besonderen Kostenvorteil oder eine durch Patente geschützte Position. Ein Markenname kann ebenfalls ein mächtiger Trumpf im Wettbewerb sein – ein besonderer Vorteil, den die Konkurrenten auszugleichen suchen. Solche Vorteile sind für andere nur selten unüberwindliche Hürden.

Letztlich kämpfen alle mit denselben Waffen. In den meisten Branchen lassen sich fünf oder sechs Erfolgsfaktoren identifizieren, die die Leistungsfähigkeit ausmachen. So weiß zum Beispiel jeder, daß im Einzelhandel Produktauswahl, Markenimage und Immobilienkosten kritische Faktoren sind. Es ist schwer, wenn nicht gar unmöglich, neu zu definieren, was man in der Branche bräuchte, um erfolgreich zu sein. Dotcom-Einzelhändler waren ein gutes Beispiel, was passiert, wenn man sich über die grundsätzlichen Regeln eines Wirtschaftszweiges hinwegzusetzen versucht.

Die Durchführung ist also der entscheidende Faktor einer erfolgreichen Strategie. Es zu machen, es richtig zu machen, besser als der andere, all dies ist erheblich wichtiger, als sich neue Visionen von der Zukunft zu erträumen.

Alle großen Firmen dieser Welt übertrumpfen ihre Konkurrenten tagtäglich auf dem Markt, in ihren Fabriken, in ihrer Logistik, in ihrem Erfindungsreichtum – in nahezu allem, was sie tun. Nur selten aber haben große Firmen eine geschützte Position inne, die sie vor dem ständigen Einzelkampf mit der Konkurrenz bewahrt.

Die Menschen schätzen Kontrolle

Bei McKinsey waren meine Kollegen und ich ständig frustriert, wenn wir sahen, wie eine Firma nach der anderen Tausende von Stunden und Millionen von Dollar in die Entwicklung solider, effizienter Strategiepapiere steckte und dann all die Zeit und all das Geld vergeudete, weil der CEO nicht willens war, den Wandel auch in der Organisation umzusetzen. Manchmal dachte der CEO auch nur, der Wandel in der Organisation vollziehe sich, kontrollierte aber nicht, was tatsächlich vor sich ging.

Der vielleicht größte Fehler, den ich bei Managern gesehen habe, ist der, Erwartungen mit Kontrolle zu verwechseln. Ich habe in Hunderten von Meetings gesessen, bei denen Strategien – gute, solide Strategien – vorgestellt wurden und der Chef zugestimmt hat: »Ja, das ist es, so machen wir es.« Ich habe gut formulierte, manchmal sogar brillante Strategiepapiere gelesen, die in der Firma verbreitet wurden. Ich habe großartige Videobotschaften, Mitteilungen über das firmeninterne Netzwerk und persönliche Begegnungen gesehen, in denen voller Eifer und Leidenschaft eine neue, wagemutige Richtung für ein Unternehmen verkündet wurde. Doch leider begreifen die leitenden Angestellten nicht, daß die Menschen das tun, was man kontrolliert, und nicht das, was man erwartet.

Bei der Durchführung geht es darum, Strategien in Handlungsanweisungen umzusetzen und deren Ergebnisse zu bewerten. Da geht es ins Detail, es ist kompliziert, und es erfordert einen tiefen Einblick, wo die Firma heute steht und wie weit sie von dort entfernt ist, wohin sie gehen muß. Gute Durchführung hat mit dem Aufbau meßbarer Ziele zu tun und damit, den Menschen die Verantwortung dafür zu übertragen.

Vor allem aber erfordert sie, daß die Organisation etwas anders macht, etwas anders bewertet, als sie es in der Vergangenheit getan hat, sich Fähigkeiten aneignet, die sie nicht hat, und schneller und effektiver in der tagtäglichen Arbeit mit Kunden, mit den Zulieferern und Weiterverkäufern wird. All dies heißt Wandel, und Firmen verändern sich nicht gern, weil die Menschen sich nicht gern verändern.

Wie schon erwähnt, wußte IBM bereits Ende der achtziger, Anfang der neunziger Jahre, was in der Computerbranche los war. Die Firma hatte zahllose Strategiepläne in der Schublade, wie man in einer sich wandelnden Welt agieren müsse. In einem Papier wurde die Situation beschrieben als ein »Meer voller Schnellboote, die einen herumtuckernden Supertanker [IBM] umkreisen«. Zeitungen meinten zu Anfang der neunziger Jahre, mein Vorgänger bei IBM solle das Unternehmen ermahnen und drängen, neue Strategien zu verfolgen. Und was geschah? Die strategischen Anforderungen waren klar, der CEO verlangte ihre Einführung, doch das Unternehmen tuckerte noch immer auf der Stelle.

Durchführung ist die harte, schwierige, tägliche Kleinarbeit, dafür zu sorgen, daß die Maschine vorankommt, Meter um Meter, Kilometer um Kilometer, Meilenstein um Meilenstein. Rechenschaft muß verlangt werden, und wenn sie nicht geleistet werden kann, müssen die nötigen Veränderungen schnell eingeleitet werden. Manager müssen über ihre Leistungen Bericht erstatten, ihre Erfolge und Mißerfolge erklären. Am wichtigsten aber ist: Für die Vorhersage, daß es regnen wird, kann es keinen Bonuspunkt geben – den gibt es nur für den Bau einer Arche.

Ich glaube, daß effektive Durchführung auf drei Attributen einer Organisation aufbaut: erstklassige Abläufe, strategische Klarheit und eine hochleistungswillige Firmenkultur. Ich möchte kurz auf jeden dieser Punkte eingehen.

Erstklassige Abläufe

Zu Beginn des Kapitels erwähnte ich, daß es in jedem Wirtschaftszweig möglich ist, die fünf oder sechs Schlüsselfaktoren auszumachen, die für eine hohe Leistungsfähigkeit ausschlaggebend sind. Die besten Firmen der Welt bauen Prozesse auf, die ihnen erlauben, hinsichtlich dieser Erfolgsfaktoren ihre Konkurrenten zu schlagen. Denken Sie an große Firmen: Wal-Mart verfügt über exzellente Abläufe im Filialmanagement, in Inventarisierung, Auswahl und Preisgestaltung. General Electric ist erstklassig, was Kostenmanagement und Qualität angeht. Toyota ist Klassenbester im Management von Produktlebenszyklen.

Bei IBM wissen wir, daß die Produktdesignfunktion – der Prozeß, bei dem wir entscheiden, welche Produkte wir herstellen, mit welchen Eigenschaften und Besonderheiten, zu welchem Preis und welchem Zeitpunkt sie dem Markt angeboten werden – in unserem Bereich entscheidend ist (eine Funktion, die etwa in der Autoindustrie von Bedeutung ist, aber nicht in der Ölindustrie).

Konsequenterweise haben wir fünf Jahre sehr hart daran gearbeitet, einen erstklassigen Ablauf für das Produktdesign zu entwickeln. Das kostete Millionen von Dollar, Tausende von Arbeitsstunden und veränderte schließlich die Arbeitsweise von Zehntausenden von IBM-Mitarbeitern. (Wir haben dasselbe in sechs weiteren Bereichen getan, die wir als ausschlaggebend für Erfolg im Wettbewerb ansahen.)

Große Firmen können nicht auf Abläufen allein aufgebaut werden. Doch glauben Sie mir, wenn die Abläufe in Ihrer Firma veraltet, miteinander nicht verzahnt und langsam sind – vor allem die Abläufe, an denen in Ihrem Wirtschaftszweig der Erfolg hängt –, dann werden Sie am Ende verlieren.

Strategische Klarheit

Erinnern Sie sich an das alte Sprichwort: »Wenn du nicht weißt wohin, führt dich jeder Weg dorthin.«

Keine Sportmannschaft kann punkten, wenn die Spieler nicht

wissen, was gespielt wird. Wenn jeder darüber nachdenken muß, was zu tun ist, bevor er es tut, sind Verwirrung und Unfähigkeit unausweichlich.

Firmen, die ihre Konkurrenten schlagen, haben allen ihren Mitarbeitern glasklare Anweisungen gegeben: »Dies ist Ihre Aufgabe, dies ist unsere Strategie, so gehen Sie es an.« Doch hochkarätige Durchführung ist nicht einfach nur eine Frage von Ermahnung und Botschaft. Durchführung durchfließt große Firmen auf ganz natürliche und instinktive Weise, nicht aus Handlungsanweisungen und Regelwerken heraus. Handbücher mögen in ersten Ausbildungsschritten eine Rolle spielen, doch im Schlachtengetümmel sind sie nur von eingeschränktem Wert.

Erstklassige Durchführung hat mehr mit Wertschätzung und Engagement zu tun. Bei American Express wußten wir, daß wir den besten Kundendienst in der Branche zu bieten hatten – nicht weil unsere Handbücher sagten, daß Kundendienst wichtig sei, sondern weil unsere Leute an der Front, diejenigen, die den ganzen Tag mit den Kunden zu tun hatten, davon überzeugt waren. Sie wußten, daß davon unser Erfolg abhing.

Die großartigen Verkäufer bei The Home Depot, die wirklich darum bemüht sind, einem zu helfen, wenn man in eines ihrer Geschäfte kommt, sind sich ihrer Bedeutung für den Erfolg des Unternehmens genau bewußt. Ihr Verhalten erwächst aus Überzeugung und Glauben, nicht aus Handlungsanweisungen.

Auf der anderen Seite senden viel zuviele Firmen mehrdeutige Signale an ihre Mitarbeiter. »Wir wollen die höchste Qualität in der Branche erreichen«, meint der CEO im Januar. Im März sagt er: »Wir müssen die Ausgaben in allen Geschäftsbereichen um 15 Prozent senken.« Wie werden sich die Leute in diesem Unternehmen bei ihrem nächsten Kundengespräch verhalten, wenn es Schwierigkeiten mit einem wichtigen Kundenanliegen gibt?

Mehrdeutige Signale können allgegenwärtig sein und die Arbeit erschweren. So pries IBM wohl stets, da bin ich mir sicher, den Wert von Teamwork, doch der Lohn des einzelnen beruhte auf individuellen Bewertungen. Einerseits sagten wir, daß uns die Kunden am Herzen liegen, andererseits konnte niemand an der Verkaufsfront eine Preisentscheidung treffen ohne das Okay der Finanzabteilung.

Wenn Sie Ihre Konkurrenz aus dem Felde schlagen wollen, müssen Sie klare Strategien und Werte vermitteln, diese Werte in allem, was die Firma tut, verstärken, den Menschen zutrauen, daß sie nach den Werten handeln, und sie dann handeln lassen.

Eine hochleistungswillige Firmenkultur

Erstklassige Durchführung hat nicht allein damit zu tun, das Richtige zu tun. Es geht darum, das Richtige schneller, besser, häufiger und produktiver zu tun als die Konkurrenten. Das bedeutet harte Arbeit und verlangt ein Engagement der Angestellten, das weit über die normale Beziehung zwischen Firma und Mitarbeitern hinausgeht. Ich nenne das eine hochleistungswillige Firmenkultur.

Eine solche Kultur ist leichter zu erkennen als zu definieren. Betritt man eine Firma mit einer solchen erfolgreichen Kultur, erkennt man das sofort. Die Firmenmanager sind wirkliche Führungspersönlichkeiten und hoch motiviert. Die Mitarbeiter sind dem Erfolg der Firma verpflichtet. Die Produkte sind erstklassig. Allen ist an Qualität gelegen. Gegen einen Konkurrenten zu verlieren – egal ob nach großem Kampf oder nicht – ist ein Schlag, der die Menschen wütend macht. Mittelmaß wird nicht geduldet. Herausragende Leistung wird gelobt, gewünscht und belohnt.

Kurz gesagt: Firmen mit einer hochleistungswilligen Firmenkultur sind die Gewinner, und niemand, der etwas auf sich hält, wird anderswo arbeiten wollen.

25 FÜHREN IST ETWAS PERSÖNLICHES

Ich habe mir ganz bewußt das Thema der persönlichen Führungsqualität für den Schluß aufgehoben, denn meiner Meinung nach handelt es sich dabei um das wichtigste Element beim Umbau einer Organisation. Ich erwähnte in den Kapiteln über die Kultur, daß große Firmen letzten Endes nur so groß sind wie einzelne Persönlichkeiten. Große Unternehmen werden nicht gemanagt, sie werden geführt. Sie werden nicht verwaltet; sie werden von einzelnen Persönlichkeiten, die leidenschaftlich daran interessiert sind zu gewinnen, zu immer höheren Stufen des Erreichbaren getrieben.

Die besten Führungspersönlichkeiten erschaffen erst hochleistungswillige Kulturen. Sie setzen hochgesteckte Ziele, bewerten Ergebnisse und nehmen die Mitarbeiter in die Verantwortung. Sie sind Agenten des Wandels und drängen ihre Firmen ständig, sich schneller anzupassen und schneller voranzuschreiten als ihre Konkurrenten.

Persönliche Führung hat mit Sichtbarkeit zu tun – bei allen Angehörigen der Firma. Große CEOs krempeln die Ärmel auf und packen die Probleme selbst an. Sie verstecken sich nicht hinter ihrem Stab. Sie überwachen nicht einfach nur die Arbeit von anderen. Man kann sie tagtäglich mit Kunden, Zulieferern und Geschäftspartnern sehen.

Persönliche Führung hat etwas mit der Fähigkeit zu tun, sowohl strategisch als auch operationell vorzugehen. Nennen Sie mir einen leitenden Manager, der die finanziellen Rahmenbedingungen seines Geschäfts nicht wirklich kennt, und ich nenne Ihnen eine Firma, deren Aktien Sie abstoßen sollten.

Persönliche Führung hat etwas mit Kommunikation, Offenheit und der Bereitschaft zu tun, sich oft und ehrlich zu äußern und die Intelligenz des Lesers oder Zuhörers zu respektieren. Führungspersönlichkeiten hüllen sich nicht in einen wolkigen Firmenjargon. Sie überlassen es nicht anderen, die Überbringer schlechter Nachrichten zu sein. Sie behandeln jeden Angestellten als einen Menschen, der das Recht hat zu verstehen, was im Unternehmen los ist.

Vor allem aber hat persönliche Führung etwas mit Leidenschaft zu tun. Wenn ich an all die großen CEOs denke, die ich kennengelernt habe – darunter Sam Walton von Wal-Mart, Jack Welch von General Electric, Jürgen Schrempp von DaimlerChrysler und Andy Grove von Intel –, dann weiß ich, der gemeinsame Nenner bei ihnen ist die Leidenschaft, mit der sie gewinnen wollen oder wollten. Sie wollen jeden Tag gewinnen, jede Stunde. Sie drängen ihre Kollegen zum Sieg. Sie hassen es zu verlieren. Und sie verlangen Korrekturen, wenn sie nicht gewinnen. Das ist keine kalte, distanzierte intellektuelle Übung. Es ist was Persönliches. Ihnen bedeutet es sehr viel, was sie tun, wen sie repräsentieren und wie sie sich schlagen.

Leidenschaft: Als Student an der Harvard Business School hätte ich nie vermutet, daß Leidenschaft das wichtigste Element persönlicher Führungsqualität ist. Ich kann mich nicht erinnern, daß dieses Wort in meiner Studienzeit in Harvard überhaupt einmal gefallen wäre.

Und ich weiß auch, daß ich keine Ahnung von der Bedeutung der Leidenschaft in der Führung eines Unternehmens hatte, denn eine ganz bestimmte Episode geht mir seit siebenunddreißig Jahren nicht aus dem Kopf. Gegen Ende meines letzten Jahres in Harvard führte ich Bewerbungsgespräche. Ich hatte meine Suche auf zwei Firmen eingegrenzt: McKinsey & Company, die Unternehmensberater, und Procter & Gamble, den Konsumgüterkonzern. Zu jener Zeit galten Beratung und Verbrauchermarketing als die beiden interessantesten Arbeitsgebiete, wenn man seinen MBA in der Tasche hatte.

Die Episode ereignete sich bei meinem letzten Gespräch mit einem sehr hohen leitenden Angestellten im Hauptsitz von P&G in Cincinnati, Ohio. Ich war ein leicht zu beeindruckender Dreiundzwanzigjähriger und hatte wahrscheinlich noch nie vor einem derart hochrangigen Manager gestanden.

Im Verlaufe des Gesprächs bemerkte er wohl meine Unsicherheit (tatsächlich neigte ich zu der Zeit eher zur Beratungstätigkeit). Dann sagte er etwas, das ich nie vergessen habe: »Lou, stellen Sie sich vor, es ist Freitagabend, Sie wollen gerade das Büro verlassen, und da kriegen Sie den neuesten Nielsen-Report herein (Marktanteilsdaten für Konsumgüterfirmen): Darin heißt es, daß Sie im letzten Monat in Kentucky zwei Zehntel eines Prozentpunktes Marktanteil verloren haben. Würden Sie alle Verabredungen für den folgenden Tag, den Samstag, absagen und ins Büro gehen, um an dem Problem zu arbeiten?«

Ich weiß noch, daß die Frage mich verwirrte; ich gab ihm damals zwar keine klare Antwort, aber die Antwort, die mir durch den Kopf ging, lautete nein. Ich landete bei McKinsey und machte mir wohl selbst vor, daß ich vielleicht in einer Umgebung besser aufgehoben war, wo die Anforderungen »intellektueller« waren. Ich vermutete, daß ich es schwierig gefunden hätte, mich darüber aufzuregen, daß eine Zahnpastamarke den Bruchteil eines Prozentpunktes an Marktanteil verloren hatte.

Ich irrte mich sehr. Wie ich schon früher sagte, war ich nach zehn Jahren ganz frustriert von all dieser Distanz und der fehlenden Verantwortung eines Beraters. Ich gierte richtig nach einer Gelegenheit, verantwortlich zu sein, Dinge in Bewegung zu setzen und zu gewinnen, zu gewinnen, zu gewinnen. Jener hochrangige Manager von Procter & Gamble beschrieb die Leidenschaft, die erfolgreiche Manager antreibt.

Leidenschaft brauchen alle

Alle großen Manager – CEOs und ihre Untergebenen – sind voller Leidenschaft, die sie auch zeigen, leben und lieben. Verstehen Sie mich nicht falsch. Ich rede nicht von oberflächlichem Hurra-Optimismus, von Schulterklopfen und Schmeicheleien. Erinnern Sie sich an meine Beschreibung persönlicher Führungsqualität. Sie beginnt mit der harten Erarbeitung einer Strategie, einer Kultur und der Kommunikation. Dazu zählen Meßbarkeit, Verantwortlichkeit, Sichtbarkeit und aktive Teilnahme an allen Bereichen des Unternehmens. Ohne all dies ist Leidenschaft einfach nur ein Cheerleader am Spielfeldrand, der seine Handstandüberschläge macht, während das Team mit 0:63 in Grund und Boden gespielt wird (oder 0:8 für alle Fußballfans).

Die Leidenschaft, die wahre Führungspersönlichkeiten zeigen, ist kein Ersatz für klares Denken, gute Mitarbeiter oder gute Durchführung. Sie ist vielmehr die Elektrizität, die durch eine gut geölte Maschinerie fließt und sie zum Laufen bringt, zum Summen, dazu, schneller und besser laufen zu wollen.

Eine solche Leidenschaft ist Teil des Managementstils eines jeden hochkarätigen Chefs. Wer will schon für einen Pessimisten arbeiten? Wer will schon für einen Manager arbeiten, der immer nur halbleere Gläser sieht? Wer will schon für einen Manager arbeiten, der stets und ständig nur auf die Schwächen der Firma oder Institution zeigt? Wer will schon für jemanden arbeiten, der mehr kritisiert und Fehler findet, als Spannung zu verbreiten und Versprechen zu geben? Wir alle lieben es, für die Gewinner zu arbeiten und am Sieg teilzuhaben. Ich glaube, Manager auf allen Ebenen einer Firma sollten sich darum bemühen, die emotionale Seite ihrer Führungsfähigkeiten zu entwickeln.

Ich habe schon im Abschnitt über Kultur von den Führungskompetenzen bei IBM geschrieben und sie aufgelistet. Eine davon lautet: »Leidenschaft für das Geschäft.« Als der Board of Directors bei IBM über meine Nachfolge beriet, stand Leidenschaft hoch oben auf der Liste der geforderten Eigenschaften. Sam Palmisano, mein Nachfolger, ist ein außergewöhnlicher Manager – ein vielseitig talentierter Mann. Doch trotz all dieser Talente hätte er niemals meine Zustimmung bekommen, wenn er nicht eine tief empfundene Leidenschaft für das Geschäft von IBM hegte, für das, was IBM verkörpert, für das, was die Firma sein und tun kann. Er hat einen emotionalen Siegeswillen, rund um die Uhr, den Willen, immer größere Erfolge zu erzielen.

Was ist nötig, um IBM zu führen?

Energie
- Enorme persönliche Energie
- Zähigkeit
- Tatkraft

Organisatorische Führungsqualität
- Strategisches Verständnis
- Die Fähigkeit, andere zu motivieren und anzufeuern
- Ansteckende Begeisterung, das Potential der Organisation zu maximieren
- Die Fähigkeit zum Aufbau eines starken Teams
- Die anderen dazu bringen, daß sie ihr Bestes geben

Führungsqualitäten am Markt
- Herausragende Kommunikationsfähigkeit
- Präsenz auf CEO-Ebene und Einsatz in der Branche und bei den Kunden

Persönliche Eigenschaften
- Klug
- Selbstsicher, weiß aber, was er/sie nicht weiß
- Kann zuhören
- Trifft harte Entscheidungen – geschäftlich und im Umgang mit den Menschen
- Sichtbare Leidenschaft
- Geradezu besessene Ausrichtung auf den Kunden
- Instinktiver Drang nach Tempo und Wirkung

Integrität

Ich möchte das Kapitel über persönliche Führungsqualitäten mit einigen Bemerkungen zur Integrität beschließen. Alle großen Führungspersönlichkeiten, die ich kennengelernt habe, mögen »taff« gewesen sein (tatsächlich waren alle hartnäckig, das ist etwas sehr anderes als »taff«). Doch alle waren sie auch fair. Fairneß ist ein wichtiger Aspekt bei der erfolgreichen Führung von Menschen. Begünstigungen zu verteilen, die einen entschuldigen und andere für dasselbe Vergehen hängen, zerstört die Moral und den Respekt der Kollegen.

Das klingt ganz einfach, ist aber im tagtäglichen Betrieb nur schwer durchzuhalten. Ich brauche gar nicht erst anfangen zu zählen, wie oft in den zehn Jahren bei IBM ein leitender Angestellter zu mir kam und um eine Ausnahme von unseren Prinzipien oder unserer Politik bat. »John hat seine Zahlen dieses Jahr nicht geschafft, aber er hat sich sehr bemüht. Ich finde, wir sollten ihm dennoch einen Bonus ausbezahlen, damit er motiviert bleibt und nicht geht.« »Susan hat ein Angebot von der Konkurrenz erhalten; ich weiß, wenn wir nachlegen, werden wir das Gehaltsgefüge durcheinanderbringen, aber wir müssen eine Ausnahme machen und sie halten.« »Ich weiß, es sieht so aus, als sei Carl in einen Fall von sexueller Belästigung verwickelt; wir haben andere unter ähnlichen Umständen gefeuert, aber Carl ist für den Erfolg von Projekt X von äußerster Wichtigkeit. Es tut ihm sehr leid, und er wird so etwas nie wieder tun. Wir sollten ihn bestrafen, aber nicht feuern.«

Bei all den Hunderten von Gesprächen gab es stets zwei Seiten der Geschichte; stets gab es einen scheinbar guten Grund, die Regeln außer acht zu lassen und eine Ausnahme zu machen. Und wenn man jedes Gespräch einzeln betrachtet, dann kann man gut verstehen, wie sich ein leitender Angestellter in jedem einzelnen Fall einredet, daß die Ausnahme einfach sein muß.

Doch wer demonstriert, daß Ausnahmen Teil des Spiels sind, dessen Führungskraft wird darunter leiden, und das Vertrauen der Kollegen wird dahinschwinden. Firmenkulturen, in denen es einfacher ist, um Gnade zu betteln, als um Erlaubnis zu bitten, lösen sich im Laufe der Zeit auf. Führungspersönlichkeiten, die keine gleichbleibende, faire Beachtung der guten Prinzipien und der Politik einfordern, werden ihre Wirkungskraft verlieren.

Postskriptum

Das Kapitel endete ursprünglich hier. All die Meldungen von Fehlverhalten in manchen Firmen, die Mitte des Jahres 2002 auftauchten, veranlassen mich, noch ein Postskriptum anzufügen. Meine bisherigen Kommentare beschäftigen sich mit den unausweichlichen Herausforderungen, denen sich alle Führungspersönlichkeiten stellen müssen, um eine Umgebung der Fairneß und des von

Prinzipien geleiteten Urteils zu schaffen. Ich dachte nicht, daß es an dieser Stelle notwendig wäre, sich auch mit Unehrlichkeit und Gesetzesbruch, mit Lügen und Stehlen zu beschäftigen.

Niemand sollte mit der Führung eines Unternehmens oder einer Institution betraut werden, der nicht über eine tadellose persönliche Integrität verfügt. Die obersten Manager müssen zudem sichergehen, daß die Organisationen, die sie führen, einem strikten Verhaltenskodex verpflichtet sind. Dabei geht es nicht allein um so etwas wie Firmenhygiene. Es verlangt Managementdisziplin und eine genaue Führung aller Kassen und Bilanzen, um ständige Kontrolle zu gewährleisten.

Sollten sich einige der Anschuldigungen gegen gewisse Manager als wahr herausstellen, dann ist dies schlicht und einfach inakzeptables Verhalten von schlechten Menschen. Ich schäme mich, daß es solche Menschen gibt, ich bin peinlich berührt. Allerdings machen sie nur einen sehr geringen Prozentsatz in der Wirtschaftswelt aus. Ich glaube, daß die überragende Mehrheit unserer Wirtschaftsleute gute, hart arbeitende Menschen sind, die die hohen Ansprüche hinsichtlich der Integrität erfüllen, die wir an all jene stellen, denen wir Macht und Autorität verleihen.

26 ELEFANTEN KÖNNEN DOCH TANZEN

Während der meisten Zeit meiner Berufstätigkeit galt das Dogma »Klein ist gut, groß ist schlecht«. Die allgemeine Überzeugung lautete: Kleine Firmen sind schnell, risikofreudig, flexibel und effektiv, große langsam, bürokratisch, wenig flexibel und ineffektiv.

Das ist barer Unfug. Ich habe noch nie eine kleine Firma gesehen, die nicht eine große Firma werden wollte. Ich habe noch nie eine kleine Firma gesehen, die nicht voller Neid auf die Forschungs- und Marketingbudgets oder auf Größe und Reichweite des Außendienstes der größeren Konkurrenten geschielt hätte. Natürlich beweisen kleine Firmen in der Öffentlichkeit den Mut des David gegen Goliath, aber insgeheim sagen sie sich doch: »Ach, wenn ich doch nur mit den Ressourcen arbeiten könnte, die diese riesigen ... haben!«

Größe ist wichtig. Die Größe erhöht die Hebelwirkung. Breite und Tiefe erlauben höhere Investitionen, größere Risikobereitschaft und mehr Geduld beim Warten auf langfristige Resultate.

Es geht nicht darum, ob Elefanten sich gegen Ameisen durchsetzen können. Es geht darum, ob ein ganz bestimmter Elefant tanzen kann. Und wenn er tanzen kann, dann sollten die Ameisen besser schnell von der Tanzfläche verschwinden.

Ich will hier nicht all die Elemente aufzeigen, wie man ein reges, flexibles Großunternehmen schafft.* Die eben diskutierten Punkte –

---

* Das Thema »Unternehmerisches Verhalten in Großunternehmen« war jahrzehntelang eine Leidenschaft von mir. Siehe dazu Harvard Business School, Fallstudien zu Verhalten von Unternehmen, ausgehend von meiner Tätigkeit bei American Express (Harvard Business School Cases 9-485-174 und 9-485-176, © 1985).

Fokus, Durchführung und Führungsstil – sind auf Unternehmen jeder Größe anwendbar.

Es gibt allerdings einen Punkt, zu dem ich noch etwas sagen möchte, denn er war entscheidend dafür, IBM wieder zum Tanzen zu bringen. Ich meine die Frage Zentralisierung oder Dezentralisierung in großen Unternehmen.

Eine logische Konsequenz aus dem Mantra »Klein ist gut, groß ist schlecht« ist die populäre Vorstellung, daß in großen Unternehmen Dezentralisierung gut ist und Zentralisierung schlecht.

In den sechziger und siebziger Jahren des 20. Jahrhunderts erwarb die Unternehmensberatung McKinsey & Company ihre hohe Reputation damit, daß sie Firmen auf der ganzen Welt die Dezentralisierung empfahl. Erst verbreitete sie diese Idee in den Vereinigten Staaten, in den siebziger Jahren dann in Europa und schließlich auch in Japan (wo sie von den meisten japanischen Firmen vehement abgelehnt wurde).

Die Idee der Dezentralisierung hat ein solides intellektuelles Fundament, und im Laufe von wenigen Jahrzehnten entwickelte sich daraus die Kerntheorie nahezu aller Industrie- und Finanzunternehmen. Die Theorie war ganz einfach: »Die Entscheidungsfindung muß näher an den Kunden, damit man dem Kunden besser dienen kann. Gib dezentralisierten Managern die Kontrolle über alles, was sie tun, damit sie schneller Entscheidungen treffen können. Zentralisierung ist schlecht, weil sie unweigerlich zu langsameren Entscheidungsprozessen und verspäteter Information der Leute an vorderster Front führt, die den Kunden am nächsten sind. Große Firmen sind unausweichlich langsam und schwerfällig; kleine Firmen sind schnell und flexibel. Daher sollte man große Firmen in kleinstmögliche Teile aufspalten.«

Es läßt sich viel über die Kraft dieses Konstrukts sagen, und es sollte meiner Meinung nach auch weiterhin eine wichtige Rolle für das Verhalten großer Firmen als Organisationen spielen. Dennoch glaube ich, daß diese Idee in den achtziger und neunziger Jahren in vielen Firmen übertrieben wurde, mit unbefriedigenden und häufig sogar schädlichen Ergebnissen. Zu oft meinten Manager, sie stünden ohnmächtig da, wenn sie nicht alles kontrollierten, was mit ihrem Geschäft zu tun hatte. So kam es, daß jeder dezentralisierte Bereich sein eigenes Datenverarbeitungszentrum bekam, sein eigenes Personalwesen, ein Finanzanalyseteam, eine Planungsgruppe und so weiter. Die Entscheidungsfindung war tatsächlich schnell, solange die Entscheidung nur einen einzigen dezentralisierten Bereich berührte. Wenn allerdings mehrere Teile eines Unternehmens betroffen waren, führte das dezentralisierte Modell zu internen Machtkämpfen und falschen Reaktionen dem Kunden gegenüber, da in den einzelnen Teilen des Unternehmens inkompatible Systeme existierten.

Solange die Gewinnmargen noch hoch waren, mochte die üppige Personalausstattung vertretbar gewesen sein, doch als wir uns dem harten Wettbewerb der neunziger Jahre stellen mußten, als nahezu alle Branchen Überkapazitäten aufwiesen, konnten es sich die Firmen nicht mehr leisten, Stäbe und Prozeßentwicklungen auf verschiedenen Ebenen der Firma zu duplizieren.

Kosten und Tempo sind allerdings nicht die einzigen Gründe. In vielen Großunternehmen wurden die dezentralisierten Einheiten für jeweils einen anderen Teil der Welt geschaffen oder als Teil eines größeren Mosaiks dazugekauft. Nun versuchen die Firmen, eine neue Wertschöpfung aus der Kombination traditionell getrennt agierender Einheiten zu erzeugen. Beispiele finden sich in der Wirtschaft zuhauf: Finanzdienstleister, die sich darum bemühen, integrierte Lösungen für Kunden aus traditionell unterschiedlichen Produkteinheiten zu schaffen; Produkthersteller, die versuchen, ihren Wert beim Kunden umzudefinieren zu etwas anderem als dem traditionellen Produkt – meist durch ein zusätzliches Serviceangebot; Medienkonzerne, die versuchen, Werbemöglichkeiten zu verpacken, die verschiedene Bereiche ihrer Unternehmungen umfassen; Telekommunikationsfirmen, die versuchen, Kunden durch kombinierte Angebote aus Stimm- und Datenübertragung plus Unterhaltung anzulocken und zu halten.

Diese Herausforderung findet man keineswegs nur in der Welt der Unternehmen. Universitätspräsidenten bemühen sich schon seit Jahrzehnten darum, interdisziplinäre Programme zu entwickeln, die die verschiedenen Lehnsherrschaften der Universität miteinander verbinden. Das Memorial Sloan-Kettering Cancer Center arbeitet seit Jahren daran, Behandlungsprotokolle quer durch die

Disziplinen zu entwickeln, das heißt einen integrierten Ansatz bei einer bestimmten Krebsart zu fördern, der Chirurgie, Chemotherapie und Bestrahlung umfaßt. An den Universitäten und den medizinischen Zentren ist das Schwerstarbeit, denn die einzelnen Chefs, die traditionell dezentrale Einheiten führen, haben jahrelang ihre sorgsam gehütete Autonomie genossen.

Das Problem der Dezentralisierung existiert auch in der Regierung. Die Geheimdienste der Vereinigten Staaten bilden einen hoffnungslosen Mischmasch von sich überschneidenden, zugleich aber mit aller Macht auf ihre Unabhängigkeit pochenden Organisationen. Taucht eine neuartige Bedrohung auf (zum Beispiel Terrorismus im Land), wird die Aufgabe, die geheimdienstlichen Ressourcen des Landes von den ursprünglich vorgesehenen Missionen abzuziehen und zu den neuen Herausforderungen hin umzudirigieren, zu einer Integrationsaufgabe gigantischen Ausmaßes.

Zu teuer, zu langsam

Ich glaube, daß in der heutigen Welt mit hohem Konkurrenzdruck und schnellem Wandel nur wenige große Unternehmen, wenn überhaupt, eine Strategie völliger Dezentralisierung verfolgen können. Dezentralisierte Entscheidungsprozesse sind einfach zu teuer und zu langsam, wenn in der Firma wichtige Veränderungen anstehen. Jeder CEO muß deshalb festlegen, was in seinem oder ihrem Unternehmen ausschließlich lokal (dezentralisiert) geregelt werden soll und was für das Unternehmen insgesamt gilt. Beachten Sie, daß ich das Wort »zentralisiert« nicht erwähnt habe. Das Ganze ist keine Frage von Zentralisierung versus Dezentralisierung. Große Institutionen halten die Balance zwischen allgemeingültigen und ganz auf die lokalen, individuellen Verhältnisse bezogenen Entscheidungen.

Gemeinsame Aufgaben fallen zumeist in eine von drei Kategorien. Zur ersten und einfachsten Kategorie gehören Lösungen, die zur Größe eines Unternehmens passen, in Bereichen wie Datenverarbeitung, Daten- und Telefonnetzwerke, Einkauf und Personalwesen und Immobilienmanagement. Überwiegend handelt es sich hier um Verwaltungsfunktionen, bei denen Größenvorteile zum Tragen kommen. Es wäre absolut dumm von einem CEO, sich die Klagen eines Abteilungsleiters gefallen zu lassen, der behauptet: »Ich kann mein Geschäft nicht erfolgreich führen, wenn ich nicht mein eigenes Datencenter habe, meine Immobilien selbst manage, meinen eigenen Einkauf mache.« Selbst eine so diversifizierte Firma wie General Electric nutzt das Einsparpotential durch Größeneffekte bei Verwaltungsabläufen.

Bei der zweiten Kategorie geht es um Wirtschaftsabläufe, die enger mit dem Markt und dem Kunden verknüpft sind. Hier kann der Zug hin zu gemeinsamen Systemen große Vorteile erbringen, doch meist kommt es zu Verknüpfungen zwischen einzelnen Teilen des Unternehmens, die sinnvoll sein können oder auch nicht.

Ich denke hier an gemeinsame Kundendatenbanken, gemeinsame Auftragsabwicklung, gemeinsame Teilenumerierung, gemeinsame Regeln für das Management der Kundenbeziehungen, die es dem Kundendienst erlauben, umfassende Informationen über alles zu liefern, was Kunde und Firma verbindet.

Oberflächlich betrachtet sollte man meinen, daß dies logische und wichtige Aufgaben in einem Unternehmen sind. Dennoch verlangen sie von den Managern der Profitcenter einen schweren Schritt: Sie müssen einen Teil der Kontrolle über ihr Geschäft aufgeben. Leitende Angestellte des Stabes, Berater oder Umstrukturierungsteams können das ohne aktive Beteiligung des Managements nicht durchsetzen. Der CEO und das Topmanagement müssen bis in die Details eingebunden sein, müssen harte Schlüsse ziehen und dann sicherstellen, daß die Entscheidungen im gesamten Unternehmen umgesetzt und ausgeführt werden. Das braucht Entschlossenheit, kostet Zeit und verlangt exzellente Durchführung.

Ein Schritt zu weit

Ich habe gesagt, daß in vielen Firmen der Prozeß der Dezentralisierung zu weit vorangetrieben wurde, doch ich muß schnell hinzufügen, daß auch das andere Extrem existiert. Meine Sorge ist, daß viele CEOs heutzutage nach geradezu utopischen Ebenen der Integration streben. Das ist der dritte – und zugleich schwierigste – Bereich der gemeinsamen Aufgaben. Dabei geht es um einen gemeinsamen Ansatz für die Eroberung eines Marktes, meist eines neuen oder neu definierten Marktes. Diese Aufgabe ist schwer, denn sie verlangt fast immer, daß die Manager der Profitcenter ihre eigenen Interessen dem großen Ganzen des Unternehmens unterordnen. Schritte in diese Richtung können innerhalb der Firma zu ziemlichen Kontroversen führen und erbitterte und langwierige Kämpfe auslösen.

Ein Beispiel: Während meiner Zeit bei American Express leitete ich den Geschäftsbereich der sogenannten reisebezogenen Dienste, dazu gehörte auch die Abteilung American Express Card. Es handelte sich dabei um das größte und profitabelste Segment der Firma. American Express kaufte eine Brokerfirma auf, das war der erste Schritt hin zur Schaffung eines Finanzsupermarkts. Als Anreiz für die Brokerfirma versprachen die Verhandlungspartner von American Express den Brokern Zugang zur Liste der Inhaber einer American Express Card. Mit anderen Worten: Die Brokerfirma hätte die Möglichkeit erhalten, Kartenbesitzer ungebeten anzurufen und ihnen Geschäfte anzubieten. Als dies in der Kartenabteilung bekannt wurde, kam es zur offenen Revolte. Alle, die diese Abteilung mit aufgebaut hatten, glaubten, daß sie auf der Grundlage von Vertrauen, Anonymität und persönlichem Service arbeiteten. Ungebetene Anrufe von Brokern gehörten nicht zu unserer Vorstellung von Kundendienst.

Der Krieg dauerte Jahre, und die Integration oder gar Synergie, die der CEO sich gewünscht hatte, blieb aus. Viele leitende Angestellte schieden aus, es gab viel böses Blut, und schließlich endete das Abenteuer mit dem Rückzug aus dem Brokeragegeschäft.

Es ist sehr einfach sich vorzustellen, wie bestimmte Bereiche eines Unternehmens gemeinsam gegen einen gemeinsamen Feind vorgehen können oder neuen Boden in einer konkurrenzstarken Branche hinzugewinnen. Denken Sie nur an all die Finanzsupermärkte, die aufgebaut wurden (fast ebenso viele wurden wieder auseinandergenommen). Denken Sie an all die Fusionen und Übernahmen in der Unterhaltungs- und Medienbranche; die New York Times Company kauft Kabelgesellschaften und Sportmagazine; Disney kauft eine Fernsehgesellschaft; denken Sie an den Riesen AOL Time Warner.

Wie oft haben wir gesehen, wie zwei CEOs bei einer Pressekonferenz aufstehen und in den schönsten Farben die herrliche Vision ausmalen, wenn ihre Firmen nur erst zusammengewachsen sind zu einer einzigartigen Kombination, die dem Markt neue Dienste und neue Vorteile bringen wird?

Wir haben aber auch gesehen, was in fast allen Fällen passiert ist: Die Fusionen sind gescheitert. Warum? Weil der CEO in der Regel seine Mitarbeiter bitten muß, Dinge zu tun, die unvermeidlich und unerbittlich in Konflikt miteinander stehen. Abteilungen werden aufgefordert, gegen ihre traditionellen Konkurrenten anzutreten und sich darauf zu konzentrieren, eine Führungsposition in ihrem jeweiligen Markt zu halten. Gleichzeitig sollen sie sich mit anderen Abteilungen in einem Kampf zusammenschließen, bei dem sie unweigerlich einige Ressourcen oder Vorteile aufgeben müssen, die sie bräuchten, um auf ihrem traditionellen Markt zu gewinnen.

Es liegt ein erhebliches Risiko darin, eine dezentralisierte Einheit eines Unternehmens zu bitten, daß sie ihre eigentliche Aufgabe gut macht und zugleich mit anderen bei der Wertschöpfung auf einem neuen Gebiet zusammenarbeitet. Die Konflikte – die meist mit einer Umverteilung von Ressourcen zu tun haben, aber auch mit Preisgestaltung, Markenpolitik und Distribution – werden übermächtig sein.

Ich möchte einen Weg vorschlagen, der wohl nahezu allen Managementberatern auf der Welt mißfallen dürfte (sie verdienen schließlich sehr viel Geld mit der Schaffung »neuer Branchenmodelle« und der Beschreibung von »Synergieeffekten«): CEOs sollten diese dritte Ebene der Integration nicht anstreben, *es sei denn, es ist absolut unumgänglich.*

Bei den meisten Unternehmen endet die Integration mit Kategorie zwei. Kategorie eins versteht sich fast von selbst; die meisten Verwaltungsfunktionen können signifikant gestrafft werden. Kategorie zwei (die Integration von »Außendienstfunktionen«, die den Markt berühren) kann erhebliche Vorteile bringen, aber diese Integration muß sauber durchgeführt werden, sonst werden die Vorteile vom Kompetenzgerangel wieder aufgefressen. Kategorie drei bedeutet, alles, die ganze Firma, auf eine Karte zu setzen.

Es kann allerdings Zeiten geben, in denen ein CEO den Eindruck gewinnt, es sei absolut unumgänglich, alles auf ein neues Modell zu setzen – ein wahrhaft integriertes Modell (ich habe kürzlich bei zwei Gelegenheiten CEOs der Medien- und Unterhaltungsbranche getroffen, die sagten, eine solche Entscheidung bereite ihnen großes Kopfzerbrechen). Für den Fall, daß Sie beschließen, diesen Weg zu gehen (wie ich dies bei IBM getan habe), möchte ich Ihnen einige Schritte aufzeigen, die meiner Meinung nach wichtig sind, damit die Umstellung gelingt. Ich kann und werde diesen Punkt hier nicht bis ins Detail ausarbeiten; das würde einen weiteren Band füllen. Im Folgenden also nur einige einleitende Bemerkungen.

Die Macht verschieben

Zu den besonders überraschenden (und deprimierenden) Einsichten, die ich über große Organisationen gewonnen habe, zählt das Ausmaß an Rücksichtslosigkeit und Konkurrenzdenken, mit dem einzelne Teile eines Unternehmens sich anderen Teilen gegenüber verhalten. Das ist keine Ausnahme oder Verirrung. So etwas kommt überall vor – in Firmen, an Universitäten, ganz gewiß in Regierungen. Individuen und Abteilungen (Behörden, Fakultäten, wie immer sie heißen mögen) hüten eifersüchtig ihre Privilegien, ihre Autonomie, ihr Territorium.

Wenn der Verantwortliche an der Spitze das Hauptaugenmerk einer Institution anders ausrichten will, dann muß er oder sie den »Baronen« Macht wegnehmen und sie in aller Öffentlichkeit neuen »Baronen« übertragen. Ermahnungen im Sinne von »Nun spielt schön zusammen, Kinder« mögen manchmal auf dem Spielplatz fruchten; in einem Großunternehmen fruchten sie nicht.

Wir wollten aus IBM ein wirklich integriertes Unternehmen machen. Doch alle Ressourcen »gehörten« den Chefs der Produktabteilungen und den Länderchefs. Außer Spesen wäre nichts gewesen (abgesehen von höflichen Platitüden und höflichem Kopfnicken), wenn wir nicht die Hebel der Macht anderswo angesetzt hätten. Dies beinhaltete Veränderungen, wer die Budgets kontrollierte, wer die Gehaltserhöhungen und Prämien abzeichnete und wer die letzten Entscheidungen über Preisgestaltung und Investitionen zu treffen hatte. Wir rissen also den einen die Macht buchstäblich aus den Händen und übertrugen sie anderen.

Wenn ein CEO glaubt, er oder sie könne ein Unternehmen neu positionieren oder reintegrieren, ohne dabei die grundlegende Machtverteilung zu verändern (neu zu definieren, wer das Sagen hat), dann hat er oder sie ein unlösbares Problem vor sich. Die Medienbranche ist ein gutes Beispiel dafür. Wenn ein CEO eine wirklich integrierte Plattform für digitale Dienstleistungen zu Hause aufbauen will, dann kann er nicht zulassen, daß die Musik- oder die Kinoabteilung sich weiter an die bestehende Technologie und Branchenstruktur klammert – auch wenn die traditionellen Ansätze kurzfristig hohe Gewinne bringen.

Bewerte (und belohne) die Zukunft – nicht die Vergangenheit

Ich habe schon mehrfach gesagt, daß die Menschen tun, was man kontrolliert, nicht, was man von ihnen erwartet. Verantwortliche in Führungspositionen, die in ihren Institutionen wahrhafte Integration schaffen wollen, müssen die Bewertungs- und Belohnungskriterien verändern, um die neue Richtung zu verstärken.

Ich erinnere mich an einen Manager bei American Express, der ganz begeistert von Synergieeffekten war. Er sprach ständig davon. Doch bei allen Finanzberichten lag das Hauptaugenmerk auf den traditionellen, unabhängigen Profitcentern. Ich erinnere mich noch an die armen Seelen, denen die Aufgabe zukam, Synergien zwischen den Abteilungen für die Kreditkarten, die Reiseschecks und die Urlaubsreisen zu schaffen. Im allerbesten Falle wurden sie toleriert; meistens wurden sie ignoriert. Das Vergütungssystem bei American Express tat nichts dazu; über 98 Prozent des Jahresgehaltes eines Managers stammten aus den Ergebnissen seines Unternehmenszweiges. »Synergiepunkte« (letztlich nur eine Übung in kreativem Schreiben kurz vor dem Termin, an dem über die Jahresprämien entschieden wurde) konnten das Gehalt allenfalls um einen marginalen Betrag erhöhen.

Ich wußte, daß wir die Integration, die wir bei IBM brauchten, nicht ohne massive Veränderungen bei der Beurteilung und Entlohnung bewerkstelligen konnten. Ich habe schon erläutert, daß die Gruppenleiter, die für das operative Geschäft verantwortlich waren, ihre Gratifikationen nicht aufgrund der Leistungen ihrer Einheit erhielten, sondern entsprechend dem Gesamtergebnis des Unternehmens.

Wenn mir ein CEO erzählt, er plane eine grundlegende Umstrukturierung, gebe ich höflich zu bedenken: »Wenn Sie nicht willens sind, auch die Vergütung entsprechend zu ändern, werden Sie wahrscheinlich nicht weit kommen.«

Ähnlich sieht es bei der Bewertung der Finanzergebnisse aus. Erst als wir damit aufhörten, Gewinn- und Verlustrechnungen für die geographischen Einheiten zu erstellen, waren wir in der Lage, uns zu einer integrierten Kundensicht zu orientieren, weg von einer geographischen Sicht. Natürlich gingen viele Länderchefs in die Luft! »Wir können unser Geschäft nicht ohne Gewinn- und Verlustrechnungen managen.« »Sorry«, entgegnete ich, »Sie managen kein Geschäft mehr. Sie leisten nun wichtige Unterstützungsfunktion unserer weltweit integrierten Kundenorganisation.«

Wandel durch Handeln

Wie bei vielem, was ich in diesem Buch diskutiert habe, muß ein CEO eine starke Persönlichkeit haben, damit substantielle Veränderungen in der ganzen Organisation nachhaltig wirksam werden: All dies erfordert echtes Engagement und nicht nur Ermahnung und Delegierung. Sonst bleibt am Schluß nur Erstaunen, daß nichts passiert ist.

Ich brauchte über fünf Jahre täglichen Einsatz, um IBM dazu zu bringen, sich ganz auf den Markt einzustellen. Es war ein ungeheurer Kampf. Wenn Sie einen ähnlichen Weg gehen wollen, müssen Sie darauf eingestellt sein, daß Sie den Hauptteil des Kampfes ausfechten müssen. Sie können das nicht delegieren. Wem würden Sie es denn delegieren? Dem Team, das sich an seine Autonomie klammert? Den Stabskräften, die erbitterten Widerstand von all jenen zu spüren bekommen, die Macht verlieren sollen? Nein. Es ist ein einsamer Kampf, und das ist der Grund, warum es nach zwanzig Jahren des Geredes

- keine wirklichen Finanzsupermärkte gibt,
- keine integrierten Multidienst-Telekommunikationsgesellschaften gibt,
- keine vollständig integrierten Unterhaltungskonzerne gibt,
- dafür aber jede Menge Finanzdienstleister, die ihre Versicherungs- und/oder Geldmanagementbereiche abstoßen,
- jede Menge Veräußerungen von Kabelsystemen und drahtlosen Anlagen von Telefongesellschaften
- und jede Menge Skepsis, was die »Konvergenz« in der Unterhaltungsindustrie anbetrifft.

Ein Großteil der Presseberichte über IBM in den letzten Jahrzehnten konzentrierte sich auf unsere strategische Umstrukturierung – und das sollte auch so sein, denn ohne Umstrukturierung würde es IBM heute nicht mehr geben. Dennoch werden – und müssen – sich unsere aktuellen Strategien, wie ich schon angedeutet habe, verändern, denn die gesamte Branche verändert sich rapide. Erst die Geschichte wird zeigen, was bleibt, doch meiner Einschätzung nach ist das bedeutendste Ergebnis meiner Zeit bei IBM die Tatsache, daß wir eine wirklich integrierte Einheit geschaffen haben. Das war mit Abstand der schwierigste und riskanteste Wandel, den ich mitgestaltet habe.

V Betrachtungen

In den fünfunddreißig Jahren meines Berufslebens habe ich die Welt aus unzähligen Blickwinkeln kennengelernt. Ich habe das Auf und Ab der Wirtschaft, der Branche und der Produktzyklen miterlebt. Ich habe neue Produkte eingeführt, alte wiederbelebt, Ladenhüter und gescheiterte Neueinführungen gestoppt. Bis auf einen Kontinent habe ich die ganze Welt gesehen. (IBM verkauft in der Antarktis nicht besonders viele Computer!) Ich bin Ehrengast bei Geschäftsessen gewesen, bei denen als Hauptgericht Filet vom Ameisenbär oder Bärentatzen oder Kamelhöcker serviert wurden. Und ich habe alles, was mir vorgesetzt wurde, gegessen, ohne mit der Wimper zu zucken, weil es sich nicht gehört, den Gastgeber zu beleidigen.

Nun, da ich diese Zeilen schreibe, bin ich sechzig Jahre alt. Heutzutage ist das nicht mehr ganz so alt wie früher, aber die Lebensmitte habe ich längst hinter mir.

Vor einigen Jahren habe ich mir vorgenommen, niemals ein alter Nörgler zu werden, der sich über Kellner und Schalterbeamte beschwert, ständig mit den Nachbarn streitet und jedesmal laut hupt, wenn jemand zu schnell fährt. Aber wenn ich über diesen letzten Abschnitt des Buches nachdenke – Betrachtungen zu verschiedenen Dingen nach zehn Jahren bei IBM –, dann bin ich versucht, eine lange Liste von Ärgernissen endlich loszuwerden.

Ich werde der Versuchung widerstehen, so gut ich kann – aber nicht ganz. Ich möchte an dieser Stelle jedoch betonen, daß das Folgende einzig und allein meine persönlichen Betrachtungen sind. Sie werden von meinen Kollegen bei IBM nicht unbedingt geteilt.

27 DIE BRANCHE

In meiner Zeit als Unternehmensberater und als leitender Manager habe ich mehr als ein halbes Dutzend Branchen kennengelernt. Ich denke, ich kann deshalb mit Fug und Recht sagen, daß die Informationstechnik wahrhaft einzigartig ist.

Als ich zu IBM kam, war ich darauf eingestellt, daß die komplizierte Technologie der Branche mir einige Probleme bereiten würde. Auf die speziellen Persönlichkeiten und bizarren Gepflogenheiten der Computerindustrie war ich jedoch nicht gefaßt.

Fangen wir mit einigen führenden Vertretern der Branche an. Da findet sich eine wahrhaft außergewöhnliche Besetzung: Larry Ellison von Oracle, Scott McNealy von Sun Microsystems, Bill Gates und Steve Ballmer von Microsoft und Steve Jobs von Apple. Diese Männer verfügen zweifellos über enormes Talent. Sie haben große, florierende Unternehmen aufgebaut. Jeder einzelne von ihnen erfüllt mehrfach mein wichtigstes Kriterium, nämlich mit Leib und Seele Unternehmer zu sein. Sie zählen aber auch zu den freimütigsten Unternehmensleitern, die ich jemals kennengelernt habe. Sie sparen nicht mit wutentbrannten Kommentaren, sie greifen sich mit Vorliebe in aller Öffentlichkeit gegenseitig an, und sie haben offenbar keinerlei Skrupel, die Produkte, Zusagen und Ankündigungen des Gegners gnadenlos schlechtzumachen.

Es ist der reinste Affenzirkus, und zwar rund um die Uhr, sieben Tage in der Woche und 365 Tage im Jahr. Ich will niemanden persönlich angreifen, aber ich muß sagen, daß ich in keiner anderen Branche, in der ich tätig war, ein derartiges Verhalten erlebt habe. Wenn ich die Absicht gehabt hätte, auch nur ein Zehntel von dem, was in der Branche als übliches Geschäftsgerede durchgeht, hier preiszugeben, dann hätten meine Anwälte mich gefesselt und geknebelt und die Tür verriegelt.

Gewiß gibt es auch traditionsbewußtere CEOs, die erfolgreich sind, wie Michael Dell und Andy Grove. Und natürlich kennt die Branche auch Tausende von CEOs sehr kleiner Unternehmen, in der Mehrzahl engagierte, technisch versierte Leute, die versuchen, eine erfolgversprechende Nische für sich zu finden und gleichzeitig nicht von den Elefanten zertrampelt oder den Haien gefressen zu werden.

Interessanterweise gibt es keinen Dachverband von Unternehmen der IT-Branche. In allen anderen Branchen gibt es solche Vereinigungen, es gibt die American Bankers Association, die Grocery Manufacturers Association, die Pharmaceutical Industry Manufacturers Association. Einige Gremien repräsentieren bestimmte Segmente der IT-Branche, andere Gremien kommen regelmäßig zusammen und diskutieren über wesentliche Fragen, aber eine Dachorganisation fehlt.

Ein Zyniker könnte daraus schließen, daß Werte wie Teamarbeit, gemeinsame Anliegen und gegenseitiger Respekt der Branche fremd seien. Nachdem ich an den Treffen von Bankern und Lebensmittelhändlern teilgenommen und die Geselligkeit und persönlichen Beziehungen unter den CEOs selbst erlebt habe, wäre ich gerne als unsichtbarer Zuhörer dabei, wenn es jemals gelingen sollte, sämtliche IT-Unternehmenschefs des Universums in einem Raum zu versammeln!

Das zweite bemerkenswerte Kennzeichen der Branche ist in meinen Augen das Wesen des Konkurrenzkampfes. Es werden echte Kämpfe auf Leben und Tod ausgefochten, bei denen es nicht nur darum geht, den Marktanteil um ein paar Punkte zu steigern, sondern um die Vernichtung des Gegners. Das ist nicht nur großspuriges Gehabe. Es ist ein strategischer Imperativ und meiner Ansicht nach einzigartig für die Computerbranche. In den meisten Branchen gilt das Gesetz der sinkenden Erträge, das heißt ab einem bestimmten Punkt kostet es mehr, den eigenen Marktanteil gegenüber etablierten Konkurrenten zu steigern, als man im Gegenzug dafür erhält. Infolgedessen wird in den meisten Branchen früher oder später ein Gleichgewicht zwischen drei bis fünf Wettbewerbern erreicht, und es ist außerordentlich schwierig, den Marktanteil noch wesentlich zu steigern (es sei denn, ein Unternehmen löst sich auf).

In der Computerbranche wird jedoch eine ganz andere Musik gespielt. Hier gilt das Gesetz der »steigenden Erträge«, es ist möglich, zu *dem* maßgeblichen Standard zu werden. Und wenn man der Standard ist, dann »gehört« einem praktisch der Markt. Das ist eng mit einem »Netzwerkeffekt« verknüpft, der besagt, je mehr Leute am eigenen Netzwerk beteiligt sind, desto wertvoller und gewinnbringender wird das Netz und desto weniger attraktiv ist das Angebot der Konkurrenz. Aus diesem Grund werden in dieser Branche wirklich heftige Konkurrenzkämpfe ausgetragen. Das Ziel lautet stets, bei den Kunden »aufzuräumen« und vorhandene oder drohende Konkurrenten von der Bildfläche zu verjagen.

Zum dritten finde ich es an der Branche erstaunlich, daß alle auf geradezu groteske Weise an die zugrundeliegende Technologie glauben. IT-Firmen sind ernsthaft von ihren kühnsten Prognosen überzeugt. Jeder hält permanent nach der nächsten großen Welle Ausschau.

Nehmen wir nur all die revolutionären Prophezeiungen, die garantiert und mit absoluter Sicherheit zu unseren Lebzeiten eintreten sollten: die bargeldlose Gesellschaft, das papierlose Büro, die PC-Revolution und das Dotcom-Universum (Sie müssen nie wieder das Haus verlassen, um einzukaufen, in die Schule oder zur Bank zu gehen, ja um die Welt zu sehen). Uns wurde versprochen, daß Computer problemlos und automatisch auf gesprochene Kommandos reagieren. Manches davon war atemberaubend verführerisch.

Aber ist es wahr geworden? Ist es wirklich eingetreten? Wir haben immer noch Bargeld in der Tasche. Wir schreiben noch mehr Schecks aus als zu der Zeit, als die Gesellschaft ohne Schecks verkündet wurde. In allen Büros auf der ganzen Welt stapelt sich nach wie vor das Papier. Die Dotcom-Firmen sind weitgehend verschwunden. Die Sonne geht immer noch jeden Morgen auf, und das Leben geht weiter.

Es gibt viele Gründe, weshalb diese großartigen Ankündigungen niemals Realität geworden sind, der weitaus wichtigste ist die bemerkenswerte Abgehobenheit der Branche von ihren Kunden. Natürlich ist es vernünftig, sämtliche finanziellen Transaktionen online zu tätigen, ohne Schecks. Natürlich wäre es großartig, wenn wir kein Papier in unseren Büros bräuchten. Doch derartige Konzepte lassen das menschliche Verhalten völlig außer acht, die menschlichen Vorlieben und Neigungen und nicht zuletzt die institutionellen und persönlichen Bedürfnisse, die aus den nichttechnischen Teilen des Alltags von Menschen und Firmen erwachsen. Die Beschäftigten in der Technologiebranche scheinen zu denken, daß jeder Kunde am Morgen aufwacht und sagt: »Ich wünschte, ich hätte mehr Technologie. Ich kann es nicht erwarten, mehr darüber zu erfahren, was mein Computer alles leistet.«

Ich würde mir wünschen, daß jeder dieser unglaublich schlauen Technikexperten einmal ein Jahr nur Kunde wäre und den anderen Blickwinkel kennenlernen würde. Die Experten würden feststellen, daß die Kunden es schwierig finden, die Technologie in ihren Alltag und in den ihrer Unternehmen zu integrieren. Die Versprechen würden ihnen auf einmal übertrieben erscheinen, und sie würden merken, daß die Erträge viel langsamer fließen als versprochen. Sie würden feststellen, daß unzählige wichtige Entscheidungen, die Manager, Angestellte und Verbraucher treffen müssen, letzten Endes überhaupt nichts mit der Technologie zu tun haben. Womöglich würden sie sogar zu der Ansicht kommen, daß die Technologie auch ein Bremsklotz sein kann.

Nachdem Sie das alles gelesen haben, wird es Sie möglicherweise überraschen, wenn ich sage, daß ich mein Jahrzehnt in der IT-Branche genossen habe. Auch wenn, wie beschrieben, erhebliche und völlig irrationale Abweichungen von normalen Geschäftsgebräuchen bestehen, läßt sich kein aufregenderer Ort denken. Wenn man den Wettbewerb liebt, wenn man gerne auf der Gewinnerstraße ist, wenn man die Veränderung mag, wenn man gern aufregende, neue Dinge aufbaut, wenn man die intellektuelle Anregung ebenso liebt wie die emotionale Erschöpfung, das Engagement an sieben Tagen in der Woche, dann gibt es keinen besseren Ort. Ich mag Scott McNealy zwar für unverschämt halten, aber ich bin gern mit ihm zusammen, ich habe ihn immer als einen herausfordernden und würdigen Konkurrenten empfunden.

28 DAS SYSTEM

Die amerikanische Wirtschaft laboriert gegenwärtig an einem schweren Kater. Investoren haben in den vergangenen Jahren Billionen Dollar verloren. Absolventen von Wirtschaftsstudiengängen erleben hilflos, wie sie in kürzester Zeit von hochbezahlten Stellen in die Arbeitslosigkeit abstürzen.

Besonders beunruhigend aber ist die Tatsache, daß eine Handvoll Firmen- und Finanzchefs das Vertrauen ihrer Aktionäre und ihrer Mitarbeiter verspielt haben. Sie müßten schonungslos dafür zur Rechenschaft gezogen werden. Leider wird ihre Bestrafung zwar unsere Bestürzung und Wut lindern, aber die Arbeitsplätze und die Ersparnisse Tausender Amerikaner sind unwiederbringlich verloren. Die Bilanzskandale des Jahres 2002 haben dem Ansehen der gesamten Wirtschaft sehr geschadet.

Dennoch sollten wir unsere Reaktion vorsichtig abwägen. In jeder Institution – ob Wirtschaftsunternehmen, Regierungen oder Bundesgerichte – gibt es Menschen, die betrügen, sich Vorteile verschaffen, lügen und sich über die Regeln hinwegsetzen. Aber sie sind nirgendwo in der Überzahl. Wir müssen die Verbrecher bestrafen, ohne die Institutionen zu schwächen, die für unsere Wirtschaft und unser gesellschaftliches Wohlergehen unerläßlich sind.

Vertreter der Aufsichtsbehörden und Politiker fahnden landesweit nach allen, die auch nur im entferntesten mit den Zusammenbrüchen ehemals finanzkräftiger Unternehmen zu tun hatten. Medien, die zuvor nie – oder zumindest selten – über die Buchhaltung von Unternehmen berichtet haben, fallen jetzt über Firmen her, die sie noch vor einigen Jahren stolz vorgestellt haben. CEOs von Dotcom-Firmen und natürlich von Telekommunikations-, Medien- und Energieunternehmen haben in den Nachrichtensendungen mit ihren großartigen Abschlüssen geprahlt. Die Kommentatoren schwärmten bei der Berichterstattung, weil alle nach neuen Meldungen von der »New Economy« lechzten. Die Print- und Rundfunkmedien feierten die New Economy und weckten selten auch nur den Hauch eines Zweifels an Firmen, deren Aktien für das 300- oder 400fache ihres Gewinns gehandelt wurden!

Mich erstaunt bei all dem weniger die Tatsache, daß es so gekommen ist, sondern daß nur so wenige merkten, daß wir den Film schon einmal gesehen haben, und wußten, wie die rasante Fahrt enden würde – mit einem großen Zugunglück. Ob es der Goldrausch in Kalifornien war oder die wilde industrielle Expansion in den zwanziger Jahren, die Zusammenballung zu Mischkonzernen in den sechziger Jahren oder das Übernahmefieber in den achtziger Jahren, unser wunderbares und freies Wirtschaftssystem bringt immer wieder Phasen wilder Begeisterung und Spekulation hervor. In all diesen Filmen gibt es keinen Erzschurken, alle sind die Bösen. Unternehmer machen viel zu große Versprechungen, Manager werden habgierig, Geschäftsbanken vergessen die Grundregeln der Kreditvergabe, Politiker gehen vor den neuen Titanen der Branche in die Knie (erinnern Sie sich noch an all die Pilgerzüge nach Silicon Valley vor den letzten beiden Präsidentschaftswahlen?), und die Medien, die mit Finanznachrichten ihr Geld verdienen, laufen mit üppigen Werbeeinnahmen zur Bank und schüren den Überschwang nach Kräften.*

Während sich fast alle so eifrig an der Bowleschüssel bedienten, mußte doch irgend jemand die Party organisieren und dafür sorgen, daß der Stoff nicht ausging. Die Verdächtigen, die jetzt vor den Kadi gezerrt werden – Buchhalter, Aufsichtsbeamte und Manager –, sind die letzten, die einen sensationellen Boom wie den soeben zu Ende gegangenen auslösen konnten.

Aber wer konnte ihn dann auslösen? Man braucht nicht weiter

---

* Eine bemerkenswerte Schilderung dieser Ereignisse gibt John Cassidy in »Dot.con. The Greatest Story Ever Told«, erschienen bei HarperCollins, Februar 2002.

zu gehen als bis zu den Investmentbankern. Sie lieferten den Stoff für alle wilden Spekulationsphasen in unserer Wirtschaftsgeschichte. Sie schufen die großen Ölkartelle. Sie verkauften die Eisenbahnaktien. Sie standen den großen Konzerngründern in den sechziger Jahren zur Seite. Dann vollzogen sie eine Kehrtwende und wickelten, wiederum gegen gutes Geld, den Verkauf der Geschäftsbereiche ab, die man zuvor völlig planlos zusammengekauft hatte. Sie verfügen über eine Vielzahl von Zauberwörtern, um ein wirtschaftliches Feuerwerk zu entfachen: EBITDA, IPO, LBO, MBO, PERC und PICK.

Und sie sorgen dafür, daß das Geld unablässig fließt. Sie kassieren hohe Gebühren dafür, daß sie AT&T raten, alles im Umkreis aufzukaufen, dann kassieren sie noch einmal hohe Gebühren, wenn sie AT&T helfen, alles wieder zu verkaufen. All jene, die die Deals eingefädelt haben, sind am Ende einer Spekulationsphase reich. Die Verlierer sind die Investoren, die ihr hart verdientes Geld riskiert haben, und die Unternehmer, die ihr Talent und ihr Ansehen aufs Spiel gesetzt haben.

Was können wir also tun, um das System zu verbessern? Einigen wird die Antwort nicht gefallen: nicht sehr viel.

Die Investmentbanken zu schließen wird wenig bringen. Man darf nicht vergessen, es gibt sie (und wird sie immer geben), weil Menschen immer nach einem Zaubertrank Ausschau halten, der ihnen ihre Träume erfüllt. Wir brauchen keine neuen Regeln. Regeln würgen meistens die Wirtschaft ab, in den seltensten Fällen helfen sie ihr.

Einige der mittlerweile diskutierten Vorschläge sind einleuchtend: Beispielsweise sollte die Börsenaufsicht die Veröffentlichung von erwarteten Erlösen in Pressemitteilungen von Unternehmen verbieten. In den Aufsichtsräten sollten fast ausschließlich externe Manager sitzen. Beschäftigte sollten nicht gezwungen werden, erhebliche Teile ihrer Altersversorgung und Ersparnisse in Aktien ihres Unternehmens zu investieren.

Ich bin überzeugt, daß eine grundlegende Veränderung dazu beitragen könnte, die nächste Welle ein wenig zu dämpfen (und glauben Sie mir, innerhalb von zehn bis fünfzehn Jahren kommt wieder eine Welle). Mein Vorschlag – er stammt nicht von mir, viele andere haben ihn bereits vorgelegt – lautet, die Steuerpolitik dahingehend zu ändern, daß kurzfristige Spekulationen unattraktiver, langfristige Investitionen hingegen attraktiver werden. Mir würde es gefallen, wenn die Gewinne aus dem Kauf und Verkauf von Wertpapieren versteuert werden müßten, und zwar mit einem Satz von, sagen wir, 70 Prozent, wenn die Transaktion in weniger als einem Jahr abgewickelt wird, 40 Prozent bei einem Zeitraum von ein bis drei Jahren, 20 Prozent bei drei bis fünf Jahren und Steuerfreiheit ab einem Zeitraum von fünf Jahren. Das würde den Kleinunternehmern helfen, aber auch den Farmern, und es würde die Manager motivieren, über das Quartalsende hinauszuplanen.

Bei Gewinnen aus Aktienoptionen würde ich genauso verfahren. Beschäftigte, die ihr Optionsrecht ausüben und die Aktien nach weniger als fünf Jahren wieder abstoßen, sollten deutlich höhere Steuern zahlen als jene, die ihre Aktien behalten. Im übrigen gibt es nur einen Grund, Führungskräften Aktienbezugsrechte zu gewähren: Sie sollen die gleichen Interessen haben wie langjährige Anteilseigner.

Ein Hauptvorteil dieser veränderten Besteuerung wäre, so hoffe ich, eine Rückkehr des »Eigentümerkapitalismus«. Wenn Interessengruppen mit hohen Anteilen (Pensionsfonds, Investmentfonds) für kurzfristigen Handel streng bestraft und im Gegenzug für langfristige Investitionen belohnt werden, dann werden sie möglicherweise in Zukunft wirksame Kontrolleure von Unternehmensleistungen sein.

Leider bewegen wir uns in den Vereinigten Staaten seit gut einem Jahrzehnt genau in die entgegengesetzte Richtung. Die US-Aufsichtsbehörden sind so damit beschäftigt, den Kleinanlegern zu helfen, daß sie – mit Sicherheit ungewollt – den Kontakt zu den großen Anlegern verloren haben, zu den Eigentümern, die am ehesten imstande wären, auf den Vorstand und das Management Druck auszuüben.

Beispielsweise haben die Aufsichtsbehörden die Hauptversammlungen – die Gelegenheit für die Anleger, einmal im Jahr in aller Öffentlichkeit mit den Managern zusammenzukommen – in reinste Zirkusvorstellungen verwandelt (und das gilt nicht nur für die Vereinigten Staaten, sondern auch für Europa und Japan). Ich weiß noch, daß ich vor zwanzig Jahren in einem Managementteam sehr sorgfältig wichtige Punkte zu unserer Geschäftsleistung vorbereitete, die bei der Hauptversammlung angesprochen werden sollten. Heute geht kein bedeutender institutioneller Aktionär zu den Jahresversammlungen. Die Treffen sind, weil die Aufsichtsbehörden es zugelassen haben, zu Show-Veranstaltungen für Nörgler, Weltverbesserer und enttäuschte Mitarbeiter geworden. Ich werde nie eine Versammlung bei AT&T vergessen, als die Aktionäre sich langatmige Reden – zweimal – für und gegen die Abtreibung anhören mußten, weil Aufsichtsbeamte zwei Anträge zugelassen hatten, die mit Abtreibung zu tun hatten. Das ganze Spektakel erstickte jede Diskussion der kritischen Themen im Keim, die eigentlich hätten angesprochen werden müssen (etwa was AT&T zu tun gedachte, um die Gewinne im Ferngesprächsgeschäft zu steigern).

Ein weiteres Beispiel, wie gute Absichten ins Gegenteil umschlugen, ist die neue Regelung in den Vereinigten Staaten, die unter dem Schlagwort »fair disclosure« (faire Offenlegung, FD) bekannt wurde. Sie soll gewährleisten, daß alle Investoren – vor allem die kleinen – gleichen Zugang zu betriebsinternen Informationen haben. Dagegen ist nichts einzuwenden.

Es hat jedoch den Anschein, als würde diese Regelung das Management dazu verleiten, gründliche Rechnungsprüfungen mit großen institutionellen Anlegern zu umgehen, die in der Vergangenheit zu den härtesten Tests für Unternehmenschefs zählten. Glauben Sie mir, wenn Sie sich als CEO oder Finanzchef auf ein zwei- bis dreistündiges Gespräch mit Fidelity oder mit Finanzberatern von American Express vorbereiten müssen, legen Sie mit Sicherheit großen Wert darauf, ihren Unternehmenskurs unter den Bedingungen harter Konkurrenz zu erklären und zu verteidigen. Ich fürchte, das könnte unter der »Fair-Disclosure-Regelung« verlorengehen, wenn es nicht schon verschwunden ist.

Ich will hier einfach nur herausstellen, daß die großen, weitsichtigen Eigentümer die treibende Kraft sein können und sollen, die das Management zur Rechenschaft zieht. Gewiß, Aufsichtsbehörden, Vorstandsmitglieder und Wirtschaftsprüfer spielen ebenfalls eine Rolle. Aber wir sollten eine Lektion aus dem Handbuch für Risikokapitalisten lernen: Eigner, die den Managern nahe sind,

Eigner, die ihren Anteil nicht nach Lust und Laune abstoßen können, Eigner, die ein Unternehmen über einen vollständigen Investitionszyklus beobachten – sie können am ehesten eine effektive Unternehmensführung gewährleisten.

29 DIE BEOBACHTER

In meinem Büro hängt seit vielen Jahren ein Schild, auf dem steht:

Es gibt vier Arten von Menschen:
Jene, die Dinge geschehen machen.
Jene, mit denen Dinge geschehen.
Jene, die zusehen, wie Dinge geschehen.
Jene, die nicht einmal wissen, daß Dinge geschehen.

Dieses Buch handelt von den IBM-Mitarbeitern, die Dinge geschehen machten.

Die Gruppe, mit der Dinge geschehen, ist sehr vielfältig. Einige sind glückliche Mitläufer – Menschen, die mit dem Strom schwimmen. Andere widersetzen sich hartnäckig dem Wandel, auch von ihnen war bereits ausführlich die Rede.

Ich beneide die vierte Gruppe – ich habe Menschen aus allen Gesellschaftsschichten kennengelernt, die ganz in ihrer Welt lebten und denen die Nöte, Ängste und Enttäuschungen der aktuellen Ereignisse, der gesellschaftlichen Veränderungen und der großen politischen Fragen erspart blieben.

Von der dritten Gruppe soll im folgenden die Rede sein – von den Menschen, die zusehen, wie Dinge geschehen.

In der Regel sind die Zuschauer nicht produktiv tätig. Sie beobachten und kommentieren die Arbeit anderer. (Man könnte sie auch professionelle Meinungsinhaber nennen.) Folglich errechnet sich ihr Wert für die Gesellschaft aus der Scharfsichtigkeit ihrer Beobachtungen und danach, inwieweit ihre Kommentare den Wert eines Prozesses steigern, bei dem sie nur Außenstehende sind.

Ich möchte betonen, daß »Wert für die Gesellschaft« keineswegs das gleiche ist wie »Erfolg«. Meiner Ansicht nach leisten viele Beobachter sehr wenig für die Wertschöpfung, sind aber erfolgreich, weil sie Streit säen, Emotionen schüren, unterhalten und häufig im Fernsehen auftreten. Andererseits ist kaum etwas so lohnend wie die Lektüre eines wirklich klugen Zeitschriftenartikels über, sagen wir, das Genomprojekt oder die Vorgeschichte des Nahostkonflikts.

Als CEO eines der größten Konzerne der Welt hätte ich am liebsten so viel Zeit wie möglich damit verbracht, mich um die Kunden, Mitarbeiter und Aktionäre zu kümmern. Doch mir war klar, daß ich nicht darum herumkommen würde, mich mit den Beobachtern auseinanderzusetzen, weil es meine Aufgabe gewiß nicht erleichtern würde, sollten sie, aus welchem Grund auch immer, zu dem Schluß gelangen, daß sie mich und meine Arbeit ablehnten.

Es gibt viele Kategorien von Beobachtern. Über sie zu sprechen – die Beobachter unter die Lupe zu nehmen – ist mit gewissen Risiken verbunden, weil sie in der Regel das letzte Wort haben. Deshalb werde ich meine Erörterung auch auf die bekanntesten Beobachter beschränken: die Wirtschaftsmedien und die Analysten. Und ich werde mich, so gut es geht, um Objektivität bemühen.

Die Wirtschaftsmedien

Wie in jedem anderen Beruf gibt es unter den Journalisten gute, die für Zeitungen, Zeitschriften und Fernsehsender über die Wirtschaft berichten, und es gibt weniger gute. Ich hatte das Glück, mit einigen der besten zusammenzuarbeiten – mit Journalisten, die sich die Zeit nahmen, die Unternehmen und Branchen kennenzulernen, über die sie berichteten, die kluge Fragen stellten und gehaltvolle Berichte schrieben.

Außerhalb der Vereinigten Staaten haben mich die japanischen Journalisten am meisten beeindruckt. Sie waren außerordentlich gründlich – zu einer meiner Pressekonferenzen in Tokio schickte eine große Tageszeitung sechzehn Reporter. Sie arbeiteten hart an ihren Storys, und ich fand ihre Berichte fast immer zutreffend.

Japanische Reporter zählen vermutlich zu den aggressivsten der Welt. Sie finden nichts dabei, einem vor dem Hotelzimmer aufzulauern oder mitten in der Nacht vor der Tür zu stehen. Unser Chef von IBM Japan sagte mir, häufig würden Reporter noch um Mitternacht an seine Tür klopfen – und er lade sie zu einem Bier ein!

Ich hatte auch mit einigen weniger guten Reportern zu tun – oder mußte mit den Folgen ihrer Berichterstattung leben. Ich unterschied folgende Typen:

- Jene, die glauben, nur schlechte Nachrichten seien Nachrichten. Ein IBM-Exklusivreporter von dieser Sorte durchstöberte jeden Tag die Chat-Rooms, suchte nach verärgerten ehemaligen Mitarbeitern und rief Krisenspekulanten an, die nichts Besseres zu tun hatten, als negative Gerüchte in die Welt zu setzen. Wenn eine Story dieses Reporters unseren Kurs drückte, meldete das Blatt am nächsten Tag völlig zutreffend, daß unser Aktienkurs wegen einer Story aus ihrem Haus gefallen sei. So etwas nennt man wohl eine Freikarte. Ein anderer Exklusivreporter für ein anderes Blatt gab auf Internet-Meckerseiten seinen Namen und seine Telefonnummer an für Menschen, die mit IBM schlechte Erfahrungen gemacht hatten.
- Jene, die auf Kosten des Inhalts Schlagzeilen machen wollen. Das merkt man immer schon während des Interviews. Die Reporter bohren immer wieder nach und wollen einen dazu bringen, eine umstrittene Äußerung zu machen, die sie ausschlachten können. Manchmal stellen sie die gleiche Frage drei- oder viermal. In der Regel interessieren sich diese Reporter nicht sehr für das, was bei IBM wirklich vorgeht, oder sie haben keine Ahnung davon.
- Jene, die einen glauben lassen, sie würden eine Story aus einem bestimmten Blickwinkel schreiben, während sie in Wirklichkeit etwas ganz anderes vorhaben. Ich kann mich nicht daran erinnern, daß einer dieser Reporter jemals eine dreiste Lüge verbreitete, aber Finten und falsche Andeutungen lassen sich gewiß nicht mit einer ehrlichen Berichterstattung vereinbaren.
- Jene, die einen schlichtweg verabscheuen. Einer unserer besten Journalisten erklärte in einem nationalen Fernsehsender, die Verantwortlichen an der Spitze von IBM wären alle »die Bösen«. Was sollten wir davon halten, als er später bei uns anrief und sagte, er habe die Absicht, eine Story über uns zu schreiben, und uns versicherte, er sei völlig unvoreingenommen?

Jedesmal wenn sich abzeichnete, daß ein Reporter in eine dieser vier unerfreulichen Kategorien fallen könnte, hielt ich mich an ein einfaches Rezept: Ich lehnte es ab, mich mit ihm abzugeben. Das Leben ist kurz. Und es gab eine Unzahl anderer, produktiverer Dinge, mit denen ich meine Zeit ausfüllen konnte.

Weniger versprechen, dafür mehr halten

In meinen neun Jahren bei IBM bemängelten die Medien beharrlich eines: daß ich nicht jederzeit für sie zugänglich war. Einige meiner Konkurrenten brachten es offenbar nicht über sich, an einer Kamera oder einem Reporter einfach vorbeizugehen. Ich hatte keine Probleme damit. Am lautesten beschwerten sich die Computerfachzeitschriften. »Bill Gates spricht immer persönlich mit mir, wenn ich anrufe. Warum macht das Lou Gerstner nicht?«

Nun ja, ich mußte ein Unternehmen leiten. Vor allem aber war ich schon immer der Meinung, es sei besser, wenig zu versprechen und dann mehr zu halten, als zu viel zu versprechen und die Erwartungen zu enttäuschen. Die Medien mögen Prognosen, Zukunftsvorhersagen und Versprechen. Je öfter man vor der Kamera steht, desto größer ist die Wahrscheinlichkeit, daß man der Versuchung erliegt, zu viel zu versprechen.

Deshalb habe ich mich in meinem bisherigen Berufsleben an die Regel gehalten, lediglich zwei – oder drei – Interviews im Jahr zu geben. Die Interviews waren fast immer Teil einer größeren Story in einer großen Publikation, und in der Regel gab ich sie einem Reporter, dessen Konzept einen klugen Blick für die Branchentrends und ein tiefes Verständnis für die strategische Richtung des Unternehmens verriet. Wenn ich die Wahl hatte zwischen einem Reporter mit einem derartigen Konzept oder einem, der einfach eine Unmenge von Fragen zu unzähligen Themen stellen wollte, dann suchte ich mir fast immer den Reporter mit dem Konzept aus.

Ich bin von jeher der Meinung, daß im Zusammenhang mit der Presse weniger mehr ist. Es mag sein, daß ich meine Verfügbarkeit für die Presse beschränkt habe, aber ich möchte dem entgegenhalten, daß die wenigen Interviews, die ich gab, größeren Einfluß hatten, als die täglichen Erklärungen gehabt hätten.

Analysten

Es gibt die verschiedensten Arten von Analysten: Beobachter, die sich auf Meinungen zu Aktienkursen, zu Branchen oder zu Produkten spezialisiert haben. Und natürlich sind, wie bei allen Beobachtern, einige Analysten sehr gut, andere weniger gut. Meine Meinung zu den Internet-Analysten habe ich bereits gesagt, viele haben ihre Klienten verraten und verkauft.

Es gibt einige gute Wertpapieranalysten, die IBM genau beobachten. Einer hat mich neulich außerordentlich beeindruckt, als er eine Liste mit Fragen vorlegte, die bei einem bevorstehenden Treffen von IBM-Analysten beantwortet werden sollten. Es waren sehr gute strategische Beobachtungen.

Die meisten Analysten, die ich kenne, sind hart arbeitende, kluge Menschen. Sie leiden jedoch unter einem debil machenden Virus, der die Kapitalmärkte in Amerika infiziert hat: Quartalskurzsichtigkeit. Es wundert mich, wie viele Analysten den Wald vor lauter Bäumen nicht mehr sehen. Oder, anders ausgedrückt, sie haben aus dem Wald ein riesiges Labyrinth gemacht, wie man es von alten englischen Landsitzen kennt. Für diese Analysten zählt einzig und allein, daß man den nächsten kurzfristigen Kontrollpunkt ohne Schwierigkeiten passiert. Es spielt überhaupt keine Rolle, daß man die beste Landkarte hat, die einen durch das ganze Labyrinth führt (oder daß man keine Karte hat!). Wenn die Analysten einen Gewinn von 50 Cent pro Aktie in den nächsten drei Monaten voraussagen und man schafft es, dann ist man der Held. Erreicht man nur 48 Cent, hat man versagt und ist der Sündenbock.

Es spielt keine Rolle, daß die Ergebnisse von drei Monaten absolut nichts darüber aussagen, wie es einem Unternehmen wirklich geht. Es spielt keine Rolle, daß ein Manager in den meisten Branchen so gut wie nichts tun kann, um innerhalb von drei Monaten greifbare Erfolge vorzuweisen. Es spielt auch keine Rolle, daß ein Unternehmen innerhalb von drei Monaten allenfalls *eines* tun kann, nämlich die Einnahmen verwalten. Zur Ehrenrettung der Analysten muß ich jedoch zugeben, daß sie die Kurzsichtigkeit nicht erfunden haben. Sie sind Teil einer grassierenden Epidemie. Im System werden sie jedoch zu Tabellenfanatikern degradiert, die jedes Quartal darauf hoffen, daß auf ihre Bingo-Tafel mit den richtigen Zahlen das große Los fällt.

Eine falsche Auffassung mache ich jedoch den Analysten zum Vorwurf: eine engstirnige Fixiertheit auf das Umsatzwachstum als Kennziffer für die Stärke eines Unternehmens. Natürlich ist die Steigerung der Umsätze ein wichtiges Element für die Wertschöpfung in einem Unternehmen, aber es ist längst nicht der wichtigste Faktor. Die Jagd nach Umsatz auf Kosten echter Erträge ist eines der deutlichsten Zeichen für ein schwaches Management. Von allen Kennzahlen einer Gewinn- und Verlustrechnung lassen sich die Umsätze am leichtesten durch kreative Buchführung manipulieren. Wir brauchen gar nicht weiter zu blicken als bis zu der Myriade von Kommunikations-, E-Business- und Softwareunternehmen, gegen die derzeit, während dieses Buch in Druck geht, ermittelt wird. Einige haben derartige Manipulationen bereits eingestanden.

Die Fixiertheit auf die Umsätze kann auch dazu führen, daß die kurzfristigen Ergebnisse auf Kosten einer langfristigen Wettbewerbsposition maximiert werden, beispielsweise daß Preise erhöht oder gehalten werden auf Kosten des Marktanteils.

Wir haben bei IBM vieles getan – oder vermieden –, was das Umsatzwachstum gebremst, dafür den Unternehmenswert für die Anteilseigner gesteigert hat:

- Wir vermieden Übernahmen, durch die wir zwar gewachsen wären, den Gewinn aber kaum erhöht hätten.
- Wir senkten die Großrechnerpreise und damit die Erlöse, um einen stabilen Cash-flow zu gewährleisten.
- Wir unterboten die Preise einiger unserer Software- und Speicherkonkurrenten, die ihre Preise künstlich hochhielten. Als Folge verbuchten wir große Marktanteile in Wachstumssegmenten.
- Wir verkauften Geschäftsbereiche, die zwar Milliarden Dollar an Einnahmen erwirtschafteten, langfristig aber nicht zum strategischen Kerngeschäft von IBM zählten.

Ich vermute, die Analysten finden es besonders leicht, die Umsatzzahlen zu betrachten und zu deuten. Die besten Unternehmen steigern jedoch ihre Gewinne schneller als ihre Umsätze. Sie wissen genau, wie man mit Gewinnspannen und Kosten umgeht. Sie wissen, daß die besten Wettbewerbsvorteile eine solide Kostenstruktur und ein Markteintrittsmodell sind, das es ihnen erlaubt, Umsatz als Waffe gegen Wettbewerber einzusetzen. Noch wichtiger, sie haben begriffen, daß der Cash-flow den Erfolg eines Unternehmens gewährleistet, nicht der Umsatz.

Es sollte niemanden überraschen, daß drei der IT-Unternehmen, die im letzten Jahrzehnt das stärkste Wachstum vorweisen konnten – Dell, Intel und IBM – zwei gemeinsame Merkmale haben (die gleichen Merkmale haben auch GE, Wal-Mart und andere Marktführer). Zum ersten setzen sie die Preispolitik (also die Erlöse) als strategische Waffe ein, zum zweiten haben sie ihre Kosten außerordentlich gut im Griff – sämtliche Kosten einschließlich Steuern, Herstellung und Vertrieb.

Im Laufe des nächsten Jahrzehnts werden die Manager mit Hilfe des E-Business weitere Innovationen bei der Fertigung, Entwicklung und Lieferkette einführen und die Produktivität der Beschäftigten sowie die Organisationsgeschwindigkeit steigern.

In fast jeder Branche zieht die Globalisierung Überkapazitäten nach sich mit der Folge, daß Waren die Märkte überschwemmen und/oder die Preise verfallen. Erfolg werden deshalb nur die tüchtigsten Unternehmen haben – nicht unbedingt die größten. Innovationen bei den Abläufen – wie Dinge in einem Unternehmen erledigt werden – werden ebensowichtig sein wie Innovationen bei den Produkten, die ein Unternehmen verkauft.

Würde ich die Research-Abteilung eines Wertpapierhauses leiten, dann würde ich meine Analysten drängen, sich auf die folgenden fünf Punkte zu konzentrieren, um den Unternehmenswert zu bestimmen:

1. Ist das Unternehmen eine wichtige Kraft in einem Wachstumsmarkt oder in Marktsegmenten? (Denken Sie an Warren Buffets wunderbaren Ausspruch: »Wenn ein Manager mit einem guten Ruf in ein Unternehmen mit einem schlechten Ruf kommt, bleibt der Ruf des Unternehmens unverändert.«)
2. Hält das Unternehmen seinen Anteil in den betreffenden Segmenten oder steigert es ihn, und ist der Gewinn von Marktanteilen die Folge eines deutlichen Wettbewerbsvorteils (Kosten, Technologie, Qualität)?

3. Schlägt sich der gesteigerte Marktanteil in einem Anstieg des Cash-flow nieder – und zwar Cash-flow nach *allen* Ausgaben, kein Gewinn vor Steuern oder ähnlicher Vorab-Unfug?
4. Nutzt das Unternehmen den Cash-flow taktisch klug?
   - Vermeidet es prahlerische oder blauäugige Übernahmen?
   - Reinvestiert es das Geld in Forschung und Entwicklung, Marketing und andere maßgebliche Bereiche?
5. Stellt sich das Managementteam auf eine Stufe mit den Anteilseignern? Gehört leitenden Angestellten ein erheblicher Anteil an Aktien (nicht nur an Aktienoptionen)? Fließt Geld zurück an die Aktionäre in Form von Dividenden oder Aktienrückkäufen?

Ich liebe Wettbewerber, die sich ganz auf das Wachstum als ihr Hauptziel verlegen. Mit großem Vergnügen habe ich 1993 zur Kenntnis genommen, daß der Chef von Compaq ankündigte, er verfolge das Ziel, unseren Marktanteil bis zum Jahr 1996 zu übertreffen. Die Analysten jubelten! Kurz danach kaufte er Digital Equipment, da jubelte ich! Später wurde er entlassen, und Compaq hat mittlerweile aufgehört, als eigenständiges Unternehmen zu existieren.

30 UNTERNEHMEN UND
   DIE GEMEINSCHAFT

Solange ich in der Wirtschaft tätig bin, finden Diskussionen darüber statt, ob Unternehmen sich für wohltätige Zwecke engagieren sollten. Einige vertreten die Auffassung, daß alle für Wohltätigkeitsorganisationen vorgesehenen Gelder an die Aktionäre fließen sollten, die dann entscheiden könnten, wem sie das Geld zukommen lassen wollen. Ein Vertreter dieser Richtung ist Warren E. Buffett von Berkshire Hathaway Inc.

Andere hingegen argumentieren, daß Unternehmen als Teil einer Gesellschaft existieren und florieren und deswegen die Verantwortung haben, ihren Beitrag für Wohlergehen und Vitalität der Gesellschaft zu leisten.

Bevor ich meine Auffassung darlege, möchte ich dieses Thema in die richtige Perspektive rücken. Im Jahr 2001 beliefen sich die Spenden für wohltätige Zwecke in den USA auf 203 Milliarden Dollar (1970 auf 85 Milliarden Dollar). Davon spendeten Unternehmen nur 11 Milliarden Dollar, etwa 1,2 Prozent ihrer Einnahmen vor Steuern. Dieser Prozentsatz hat sich seit 1970 kaum verändert. Außerhalb der Vereinigten Staaten ist es weit weniger üblich, daß Unternehmen an gemeinnützige Organisationen spenden.

Ich bin eindeutig ein Verfechter der zweiten oben zitierten Ansicht, denn ich glaube, daß Unternehmen nur erfolgreich sind, wenn sie in einer gesunden und lebendigen Gesellschaft operieren. Nicht allein der Erfolg in der Forschung, Planung und Werbung ist ausschlaggebend. Ebenso wichtig ist es, daß ihre Kunden und Angestellten in gesunden Gemeinden leben. Diese zu unterstützen ist folglich auch ein gutes Geschäft.

In einer Hinsicht stehe ich jedoch Warren E. Buffetts Ansicht näher. Für die sogenannte »Scheckbuch-Menschenfreundlichkeit« kann ich wenig Begeisterung aufbringen. Unternehmen, die regelmäßig eine bestimmte Summe ihres Etats für wohltätige Zwecke bereitstellen und diese Gelder dann im Verlauf des Jahres an verschiedene gemeinnützige Organisationen verteilen, tun fraglos etwas Gutes. Ich glaube jedoch, daß sie damit ihr Soll bei weitem nicht erfüllt haben.

Wie die oben genannten Zahlen zeigen, machen die Spenden der Unternehmen keinen bedeutenden Teil der Gelder aus, die jährlich in Amerika an wohltätige Organisationen fließen. Sie könnten ohne große Mühe durch einen Anstieg der Spendentätigkeit von Privatpersonen aufgewogen werden.

Ich bin der festen Überzeugung, daß Unternehmen viel mehr tun könnten und sollten, als lediglich Schecks auszuschreiben. Als Organisationen mit wirtschaftlichen Zielen erledigen sie bestimmte Dinge besser als alle anderen Organisationen in unserer Gesellschaft. Wichtiger noch, sie verstehen es zu planen, Ressourcen zu verwalten, Kontakt zu Zielgruppen aufzunehmen und viele andere produktive Tätigkeiten auszuführen, die auch von fast allen Nonprofit-Organisationen bewältigt werden müssen. Fähigkeiten in diesen Bereichen sind für wohltätige Organisationen sehr wichtig, aber sie sind selten ausreichend vorhanden, um die Entwicklung einer erfolgreichen, sich selbst erneuernden Organisation zu ermöglichen. An wen sonst können sich diese Einrichtungen wenden, wenn sie für professionelle Arbeit im organisatorischen Bereich Unterstützung brauchen? Sicherlich nicht an Regierungen, deren Fähigkeiten sich offensichtlich darauf beschränken, Geld zu verschenken und Vorschriften zu erlassen. Einzelpersonen sind zuweilen unglaublich großzügig, wenn sie spenden, und die Stunden, die sie freiwillig opfern, sind unbestritten von unschätzbarem Wert, doch fehlt ihnen der Einfluß, den Unternehmen bei der Lösung großer Probleme des Systems nehmen können.

Ich möchte Ihnen ein Beispiel geben. In den letzten fünfunddreißig Jahren habe ich mich sehr dafür engagiert, das öffentliche Schulwesen in Amerika zu reformieren. Neben meiner Familie, meiner Kirche und meiner Arbeit ist dies das wichtigste Anliegen in meinem Leben. 1995 sprach ich mit der National Governors Association (der Vereinigung der fünfzig Gouverneure der Vereinigten Staaten) und drängte sie, daß sie sich stärker dafür einsetzen, das öffentliche Schulwesen in ihren Staaten zu reformieren. Ihre einhellige Antwort lautete: »Wir sind einer Meinung mit Ihnen, Lou, und wollen viel mehr tun. Wir können es jedoch nicht ohne die Hilfe der Wirtschaft. Wir brauchen die Wirtschaft, um den Wandel in unseren Parlamenten, unseren Schulaufsichtsbehörden und unseren Schulverwaltungen voranzutreiben. Ihr müßt uns dabei unterstützen, die Dringlichkeit des Problems zu erklären und knallharte Entscheidungen sowie die Umsetzung von Reformen zu fordern.«

Als Ergebnis dieser Begegnung wurde eine Organisation mit dem Namen Achieve ins Leben gerufen, die in den letzten zehn Jahren wohl die treibende Kraft bei der Reform des öffentlichen Schulwesens in den Vereinigten Staaten war. Achieve setzt sich aus aktiven Gouverneuren und CEOs zusammen, die auf einen Konsens und eine an bestimmten Standards orientierte Bildungsreform in den Vereinigten Staaten hinarbeiten.

Das ist wahrhaftig keine Scheckbuch-Menschenfreundlichkeit. Es ist harte Arbeit und nichts Glamouröses, über das die Zeitungen auf den Titelseiten berichten. Und doch ist es eine Aufgabe, die CEOs und ihre Unternehmen nach Ansicht der Gouverneure gemeinsam für unsere Kinder bewältigen können.

Echte Veränderungen in Gang setzen

Wenn jedes Unternehmen in Amerika darüber nachdächte, wie es mit seinen einzigartigen Fähigkeiten und Ressourcen zur Lösung gesellschaftlicher Probleme beitragen könnte, würde der positive Effekt ein Vielfaches der gespendeten elf Milliarden Dollar ausmachen.

Rosabeth Moss Kanter, Professorin an der Harvard Business School, nennt dies einen Paradigmenwechsel von »Flickschusterei zu wirklicher Veränderung«.* Ihrer Ansicht nach können Unternehmen den Schritt von der sozialen Verantwortung hin zu sozialer Innovation vollziehen, wenn sie die Bedürfnisse der Gemeinschaft als Chance und nicht nur als Verpflichtung ansehen. Kanter weist darauf hin, daß viele derjenigen, die von Unternehmen großzügige Unterstützung erhalten, keine Mildtätigkeit brauchen. Sie brauchen Veränderungen. Dieser Ansicht kann ich nur zustimmen.

Zum ersten Mal erfuhr ich bei American Express, wie ein Unternehmen seine Macht zur Unterstützung wohltätiger Zwecke nutzen kann. Anfang der achtziger Jahre führten wir ein Konzept ein, bei dem das Marketing an einen wohltätigen Zweck gekoppelt war. Wir teilten allen unseren Karteninhabern mit, daß wir für jede Zahlung mit der American Express Card einen Cent für die Restaurierung der Freiheitsstatue geben würden, einen weiteren Cent für jeden Kauf von Reiseschecks, einen Dollar für jeden neuen Karteninhaber und einen Dollar für jede mit der Karte bezahlte Urlaubsreise im Wert von mindestens 500 Dollar. Die Reaktion war erstaunlich. In kürzester Zeit kamen fast zwei Millionen Dollar zusammen. Natürlich half das Geld, doch für die Statue of Liberty Organization war das kluge und raffinierte Marketing von American Express viel wichtiger. Wir rückten das Anliegen der Organisation ins Bewußtsein der Nation, indem wir ihre Botschaft in jede Gemeinde trugen. Dies war ein echtes Beispiel, wie man sich von kurzfristigem Wandel zu echter Veränderung bewegt.

Bei IBM waren der Sinn und das Engagement für eine unternehmerische Verantwortung schon immer fest verankert. In dem Jahrzehnt, bevor ich bei IBM anfing, beliefen sich die Spenden des Unternehmens für wohltätige Zwecke auf 1,3 Milliarden Dollar, was IBM zum großzügigsten Unternehmen weltweit machte. Praktisch alle Beiträge leistete IBM in bar, und sie kamen einer Vielzahl von Zwecken und Ländern zugute. Einige Begünstigte waren in hohem Maße von den Geldern abhängig und erhielten seit Jahrzehnten Spenden.

Ich spürte instinktiv, daß wir viel mehr erreichen konnten, wenn wir unsere Anstrengungen auf die Lösung von Problemen konzen-

---

* Rosabeth Moss Kanter, »From Spare Change to Real Change: The Social Sector as Beta Site for Business Innovation«, in: *Harvard Business Review*, Mai–Juni 1999.

trierten, statt einfach nur Geld auf die Probleme zu schütten. Deswegen nahmen wir nicht nur eine Umstrukturierung unseres Unternehmens vor, sondern auch unserer Wohltätigkeitsphilosophie, und konzentrierten uns auf die Nutzung von Technologien zur Lösung von sozialen Problemen und vor allem von Problemen im Bildungsbereich.

Im wesentlichen behandelten wir die Empfänger unserer Unterstützung wie Kunden und stellten ihnen unsere besten Technologien und Talente zur Verfügung. Wir halfen ihnen, ihre Probleme zu lösen, indem wir die Ärmel hochkrempelten, in die Gräben stiegen und mit ihnen zusammenarbeiteten. Wir riefen eine Initiative namens Reinventing Education ins Leben. Sie begann in den IBM-Forschungslabors, wo IBM-Forscher mit Lehrern und Verwaltungsbeamten und häufig auch mit Schülern und Eltern gemeinsam arbeiteten in dem Bestreben, die Hindernisse aus dem Weg zu räumen, die einer Ausbildung auf höchstem Niveau im Wege standen – zum Beispiel Probleme, die die Lehrerausbildung betrafen; oder die effektive Ausnutzung von Zeit.

Unsere Forscher nutzten das Mittel der Stimmerkennung für einen neuen Weg, unseren Kindern das Lesen beizubringen, sie nutzten digitale Portfolios, um die Fähigkeiten der Lehrer und den Lernerfolg der Schüler zu bewerten; sie nutzten Datenbanken zur Unterstützung der Entscheidungsfindung und Online-Programme, um Lehrern Zugang zu den besten Lehrplänen zu ermöglichen und ihnen dabei zu helfen zu lernen, wie sie Arbeiten ihrer Schüler effektiv korrigieren können. 1995 begannen wir, in Staaten, Schulbezirken und in Ländern außerhalb der Vereinigten Staaten unsere Partner im Bildungswesen in den Einsatz dieser Technologien einzuführen. Das Programm erreicht nun zehn Millionen Kinder und 65 000 Lehrer und hat das Leistungsniveau der Schüler deutlich angehoben.

Am erstaunlichsten ist, daß die größte Verbreitung und Institutionalisierung dieser Programme erfolgte, nachdem keine Mittel von IBM mehr flossen; dies zeigt, daß unsere Partner in den Schulen die Innovationen angenommen haben und für sich zu nutzen wissen. Dies gilt gleichermaßen für Vietnam und Brasilien wie für West Virginia und North Carolina.

Das Konzept, unsere einzigartigen Ressourcen (technische wie intellektuelle) einzubringen, wurde auch auf andere Bereiche als das Bildungswesen angewendet. Beispiele sind der United Negro College Fund und die Tragödie vom 11. September 2001. Das persönliche Engagement vieler unserer Angestellten läßt erkennen, daß sie hinter unserer Strategie stehen. Im Jahr 2001 haben unsere Angestellten in den USA vier Millionen Stunden ihrer Zeit und fast 50 Millionen Dollar ihres eigenen Geldes einer Reihe von sozialen Organisationen und Bildungseinrichtungen zur Verfügung gestellt. Fast zehntausend IBM-Mitarbeiter sitzen in den Verwaltungsräten solcher Einrichtungen. Wir unterstützen diese Angestellten in verschiedener Hinsicht. Wir bieten Zugang zu einem Fonds, der Organisationen, für die IBM-Angestellte mehr als hundert Stunden pro Jahr freiwillig tätig sind, kleinere Zuschüsse für technische Ausstattung gewährt. Den fünftausend IBM-Angestellten, die Schüler aller Klassenstufen in die Elektronik einführen, bieten wir webgestützte Hilfe, die Tools und besondere Inhalte einschließt. Außerdem belohnen wir jede freiwillige Leistung unserer Mitarbeiter mit einer Spende an die betreffende Schule in vierfacher Höhe des Arbeitswertes.

Ich hoffe, daß mehr Unternehmen, kleine wie große, Bereiche finden, in denen sie etwas bewegen und unserer Gemeinschaft mit ihren Ressourcen und Talenten und nicht nur mit Geld helfen können.

Gehen Sie an diese Aufgabe wie an einen Auftrag heran: Hier besteht ein Bedarf. Welche Ressourcen und Programme werden benötigt? Was ist organisatorisch nötig, um die Aufgabe zu erfüllen? Wie stellen wir sicher, daß wir Ergebnisse und nicht einfach nur Aktivität messen?

In keinem anderen Bereich unseres unternehmerischen Wirkens – nicht in der Werbung, nicht in der Forschung und schon gar nicht im Marketing und der Herstellung – würden wir unsere Effektivität einfach nur daran messen, wieviel wir ausgeben. Warum sollte die Wohltätigkeit da eine Ausnahme bilden?

31 IBM – DER ABSCHIED

Jetzt, in der Stunde des Abschieds von IBM, dringt eine Flut unerwarteter Gefühle auf mich ein.

Als ich McKinsey im Alter von fünfunddreißig Jahren verließ, freute ich mich über das, was ich gelernt hatte, und war gespannt auf ein neues Leben als Führungskraft. Partner von McKinsey wechseln häufig zu Kunden; ich schlug somit einen Weg ein, den schon viele andere vor mir gegangen waren.

American Express verließ ich nach elf Jahren hauptsächlich deshalb, weil mir die damalige übergreifende Unternehmensstrategie mißfiel. Wären die Dinge bei American Express anders gelaufen, wäre ich vielleicht heute noch dort.

Wie bereits erwähnt, war der Leveraged Buyout von RJR Nabisco von Anfang an zum Scheitern verurteilt, von daher erfolgte mein Abschied zur rechten Zeit, aber er war natürlich auch eine Reaktion auf die unglaublich aufregende Herausforderung, den Turnaround bei IBM herbeizuführen.

Die Gefühle, die ich beim Abschied von IBM empfinde, sind ganz anderer Art als bei den früheren Stellenwechseln. Damals freute ich mich auf die Zukunft, auf neue Herausforderungen. Obwohl ich meinem neuen Leben in den Jahren nach IBM erwartungsvoll entgegensehe, schaue ich in den letzten Monaten auch oft zurück – öfter als je zuvor.

Ich kam als Außenseiter zu IBM, als Initiator des Wandels. Ich mußte viele schwierige Entscheidungen treffen und das Unternehmen auf eine Weise zurechtbiegen, die mir widerstrebte. Im Verlauf dieses Prozesses wurde ich in meinem Herzen ein echter

IBMer. Interessanterweise hatte ich, der Außenseiter, das Amt des CEO länger inne als alle anderen CEOs mit Ausnahme der Watsons. Mit folgendem Brief kündigte ich meinen Kollegen mein Ausscheiden an:

Liebe Kolleginnen und Kollegen,

als ich am 1. April 1993 zu IBM kam, verschwendete ich noch keinen Gedanken an den Zeitpunkt meines Ausscheidens. Der Board of Directors bat mich, mich auf ein kurzfristiges Ziel zu konzentrieren: die Rettung des Unternehmens. Da damals meine Kenntnisse von IBM gering waren, wußte ich ehrlich gesagt nicht, ob mir das gelingen würde, und ich wußte erst recht nicht, wie lange es möglicherweise dauern würde. Mit der Unterstützung und Führung von Tausenden IBM-Mitarbeitern haben wir die Wende geschafft. Diese Arbeit – und mein ursprünglicher Auftrag – waren Mitte der neunziger Jahre weitgehend abgeschlossen. Aber in dieser Zeit geschah etwas – etwas, das mich offen gestanden überraschte. Ich verliebte mich in IBM. Wie viele von Ihnen fand ich, daß dies die beste Firma der Welt war, in der man sein Berufsleben verbringen konnte. IBM ist eine faszinierende, wichtige, frustrierende, strapaziöse Erfahrung – und ich habe jede Minute (nun, vielleicht nicht jede einzelne) genossen!

Aber nun sind fast neun Jahre vergangen, und es ist definitiv an der Zeit, über meinen Rückzug zu sprechen. Ich habe Sie immer via E-Mail über die wichtigsten Entwicklungen und unsere Strategie informiert. Das möchte ich jetzt wieder tun. Vor wenigen Augenblicken hat der Board of Directors Sam Palmisano mit Wirkung zum 1. März 2002 zum Chief Executive Officer unseres Unternehmens ernannt. Außerdem hat Vice Chairman John Thompson seine Absicht erklärt, die Firma und den Board of Directors am 1. September 2002 zu verlassen. Ich weiß, daß das gesamte IBM-Team sich mir anschließt, wenn ich John für sechsunddreißig großartige Jahre bei IBM danke – ein wunderbarer Berufsweg, in dessen Verlauf er den Aufbau unseres Softwaregeschäfts vorantrieb und der darin gipfelte, daß er unsere Anstrengungen beim Erkennen und Nutzen neuer Marktchancen bündelte.

Der Board wie auch Sam haben mich gebeten, bis Ende dieses Jahres als Chairman zu bleiben. Vom 1. März an ist Sam unser neuer Chef. Meine Aufgabe wird es sein, ihm mit Rat und Tat zur Seite zu stehen.

Ich möchte noch etwas zum Zeitpunkt dieses Wechsels sagen, da einige glauben, bei IBM müßten CEOs mit sechzig Jahren ausscheiden. Das ist nicht richtig. Es gibt keine Vorschrift, die verlangt, daß ich jetzt meinen Abschied nehme. Ich tue es, weil ich überzeugt bin, daß es der richtige Zeitpunkt ist. Das Unternehmen ist bereit, ebenso der neue CEO. Ich habe unserer Zukunft noch nie zuversichtlicher entgegengesehen. Und dies sind die besten Voraussetzungen für derlei Veränderungen.

Während der vergangenen zwei Jahre haben Sam und ich eng zusammengearbeitet und das Unternehmen auf den Führungswechsel vorbereitet. Unterstützt von einem großartigen Board of Directors haben wir einen disziplinierten, transparenten und umfassenden Übergang vollzogen.

Viele von Ihnen kennen Sam. Tausende von Ihnen haben für ihn gearbeitet. Er ist eine außergewöhnliche Führungspersönlichkeit und engagiert sich leidenschaftlich für unser Unternehmen, setzt sich für unsere Prinzipien und Werte ein und ist Profi in den Disziplinen, die für unseren Erfolg entscheidend sind. Über diese wichtigen Qualitäten hinaus ist Sam mit Leib und Seele IBMer. Deswegen versteht er den Charakter unseres Unternehmens, die unglaublichen Veränderungen, die nur IBM herbeiführen kann – und auch zukünftig herbeiführen muß. Ich weiß, daß Sam sich der Unterstützung sicher sein kann, die Sie mir so viele Jahre lang großzügig zukommen ließen.

In den vergangenen neun Jahren mit Ihnen arbeiten zu dürfen, war ein unglaubliches Privileg. Ich bin so stolz auf so viele Dinge, die wir erreicht haben, zu viele, um sie alle in dieser E-Mail aufzulisten. Dank unserer harten Arbeit ist IBM wieder da. Heute stimmt unsere Strategie. Unsere Fähigkeit zur Innovation ist unvergleichlich. Unsere Kultur bewegt sich in die richtige Richtung. Und wir alle sind wieder stolz darauf, Teil dieses Unternehmens zu sein. 1993, als so viele uns abgeschrieben hatten und so wenige an unser Überleben glaubten, waren das weit entfernte Ziele. Aber auf Ihre tapfere und entschlossene Art haben Sie niemals aufgegeben. Danke, daß Sie IBM wieder an die Spitze gebracht haben.

Wie bereits erwähnt, werde ich nach dem 1. März zur Verfügung stehen, um Sam und die gesamte Führungsspitze auf jede erdenkliche Weise zu unterstützen. Und Sie sollen wissen, daß ich auch dann, wenn ich als Chairman zurücktrete, diesem großartigen Unternehmen und seinen außergewöhnlichen Menschen tief verbunden bleiben werde. Ich bleibe für immer IBMer.

So sehr ich auch hinter diesen Worten stehe und so sehr ich die Anerkennung meiner Mitarbeiter schätze, wird mir doch klar, daß ich immer – bis zum Ende – ein Außenseiter war.

Meine ältesten Kollegen – Sam Palmisano, John Thompson, Nick

Donofrio und andere –, die Seite an Seite mit mir gearbeitet und an der Renaissance von IBM einen ebenso großen Anteil haben wie ich, haben mir in einem Punkt etwas voraus. Sie haben ihr ganzes Berufsleben bei IBM verbracht. Sie haben alles miterlebt: die ruhmreichen Tage, die qualvollen Tage, die Tage der Wende. Sie sind tiefer mit diesem Unternehmen verbunden, sind reicher an Erfahrung.

Für mich ist das Unternehmen vor dem 1. April 1993 ein großes Haus mit vielen Räumen ohne Türen. Ich habe es nie betreten. Ich fürchtete mich davor, in dieses Haus zu gehen. Ich mußte den Wandel herbeiführen, und ich wußte, daß alles, was den Wandel womöglich verhindern würde, in diesen Räumen zu finden war. Ich erinnere mich an zahlreiche Situationen in der Anfangszeit, wenn ich eine Veränderung, die ich für notwendig hielt, darlegte und mein Team sagte: »Oh, das haben wir früher schon versucht, und es hat nicht funktioniert.« Ich konnte das »Früher« nicht erforschen, denn sonst hätte ich all die Gründe gesehen, die einer Veränderung entgegenstanden.

Doch manchmal hörte ich, wie meine Kollegen sich an bestimmte Erfahrungen, freudige wie schmerzliche, erinnerten, die ihr Leben oder die Firma geformt hatten. Kürzlich habe ich einen Kollegen gebeten, mir von meinen Vorgängern zu erzählen, den Männern, die Tom Watson nachfolgten. Es war faszinierend für mich, und ich wünschte, ich hätte so viel Zeit bei IBM verbracht, daß es mir möglich gewesen wäre, die Verbindung zwischen Altem und Neuem herzustellen; ich meine nicht die strategischen und die kulturellen Verbindungen, in dem Bereich haben wir viel getan. Unsere strategischen Maßnahmen zielten darauf ab, IBM zu seinen Wurzeln als ein sich auf Forschung gründender Erbauer großer Systeme und Infrastruktur zurückzuführen. Unser kultureller Wandel orientierte sich an den großen Leistungen, die IBM zur Zeit der beiden Watsons erbracht hatte.

Die Verbindungen, die ich nie herstellen konnte, waren die persönlichen – das Lachen und die Tränen bei der Erinnerung an den gemeinsamen Start bei IBM, die gemeinsame Ausbildung, das gemeinsame Wachsen, Gewinnen und Verlieren.

Ja, ich war immer ein Außenseiter. Aber das war meine Aufgabe.

Ich weiß, daß Sam Palmisano im Gegensatz zu mir die Chance hat, die Verbindungen zur Vergangenheit herzustellen. Seine Herausforderung wird sein, dies zu tun, ohne rückwärts zu gehen; zu wissen, daß die zentripetalen Kräfte, die IBM zu einem nach innen gerichteten, mit sich selbst beschäftigten Unternehmen gemacht hatten, immer noch wirksam sind. Den Wandel voranzutreiben und gleichzeitig auf dem Besten (und zwar nur auf dem Besten) aus der Vergangenheit aufzubauen, ist die Arbeitsplatzbeschreibung des Chief Executive Officer der International Business Machines Corporation.

ANHANG

Beispiele für Kommunikation mit Mitarbeitern

Dies ist eine Auswahl aus Hunderten von Hausmitteilungen, die ich an IBM-Mitarbeiter geschickt habe. Die Beispiele sollen die Breite der Themen und den Ton verdeutlichen und zeigen, daß Kommunikation ein entscheidender Bestandteil unseres Transformationsprozesses war. Die meisten Rundschreiben gingen an alle Mitarbeiter, einige nur an Manager und Führungskräfte.

Krisenbriefe

Eine Krise heil zu überstehen, ist für ein Unternehmen weit leichter, wenn der CEO allen Mitarbeitern klarmacht, daß eine Krise besteht, was das Management dagegen zu unternehmen gedenkt und was von jedem einzelnen erwartet werden muß. Bei den folgenden Briefen geht es um große Krisen, die IBM in den letzten zehn Jahren erlebte: Die Entscheidung von 1993, die Kosten um acht Milliarden Dollar zu senken, und die tragischen Ereignisse des 11. September 2001, die damit verbundenen Ängste unter unseren Mitarbeitern und die Probleme bei unseren wichtigsten Kunden.

27. Juli 1993
Büro des Chairman

Hausmitteilung: An alle IBM-Kollegen
Betreff: Die Bekanntmachungen von heute

Ich möchte diese Gelegenheit ergreifen, Ihnen mitzuteilen, wo wir als Unternehmen stehen, insbesondere im Zusammenhang mit den heutigen Bekanntmachungen über Erträge und organisatorische Veränderungen.

In meinem ersten Schreiben an Sie damals im April legte ich dar, daß ich in einer für IBM sehr bitteren Zeit hierhergekommen bin. Leider liegen die Qualen noch nicht hinter uns, wie die heutigen Ereignisse deutlich machen. Unsere Betriebsergebnisse für das zweite Quartal zeigen, daß IBM bei der gegenwärtigen Kostenstruktur nicht gewinnbringend arbeitet.

Damals im April habe ich Ihnen weiterhin mitgeteilt, daß es mein Hauptziel sei, unser Unternehmen so schnell wie möglich auf die richtige Größe zu bringen. Dies bleibt zusammen mit der Bemühung, möglichst nahe an die Kunden heranzurücken, eine meiner wichtigsten Prioritäten.

Schritt für Schritt, Quartal um Quartal Kürzungen vorzunehmen, wie wir es im Laufe der letzten Jahre getan haben, ist unfair und kostet Kraft. Es löst Ängste unter Ihnen und Unsicherheit bei unseren Kunden aus. Deshalb müssen wir zuerst das Unternehmen auf die richtige Größe bringen und dann all unsere Energien auf das Wachstum konzentrieren. Was wir heute bekanntgeben, soll, wenn es vollständig realisiert ist, genau dies leisten.

Ich weiß, daß Sie Ähnliches schon früher zu hören bekommen haben und daß sie jedesmal die Hoffnung hegten, nun wäre es das letzte Mal. Wenn unsere gegenwärtige Einschätzung der zukünftigen Erträge und der Entwicklung der Nachfrage korrekt ist, dann haben wir allerdings meiner Ansicht nach das Schlimmste hinter uns.

Gewiß wird es immer notwendig sein, unsere Strukturen auf die Realitäten des Marktes abzustimmen. Aber wir erwarten, dies in Zukunft ohne derart große Anpassungen leisten zu können.

Ich weiß, daß diese Maßnahmen möglicherweise umfangreicher sind, tiefer reichen und länger dauern werden, als viele von Ihnen erwartet haben. Sie haben mir manche schlaflose Nacht bereitet. Und ich würde mich gerne sehr präzise und detailliert dazu äußern, wie dieser Prozeß jeden von Ihnen persönlich betreffen wird.

Soviel kann ich Ihnen sagen: Alle unsere Geschäftsbereiche haben festgelegt, mit welcher Gesamtpersonalstärke und welchem Kapazitätsniveau sie wettbewerbsfähig sind. Sie arbeiten noch aus, was dies für Ihre einzelnen Tätigkeitsfelder bedeutet. Ich habe die Geschäftsführer aufgefordert, schnellstmöglich zu handeln.

Wo immer machbar, wird man auf die gewöhnliche Mitarbeiterfluktuation und auf freiwillige Lösungen setzen. Aber in einigen Fällen können Entlassungen erforderlich sein. Sie werden davon erfahren, sobald wir uns darüber im klaren sind.

Ich kann Ihnen versichern, daß diese Maßnahmen unumgänglich sind, um IBM wieder in die Gewinnzone zu führen. Wir erwirtschaften keine Gewinne, die wir in die Zukunft unseres Unternehmens investieren können. Und wir brauchen Gewinne, denn ohne Mittel für Investitionen – in Technologie, in Menschen, in neue Märkte – gibt es für keinen von uns eine Zukunft bei IBM. Gewinne führen zu Stabilität; Stabilität bringt Wachstum; und auf Wachstum beruhen die Sicherheit und der Wohlstand, die wir uns alle wünschen.

Sie und ich wollen IBM zum erfolgreichsten Unternehmen der Welt machen. Das war es einmal, und ich bin überzeugt, das wird es wieder werden. Während meiner ersten Monate hier ist diese Überzeugung Tag für Tag, Kunde um Kunde, Mitarbeiter um Mitarbeiter gewachsen.

Seit dem Tag meiner Ankunft habe ich mir die Aufgabe gestellt, mit möglichst vielen von Ihnen und von unseren Kunden zu sprechen. Dabei bin ich zu der Erkenntnis gelangt, daß in diesem Unternehmen mehr richtig als falsch ist; und ich bin überzeugt, daß unsere Stärken ausreichen, um unsere Schwächen zu überwinden.

Unsere Mitarbeiter sind qualifiziert und engagiert. Unsere Technologie ist hervorragend. Unsere Kunden wollen unseren Erfolg. Unsere Größe und globale Ausdehnung verleihen uns Wettbewerbsvorteile, die sonst niemand besitzt.

Es gibt bei IBM sehr vieles, worauf wir stolz sein können. Unsere großen Stärken versprechen uns eine glänzende Zukunft. Aber wir müssen die Schwierigkeiten hinter uns bringen und anfangen, uns wieder auf das Wachstum zu konzentrieren. Genau dieses Ziel verfolgen die heute verkündeten Programme.

Ich danke Ihnen sehr für das, was Sie in der Vergangenheit geleistet haben, und ich bitte Sie um Geduld und weitere Unterstützung, während wir uns in den nächsten Monaten nach vorn bewegen.

Lou Gerstner

11. September 2001
L. V. Gerstner Jr.
Büro des Chairman und Chief Executive Officer

Betreff: Letzter Stand – Die tragischen Ereignisse von heute

Liebe Kolleginnen und Kollegen,
sehr viele IBM-Kollegen haben sich an mich und andere Führungskräfte des Unternehmens gewandt mit der Frage, wie sie in Anbetracht der schrecklichen Ereignisse des heutigen Tages in den Vereinigten Staaten Hilfe leisten können. Als einzelne und als Institution können wir sehr viel tun – und wir tun es bereits.

Wir können ganz persönlich auf die Aufrufe zu Blutspenden reagieren, das gilt besonders für die Regionen New York und Washington D.C. Selbstverständlich können und sollten wir auch Kollegen zu Hilfe kommen, die wegen der Ereignisse von heute tief erschüttert sind.

Aber den größten Beitrag können wir wohl als Unternehmen leisten. Ich muß Ihnen nicht erklären, daß das Ziel dieser Art von Angriff darin besteht, Entsetzen und Lähmung herbeizuführen. Heute haben bereits viele wichtige Politiker gesagt, wir dürften nicht zulassen, daß derart abscheuliche Taten die Vereinigten Staaten paralysieren. In den letzten Stunden haben wir erfahren, daß wichtige Kunden unsere Hilfe benötigen, um ihre Arbeit wieder aufzunehmen, und IBM-Teams machen sich bereit, diesen Wünschen zu entsprechen. So wie wir daran gearbeitet haben, einen »Zusammenbruch« beim Übergang ins neue Jahrtausend zu verhindern, so spielen wir jetzt als Institution eine wichtige Rolle bei der Wiederherstellung von Infrastrukturen, die schwer getroffen sind. Wir können im Augenblick nichts Besseres tun, als die Nerven zu behalten und bereit zu sein, wenn wir gerufen werden.

In Hinblick auf bestimmte Komplexe wie Luftverkehr oder Kundenbesuche in New York City und Washington D.C. fordere ich Sie nachdrücklich auf, sich an die Richtlinien der Behörden zu halten, sie sind am besten in der Lage, derlei Entscheidungen zu fällen. Und wie ich Ihnen heute bereits geschrieben habe, sollten Sie fortfahren, nach bestem Wissen und Gewissen zu handeln, wenn Sie Ihre geschäftlichen Aufgaben erfüllen.

Schließlich tun wir alles, was möglich ist, um unsere Kollegen in New York City und Washington D.C. ausfindig zu machen und ihnen zu helfen. Unsere Bemühungen werden Tag und Nacht fortgesetzt. Wir werden Sie laufend informieren.

Ich möchte Ihnen für die Anteilnahme danken, die Sie zum Ausdruck gebracht haben, und für die Arbeit, die viele von Ihnen in den vor uns liegenden Tagen erledigen werden.

Lou

21. September 2001
L. V. Gerstner Jr.
Büro des Chairman und Chief Executive Officer

Betreff: Unsere Reaktion auf die Krise

Liebe Kolleginnen und Kollegen,
ich möchte Ihnen die aktuellsten Informationen übermitteln, wie unser Unternehmen und unsere Mitarbeiter auf die traumatischen Ereignisse des 11. September reagieren.

In meinen vorangegangenen Mitteilungen an Sie habe ich von den Bemühungen berichtet, den Verbleib von mehr als 2000 IBM-Mitarbeitern in den betroffenen Gebieten zu klären, darunter auch derjenigen mit Wohnadressen in der Nähe des World Trade Center. Die Bemühungen erfolgten unverzüglich und waren umfassend. Ich möchte allen danken, die bei dieser sehr wichtigen Aufgabe mitgewirkt haben, besonders unseren Managern und den Leitern unserer Teams.

Wie Ihnen bereits auf w3 [Website von IBM] mitgeteilt wurde, befand sich eine unserer Kolleginnen, Zandra Cooper Ploger, an Bord einer der entführten Linienmaschinen. Zandras nächste Kollegen werden Ihnen berichten, wie sie es mir bereits geschildert haben, daß sie mit großer Professionalität arbeitete und die Art Mensch war, mit der jeder gerne zu tun hat. Während ich dies schreibe, befindet sich ein anderer Kollege, Brian L. Jones, immer noch auf der Liste der im World Trade Center vermißten Personen. Brian wurde zuletzt in der 78. Etage gesehen, als er Kollegen und seinen Kunden von der Firma Franklin Fiduciary half, das Gebäude zu räumen. Ich spreche im Namen aller IBM-Mitarbeiter, wenn ich die Hoffnung auf Rettung für Brian nicht aufgebe, die Trauer um den Verlust von Zandra zum Ausdruck bringe und unser Mitgefühl auf all die IBM-Mitarbeiter ausdehne, die Angehörige oder Freunde verloren haben.

Es ist nicht möglich, in einer einzigen Hausmitteilung die Reaktionen zu beschreiben, die für unsere Kunden in Unternehmen und in der öffentlichen Verwaltung buchstäblich innerhalb von Minuten nach dem ersten Angriff erfolgten. Aber hinter jeder dieser Kunden-Geschichten, hinter Hunderten von Servern und fünftausend Arbeitsplatzsystemen, die ausgeliefert wurden, hinter zwölftausend ThinkPads, die konfiguriert wurden, hinter Unmengen von Anwendungen, die wieder mit dem Netz verbunden wurden, und hinter den fast zehntausend Quadratmetern an provisorischen Unterkünften, die für Kunden ausgerüstet wurden, standen IBM-Mitarbeiter. Selbstverständlich wurden die Teams der Kundenbetreuer mobilisiert. Sie konnten sich auf sechshundert Wartungstechniker und Kundenberater stützen, hinzu kamen allein in unserer Instandsetzungsgruppe für Unternehmen zweihundert Projektmanager und Berater – ganz zu schweigen von mindestens tausend weiteren Servicekräften vor Ort und Abertausenden von Kollegen überall im Konzern, die bei dieser großen Anstrengung Hilfestellung leisteten.

Am Dienstag war ich persönlich im Unterstützungszentrum für unsere Kunden in Sterling Forest, New York. Ich konnte miterleben, wie IBM-Mitarbeiter in der Einsatzzentrale Gesuche um Hilfe aussandten – und ihre Kollegen aus allen Teilen der Firma unverzüglich telefonisch reagierten. Buchstäblich jeder wichtige Geschäftsbereich schaltete sich ein, alle arbeiteten wirklich als ein Team zusammen. Hier zeigte sich IBM von seiner allerbesten Seite.

Alle Kunden, die ich in Sterling Forest traf, baten mich, Ihnen mitzuteilen, wie dankbar sie für Ihre Bemühungen sind. Wir haben von einigen der größten Finanzdienstleister der Welt Anruf um Anruf erhalten – aus Lower Manhattan und von einigen der größten europäischen und asiatischen Banken –, sie sprachen ihren persönlichen Dank für die übermenschlichen Bemühungen aus, die ihnen von seiten ihrer IBM-Teams zuteil wurden. Ein CEO sagte zu mir:»Wie IBM auf die Krise reagiert hat, das ist einzigartig.« Am Montag dieser Woche – als die New Yorker Börse wieder eröffnet wurde und gleich einen Rekordumsatz verzeichnete – forderte der Chef eines der führenden Brokerhäuser seine Mitarbeiter auf, IBM einen Sonderapplaus zu spenden.

Ich weiß, daß Sie meinen Stolz auf unsere IBM-Kollegen teilen, die im Interesse unserer Kunden so Großartiges geleistet haben. Ebenso stolz können wir auf die Mitarbeiter sein, die an der Spitze unseres Engagements bei Hilfs- und Rettungsbemühungen standen. Dem Roten Kreuz haben wir sofort ThinkPads und Computerarbeitsplätze zur Verfügung gestellt, wir haben ein sicheres Kommunikationsnetz für die Rettungskräfte in Ground Zero in Lower Manhattan aufgebaut. Da das Mobilfunknetz zusammengebrochen war, haben unsere Spezialisten für mobile Lösungen drahtlose E-mail-Netzwerke für Handgeräte von Helfern aufgebaut, die behinderte und ältere Menschen aufspürten, Hilfsgüter und Medikamente heranschafften und Evakuierungen durchführten. An Familienhilfsstellen in New York wurden weitere zweihundert Arbeitsplatzrechner geliefert, und wir stellten eine Notes/Domino-Lösung bereit, um der U.S. Federal Emergency Management Agency [der US-Bundesbehörde für Nothilfe] beizustehen. Etwa fünfhundert IBM-Mitarbeiter haben bei all dem mitgewirkt.

Zusätzlich zu unserer Spende von fünf Millionen Dollar an die Stiftung 11. September – zu deren Aufbau wir uns mit United Way und anderen Organisationen zusammentaten – übernahm IBM das Management und die Betreuung der Website. Die Stiftung hat inzwischen Spenden in Höhe von mehr als hundert Millionen Dollar erhalten.

Nun möchte ich mich für einen Augenblick einem anderen Aspekt unserer Reaktion zuwenden. Dieser läßt sich nicht so leicht quantifizieren wie die Menge an gelieferten ThinkPads oder gespendeten Dollars oder die Zahl der Kunden, denen wir geholfen haben. Aber später einmal wird meine stärkste Erinnerung die sein, wie Sie sich der Herausforderung des 11. September gewachsen gezeigt haben. All dies ist in einer Flutwelle von Botschaften dokumentiert – es sind Tausende – die ich von IBM-Mitarbeitern erhalten habe, die anfragten, wie sie helfen könnten.

Üblicherweise begannen die Botschaften etwa so: »Ich bin DB2-Spezialist in Atlanta...« Oder: »Ich befinde mich zwar in London, habe aber sehr viel Erfahrung mit UNIX...« Und noch ein Beispiel: »Wir alle in der Region 10...« Mitarbeiter, die keinen Platz im Flugzeug bekommen konnten, boten an, Hunderte von Meilen, in einigen Fällen sogar Tausende von Meilen mit dem Auto zu fahren. Ein Kollege sagte mir, wenn er die erforderlichen Fähigkeiten nicht habe, werde er sie eben beschaffen.

Ich erfuhr von Kollegen in Dublin, die Zuschläge bekamen dafür, daß sie an einem Feiertag arbeiten. Sie wollten die gesamten Zuschläge spenden. Andere boten an, ihre Prämien oder ihr Urlaubsgeld zu spenden. Ein Verkaufsspezialist für Server wollte wissen, ob er seine Prämie, eine siebentägige Urlaubsreise, umtauschen könne, damit der Geldwert den Opfern zugute komme. Ein pSeries-Produktmanager hatte bei einem Verkäuferwettbewerb einen Sportwagen gewonnen. Er bat IBM, den Gegenwert in bar für die Hilfsanstrengungen zu spenden. In seinem Schreiben an mich heißt es: »Das ist das Mindeste, was ich für jene tun kann, die Leid erfahren haben und nach ihren Angehörigen suchen.«

Allen, die freiwillig geholfen haben, danke ich sehr. Einige von Ihnen werden weiter gebraucht. Viele andere werden auf andere Weise ihren Beitrag leisten: indem sie dafür sorgen, daß unser großes Unternehmen voranschreitet.

Etwa die Hälfte der Mitteilungen an mich kamen von außerhalb der Vereinigten Staaten. Selbstverständlich trafen die Angriffe vom 11. September nicht nur amerikanische Bürger und amerikanische Unternehmen, sondern auch Bürger und Institutionen aus aller Welt. Ich habe gelesen, daß Menschen aus mehr als achtzig Ländern umgekommen sind. Ich möchte unsere Kollegen außerhalb der Vereinigten Staaten wissen lassen, daß ich ihre Botschaften der Sympathie und der Solidarität besonders ermutigend fand. Die Ereignisse haben die Vereinigten Staaten tief erschüttert. Wir sind eine junge Nation. Wir haben bei uns zu Hause so gut wie keine Erfahrungen mit dieser Art von barbarischen Angriffen, die leider in vielen anderen Ländern der Welt Teil der Geschichte und der gegenwärtigen Wirklichkeit sind.

Es ist alles andere als angenehm, sich mit einer derartigen Situation auseinandersetzen zu müssen. Aber seit all dies am letzten Dienstag begann, haben sich immer wieder die großen Stärken von IBM und seinen Mitarbeitern gezeigt, sie bewiesen sich in zahllosen professionellen Leistungen, in Taten der Hilfsbereitschaft und in persönlichen Opfern.

Unsere Stärke zeigt sich für mich auch in dem, was einige von Ihnen mir geschrieben haben – Empörung angesichts von gedankenloser Feindseligkeit gegenüber Menschen aus dem Nahen Osten und Worte des Stolzes und der Dankbarkeit, daß in einem Weltunternehmen wie IBM so ein Verhalten niemals geduldet wurde und niemals geduldet wird.

Im Laufe der Zeit wird sich zeigen, was wir aus dem 11. September zu lernen haben. Aber eines wissen wir bereits: Unser Unternehmen ist stark und engagiert. Und schwierige Situationen wie diese werden immer wieder unseren wahren Charakter zutage bringen. Wir haben das in den letzten beiden Wochen erlebt, nicht anders war es, als IBM im Laufe der Jahre Millionen von Dollar und Tausende an Arbeitsstunden in Hilfsaktionen nach Katastrophen steckte wie dem Erdbeben im japanischen Kobe 1995 und nach vielen ähnlichen Ereignissen.

Lange bevor ich zu IBM kam, wußte ich, daß dies ein Unternehmen mit einem hohen Maß an Integrität und Charakter ist. Heute weiß ich, daß ich nicht erkannt habe, wie tief das reichte, wie stark und wie gut die Menschen in dieser Firma sind. Als die Not am größten war – als unsere Kunden, unsere Kollegen, unsere Gemeinden es am dringendsten brauchten –, haben Sie Größe gezeigt. Ich war nie stolzer darauf, mich Ihren Kollegen nennen zu dürfen.

Briefe zum Wandel der Unternehmenskultur

Besonders häufig ging es in meinen Briefen an die Basis der IBM-Mitarbeiter – aber auch an Manager und Führungskräfte – um die Veränderungen, die wir im Bereich der Unternehmenskultur durchführen mußten, und um die Gründe dafür. Immer wieder nahm ich ganz gewöhnliche Mitteilungen, etwa solche zu organisatorischen Veränderungen, zum Anlaß, auf wichtige Fragen der Kultur einzugehen.

14. August 1997
L. V. Gerstner Jr.
Büro des Chairman und Chief Executive Officer

Betreff: Änderung der Richtlinien über den Besitz von IBM-Aktien

Lieber Senior-Management-Kollege,
als Mitglieder der Senior Management Group führen wir IBM in die Zukunft. Aktienbesitz trägt in entscheidender Weise dazu bei, daß unsere Interessen eng mit denen unserer Aktionäre verknüpft sind, er demonstriert unser Engagement für IBM. Ich bin überzeugt davon, daß ein Senior Manager, der erhebliche Firmenanteile besitzt, einen starken Anreiz verspürt, den Shareholder Value zu steigern.

IBM-Aktien haben sich im Laufe der letzten Jahren sehr gut entwickelt, darin spiegelt sich die starke Leistung von IBM und die Bewegung des Aktienmarkts insgesamt wider. Deshalb – und weil wir zu einer Strategie der Gesamtvergütung übergegangen sind – haben wir uns entschieden, den Aktienbesitz auf ein Vielfaches der Barentlohnung zu erhöhen, die Gehalt plus Leistungszuschlag bei hundertprozentiger Zielerfüllung umfaßt.

Daher erwarte ich, daß Sie die gegebenen Chancen wahrnehmen und Investitionen in IBM-Aktien aufbauen. Als Mitglied der Senior Management Group verfügen Sie über besondere Möglichkeiten, Eigentum aufzubauen, da Sie Aktien aus zwei Quellen erhalten: durch die Ausübung von Aktienoptionen und als Prämien für besondere Leistungen über lange Zeit. Wir, die leitenden Angehörigen des Managementteams, sollten vorwiegend in IBM-Papiere investieren. Wir sollten nicht in dem Maße nach Diversifizierung streben wie ein Investor, der von außen kommt. Allerdings sollten Sie keine Bedenken haben, von Zeit zu Zeit Aktien zu verkaufen, wenn Sie einmal zusätzliche liquide Mittel benötigen.

Wir sollten optimistisch in die Zukunft von IBM blicken und dies auf die bestmögliche Art demonstrieren.

10. Juli 1998
L. V. Gerstner Jr.
Büro des Chairman und Chief Executive Officer

Betreff: IBM führen

Lieber Management-Kollege,
ich schreibe Ihnen, weil Sie zu den Personen bei IBM gehören, die wir aufgefordert haben, Mitarbeiter zu führen oder ein Team zu leiten. Wir haben einen wichtigen Punkt unseres Weges erreicht, auf dem wir IBM wieder an die Spitze der Branche bringen wollen. Der nächste Schritt hängt nicht davon ab, daß einige wenige Führungskräfte weitreichende Entscheidungen fällen, etwa unsere Kosten strukturell zu reduzieren, unsere Vertriebswege neu zu ordnen oder unsere E-Business-Strategie zu entwickeln. Unsere Strategien sind weitgehend vorhanden. Beim nächsten Schritt geht es darum, daß wir unsere Fähigkeit unter Beweis stellen, die Strategien umzusetzen, und das macht es notwendig, daß wir alle 270 000 IBM-Mitarbeiter mobilisieren. Allein bin ich dazu nicht in der Lage. Gemeinsam sind wir die Führung von IBM, und ich brauche Ihre Hilfe, um IBM voranzubringen.

Ich beginne heute diesen Dialog mit Ihnen, weil sich zu Anfang dieser

Woche etwas sehr Interessantes ereignet hat. Wie ich heute bereits in einer E-Mail an alle Mitarbeiter berichtet habe, nahm ich an einer Veranstaltung von IBM Research teil, die sich von allem unterschied, was ich in meinen fünf Jahren bei IBM erlebt habe. Das Ereignis hieß Sommerfest 1998, und es gab mir Gelegenheit, mit einer Anzahl sehr begabter Universitätsstudenten zusammenzukommen, die in diesem Sommer Praktika in technischen Bereichen bei uns absolvieren. Ich unterhielt mich mit ihnen, und sie stellten mir sehr viele interessante Fragen.

Eine Frage war anders als die anderen. Ein junger Mann formulierte sie höflich, aber was er wirklich wissen wollte, lief auf folgendes hinaus: »Ich habe eine Menge guter Ideen im Kopf, hätte es aber gern, wenn sie noch zu meinen Lebzeiten realisiert würden. Warum sollte ich annehmen, daß das in einem großen Unternehmen wie IBM eher passiert als in einer kleinen Firma oder einem Startup?«

Das ist eine wichtige Frage. Sie führt zu einem der zentralen Probleme, mit dem sich heute jede Führungskraft von IBM auseinandersetzen muß: Warum verlassen manchmal talentierte Kollegen unser Unternehmen, warum erteilen uns Leute, die wir gern einstellen würden, eine Absage?

Ich habe die Erfahrung gemacht (und es gibt Daten, die das bestätigen), daß viele Menschen solche Entscheidungen nicht nur aufgrund finanzieller Erwägungen oder wegen eines so unwichtigen Aspektes wie eines Titels treffen. Meist sind ganz andere Gründe dafür ausschlaggebend, unser Haus zu verlassen oder gar nicht bei uns anzufangen. Dies geschieht, weil die Menschen glauben, hier würde man auf ihre Ideen nicht hören, das Unternehmen bewege sich zu langsam, wir konzentrierten uns auf die falschen Dinge, die Bürokratie ersticke alles – zumindest gehen ihre Befürchtungen dahin. Mit anderen Worten, es geht hier um unsere »Kultur«.

Wer schafft die IBM-Kultur? Wir können sagen, daß sie vor langer Zeit geschaffen wurde. Wir können die Ansicht vertreten, wir hätten sie geerbt. Wir können sie passiv hinnehmen nach dem Motto: »Die Dinge sind eben so, wie sie sind.« Die andere Möglichkeit besteht darin, etwas zu unternehmen, den Weg zu weisen.

Wer greift die Ideen eines IBM-Mitarbeiters auf, wer weist sie zurück? Wer bestimmt das Tempo, den Ton für unsere Mannschaft? Wer legt Prioritäten fest, wer entscheidet über Investitionen, und wer bewertet Ergebnisse? Wer ermutigt die Menschen, Erfolge zu feiern, sich an Siegen zu freuen und aus Fehlern zu lernen? Wir alle, die wir andere Menschen führen, schaffen das entsprechende Umfeld. Es liegt an uns.

Ich denke, hier kommt es auf zwei Dinge an.

Erstens muß jeder von uns seine Rolle als Führungskraft ernst nehmen – wir tragen die Verantwortung dafür, die Menschen um uns herum zu motivieren und zu inspirieren. Dies ist keine nebensächliche Kompetenz. Ohne Führungspersönlichkeiten, die eine entsprechende Kultur schaffen, können wir nicht die Art von Talenten rekrutieren und an uns binden, die wir benötigen. Wichtiger aber noch ist: Wir können dann keine überragenden Resultate von den 270 000 Mitarbeitern erwarten, die bereits hier sind. In der Vergangenheit hat es möglicherweise ausgereicht, daß Manager die richtigen Zahlen lieferten und Abschlüsse tätigten. Heute aber ist die Definition von Führung bei IBM weiter gefaßt. Selbstverständlich stehen Sie an der Spitze von Programmen und Projekten. Aber Ihre Aufgabe ist es auch, Menschen zu führen, ein Team aufzubauen und in Form zu halten, die richtige Kultur für Hochleistungen zu schaffen.

Zweitens verfügen Sie über einige mächtige Werkzeuge und Programme, die Ihnen helfen, diese Aufgabe zu erfüllen. In diesem Jahr haben wir 500 Millionen Dollar in Gehaltserhöhungen und 1,3 Milliarden Dollar in variable Vergütungen investiert. 1996 haben wir die Zahl der Mitarbeiter, die Aktienoptionen erhielten, beinahe verdoppelt, 1997 haben wir sie dann tatsächlich verdoppelt, und in diesem Jahr werden wir sie mehr als verdreifachen. Und hier handelt es sich nicht um Programme der Personalabteilung, die die Manager einfach wie irgendeine unangenehme Aufgabe oder ein jährliches Ritual durchzuführen haben. Es sind vielmehr starke Hebel, Leistung zu belohnen und zu solchen Verhaltensweisen und Einstellungen zu ermuntern, wie wir sie für unseren Erfolg benötigen. Meiner Ansicht nach haben heute Manager mehr Verantwortung und mehr Spielraum – und müssen infolgedessen mehr Urteile fällen – als jemals in der IBM-Geschichte, wenn sie etwa den Faktor Vergütung einsetzen, um die Leistungen zu steigern.

Ich hoffe, ich kann darauf vertrauen, daß Sie Ihre persönliche Führungsstärke mit Phantasie und Leidenschaft für Ihre Arbeit, für unser Unternehmen und besonders für die Leute in Ihrem Team einsetzen. Nichts ist meiner Ansicht nach wichtiger für unseren Erfolg.

Wir bleiben im Gespräch.

28. September 1998
L. V. Gerstner Jr.
Büro des Chairman und Chief Executive Officer

Betreff: Matrix-Management

Lieber Management-Kollege,
ich habe sehr viele Reaktionen auf die E-Mail erhalten, die ich im Juli an alle IBM-Manager und Teamleiter geschickt habe. Ich war beeindruckt von dem Niveau an ernsthaftem Engagement bei Ihren Reaktionen auf diese Mitteilung, in der es darum ging, was wir tun müssen, um ein Arbeitsumfeld – eine Kultur – zu schaffen, in der IBMer Erfolg haben können.

Heute möchte ich mich zu einem Thema äußern, das praktisch jedesmal auftaucht, wenn ich mit Mitarbeitern zusammentreffe, zum letzten Mal vor zwei Wochen bei einer Zusammenkunft mit Kollegen in Peking. Die Frage lautet im Kern: Wie gehen wir mit der IBM-Matrix um? Wie können wir unsere Strategien in einem so komplexen Unternehmen durchsetzen?

Zunächst möchte ich sagen, daß wir die Tatsache nicht verbergen können, daß IBM eine komplexe Organisation ist und immer bleiben wird. Es gibt keine Unternehmen, die gleichzeitig groß und einfach sind. So etwas existiert einfach nicht. So müssen wir uns also wie jede große Organisation des bestehenden Managementsystems bedienen, um mit der Komplexität fertigzuwerden.

Wir müssen uns – und das ist wichtiger – daran erinnern, daß der einzigartige Wert von IBM für den Kunden in unserer Fähigkeit besteht, integrierte Lösungen anzubieten, ein vertrauter Berater zu sein, der alle Bereiche der Branche abdeckt. Hier liegt die Besonderheit von IBM. Das ist unser stärkster Wettbewerbsvorteil. Ja, ich möchte noch weiter gehen. Ich glaube, unsere Fähigkeit, Produkte, Fertigkeiten und Erkenntnisse zu integrieren, ist unser *einziger* nachhaltiger Wettbewerbsvorteil.

Wir wissen, daß es auf dem Feld der Technologie keinen langfristigen, nachhaltigen Wettbewerbsvorteil gibt. Zu jedem beliebigen Zeitpunkt wird einer unserer Wettbewerber die Nase vorn haben mit dem schnelleren Server, der leistungsfähigeren Datenbank, der besseren Netzwerkausrüstung. Ich will die Bedeutung der technologischen Spitzenstellung überhaupt nicht herunterspielen. Wir müssen kämpfen und investieren, um vorne zu bleiben. Aber wir können nicht über die Jahre hinweg einzig aufgrund von Technologie einen Marktvorsprung verteidigen. Das kann kein Unternehmen. Doch wenn es um Integration geht, dann liegen wir weit vor allen anderen, und diesen Vorsprung sollten wir halten und noch ausbauen.

Die Frage lautet dann: Welches Managementsystem unterstützt unsere Basisstrategie der Integration? In vielen Unternehmen gibt es immer noch einen traditionellen hierarchischen Aufbau. Das ist eine relativ saubere und eindeutige Angelegenheit. Man weiß, wo die Entscheidungen fallen und wer sie fällt. Aber das klassische System der Befehlskette ist nicht nur für das Tempo unserer Branche zu langsam, es steht auch unserer Fähigkeit entgegen, *quer durch* das Organisationsgefüge tätig zu werden. Eine Hierarchie, die Integration vermeintlich unterstützt, arbeitet ihr in Wirklichkeit entgegen. Hierarchie baut vertikale Stränge und Abgrenzungen auf und fördert die berüchtigte »Silo«-Mentalität.

Zweifellos ist ein Matrix-Umfeld für uns als Manager und Führungskräfte eine weit größere Herausforderung. In einem solchen Umfeld ist unsere Arbeit auch noch wichtiger. Eine schlecht gemanagte Matrix kann schlimmer sein als eine Hierarchie – ist sie doch rigide und verwirrend zugleich –, eine gut gemanagte Matrix hingegen ist sehr flexibel und anpassungsfähig. Es kommt zu häufigen Rollenwechseln. Teams bilden sich und lösen sich wieder auf. Entscheidungen darüber, welcher Geschäftsbereich die Führung in einer bestimmten Situation übernimmt, sind nicht von vornherein festgelegt. Darum ist das Urteil von Führungskräften auf jeder Ebene von besonderer Wichtigkeit. *Sie* entscheiden, welche Möglichkeiten maximale Rendite erwarten lassen. *Sie* entscheiden, wo sie Personal, Kapital und Zeit einsetzen.

Das Managen in einer Matrix bedeutet harte Arbeit, aber es funktioniert wirklich. Schauen Sie sich einmal unseren kürzlich errungenen, etliche Milliarden Dollar umfassenden Auftrag von Cable and Wireless im Vereinigten Königreich an. Menschen und Teams aus allen Kontinenten, viele Brancheneinheiten, Stabs-, Produkt- und Entwicklungsgruppen haben diesen Deal gemeinsam an Land gezogen. Sehen Sie sich Produkte wie Aptiva E und S Series an, bei denen Technologien aus unterschiedlichsten Bereichen von IBM zum Einsatz kommen. Beobachten Sie einmal die Zusammenarbeit zwischen den Abteilungen Forschung und Speichersysteme, als es darum ging, die Latte bei den Diskettenlaufwerken immer höher zu legen. Oder nehmen Sie die Teamarbeit bei unseren Kollegen von der Software Group, Lotus, Tivoli und dem Außendienst. Gemeinsam haben sie einen unserer stärksten Wachstumssektoren aufgebaut.

Leider kennen wir alle viele weitere Beispiele, bei denen wir als Team versagt haben, wo die Beteiligten sich statt dessen auf ihre eigenen Prioritäten und Ziele konzentriert haben und nicht willens waren, Hilfe oder Ideen einzubringen – oder zu akzeptieren. Und dann ist da auch noch das andere Extrem: Personen, die sich in jeden Prozeß hineindrängen, die auf Kontrollen und förmlichen Verfahren bestehen. Und außerdem verlangen sie Sitzungen, endlose Sitzungen. All dies bindet Energie. Es ermüdet unsere Leute.

Ich kann nur eine Schlußfolgerung ziehen. Wenn etwas in der einen Situation eine Stärke und in einer anderen eine Schwäche bedeutet, dann handelt es sich nicht um ein endemisches Problem. Wir müssen nicht das »System« reparieren (allerdings werden wir fortfahren, Dinge wie Prozesse über die inneren Grenzen der Firma hinweg und Meßverfahren zu verbessern). Was wir unbedingt benötigen, sind Führungskräfte mit der richtigen Einstellung.

Wenn wir beispielsweise Mitarbeiter in den Stäben haben, die meinen, ihre Aufgabe bestehe darin, Leute in der Abteilung zu kontrollieren und sie anzuschwärzen, wenn sie einen Fehler machen, wird kein Managementsystem jemals Erfolg haben. Aber wenn sich die Einstellung unserer Stabsmitarbeiter zu ihrer Aufgabe in dem Satz zusammenfassen läßt: »Mein Job besteht darin, dafür zu sorgen, daß alle Fähigkeiten des Unternehmens auf die Person hingelenkt werden, die Kontakt mit dem Kunden hat. Ihr verhelfe ich zum Geschäftserfolg«, dann wird die Matrix zu einem Vorteil, denn mit ihrer Hilfe liefert IBM dem Markt wertvolle Produkte.

Die gute Nachricht lautet, daß ich Woche für Woche mehr Führungskräfte kennenlerne, die das verstehen und entsprechend handeln. Wenn sie einen Blick auf unsere Matrix werfen, dann sehen sie nicht ein Kopfschmerzen bereitendes Gewirr von hierarchischen Strängen. Sie sehen ein Unternehmen mit ungeheuren Stärken. Sie sehen eine Ansammlung von Menschen und Produkten, die unsere Kunden benötigen, um die uns die Konkurrenz beneidet und die sie unbedingt nachahmen möchte.

Diese Führungskräfte haben eine weitere sehr wichtige Eigenschaft. Sie vertrauen ihren Kollegen. Sie müssen nicht an jeder Sitzung teilnehmen, um ihre Interessen zu schützen. Sie sagen:»Diesmal haben Sie den Ball. Was kann ich tun, um zu helfen, damit wir gewinnen?« Und sie verstehen, daß es manchmal das Beste ist, wenn man aus dem Weg geht.

Ich vertraue darauf, daß ich auf Sie zählen kann, daß Sie als Mitglied des Führungsteams von IBM die Breite unseres Unternehmens in einen Wettbewerbsvorteil umwandeln und daß Sie das entsprechende Verhalten unter unseren Mitarbeitern fördern. Denken Sie immer daran: Letzten Endes ist die »Matrix« nichts anderes als das Team IBM. Klinken Sie sich ein, kämpfen Sie nicht dagegen.

Noch eine letzte Bemerkung. Viele von Ihnen schreiben mir über die Anforderungen an die Führung, denen wir uns alle stellen müssen. Ich kann nicht jede E-Mail beantworten, aber ich lese sie alle mit großem Interesse.

Mitarbeiter zu Partnern bei Strategie und Durchführung machen

Schon früh in meiner beruflichen Laufbahn habe ich gelernt, daß alles leichter wird, wenn die Mitarbeiter sich dessen bewußt sind, was das Unternehmen tut und warum. In meinen Jahren bei IBM mußte ich gewaltige strategische Risiken eingehen. Ich habe dafür gesorgt, daß unsere Mitarbeiter Bescheid wußten, und ich habe ihnen laufend über den Stand der Dinge berichtet.

11. August 1994
L. V. Gerstner Jr.
Büro des Chairman und Chief Executive Officer

Liebe Kolleginnen und Kollegen,
in der nördlichen Hemisphäre werden viele von ihnen bald in Urlaub gehen. Daher möchte ich die Gelegenheit wahrnehmen, auf die erste Hälfte des Geschäftsjahres zurückzublicken und davon zu sprechen, was wir für den Rest des Jahres noch zu leisten haben.

Wir haben kürzlich berichten können, daß wir das dritte Quartal in Folge Gewinne gemacht haben. Bislang gibt es in der Tat viele Gründe, auf unsere Leistung in diesem Jahr stolz zu sein. Wir haben verschiedene wichtige neue Produkte eingeführt, darunter Großrechner, Produkte vom Typ AS/400 und RISC System/6000 sowie ATM-Netzwerke. Wir haben IBM Global Net und unsere neue Abteilung für Netzwerkdienstleistungen auf den Weg gebracht. In den beiden ersten Quartalen dieses Jahres sind unsere Umsätze gestiegen, die Gewinnspannen stabil geblieben, und wir haben bedeutende und notwendige Kosteneinsparungen vorgenommen.

Das ist auf jeden Fall ein Fortschritt, und man kann durchaus sagen, daß wir an Schwungkraft gewinnen.

Aber wenn Sie einmal daran denken, wie schwierig die Dinge vor gerade einmal zwei Jahren für uns waren, dann besteht durchaus die Versuchung, sich zufrieden zurückzulehnen und das Lied anzustimmen »Happy Days Are Here Again« – zu meinen, die Lage habe sich wieder normalisiert und wir könnten wieder die gute alte IBM sein, die wir alle kannten und liebten.

So ist es aber nicht. Die alten Zeiten sind für immer vorbei. Unsere Branche verändert sich weiter in atemberaubendem Tempo. Unsere Konkurrenten haben es weiterhin auf unseren Marktanteil abgesehen. Unsere Kunden überdenken ihre gesamte Herangehensweise an die Informationstechnologie. Die Gewinnmargen der Branche sinken weiter.

Statt zu feiern, haben wir uns vielmehr auf zwei große Aufgaben zu konzentrieren: Wir müssen überflüssige Kosten, Doppelungen und Bürokratie einsparen; und wir müssen unsere Geschäftsstrategien umsetzen.

Wie Ihnen bekannt ist, lautet unser vierter Grundsatz, daß Produktivität stets im Mittelpunkt unserer Bemühungen steht. Neue Untersuchungen, die IBM mit anderen Wettbewerbern vergleichen, zeigen, daß wir in unserer Kostenstruktur immer noch zurückliegen. Bei vielen unserer wichtigsten geschäftlichen Aktivitäten – wie Bestandsverwaltung, Erfüllen von Kundenwünschen und Informationstechnologie – hinken wir weiter hinter der Konkurrenz her. Während meiner Besuche an verschiedenen Unternehmensstandorten muß ich auch feststellen, daß wir immer noch vorrangig mit Verfahren, Sitzungen und Bürokratie beschäftigt sind.

Wir müssen das in den Griff kriegen, und zwar schnell. Wir haben eine große Anstrengung begonnen – sie läuft unter der allgemeinen Überschrift »Restrukturierung« –, es geht um Verbesserung der Entscheidungsprozesse und schnelleres Reagieren auf den Markt. Wir haben bereits einige wichtige organisatorische Veränderungen vorgenommen. Aber in den vor uns liegenden Monaten sind noch viele weitere notwendig.

Genausowichtig ist es, daß wir die Unternehmensstrategien durchsetzen, die wir entwickelt haben – wir müssen in allen unseren Geschäftsbereichen bestimmte Ergebnisse erreichen, wenn wir den Wandel erfolgreich vollziehen und wieder die wichtigste Kraft in unserer Branche sein wollen. Ich bin sehr zuversichtlich, daß wir die richtigen Strategien haben.

Aber auch früher schon hatten wir hervorragende Geschäftsstrategien. Ich habe sie alle gelesen, und sie waren ihrer Zeit in bemerkenswerter Weise voraus. Das Problem besteht darin, daß wir sie nie vollständig umgesetzt haben. Wir saßen in Besprechungen, nickten zustimmend, und dann gingen wir wieder hinaus und taten genau das, was wir immer schon getan hatten. Wir erklärten zwar, daß wir unbedingt eine Veränderung bräuchten, aber wir änderten uns nicht. Wir sagten zwar, es seien neue Strategien notwendig, wir formulierten sie, aber wir führten sie nicht aus. Wir sagten, es sei unser Wunsch, daß IBM an der Spitze unserer Branche bleibe, aber wir taten nicht, was wir tun mußten, um die Führung zu behalten.

Was vor zwei und vor drei Jahren mit uns passierte – all unsere Probleme – war die Folge dessen, daß wir es unterlassen hatten, das zu tun, von dem wir wußten, daß wir es tun mußten.

Eine der Mitteilungen, die Sie mir immer wieder per E-Mail zukommen ließen, lautete: »Ich stimme mit allem überein, was Sie über die Notwendigkeit eines Wandels sagen, aber dort, wo ich arbeite, spüre ich nichts von einem Wandel.« Vielleicht sind Sie enttäuscht, aber ich kann Ihnen versichern, daß auch ich das manchmal bin. Ich mag zwar der Chairman von IBM sein, aber ich erlebe solche Widerstände genau wie Sie.

So stark die Trägheitsmomente auch sein mögen, wir werden – eine Gruppe von uns – doch die Veränderungen durchsetzen, die sein müssen. Wir sind dabei, unsere Geschäftsstrategien umzusetzen, wir sind dabei, IBM mit neuer Energie zu erfüllen.

Und dabei werden wir bei unserer Einstellung anfangen. Wie Sie letzte

Woche durch meine Rede erfahren haben, die per Videoband verbreitet wurde, müssen wir drei Verpflichtungen eingehen:

- eine Verpflichtung, auf dem Markt den Sieg davonzutragen
- eine Verpflichtung zum Wandel
- eine gegenseitige Verpflichtung

Wir dürfen uns nicht länger auf unsere Gegner im Unternehmen konzentrieren. Im Mittelpunkt steht unsere Konkurrenz, für die haben wir jahrelang das Ziel gebildet.

Es darf keine endlosen Sitzungen über die Notwendigkeit von Veränderungen mehr geben – und danach machen alle so weiter, als wäre nichts gewesen.

Es tut mir leid, aber ich kann nicht zulassen, daß sich jemand die Verpflichtungen aussucht, die ihm gerade passen. Dies ist der Preis für den Eintritt in die neue IBM. Für Obstruktion haben wir keinen Platz. Auch nicht für Zuschauer.

All jenen unter Ihnen, die eine aktive Rolle dabei gespielt haben, konstruktiven Wandel zustande zu bringen, danke ich, und ich ermutige Sie, Ihre Bemühungen zu verstärken. Sie waren weitgehend für unseren Erfolg in der ersten Hälfte des Jahres verantwortlich.

Für jene unter ihnen, die die drei Verpflichtungen noch nicht eingegangen sind, wird der Zug bald abgefahren sein. Es ist Zeit einzusteigen – oder man bleibt zurück. Ich denke, die Reise wird aufregend und lohnend.

Lou Gerstner

Briefe des Dankes und der Anerkennung

So wichtig es war, darüber zu berichten, welche großen Veränderungen ich herbeiführen mußte und warum sie notwendig waren, so wichtig war es auch, den Mitarbeitern zu danken und ihre gute und harte Arbeit zu würdigen. Wir mußten uns auf wichtige Dinge konzentrieren, aber auch unsere Siege und Helden feiern.

15. März 1994
L. V. Gerstner Jr.
Büro des Chairman und Chief Executive Officer

Betreff: IBM-Fellow

Liebe Kolleginnen und Kollegen,
wie Sie wissen, ist die Ernennung zum IBM-Fellow die höchste Auszeichnung, die unsere wissenschaftlichen und technischen Mitarbeiter erhalten können. Diese Mitgliedschaft ist ein Zeichen der Anerkennung konstant hervorragender Leistungen im Verlauf eines Berufslebens und gibt dem IBM-Fellow einen großen Spielraum, technische Projekte seiner Wahl durchzuführen.

Normalerweise geben wir Ernennungen zum IBM-Fellow bei unserem alljährlichen Corporate Technical Recognition Event im Juni bekannt. Am vergangenen Wochenende haben wir aus einem besonderen Grund gegen diesen Brauch verstoßen.

Dr. Celia Yeack-Scranton von der Abteilung Speichersysteme sollte im Juni zum IBM-Fellow ernannt werden. Sie galt allgemein als eine der Spitzenkräfte der Branche im Bereich hochentwickelter Magnetaufzeichnungen. Als Erfinderin und praktisch tätige Technologin leistete sie viele wertvolle Beiträge zur Speichertechnik von IBM. Sie war außerdem eine echte Teamspielerin, bekannt für ihr Talent, multidisziplinäre Teams zu leiten.

Celia war unheilbar krank. Am Samstagmorgen besuchte sie ihr Manager und erzählte ihr, daß sie zum IBM-Fellow ernannt worden war. Sie starb gestern.

Wir trauern mit ihren Kollegen von der Abteilung für Speichersysteme und der Forschungsabteilung.

Lou Gerstner

12. Mai 1997
L. V. Gerstner Jr.
Büro des Chairman und Chief Executive Officer

Betreff: Deep Blue

Liebe Kolleginnen und Kollegen,
ich weiß, daß ich in Ihrer aller Namen spreche, wenn ich dem Deep-Blue-Team zu seinen hervorragenden Leistungen gratuliere. Es war der Höhepunkt von Jahren der Forschung, und es wird für immer ein großes Beispiel für die technologische Führungsposition von IBM sein.

So gerne ich auch gewinne (und ich bin froh, daß wir gewonnen haben), bestand meiner Meinung nach der Triumph nicht darin, daß Deep Blue gewonnen und Garry Kasparow verloren hat, sondern darin, zu zeigen, daß leistungsfähige Computer wie Deep Blue schwierige Probleme lösen können, die eine unglaublich komplizierte, blitzschnelle Analyse erfordern. Nun können wir das Gelernte anwenden, um zur Verbesserung der medizinischen Forschung, des Flugverkehrsmanagements, der Analyse des Finanzmarktes und vieler anderer Bereiche, die für unsere Kunden von Bedeutung sind, beizutragen.

Ich möchte auch Garry Kasparow danken. Es gibt auf der Welt nicht viele Menschen, die bereit sind, ihre Intelligenz und ihren Verstand mit einem so mächtigen Gegner wie Deep Blue zu messen – und das unter den gnadenlosen Augen der Medien. Mr. Kasparow betrachtete dieses Match nie als Nebenschauplatz. Er nahm es ernst, und seine Aufrichtigkeit als unser Partner bei diesem Experiment machte es zu einer Lernerfahrung von unschätzbarem Wert.

Mitteilungen über das Unternehmen

Beschäftigte in allen Institutionen beklagen sich häufig und zu Recht: »Warum erfahre ich Nachrichten über mein Unternehmen aus dem Radio oder Fernsehen, bevor ich sie vom Unternehmen selbst höre?« Natürlich sind wir gehalten, wichtige Neuigkeiten zuerst über die Medien unseren Anteilseignern mitzuteilen. Doch mir war es immer wichtig, daß unsere Beschäftigten buchstäblich Sekunden später ebenfalls informiert wurden. Es folgt ein Beispiel: die Ankündigung, daß wir die Lotus Development Corporation zu übernehmen planten.

5. Juni 1995
L. V. Gerstner Jr.
Büro des Chairman und Chief Executive Officer

Liebe Kolleginnen und Kollegen,
gemäß meinem Versprechen, Sie über alles Wichtige zu informieren, möchte ich Ihnen mitteilen, daß IBM vor wenigen Augenblicken Pläne angekündigt hat, ein Übernahmeangebot für 100% der Stammaktien der Lotus Development Corp. zu machen, eines führenden Softwareentwicklers, mit dem wir langjährige Geschäftsbeziehungen pflegen.

Um 13.30 Uhr Ostküstenzeit wird es eine Pressekonferenz geben, die intern übertragen wird. Doch bevor ich mich an die Medien wende, möchte ich Ihnen erklären, warum wir diesen Schritt unternehmen, warum wir glauben, daß er für IBM, für Lotus und für unser beider Kunden von Vorteil ist, und was aller Wahrscheinlichkeit nach als nächstes passieren wird.

Wenn ich sage, daß es sich hier um eine Win-Win-Situation handelt, drücke ich mich vorsichtig aus.

Zu den Stärken von IBM gehören ein weltweites Team talentierter Mitarbeiter, ein unvergleichlicher Kundenbestand, ein Absatz- und Vertriebsnetz in 140 Ländern, enorme technische Ressourcen, eine starke Bilanz, eine der weltweit angesehensten Marken und Jahrzehnte der Erfahrung mit starken Rechnern für Unternehmen.

Lotus hat sehr viele Stärken, die unsere Stärken ergänzen. Am wichtigsten sind hier sein Programm Notes und seine Mailprodukte, die rasch an Marktakzeptanz gewinnen, ein starkes Portfolio bei Anwendungsprogrammen, eine solide Markenidentität und natürlich einige der innovativsten Köpfe der Branche.

Hand in Hand mit Lotus wollen wir eine wirklich offene, echte Zusammenarbeit ermöglichende Computer-Umgebung schaffen, damit die Menschen über Unternehmens- und nationale Grenzen hinweg arbeiten und kommunizieren können, ohne sich Sorgen über inkompatible Hard- und Software zu machen.

Überall auf der Welt suchen die Menschen nach Möglichkeiten, leicht an Informationen heranzukommen und diese mit Kollegen, Kunden, Lieferanten und Ausbildern auszutauschen, wo immer sie sich gerade aufhalten. Es ist eine neue, viel wirksamere Form der Interaktion, und sie entwickelt sich schnell. Durch den Zusammenschluß von IBM und Lotus können wir unsere Kunden viel schneller in den Genuß dieser Vorteile kommen lassen.

Lotus wird seinen Hauptsitz weiterhin in Cambridge, Massachusetts, haben und in seiner bestehenden Form erhalten bleiben. Lotus wird auch die Hauptverantwortung für wichtige, komplementäre IBM-Softwareprodukte haben. Wir erwarten, daß das Management und die Angestellten von Lotus ihrem Unternehmen treu bleiben und gemeinsam mit den Softwarespezialisten von IBM ein neues Modell für Geschäftsrechenanlagen schaffen werden.

IBM hat dem Management von Lotus sein Angebot übermittelt. Eine Kopie des Briefes an Jim Manzi, den Chairman, President und CEO von Lotus, finden Sie im Anhang. Wir unternehmen diese Schritte, nachdem wir bei mehreren Gelegenheiten versucht haben, Diskussionen mit dem Ziel eines freundlichen Zusammenschlusses in Gang zu setzen.

Der nächste Schritt unsererseits wird die Veröffentlichung der amtlichen Ankündigung in der morgigen Ausgabe des *Wall Street Journal* und der *New York Times* sein.

Aus rechtlichen Gründen kann ich Ihnen zu diesem Zeitpunkt nicht viel mehr mitteilen, ich werde Sie jedoch über den Stand der Entwicklungen auf dem Laufenden halten. Eine Kopie dieses Briefes und anderes relevantes Material finden Sie auf der IBM-Homepage im Internet (http://www.ibm.com). Wenn Sie in der Zwischenzeit Anfragen zu unseren Plänen von außerhalb des Unternehmens erhalten, sollten Sie diese unbedingt an die Abteilung Innerbetriebliche Kommunikation weiterleiten.

Bei unserer Jahreshauptversammlung im April sprach ich über unsere Fortschritte in den Bereichen Produktivität und Kostensenkung. Ich habe auch unsere Absicht unterstrichen, die Führungsrolle von IBM in der Branche voll und ganz wiederherzustellen. Wir sind auf dem Weg dazu. Ein Zusammenschluß mit Lotus wird uns helfen, viel schneller ans Ziel zu gelangen.

Louis V. Gerstner Jr.

Die Zukunft des E-Business

Ursprünglich glaubte ich, es würde für diesen Anhang genügen, einige Grundsatzreden zusammenzustellen, die ich im Laufe der Zeit bei IBM gehalten habe, sie als Chronik unserer Botschaft in Sachen E-Business abzudrucken und es dabei bewenden zu lassen.

Dann las ich die Reden noch einmal.

Es war, als blickte ich in einen großen, unbarmherzigen Spiegel. Wir haben viele richtige Vorhersagen gemacht und mehr als nur einen durchschnittlichen Anteil an Treffern gelandet. Doch nun, aus dem Abstand mehrerer Jahre, wurde auch offensichtlich, daß wir manche Trends nicht erkannt und manche Vorhersagen nicht gemacht haben, und daß einiges von dem, was wir damals für wichtig erachteten, sich als die übliche Art von Versuch und Irrtum herausstellte, die stets die Vorboten echter, nachhaltiger, von der Technik angetriebener Veränderungen sind. So soll es denn sein: Ich stehe zu unserer Bilanz.

Statt also einen Rückblick zu liefern, möchte ich im folgenden ausführen, wie sich meiner Ansicht nach das E-Business (und der Fortschritt der Informationstechnologie im allgemeinen) entwickeln wird. Danach möchte ich einige Beobachtungen hinsichtlich der möglichen Wirkung auf Institutionen, Einzelpersonen und die Gesellschaft insgesamt darlegen.

Ich muß diesen Ausblick mit einigen Zahlen unterlegen, und ich räume gleich ein, daß die folgenden Ausführungen in drei, vier, fünf Jahren wahrscheinlich eher altmodisch als weitsichtig klingen werden.

Es gibt eine Denkschule, derzufolge die Welt über ein neues Massenmedium verfügt, wenn eine Technologie von mindestens fünfzig Millionen Menschen genutzt wird. Das Radio erreichte diese Zahl nach etwa dreißig Jahren, das Fernsehen brauchte dreizehn Jahre, Kabelfernsehen zehn Jahre. Das Internet setzte neue Maßstäbe. In weniger als fünf Jahren nach der Geburt des World Wide Web waren etwa neunzig Millionen Menschen angeschlossen.

Im Sommer 2002 überschritt diese Zahl die Grenze von fünfhundert Millionen. Über die Hälfte davon loggen sich in einer anderen Sprache als Englisch ins Netz ein. Die Zahlen variieren, doch verschiedene Organisationen, die so etwas untersuchen, schätzen, daß der weltweite Internethandel im Jahre 2005 einen Wert von vier Billionen Dollar erreichen könnte.

Ohne das Offensichtliche überstrapazieren zu wollen, möchte ich sagen, daß das Netz mehr ist als nur ein Kommunikationsmedium oder ein Marktplatz. Die Nutzung des Netzes ist der größte singuläre Antrieb für Veränderungen im Wirtschaftsleben, im Gesundheitswesen, in Regierung, Ausbildung und Gesellschaft, und wird es auch weiterhin sein. Das Netz ist die Transformationstechnologie unserer Zeit, und die Transformation steckt noch in den Kinderschuhen. Ich erwarte, daß die Anwendung von Netzwerktechnologien noch mindestens zehn Jahre lang Hauptthema sein wird, bevor sie von den Biowissenschaften als führende Technologie auf der Welt abgelöst wird.

Doch erinnern wir uns einmal daran, daß diese erstaunliche Technologie nicht immer auf jene Weise gesehen wurde, die, wie ich in Kapitel 18 beschrieben habe, dazu führte, daß wir ein neues Vokabular rund um den Begriff »E-Business« prägten zur Beschreibung der breiteren, machtvollen Aspekte des Wandels.

Wie die meisten anderen Technologien, die die Welt verändert haben, war die Einführung des Web ein einziger Wirbel aus Verwirrung und Fehlinformationen. Zugleich wurde stets darauf hingewiesen, was dies alles für den einzelnen bedeutete. Vielleicht erinnern Sie sich noch: ein Loblied auf die ultimativen Möglichkeiten, jeden Mann, jede Frau und jedes Kind mit einem Webbrowser auszustatten, mit dem sie Online-Magazine erreichen könnten, Filme auf ihre Armbanduhren runterladen sollten oder Katzenfutter und Blumen mit ein paar Mausklicks oder Tastendrucken bestellen könnten.

Als IBM meinte, daß da noch etwas Größeres passiere als nur Chatten, Browsen und Onlinegeschäfte, rieben sich viele Leute die Hände und bemerkten hämisch, die gute alte Tante IBM habe mal wieder nichts mitbekommen. Angesichts jener schwindelerregenden ersten Dotcom-Tage war das, was wir sagten, wohl auch wirklich ziemlich langweilig.

Wir pflichteten bei, daß das Netz die Welt verändern würde. Doch unsere Perspektive setzte dort ein, wo in all den bestehenden Institutionen dieser Welt etwas passieren mußte – bei den Banken, Krankenhäusern, Universitäten, Einzelhändlern, Regierungsbehörden –, um deren Arbeitsweise zu verändern und physikalische Vorgänge in digitale Prozesse umzuwandeln, damit sie ihre Abläufe im Netz abwickeln können. Erst dann ist der einzelne in der Lage, bestimmte Dinge – Rechnungen bezahlen, Geld bewegen, Aktien kaufen, einen Führerschein verlängern – auf fundamental andere Art zu erledigen.

Unsere Botschaft lautete im Kern wie folgt: Hier haben wir eine neue Technologie, die jede Art von Unternehmung und jede Art von Interaktion verändern wird. Bitte behalten Sie dabei im Auge, daß diese Technologie – wie jede andere auch – ein Werkzeug ist. Es handelt sich dabei weder um eine Geheimwaffe noch um Wundermittel. Sie hat die Grundlagen der Marktwirtschaft oder des Kundenverhaltens nicht außer Kraft gesetzt. Die Gewinner werden sich unter jenen Institutionen finden lassen, die angebliche Abkürzungen links liegen lassen und begreifen, daß E-Business einfach Business ist. Es geht dabei um wirklich disziplinierte, ernsthafte Arbeit. Doch all jenen, die bereit sind, sich der ruhmlosen Mühe zu unterziehen, einen Prozeß umzugestalten, Lieferketten zu vereinheitlichen und eine auf Wissen beruhende Firmenkultur aufzubauen, wird sie greifbare und dauerhafte Vorteile bringen.

Bei den Meetings, die IBM weltweit für Hunderte der wichtigsten CEOs dieser Welt abhielt, zog ich gern den Vergleich zwischen E-Business und dem Aufkommen der Elektrizität. Bevor die Menschen die Möglichkeit hatten, Strom zu erzeugen, bewegten Pferde und Maultiere den Großteil dessen, was in der Welt transportiert werden mußte. Dann wurde der Transport nach und nach von elektrisch angetriebenen Maschinen übernommen. Die Industriezweige veränderten sich nicht. Die grundsätzliche Aufgabe, Sachen zu ziehen und zu heben, änderte sich nicht. Aber die Menschen, die den schnellsten Übergang von der alten Technologie (Tiere) hin zur neuen Technologie (Maschinen) schafften, wurden zu den beherrschenden Akteuren in ihren Branchen. Beim E-Business war es fast genauso.

Das erste experimentelle und hochspekulative Kapitel in der Evolution des E-Business gerät langsam aus dem Blick. Ein zweites Kapitel – eine erheblich ernsthaftere und pragmatischere Phase – wird aufgeschlagen. Die Verantwortlichen aus allen möglichen Branchen erkennen die Vorteile und sehen die praktischen Fragen des Einstiegs ins Netz, und sie sind ernsthaft dabei, ihre individuellen strategischen Kursrichtungen zu bestimmen.

Lassen Sie mich einmal kurz beschreiben, was wir meiner Meinung nach in der kommenden Zeit des E-Business erleben werden – die technischen Implikationen ebenso wie die dazugehörigen Management- und Führungsaufgaben.

Weg mit den Zugangsbarrieren

Wenn Sie einmal an die Verbreitung der Informationstechnologie denken, so dauerte es eine bemerkenswert kurze Zeit, weniger als vierzig Jahre, bis sie sich vom Zugriff einer Handvoll zentralisierter Techniker – den Hohepriestern der Großrechner-Ära – befreite und in die Hände der zig Millionen und nun schon Hunderte von Millionen PC-Benutzern kam.

Der Aufstieg des Netzes hat Begriffe wie »Kompatibilität« und »universeller Zugang« zu festen Einträgen in den Lexika des 21. Jahrhunderts werden lassen. Doch es bleibt die Tatsache, daß über die Hälfte der Weltbevölkerung noch nie in ihrem Leben telefoniert hat. Die halbe Milliarde Internetnutzer, die ich schon erwähnte, machen nicht einmal zehn Prozent der Weltbevölkerung aus. Wir sind noch weit von jenem Tag entfernt, an dem auch nur eine knappe Mehrheit der Bewohner dieser Welt einen Browser anwerfen und sich der Gruppe der Menschen mit Anschluß an die Infrastruktur der Computer und der Kommunikation zugesellen kann. In der nächsten Zukunft brauchen wir also nicht über die Existenz eines digitalen Grabens zwischen denen, die Informationen haben, und jenen, die sie nicht haben, zu diskutieren. Er ist da. Ob er auch bestehen bleibt, ist indes eine ganz andere Frage.

Viele Faktoren haben dazu beigetragen, daß dieser Graben entstehen konnte: Unterschiede in Ausbildung und Alphabetisierungsgrad, Verbreitung des Telefons und Zugang zu Elektrizität. In den Bereichen Computer und Kommunikation gibt es zwei Barrieren: die Kosten für die Telekommunikation und die Kosten für die Zugangsgeräte. Beide Preise fallen, der eine schneller als der andere.

Jenseits der Gruppe der G8-Staaten unternehmen die Regierungen Schritte, um die herkömmlichen Monopole in der Telekommunikation aufzulösen, sie fördern den Wettbewerb und öffnen die Märkte für Netzwerkbetreiber und Provider. Die meisten Länder, nahezu 80 Prozent, haben ihre Handy-Märkte dem Wettbewerb geöffnet, wenn auch ein Großteil der Staaten auf dem Gebiet der Festnetzdienste für Orts- und Ferngespräche noch immer auf (staatlichen oder privatisierten) Monopolen beharrt. Manche Menschen auf der Welt können ein Ortsgespräch für einen US-Cent führen. Andere zahlen dafür das Fünfzigfache.

Die zweite Barriere – die Kosten für die Zugangsgeräte – verschwindet zusehends. Als die einzige Zugangsmöglichkeit ein ausgewachsener Personalcomputer war, galt Netsurfen als Beschäftigung der Reichen. Doch der weltweite Bestand von Hunderten von Millionen PCs ist in der Zwischenzeit längst von einer Explosion anderer Arten billiger Zugangshardware überholt worden, von webfähigen Handys und Personal Digital Assistants, Spielekonsolen bis hin zu Kiosken auf Marktplätzen und staatlichen Angeboten. Innerhalb der nächsten paar Jahre werden Milliarden von mobilen Geräten ans Netz angeschlossen sein, PCs nicht gerechnet.

Und auf einmal ist der Gerätepreis keine unüberwindliche Hürde mehr. Trotzdem gibt es eine ganze Reihe von klugen Leuten, die behaupten, daß die Informationstechnologie die Welt unausweichlich und unabänderlich in zwei Lager teilt: jene mit Zugang und jene, die ausgesperrt sind und über den Zaun lugen. Ich kann die Unausweichlichkeit ihres Arguments nicht akzeptieren. Mir scheint es ebenso vernünftig sein zu behaupten, daß es mit einem größeren Wettbewerb auf dem Telekommunikationsmarkt, fortgesetzter Innovation der IT-Branche und durchdachter Lenkung auf allen Ebenen der Gesellschaft mehr als nur eine Chance gibt – eine ausgezeichnete Chance –, den Graben aufzufüllen und bisher unbekannte Dienste und Informationen zu den Menschen zu bringen, vollkommen unabhängig von ihrer gesellschaftlichen und politischen Situation und persönlichen Kaufkraft.

Die Verbreitung billiger Zugangstechnik ist die eine Dimension der umfassenden Ausbreitung der Informationstechnologie. Doch damit hört es noch nicht auf. Neben all den technischen Spielereien, die die Menschen benutzen werden, wird die Technologie überall in den Alltag eindringen und ihn gestalten: die Kleidung, die wir tragen, die Geräte in unseren Wohnungen, die Autos, die wir fahren, ja selbst die Straßen, die wir benutzen – und dazu noch Tausende anderer Dinge, die wir uns nie als Computer vorstellen würden. Man kann sich leicht eine Zukunft ausmalen, in der alles, was mehr als ein paar Dollar wert ist, mit winzigen Chips zur Speicherung und Kommunikation versehen sein wird. All diese Anwendungen werden die Lebensqualität verbessern, sie sind praktisch, witzig, nützlich und können viel.

Nehmen wir nur ein Beispiel: Wenn alles, was Ihnen gehört, ständig seinen Aufenthaltsort meldet und »weiß«, wo es sein sollte, wird Diebstahl erheblich erschwert. Für Hersteller und Einzelhändler bedeutet das neue Möglichkeiten in Marktanalyse und Kundendienst. Stellen Sie sich nur vor, was es bedeutet, wenn zu jedem Produkt auf dem Markt jederzeit Informationen abrufbar sind – wie es verwendet wird, wie oft es benutzt wird, wie gut es funktioniert. Das ist wie Nielsen-Ratings zu allem und jedem – ohne daß man bis zum nächsten Tag darauf warten muß. Stellen Sie sich einmal die Vorteile für die Menschen und die Gesellschaft vor, wenn es Kleidung gäbe, die den Träger zum Beispiel vor schädlichen Umwelteinflüssen warnt; wenn Gebäude sich bei Erdbeben verändern könnten oder wenn die Wasserversorgung in der Lage wären, Sabotageversuche abzuwehren.

All dies ist wissenschaftlich möglich. Wann wir es erleben werden, wage ich nicht vorauszusagen. Aber ich hege nicht eine Sekunde Zweifel daran, daß wir es erleben werden und noch viel mehr. Schauen Sie sich doch nur mal an, was bisher schon geschehen ist.

Als ich Autofahren lernte, war ein Auto ein Transportmittel. Heute sind manche Fahrzeuge Knoten im Netz. Viele verfügen über Ausrüstungen, die den Standort an Notdienste durchgeben, sobald der Airbag ausgelöst wird. Der weltweit führende Hersteller von Herzschrittmachern stattet diese mittlerweile mit Internetadressen aus, die den Arzt benachrichtigen, wenn eines Tages etwas schiefgeht. Und wenn alle möglichen Apparaturen und schweren Maschinen merken, wann ein Bauteil den Geist aufgibt, können sie »nach Hause telefonieren« und den Reparaturdienst anrufen oder sich das passende Software-Download holen, um das Problem zu lösen. IBM-Wissenschaftler arbeiten an einer »intelligenten« Küchenzeile, die Arzneifläschchen »lesen« kann und die eine mündliche Warnung von sich gibt, falls jene Kombination Unverträglichkeitsreaktionen auslösen könnte. Eine japanische Firma produziert sogar Biergläser, die die Bedienung informieren, wenn das Glas leer ist!

An jedem dieser Punkte – Technologie und Gerät, Mensch und Alltag – wird die Rolle der Technologie in unserem Leben immer stärker und zugleich immer weniger sichtbar. Die Technik gerät aus dem Blickfeld, obwohl unsere Erwartungen, was sie alles leisten soll, immer höher werden.

Was allerdings hinter den Kulissen geschieht, um all diese Netzwerkanwendungen wirklich zu ermöglichen, hängt von einer sicheren, globalen Infrastruktur ab. An diesem Ende des computerisierten Kontinuums werden die Dinge ungeheuer aufwendig und komplex. Wenn wir weiter voranschreiten – die Reichweite und den Einfluß der Technologie ausweiten, indem wir den Gebrauch vereinfachen –, dann wird es zentral wichtig, die Komplexität dahinter zu verbergen.

Die Technik vereinfachen

Unternehmen aller Art erkennen zunehmend, wie wichtig es ist, in die Welt des E-Business einzusteigen. Entweder sie tun das oder es geht ihnen so wie jenen Firmen um die Jahrhundertwende, die fanden, daß Maultierkraft einfach ausreichte. Doch wenn die Kunden sich die Straße in ein digitales Nirwana anschauen, sehen sie einen Weg voller Schlaglöcher.

Wie wir gesehen haben, nimmt die Präsenz des Computers mit jedem Tag zu. Immer größere Zahlen und immer mehr Arten von Geräten erzeugen zusätzliche Transaktionen, zunehmende Datenströme und Netzwerkverkehr, und dabei werden Umfang und Nutzungsmöglichkeiten immer weniger kalkulierbar. Gleichzeitig nehmen die Bedrohungen der Sicherheit von Systemen und Daten zu, weit über das hinaus, was noch vor wenigen Jahren prognostiziert wurde.

Die Verantwortlichen in Gesellschaft und Wirtschaft auf der ganzen Welt wissen, daß E-Business eine vollkommen neue Form von Informationsinfrastruktur erfordert. Diese Infrastruktur wird sicherer sein, fähiger und zuverlässiger als die heutige. Das Dilemma (für sie und für alle, die diese Technologie herstellen und verkaufen) besteht darin, daß es fast unmöglich geworden ist, eine solche Infrastruktur aufzubauen und zu verwalten.

Die traditionelle Lösung – mehr Leute holen, die sich um das Problem kümmern – funktioniert einfach nicht, jedenfalls nicht auf lange Sicht. Die Komplexität nimmt schneller zu als die Fähigkeit der Menschen, damit umzugehen. Rund um die Welt sind bereits Hunderttausende von IT-Stellen nicht besetzt, und die Nachfrage nach Arbeitskräften wird sich bis zum Ende des Jahrzehnts sicher noch mehr als verdoppeln. Aus diesem Grunde wird die Infrastruktur vollkommen umgebaut werden müssen, damit sie in der Lage ist, all die vielen Aufgaben zu erfüllen, die heute noch menschliche Intervention erfordern. Das Nächste wird eine Form des Computereinsatzes sein, die ihren Ausgangspunkt beim menschlichen Nervensystem nimmt.

IBM-Forscher ziehen viele Parallelen zwischen der Art, wie der menschliche Körper sich selbst managt – vom Herzschlag bis zum Immunsystem – und dem, was man in Computersystemen braucht. Stellen Sie sich eine Art Selbstbewußtsein vor, das Systemen erlaubt, Viren abzuwehren, sich vor Angriffen zu schützen, fehlerhafte Komponenten zu isolieren und zu reparieren, einen Absturz vorherzusehen und abzuwenden und sich selbst ständig zu rekonfigurieren, um die Leistung voll auszuschöpfen.

Autonome Computertechnik wird nicht von einer einzigen Firma erfunden oder produziert werden. Deshalb schlug die technische Abteilung von IBM im Jahre 2001 vor, dieses neue Gebiet zur nächsten großen technischen Herausforderung für die gesamte IT-Branche zu erheben.

Bisher haben das Internet und seine Protokolle einzelne Computersysteme – PCs oder Datenzentren –, beim Austausch von Informationen und der Ausführung von Transaktionen unterstützt. Der erste Schritt der Internet-Revolution bestand darin, Computern zu erlauben, miteinander zu *reden*. Als nächstes (wiederum beruhend auf einer Reihe von Protokollen) wird es möglich sein, daß ganze Netzwerke von Computern tatsächlich miteinander *arbeiten* – also ihre Rechnergeschwindigkeit, ihre Speicherkapazitäten und andere Ressourcen kombinieren, um Probleme zu lösen.

Diese Art massiver, sicherer Infrastruktur gemeinsam genutzter Ressourcen wird als »Grid Computing« bezeichnet. Wie viele der allgemein kommerziellen Aspekte der Informationstechnologie, etwa das Internet selbst, tauchten die ersten Grids in wissenschaftlichen, akademischen und technischen Einrichtungen in Bereichen wie Hochenergiephysik, Biowissenschaften und Ingenieursdesign auf.

Eines der ersten Grid-Projekte von IBM wurde in Zusammenarbeit mit der University of Pennsylvania durchgeführt. Es ist darauf angelegt, Brustkrebsforscher auf der ganzen Welt zusammenzubringen und Programme zu entwickeln, die erlauben, Mammographiebefunde ein und derselben Frau über viele Jahre hinweg zu vergleichen mit dem Ziel einer sehr viel zuverlässigeren Früherkennung und Diagnose.

Wenn wir all dies zusammennehmen – das Grid Computing im großen Stil, die Entwicklung autonomer Technologien, die es den Systemen ermöglichen, sich selbst zu verwalten, und die Verbreitung von datenverarbeitenden Geräten bis in alle Bereiche des Alltags und des Handels –, liegt der nächste große Schritt in der Geschichte der IT-Branche geradezu auf der Hand. Dabei wird sich die Art verändern, wie IT-Firmen ihre Produkte auf den Markt bringen. Es wird sich verändern, an wen sie verkaufen und wen der Kunde als »Lieferanten« ansieht. Diese Entwicklung wurde von manchen »Utility Computing« getauft.

Die Idee dahinter lautet: In nächster Zukunft werden Unternehmen ihre Informationen auf ähnliche Art beziehen wie Wasser und Strom. Ihnen gehört heute kein Wasserwerk, keine Turbine, und schon bald werden sie sich um keinen Aspekt der traditionellen Computertechnologie mehr kümmern müssen, weder um Kauf noch um Unterbringung, noch um Wartung. Verarbeitung, Speicherung, Anwendungen, Systemmanagement und Sicherheit werden als Dienstleistung über das Netz geliefert – *on demand*.

Der Kostenvorteil für die Kunden ist schlagend: weniger Investitionen, fixe Kosten werden zu variablen Kosten; Zugang zu unbegrenzten Rechenkapazitäten, wann immer nötig, und endlich keine Sorgen mehr über Technologiezyklen, Upgrades, Wartung, Integration und Management.

Nach den Ereignissen vom 11. September 2001 gibt es einen erheblich größeren Bedarf an Informations- und Systemsicherheit. Computing On-Demand wird Zugang zu ultrasicheren Infrastrukturen und die Möglichkeit bieten, auf dezentralisierte Systeme zuzugreifen – und das ermöglicht eine neue Art von Immunität gegenüber Umweltkatastrophen und Störfällen, die eine traditionelle, zentralisierte Datenbank auslöschen können.

Wohin wird uns das als erstes führen? Ich denke, wir werden etwas sehen, das recht vergleichbar ist mit den ersten Erscheinungen, als die Kunden begannen, sich für das Netz zu interessieren. Ein Großteil der ersten Implementierungen war für interne Anwendungen bestimmt, Intranet. Beim Computing On-Demand haben die Fähigkeiten, auf einen Großteil der bereits bestehenden Ressourcen zurückzugreifen, direkt damit zu tun, inwieweit sich der Kunde dafür interessiert, wie die bereits vorhandenen IT-Investments genutzt werden können. Statt also schon wieder neue Hardware aufzustellen, größere Datenbanken oder mehr Lagerkapazität zu kaufen, könnten die Kunden auf eine neue Art ihre bereits bestehenden Ressourcen nutzen.

Fernziele

Fast jede Generation muß sich mit zumindest einer alles verändernden Technologie auseinandersetzen – sie verstehen, anwenden und verantwortlich regulieren. Die Atomenergie Mitte des letzten Jahrhunderts ist dafür das beste Beispiel. Die gegenwärtige Generation wiederum wird sich nicht nur mit einer, sondern gleich mit zwei alles verändernden wissenschaftlichen Entwicklungen beschäftigen müssen. Alles, was ich bis hierher beschrieben habe, hat mit der ersten Entwicklung zu tun – den Auswirkungen auf Institutionen und Einzelpersonen, die mit Netzwerktechnologien arbeiten. Die zweite Entwicklung wird sich rund um die Verschmelzung von Informationstechnologien und Molekularbiologie vollziehen.

Die entscheidende Wegmarke war die Kartographierung des menschlichen Genoms. Dieses Projekt schuf einen Datensatz, der ausgedruckt zehn Millionen Seiten an Informationen umfassen würde. Doch die wirklich schwere Arbeit liegt noch vor uns. Die Entzifferung, so rechnet man, erfordert die Analyse von Datensätzen, die mindestens tausendmal größer sind als das Genomprojekt selbst – weitere zehn Milliarden Seiten an Informationen.

Die Mühe wird sich lohnen. Wir werden herausfinden, wie man bessere, effektivere, auf individuelle Bedürfnisse abgestimmte Medikamente herstellt, man wird neue Behandlungsmethoden (und vielleicht gar Heilungsmöglichkeiten) für heute kaum behandelbare Krankheiten entwickeln, dazu neue Generationen an resistenterem, ertragreicherem Saatgut. Der springende Punkt dabei ist: Hier liegt ein ungeheures Potential verborgen, um menschliches Leid zu lindern und mit Menschheitsplagen wie Herzkrankheiten oder Aids fertig zu werden.

Die wirklichen Fragen sind nicht technischer Natur

Bevor wir uns ganz davon mitreißen lassen, was die Technologien alles möglich machen können – gleich ob auf Netzwerkebene oder auf Zellebene –, sollten wir nicht aus dem Blick verlieren, daß das potentiell Gute für die Gesellschaft immer auch mit vielen Fragen und Befürchtungen verbunden ist. Nun, da wir das Potential für beides entwickelt haben, ist es meine allergrößte Hoffnung, daß Hersteller, Kunden, Regierungen und Politiker die Implikationen der Zukunftsmöglichkeiten gründlich durchdenken.

Es ist offensichtlich, daß eine vernetzte Welt viele Probleme mit sich bringt wie zum Beispiel die Geheimhaltung medizinischer und finanzieller Dateien oder das Recht auf freie Meinungsäußerung in Abwägung mit dem Schutz der Privatsphäre. Denken Sie nur allein an die Auswirkung auf die Privatsphäre. Wie sieht es damit aus in einer Welt voller internetfähiger Autos, die rund um die Uhr unsere Bewegungen aufzeichnen, Handys, die ständig ihren Standort melden, oder mit dem Netz verbundener Herzschrittmacher und anderer medizinischer Apparaturen, die Echtzeitdaten über unseren Puls oder Blutdruck erheben, unseren Cholesterinspiegel messen oder den Blutalkoholgehalt? Wer soll Zugang zu diesem intimen Profil erhalten – nur der Arzt? Strafverfolgungsbehörden? Versicherungen? Ihr Arbeitgeber oder ein möglicher Arbeitgeber?

Ich habe schon den Graben erwähnt, der sich zwischen denen auftut, die über Informationen verfügen, und jenen, die dies nicht tun, und ich brachte meine Hoffnung zum Ausdruck, daß wir vielleicht unsere Anstrengungen und die Technologien dazu verwenden, den digitalen Graben zu überwinden. Allerdings frage ich mich, ob wir nicht gerade dabei sind, einen neuen, möglicherweise nicht zu überbrückenden genetischen Graben ausheben, wo sich die einen die Kosten leisten können, einen Geburtsfehler zu verhindern oder langes Leiden zu vermeiden, und die anderen es nicht können.

Wenn Fortschritte in Diagnose und Behandlung zusammenkommen und uns das Versprechen eines längeren, gesünderen Lebens machen, haben wir damit nur den unbezahlbaren Luxus geschaffen, mehr Zeit für die Menschen und Dinge zu haben, die wir lieben? Oder steht da mehr auf dem Spiel? Wenn es soweit ist – vielleicht sogar schon, bevor es soweit ist –, sollten wir dann nicht an die Auswirkungen auf die gesellschaftlichen Strukturen denken, auf die medizinische Versorgung, die Rentensysteme und an die Konsequenzen für die Umwelt, die dann mehr Nahrungsmittel und mehr Lebensraum liefern muß?

Nach dem 11. September 2001 waren wir alle gezwungen, über die größte Bedrohung unserer Lebensweise nachzudenken, egal wo wir leben. Handelt es sich dabei um die traditionelle militärische Aggression? Um einen privaten oder staatlich geförderten Akt des Terrorismus? Um die Gefahr eines Angriff von innen durch eine gesellschaftlich geächtete Randexistenz? Über staatlich geförderten Terrorismus muß nicht mehr viel gesagt werden. Wir alle betrachten die Welt seither mit anderen Augen. Ein Nebenprodukt dieser neuen Sichtweise besteht darin, daß grundsätzlich über die Natur der Bedrohungen nachgedacht wird, denen wir uns gegenübersehen – in all ihren Formen.

Selbst nach dem 11. September sind die Strafverfolgungsbehörden und die Geheimdienste davon überzeugt, daß die größte Bedrohung der Menschen und der Gesellschaft nicht in Massenvernichtungswaffen besteht, sondern in breitgefächerten Informationskriegen und sogenannten Waffen mit Massen*wirkung*. Niemand setzt den Verlust von Menschenleben mit dem Verlust irgendwelcher Rechenanlagen gleich. Die Frage lautet: Inwieweit sind Cyberterroristen in der Lage, die immer stärker IT-abhängigen militärischen Infrastrukturen, nationalen Machtzentren, Wasserversorgungseinrichtungen oder Telekommunikationssysteme zu vernichten?

Die Herausforderung an die Verantwortlichen

In diesem Buch habe ich mehrmals darauf hingewiesen, daß die Verantwortlichen in Wirtschaftsunternehmen und in der Politik sich einer eng verzahnten Reihe von strategischen Entscheidungen gegenübersehen, was die Nutzung dieser Technologien anbetrifft. Es geht um ihre Bereitschaft, mit dem Status quo zu brechen, um Investitionen und die Bereitschaft des eigenen Führungsteams, sich neuen Arten des Denkens und Arbeitens zu stellen.

Das ist die zentrale Aufgabe unserer Zeit. Diese Entscheidungen müssen heute getroffen werden. In der Zukunft wird sich die Fragestellung dahingehend verschieben, was die vernetzte Welt für die bestehenden geopolitischen Strukturen und die zugrundeliegenden wirtschaftlichen Rahmenbedingungen bedeutet.

Die vernetzte Welt wird keine Rücksicht auf die Tatsache nehmen, daß wir den Globus in Nationalstaaten aufgeteilt und nahezu alle Konventionen des Lebens und der Gesellschaft dem angepaßt haben. Kurs und Entwicklung einer vernetzten Welt werden sich allerdings nicht nach unseren Konzepten nationaler Grenzen, regionaler Allianzen oder politischen Strukturen richten. Schon jetzt sorgt die Vernetzung für den Abbau eines Großteils der Barrieren, die traditionell Menschen, Nationen und Kulturen getrennt haben. Ich glaube, daß die politischen Institutionen parallel zur weiteren Vernetzung vor einer ganzen Reihe von Herausforderungen stehen werden, wie sie denn weiterhin die wichtigsten Belange kontrollieren können: den Zugang ihrer Bürger zu Informationen, Bildung und Wissen. Möglicherweise werden wir Veränderungen im Verhalten der Demokratien erleben.

Wie werden Regierungen in dieser globalisierten, politisch und kulturell verwobenen Welt funktionsfähige politische Rahmenbedingungen schaffen? In Fragen der individuellen Privatsphäre verfolgt die Europäische Union einen anderen Weg als die Vereinigten Staaten, und beide unterscheiden sich erheblich von dem Kurs der Chinesen.

Gehen wir einmal einen Schritt zurück von der Ebene der globalen Regelung hin zu der Art, wie jeder einzelne auf der Welt seine oder ihre politischen Präferenzen zum Ausdruck bringen könnte. Vor nicht allzu langer Zeit war die Vorstellung noch revolutionär, man könnte von Zuhause oder vom Büro aus ein Buch kaufen. Was aber, wenn wir eines Tages zwischen der Behaglichkeit unserer Wohnung und der nüchternen Umgebung unseres Arbeitsplatzes wählen können? Lassen wir einmal den Gedanken beiseite, daß dies vielleicht dazu führen könnte, die Bürgerbeteiligung an einer repräsentativen Regierungsform zu erhöhen. Können wir uns dann nicht auch globale Fragen vorstellen, über die global abgestimmt wird, ohne Rücksicht auf politische Zugehörigkeiten und nationale Allianzen? Was würde es für einzelne Regierungen bedeuten, wenn die Weltgemeinschaft ihre Meinung zu Fragen wie der globalen Erwärmung oder dem Welthandelsabkommen zum Ausdruck bringen könnte?

Ich denke, sehr bald wird es zu wachsenden Konflikten zwischen nationalen und globalen Interessen kommen, wenn wir nicht sogar schon an diesem Punkt sind. Wir werden uns also einer Situation gegenübersehen, in der Übereinkünfte eine neue Ebene internationaler Kooperation und globaler Öffentlichkeitspolitik verlangen. Aber wie kann das vonstatten gehen?

Wieder einmal können unsere Institutionen mit der technischen Entwicklung nicht Schritt halten. Manche Universitäten fangen gerade erst an, E-Business ins Lehrprogramm ihrer Wirtschaftsstudiengänge einzubauen. Wie steht es mit Politikwissenschaften, Ethik und Rechtswissenschaften? Der Kongreß der Vereinigten Staaten ist wohl das einflußreichste Gesetzgebungsinstrument auf der Welt. Man muß ihm zugute halten, daß es einige Ausschüsse und eine Handvoll Sonderkommissionen gibt, die sich mit Cybersicherheit, Exportkontrollen und dem geistigen Urheberrecht beschäftigen. Doch in weiten Kreisen herrscht keinerlei Bewußtsein für Probleme wie etwa die Besteuerung von E-Business-Transaktionen.

In der zweiten Hälfte des 20. Jahrhunderts haben sich die Staaten der Welt zusammengetan und multilaterale Organisationen geschaffen, die dazu bestimmt waren, das Wirtschaftswachstum zu fördern, den Lebensstandard anzuheben und bewaffnete Konflikte zu verhindern. Die Vereinten Nationen, die Organisation für Wirtschaftliche Zusammenarbeit und Entwicklung (OECD), der Internationale Währungsfonds und die Weltbank sind Beispiele dafür. Ich hielt 1998 eine Rede vor der OECD. Eine zentrale Frage darin war die folgende: Wie sieht die globale Entsprechung dieser Organisationen aus, die sich mit den Herausforderungen des Informationszeitalters befaßt? Welche globalen Institutionen brauchen wir, die eine ähnliche stabilisierende und einflußreiche Rolle im 21. Jahrhundert spielen können?

Das führt mich zu der Frage, ob wir tatsächlich die Anforderungen an die künftige Führung erkennen. Die Eigenschaften, die bisher Führungspersönlichkeiten auszeichneten, werden dadurch nicht obsolet. Das Netz wird vieles verändern, aber nicht alles. Leidenschaft, Zuversicht und Intelligenz werden immer wichtig sein. Wie ich schon bei der Betrachtung der gegenwärtigen Vertrauenskrise in der Wirtschaft bemerkte, wird Integrität mehr denn je von Bedeutung sein.

Allzu häufig dürfte es jedoch so sein, daß Menschen, die sich nicht mit der Technologie auseinandersetzen müssen, nur selten über die Möglichkeiten und Grenzen der Technologie nachdenken werden. Im Atomzeitalter war dies vielleicht in Ordnung so. Allerdings glaube ich, daß wir bei alles durchdringenden Technologien wie jenen, mit denen wir es heute zu tun haben, Führungskräfte in Regierung, Wirtschaft und Politik brauchen, die sich der Herausforderung lebenslangen Lernens stellen, um Gesellschaft und Wissenschaft in Einklang zu bringen.

Die kommende Generation an Führungskräften – im öffentlichen wie im privaten Sektor – wird sich mit einer Reihe von wirtschaftlichen, politischen und gesellschaftlichen Überlegungen befassen müssen. Ihre Aufgabe wird sein:

- sich sehr viel mehr mit den permanenten, sprunghaften Veränderungen auseinanderzusetzen, die diese Technologien mit sich bringen;
- globaler zu denken und zu handeln;
- einen Ausgleich zwischen dem Wunsch nach kultureller Eigenständigkeit und den Erwartungen an regionale und globale Kooperation zu finden;
- sich auf die Tatsache einzustellen, daß die Welt auf ein Modell zusteuert, in dem nicht Isolation zählt, sondern Offenheit und Integration.

Ich habe nun ein Jahrzehnt in der High-Tech-Branche gearbeitet und kann voller Überzeugung sagen, daß diese Technologien hervorragende Schöpfungen darstellen. Doch hüten Sie sich vor dem Irrglauben, daß die Technologien allein schon die Antworten sind. Es handelt sich dabei nicht um magische Lösungen auf die schwierigsten und wichtigsten Probleme – wie Ungleichheit, Armut, Intoleranz und Furcht –, die Menschen und Gesellschaften seit jeher quälen. Diese Probleme werden nur durch größtmögliche menschliche Anstrengungen beseitigt werden – die Menschen müssen mit freiem Willen und Entschlossenheit Lösungen finden, sie müssen in der Lage sein, auswählen und entscheiden, denken und argumentieren zu können und sie müssen die ihnen zur Verfügung stehenden Instrumente anwenden können mit dem Ziel, die größtmöglichen Vorteile für die größtmögliche Zahl an Menschen zu erreichen.

348 ANHANG

International Business Machines Corporation (IBM) und Tochtergesellschaften

Umsatz (in Milliarden $)

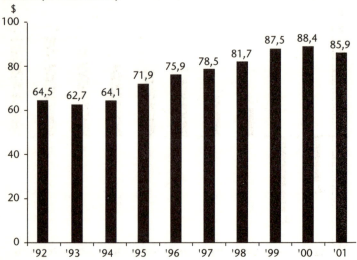

International Business Machines Corporation (IBM) und Tochtergesellschaften

Nettoerlöse (in Milliarden $)

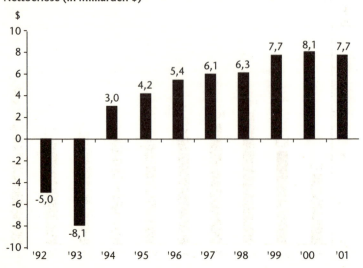

ANHANG 349

International Business Machines Corporation (IBM)
und Tochtergesellschaften

Gewinn pro Aktie unter Berücksichtigung von Aktiensplits (in $)

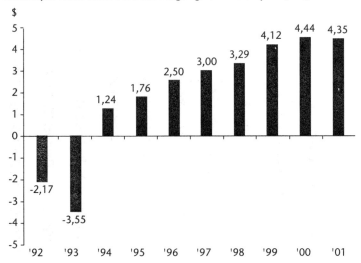

International Business Machines Corporation (IBM)
und Tochtergesellschaften

Cash Flow aus Geschäftstätigkeit (in Milliarden $)

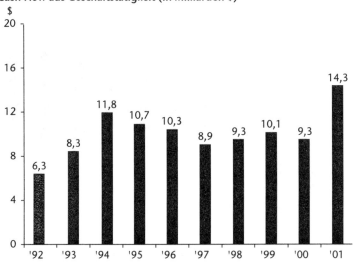

350 ANHANG

International Business Machines Corporation (IBM) und Tochtergesellschaften

Eigenkapitalrendite (in %)

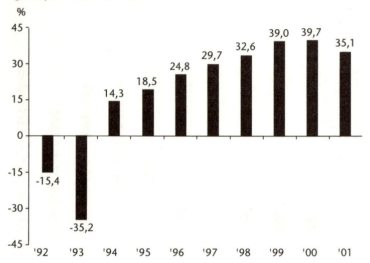

International Business Machines Corporation (IBM) und Tochtergesellschaften

Beschäftigte

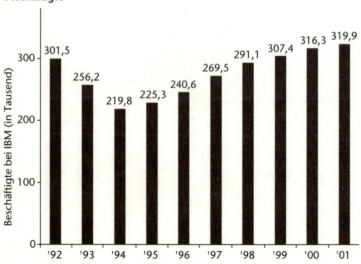

ANHANG 351

International Business Machines Corporation (IBM) und Tochtergesellschaften

Aktienkurse (in $)

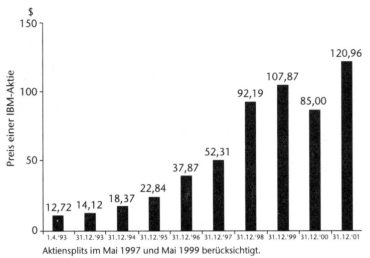

Aktiensplits im Mai 1997 und Mai 1999 berücksichtigt.

International Business Machines Corporation (IBM) und Tochtergesellschaften

Umsatz (in Milliarden $)

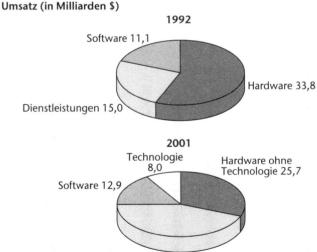